LUCES Y SOMBRAS DE CUBA

(Reflexiones sobre la República, la revolución comunista, el exilio y la añorada libertad)

COLECCIÓN CUBA Y SUS JUECES

EDICIONES UNIVERSAL, Miami, Florida, 2008

Néstor Carbonell Cortina

LUCES Y SOMBRAS DE CUBA

(Reflexiones sobre la República, la revolución comunista, el exilio y la añorada libertad)

Copyright © 2008 by Néstor Carbonell Cortina

Primera edición, 2008

EDICIONES UNIVERSAL
P.O. Box 450353 (Shenandoah Station)
Miami, FL 33245-0353. USA
Tel: (305) 642-3234 Fax: (305) 642-7978
e-mail: ediciones@ediciones.com
http://www.ediciones.com

Library of Congress Catalog Card No.: 2007905826
ISBN-10: 1-59388-115-0
ISBN-13: 978-1-59388-115-3

Composición de textos: María C. Salvat

Diseño de la cubierta:

Todos los derechos
son reservados. Ninguna parte de
este libro puede ser reproducida o transmitida
en ninguna forma o por ningún medio electrónico o mecánico,
incluyendo fotocopiadoras, grabadoras o sistemas computarizados,
sin el permiso por escrito del autor, excepto en el caso de
breves citas incorporadas en artículos críticos o en
revistas. Para obtener información diríjase a
Ediciones Universal.

ÍNDICE

PRÓLOGO 13

INTRODUCCIÓN 43

I   LA REPÚBLICA 49

- LA PRIMERA INTERVENCIÓN NORTEAMERICANA Y LA ALBORADA DE LA REPÚBLICA 51

- LA REPÚBLICA EN PERSPECTIVA 71

- EL PRESIDENTE ALFREDO ZAYAS Y EL PROCESO REPUBLICANO 83

- DURAS ENSEÑANZAS DE LA REVOLUCIÓN DE 1933 129

- LA CONSTITUCIÓN DE 1940: OBRA CUMBRE DE LA REPÚBLICA 138

- EL REDESCUBRIMIENTO DE LA CONSTITUCIÓN DE 1940 153

- Y SIN EMBARGO PERVIVE 161

- CARLOS MÁRQUEZ STERLING: TRAYECTORIA Y LEGADO 167

II LA REVOLUCIÓN COMUNISTA 183

- MITOLOGÍA DE LAS REVOLUCIONES 185

- LA CONSPIRACIÓN COMUNISTA:
  RAÍCES OCULTAS DE LA REVOLUCIÓN
  CUBANA 193

- ¿HACIA DÓNDE VAMOS? – CÓMO SE IMPLANTÓ
  EL MARXISMO-LENINISMO EN CUBA . 208

III EL EXILIO 277

- BAHÍA DE COCHINOS – LO QUE NO DIJO EL
  INFORME DEL INSPECTOR DE LA CIA .. 279

- LA CRISIS DE LOS COHETES – CÓMO CASTRO
  Y LA UNIÓN SOVIÉTICA SE QUEDARON
  CON CUBA 306

- FRENTE DIPLOMÁTICO:
  EL RÉGIMEN DE CASTRO ANTE LA OEA
  – CÓMO SE LE EXPULSÓ DEL SISTEMA
  INTERAMERICANO 335

  ¡CANCELAD LA CUMBRE EN CUBA! –
  MENSAJE DIRIGIDO A LOS JEFES DE ESTADO
  DE IBEROAMÉRICA Y A S.M. EL REY DE
  ESPAÑA 392

  EL ARRESTO QUE FALTA – DOBLE STANDARD
  CON PINOCHET Y CASTRO 397

- FRENTE SUBVERSIVO/TERRORISTA
  ¿QUO VADIS, VENEZUELA? 401

  LA HORA CERO DE LA VERDAD – LAS TORRES GEMELAS Y EL TERRORISMO INTERNACIONAL 407

- LA IGLESIA
  ¿RECONCILIACIÓN O RESISTENCIA? – EL DILEMA DE LA IGLESIA EN CUBA ... 411

  ¿VALIÓ LA HABANA UNA MISA? – EL IMPACTO DE LA VISITA PAPAL ... 418

  REFLEXIONES SOBRE LA IGLESIA EN CUBA 424

- DEBATES EPISTOLARES
  SOBRE CASTRO CON DAVID ROCKEFELLER 454

  SOBRE EL CHE GUEVARA CON LA REVISTA *TIME* 466

- LA GRAN BATALLA DEL EXILIO 478

IV LA AÑORADA LIBERTAD 485

- LA REPÚBLICA QUE PERDIMOS... Y QUE RESCATAREMOS 487

- ¡NO PREVALECERÁN! 492

- EL PELIGRO DE LOS REFERÉNDUMS AMAÑADOS 498

- EL PRECIO DE LA LIBERTAD 503

- ENTRE LA MENTIRA, EL MIEDO Y LA ESPERANZA 509

- LO QUE NOS UNE, Y LOS QUE NOS DIVIDE 516

- CUBA DESPUÉS DE CASTRO 521

- MARCO CONSTITUCIONAL PARA UNA TRANSICIÓN DEMOCRÁTICA EN CUBA 527

EPÍLOGO 547

ÍNDICE ONOMÁSTICO 555

DEDICATORIA

Entre las sombras totalitarias que cubren de oprobio a Cuba, hay luces dignificantes que no se apagan. Son las de los mártires de la resistencia, cruzados de la libertad, como Manuel «Ñongo» Puig Miyar, quien poco antes de ser fusilado le dijo a su esposa, Ofelia Arango Cortina de Puig, también presa: «Ofelia, no te preocupes, que morir no es nada. Todo el mundo se muere algún día. Yo por lo menos sé por lo que muero...»

Manuel «Ñongo» Puig Miyar

RECONOCIMIENTO

En todos mis libros, siempre reconozco, en primer lugar, la inspiración y el apoyo que me han brindado los miembros de mi familia: tanto los presentes, encabezados por mi mujer y mis hijos, como los ausentes, representados por mis padres, tíos y abuelos.

En esta obra me complace y me honra extenderle un especial tributo al ilustre director del *Diario Las Américas*, Dr. Horacio Aguirre, no sólo como expresión de agradecimiento por haber publicado en el Diario muchos de los trabajos recogidos en este libro. Mi reconocimiento va más allá de la gratitud. Incluye también mi admiración por las luces de su talento y cultura, la enterez a de su carácter, y la devoción a sus principios democráticos y cristianos.

La Cuba del destierro no ha tenido un defensor más esclarecido, generoso, constante y leal que el Dr. Aguirre. Él ha sido, por encima de todo y de todos, «el amigo sincero que nos dio su mano franca».

Dr. Horacio Aguirre

PRÓLOGO

Por Elio Alba Buffill [1]

Luces y Sombras de Cuba tiene un título muy sugerente puesto que anuncia una evaluación objetiva y justa de los logros y errores de la República. En el subtítulo hace una precisa enumeración del contenido del mismo: Reflexiones sobre la República, la Revolución Comunista, el Exilio y el futuro, que denomina la Añorada Libertad. El texto reúne en estas distintas partes en que está dividido, diferentes ensayos en los que analiza lo que califica de *trayectoria azarosa* de su patria, aludiendo a las luces y sombras del título. Estos trabajos, muy acertadamente reunidos en las diferentes secciones, constituyen estudios ensayísticos esclarecedores, objetivos y bien documentados. El título de la última parte, La Añorada Libertad, conlleva un mensaje optimista y un programa de redención nacional basado en una evaluación analítica muy inteligente de la presente situación cubana.

En la introducción del libro, Carbonell proclama su *mesurado realismo*, que es una forma discreta y sutilmente modesta de referirse a su objetividad, para señalar después que él no es determinista, aunque afirme inmediatamente q*ue en todo ayer hay embriones del mañana*. Carbonell en esta introducción anuncia que en la primera parte, La República, va a realizar una revisión panorámica de la misma. Parte de la intervención nortea-

---

[1] Secretario Ejecutivo del Círculo de Cultura Panamericano. Profesor Emérito de The City University of New York. Academia Norteamericana de la Lengua Española.

mericana; después continúa evaluando los gobiernos de Estrada Palma hasta Machado; analiza la revolución de 1933 y sus efectos; se enfrenta a la Convención Constituyente de 1940; hasta llegar a la caída de Cuba bajo el comunismo.

El autor aprovecha la ocasión para llamar la atención del lector sobre la importancia de hurgar en nuestro pasado porque considera que esta labor es fundamental *para saber lo que, en esencia, fuimos e hicimos,* que es un elemento clave para que el pueblo cubano pueda recuperar su libertad. Al aludir el autor, en la segunda sección de su introducción, a la Revolución Comunista, plantea la tesis de que se trató de una conspiración marxista de Fidel y Raúl Castro con agentes soviéticos encaminada concretamente, desde el inicio, al definido propósito de lograr el poder absoluto. Tesis que despierta el interés del lector de inmediato, por ser un tema muy debatido entre los estudiosos de la revolución comunista cubana.

En cuanto a la tercera parte que se refiere al Exilio, y que es la más extensa del libro, Carbonell indica que se concentrará en la firme decisión moral del pueblo cubano exiliado de mantener la lucha por la libertad, temática, que es, en efecto, una constante en los diferentes trabajos que agrupa en esta parte del libro. Por último, termina estas valiosas palabras preliminares, aludiendo en la cuarta sección, La Añorada Libertad, al proceso que debe propiciar el pueblo cubano de la resistencia y del exilio para construir una república en que se respete la libertad y se cultive la democracia.

El final de esa introducción tiene una luminosidad y belleza extraordinaria, pues el autor arguye que no hay que reinventar a Cuba, sino que hay que reencontrar la Cuba de nuestras raíces para reedificar, sobre esa base, la nueva república proyectada hacia el futuro. Carbonell, en el desarrollo de su tesis a través de esta voluminosa obra, se integra con su depurado razonamiento analítico a una corriente ética que caracteriza al más alto pensamiento de nuestra Hispanoamérica. Se trata de la lucha contra el totalitarismo opresor, que desdichadamente se ha hecho reincidente en nuestro continente. Estamos ante una obra seria, erudita y esclarecedora, que forma parte de esa vertiente de denuncia al dictador de turno y que está animada por el ideal de libertad y de respeto a un Estado de Derecho que han sustentado las mentes más sobresalientes de América.

La disyuntiva civilización y barbarie que denunciara Domingo Faustino Sarmiento en su inmortal *Facundo* y que figuras como la de José Martí, Ezequiel Martínez Estrada y Francisco Romero supieron fijar en más justas perspectivas, continua vigente en Hispanoamérica. Baste recordar a Juan Montalvo, el eminente ecuatoriano, brillante abanderado de la libertad y defensor de los derechos de los pueblos contra los excesos del autoritarismo de los dictadores. Y también al insigne escritor uruguayo, José Enrique Rodó, que en su famoso *Ariel* mostró que era un defensor de la espiritualidad humana, un crítico del materialismo, un enamorado de la libertad y un defensor del régimen democrático. Esto se comprueba indudablemente con la interpretación directa de sus textos y no la tergiversada opinión de los oficiosos exégetas de la izquierda, que trataron de presentarlo como un enemigo de los Estados Unidos. Tesis que fue impugnada en su oportunidad por críticos tan respetados como Pedro Henríquez Ureña, Enrique Anderson Imbert y Eugenio Florit. Recuérdese también que, en época más reciente, esa gloria de nuestras letras, Jorge Luis Borges, crítico de los totalitarismos y del materialismo histórico marxista, siempre nos recordaba a los hispanoamericanos que éramos herederos de la civilización occidental.

En efecto, en ese doloroso siglo XX y en la década inicial del XXI, el totalitarismo se ha vestido de utopía y continúa intentando, con experimentos supuestamente nuevos y desastrosos, destruir la libertad humana e impedir la convivencia democrática en nuestra Hispanoamérica. Trágica situación, porque el socialismo marxista fracasó en la Unión Soviética y en todos sus satélites bálticos y balcánicos, como lo previeron las obras inmortales de Boris Pasternak y Alexander Solzhenitsyn y lo probaron fehacientemente los iluminadores acontecimientos de la última década del pasado siglo, que tan simbólicamente se plasmaron en la destrucción del muro de Berlín. El comunismo fracasó, como necesariamente tiene que fracasar, porque desconoce la naturaleza espiritual del ser humano y no tolera la libertad de pensamiento que ha sido la base de los grandes logros de la humanidad. A cooperar a la caída del régimen comunista en Cuba y el establecimiento de una genuina república democrática va encaminada esta meritoria obra de Carbonell.

LA REPÚBLICA

La sección inicial, La República, como todas las otras, está constituida por varios estudios. El primero, el que se refiere a la primera intervención norteamericana y los inicios de la República, fue un trabajo pedido a Carbonell y publicado por la prestigiosa revista *Herencia* de la conocida institución de Miami, «Herencia Cultural Cubana». En el mismo, analiza con justicia los aspectos positivos y negativos de los dos gobernadores que ocuparon ese puesto: el primero, John R. Brooke y el segundo, Leonard Wood. Resulta relevante señalar que el autor, en estos comienzos del libro, muestra ya su permanente preocupación por su patria, al detenerse en las injusticias históricas que sufrió el pueblo cubano al inicio de su vida política, después de la sangre y los sacrificios que había ofrendado a la causa de la emancipación de la nación.

Entre estas injusticias, destaca Carbonell, que la guerra de Cuba por su independencia fuera mal llamada Guerra Hispanoamericana, porque omitía el factor beligerante cubano. También llama la atención al hecho de que el General Shafter, jefe de las fuerzas norteamericanas en Santiago de Cuba, no le hubiera permitido al General Calixto García entrar con sus tropas a esa ciudad después de la rendición española, a pesar de que, como opinan muchos historiadores, era un hecho cierto que las tropas mambisas ya habían llevado la Invasión hasta el extremo occidental de la Isla y derrotado prácticamente al ejército español antes que desembarcaran en Cuba las tropas norteamericanas.

El autor igualmente alude a que se impidiera que el pueblo cubano estuviera representado en la firma del Tratado de París, por el que se decidiría el destino de Cuba. No obstante subraya, con su firme sentido de equidad y equilibrio, que en la reunión de París los diplomáticos norteamericanos rechazaron la proposición española de que los Estados Unidos asumieran la soberanía permanente sobre Cuba, manteniendo así la vigencia histórica de la famosa Resolución Conjunta del Congreso norteamericano de 1898, que reconocía que el pueblo de Cuba era y de derecho debía ser libre e independiente. Por último, demostrando las vacilaciones de la Administración norteamericana de la época, Carbonell se refiere a la imposición por el gobierno del Presidente McKinley de la Enmienda Platt, que constituyó, como es ampliamente conocido, un grave atentado a la soberanía y la dignidad nacional de Cuba, aunque quiso presentarse como una medida precautoria de protección a la estabilidad de la naciente República.

El segundo ensayo de esta primera parte del libro, era originalmente una ponencia de un congreso académico y, por tanto, estaba sometida a todas las limitaciones de tiempo a que están sujetas en ese tipo de reuniones profesionales. Pese a esta limitación de origen, Carbonell logra, con su característica capacidad de síntesis, presentar un excelente bosquejo de la República, que pone en evidencia su gran conocimiento histórico, jurídico, y sociológico y que trasmite al lector la ponderación y el sano intento del autor de hacer justicia a todos los protagonistas del proceso republicano cubano.

Todo esto es muy importante porque, como se sabe, el régimen marxista cubano ha intentado desde sus inicios desconocer o desvirtuar nuestro pasado, no solamente en lo político sino también en lo cultural. Para impugnar tal falacia, muchos de nuestros intelectuales del exilio han llevado a cabo una portentosa labor en todas estas cinco décadas para demostrar, desde un punto de vista cultural, la grandeza de las aportaciones de los cubanos en este campo, tanto en la colonia como en la República. Y desde el punto de vista histórico, para hacer patente que si bien la República tuvo sus fallos y caídas, éstas fueron típicas de toda nación joven.

Es verdad que algunos de nuestros más insignes hombres de letras del siglo XX denunciaron errores y vacilaciones en nuestro desarrollo cultural o político durante el período republicano, como fueron Enrique José Varona, José Antonio Ramos, Fernando Ortiz o Jorge Mañach. Pero lo cierto es que una evaluación exhaustiva de la vida y la obra de estos destacados pensadores permite señalar que ellos tuvieron siempre un indudable propósito de mejorar y ayudar al crecimiento de la vida política y cultural cubana, y esto fue lo que inspiró sus críticas,

Volviendo a la rigurosa, sostenida y patriótica labor de defensa de nuestro pasado cultural e histórico de los dignos intelectuales cubanos del presente exilio, hay que reconocer que la República de Cuba estuvo caracterizada, como se señala en este libro, por triunfos y fallos, y que es extraordinario el número de grandes logros que el pueblo cubano alcanzó en sólo medio siglo de existencia.

El siguiente trabajo de la primera parte es el que se refiere al Presidente Zayas y el proceso republicano, que es un extenso y como siempre bien documentado estudio. El autor se enfrenta a esa figura desde muy diferentes perspectivas, captando sus características personales, intelectuales y políticas. Este trabajo es el resultado de una investigación muy cuidadosa que ofrece mucha luz al proceso republicano de ese período presidencial, tan saturado de prácticas intervencionistas del gobierno norteamericano de la época. Pero a la vez constituye, por su ubicación en el texto y los comentarios del autor sobre las luces y las sombras de la presidencia de Zayas, una muestra del proceso político cubano de la República en su totalidad. En él se nos presenta el escepticismo que cada día calaba más hondo en el pueblo y la presencia muy influyente de una prensa que se hacía eco de ese creciente escepticismo. Este trabajo es también un sustancial aporte a ese intento de encontrar y analizar nuestras raíces, que es una de las bases fundamentales para poder enfrentarse a las posibles soluciones de nuestra actual crisis nacional.

En «Duras Enseñanzas de la Revolución de 1933», que es un artículo comentando el excelente libro de Enrique Ros, *La Revolución de 1933*, que con tanto equilibrio presentó esta etapa de la historia republicana, Carbonell aprovecha esa coyuntura para preguntarse cómo el General Machado, que era un político muy popular que logró grandes realizaciones en su primer período de gobierno, pudo sembrar tantos odios y permitir tantos excesos de violencia. Él encontró la respuesta en el egocentrismo del Presidente y la adulación de amigos irresponsables que lo rodearon y que dieron base a las maquinaciones del llamado «cooperativismo» que facilitó la prórroga de poderes. Carbonell Cortina insinúa un paralelo entre el plan propuesto por su abuelo, José Manuel Cortina, que recomendó una fórmula política para limitar la duración del segundo período de gobierno de Machado y seleccionar un sucesor por medios electorales, y el intento de Carlos Márquez Sterling de resolver la crisis causada por el golpe del 10 de marzo por vías jurídicas que conllevaran la celebración de elecciones.

Un punto fundamental de esta obra es el acercamiento a la Constitución de 1940, a cuyo estudio ya había Carbonell dedicado específicamente dos libros anteriores. El primero, en el que estudió el espíritu de la Constitución, y el segundo, que tuvo como objeto analizar los grandes debates que ocurrieron en la Convención Constituyente que le dio origen a esa Carta Magna. Mostrando aquí una vez más su gran dominio sobre la materia, revisa las circunstancias históricas que propiciaron su creación, los grandes logros obtenidos y explica las razones que determinaron que algunos críticos la calificaran de casuística. Muy fundamental es que toda esta amplia y brillante, histórica y jurídica evaluación sirve para respaldar la acertada tesis de que esta Constitución de 1940 facilitaría la tarea de producir una genuina transición a un Estado de Derecho, que sería consustancial al establecimiento de una nueva república democrática.

La semblanza de Carlos Márquez Sterling con que termina esta parte y que había escrito como prólogo al libro que sobre el respetado hombre público escribiera su hijo Manuel, destaca la importancia del epistolario que contiene. Asimismo, reconoce con justicia la habilidad del editor en la selección y cuidadosa presentación de los textos, y agrega que, no habiendo todavía una biografía sobre Márquez Sterling, el libro es lo que más nos acerca a su figura. Después de unas hermosas y profundas reflexiones sobre la diferencia entre el político y el estadista, Carbonell se concentra en tres fases de la vida y la ejecutoria de Carlos Márquez Sterling, que tienen relación con las ideas centrales que viene desarrollando en este libro: su papel fundamental en la Convención Constituyente de 1940; la fundación en Cuba del Partido del Pueblo Libre, y, en el exilio, la lucha incansable que llevó a cabo hasta su muerte en contra de la oprobiosa dictadura comunista de Castro.

LA REVOLUCIÓN COMUNISTA

La parte del libro que Carbonell dedica específicamente a la revolución comunista es un razonado y demoledor ataque a la misma. En el ensayo incluido que sirvió de prólogo al libro de Mario LLerena, *Mito y Espejismo de la Revolución*, Carbonell señala que se honra en hacerlo pues LLerena ve la revolución cubana no como un episodio romántico sino como una aberración lacerante. Nuestro autor cita la opinión de LLerena y otros autores de que el marxismo-leninismo de Castro fue un maridaje de conveniencia de éste, producto de su odio a los Estados Unidos y su ansia de poder que solamente la Unión Soviética podía satisfacer y garantizar. Agrega, sin embargo, que Salvador Díaz Versón y otros investigadores sostienen que los contactos de Castro con los soviéticos, fuera del partido comunista, surgieron años antes de la revolución. La evaluación de Carbonell de esa posibilidad trae a colación una serie de antecedentes en la vida de Fidel Castro muy esclarecedores que dan sin duda cierta base para sustentar esta teoría, pero comprende que todo eso quizás sea discutible. Lo cierto es, señala, que desde su llegada al poder, Castro se rodeó de asesores comunistas y emprendió una trayectoria marxista-leninista.

En el análisis de Carbonell sobre las raíces ocultas de la revolución cubana, encuentra seis factores coadyuvantes que estudia después con la seriedad y lucidez que le caracteriza y que son: el rompimiento constitucional que el infausto golpe militar del 10 de marzo provocó; la polarización subsiguiente que impidió una salida pacífica a la crisis; el lastre nefasto de corrupción y violencia que fue minando los cimientos de la República; la miopía de las clases dirigentes que no previeron las fatales consecuencias de lo que Carbonell califica como su abdicación; la inesperada rendición del desmoralizado ejército y la predisposición del pueblo cubano al mesianismo político.

Hay en esta obra una muy documentada exposición de la ayuda soviética clandestina, pese a su aparente política de abstención durante los años cuarenta y cincuenta. El autor la contrasta con la indecisión y completo desconocimiento por parte del gobierno norteamericano de lo que estaba pasando en Cuba durante este mismo período, lo que también el autor documenta con citas de las propias fuentes oficiales norteamericanas. Resumiendo, Carbonell reitera en este texto lo que ya había dicho en su anterior libro *Por la Libertad de Cuba. Una Historia Inconclusa,* que tras la fuga de Batista y sus cercanos colaboradores, lo que quedaba del gobierno cayó, no por derrocamiento sino por desintegración. El ejército se entregó desmoralizado y el pueblo, cansado de corrupción y matanza, creyó que cualquier cosa era mejor que Batista y apoyó a Castro, dejándose llevar por mitos, cantos y promesas de redención.

En el extenso acápite en el que evalúa cómo se implantó el comunismo en Cuba, comienza por presentar las tan citadas declaraciones de Castro sobre la revolución verde olivo,» tan cubana como las palmas»; su proclamado rechazo de las dictaduras ya de derecha o de izquierda y su marcado énfasis de que se trataba de una revolución humanista. Reconoce que tal engaño facilitó *el por qué tantos sectores, incluyendo clases pudientes e intelectuales pensantes, no se percataron del rumbo comunista del régimen.*

Este acápite es fascinante porque la portentosa investigación de Carbonell permite seguir el proceso de comunización, primero prácticamente clandestino, con el doble gobierno: el presidente provisional y el consejo de ministros en el palacio presidencial, y el gobierno paralelo que secretamente se reunía en una casa de Cojímar con Fidel Casto y sus asesores, los viejos jerarcas del partido comunista y los líderes guerrilleros que eran neocomunistas todavía no declarados. Después vinieron los cambios que iban destruyendo las bases en las que se asentaba el sistema democrático para implantar posteriormente las normas que imponían el sistema marxista-leninista. Como indica Carbonell, fue en abril de 1961 cuando Castro al fin declaró su filiación socialista y, sólo unos meses más tarde, que era comunista desde su juventud y que lo seguiría siendo toda su vida.

Carbonell incluye en este acápite un estudio comparativo de las bases doctrinales del marxismo ruso y su proceso de implantación de esas ideas en la antigua Rusia, con el proceso histórico cubano para probar lo profundamente inspirada en el experimento soviético que estuvo la revolución comunista cubana, tanto en el campo ideológico como en los mecanismos políticos de implantación.

Con gran erudición, va estudiando todos estos aspectos de base ideológica y de técnica de aplicación y consolidación del sistema, citando en cada ocasión las autoridades especializadas sobre el comunismo que había consultado. Por ejemplo, para explicar la base ideológica, estudia el llamado catecismo comunista y señala como fuente el libro *Surgimiento del Comunismo Moderno* del profesor italiano Máximo Salvadori. Después de evaluar lo que considera los dieciséis puntos esenciales, precisa que el comunismo se ve impelido por sus fundamentos ideológicos a imponer desde el poder *el despotismo político, el monopolio económico y el dogmatismo intelectual*. Cuando estudia la lucha de clases, pone de manifiesto que está encaminada a la destrucción de los sectores más independientes y poderosos de la nación y que su último propósito es destruir la propiedad privada ya urbana o agrícola y la iniciativa empresarial.

Todo este extenso capítulo lo dedica a comparar, como ya dije antes, legislaciones, acontecimientos históricos, actuaciones dolosas de los líderes, en fin tristes similitudes entre la instalación del comunismo ruso y el cubano. Pese a que en ocasiones tiene que caer en aclaraciones e interpretaciones específicamente jurídicas, la claridad de su prosa y su talento ensayístico supera la aridez que pudiera existir en el texto legal.

EL EXILIO

La tercera parte de esta obra, El Exilio, se inicia con un trabajo sobre Playa Girón y lo que no dijo el informe del Inspector de la CIA, Lyman B. Kirkpatrick sobre ese hecho histórico, en el que Carbonell reconoce que hay muchas verdades pero también omisiones y falsedades. Se las imputa a Kirkpatrick, que criticó severamente a la CIA pero desconoció las omisiones en que incurrió el Pentágono y la gravísima responsabilidad del Presidente Kennedy por las alteraciones y reducciones que a última hora efectuó en el plan recomendado. Acusado por el nuevo director de la CIA, John McCone, de haber sido tendencioso y superficial, Kirkpatrick reconoció que en realidad la responsabilidad era mucho más amplia, pues alcanzaba en pleno al gobierno de los Estados Unidos. Señaló asimismo los factores que determinaron la derrota, como la falta de planeamiento, fallos por no comprometer los recursos necesarios tanto en armamentos como en tropas que realmente pudieran necesitarse, etc.

Carbonell hace una revisión panorámica desde los inicios del plan bajo la presidencia de Eisenhower en que se consideraron diversas opciones como la guerra de guerrillas hasta una invasión con apoyo aéreo. Efectuada las elecciones presidenciales, se le presentó por la CIA al nuevo Presidente el plan más elaborado, ahora denominado «Trinidad», para desembarcar una fuerza expedicionaria por el puerto de Casilda con apoyo aéreo simultáneo. El plan incluía la formación de un gobierno cubano provisional, que pudiese ser reconocido y apoyado logísticamente. También preveía la posibilidad de que las tropas de liberación podrían trasladarse a las montañas del Escambray y operar como guerrillas, en el caso que fuera necesario tácticamente. Plan que fue rechazado por el Presidente Kennedy, como documenta Carbonell, por considerarlo demasiado ruidoso y obvio en la participación de los Estados Unidos.

Con mucha objetividad y con amplia base documental, Carbonell narra todo este doloroso y trágico proceso del fallido intento de derrocar al tirano, pone de manifiesto las alteraciones que el Presidente Kennedy introdujo, y señala que aunque la CIA y el

Pentágono preferían el Plan Trinidad, aceptaron el Plan Zapata y siguieron trabajando en el mismo. Pone de manifiesto las reservas que tuvieron los líderes cubanos como Miró Cardona y Manuel Antonio Varona sobre algunos aspectos del plan en cuestión y las preparaciones que se estaban efectuando para llevarlo a cabo. También da cuenta de la ambivalencia de Kennedy, que atribuye a su inexperiencia, pues llevaba tres meses y medio solamente en la presidencia, y al temor que tenía de provocar las represalias soviéticas. Termina el ensayo con un muy fundamentado análisis de las decisiones de Kennedy que condenaron la invasión al fracaso.

En el acápite siguiente, se estudia la Crisis de los Cohetes y se explica cómo Castro y la Unión Soviêtica se quedaron con Cuba. Carbonell sostiene que si se analizan los antecedentes, se descubre que se pudo evitar la instalación de los cohetes rusos en Cuba y, en consecuencia, el fatídico Pacto Kennedy-Kruschov por el que los Estados Unidos se comprometieron a no intervenir en Cuba. El autor prueba esta tesis con documentos norteamericanos y rusos que habían sido recientemente desclasificados tanto en Washington como en Moscú. La minuciosa y detallada relación cronológica comienza con un memorando de fecha 19 de abril de 1961 del Secretario de Justicia Robert Kennedy al Presidente, en que le propone un nuevo plan para liberar a Cuba. Carbonell llama la atención de que ya en esa fecha el Secretario de Justicia estaba dando por liquidada la operación de Bahía de Cochinos, sin ningún serio intento de apoyarla o rescatarla. La relación termina en el período del 28 de octubre al 29 de noviembre de 1962 en que Kennedy decide no actuar militarmente tras recibir confirmación de Kruschov de que estaba dispuesto a desmantelar los misiles estratégicos. El autor apunta que ni siquiera se exigió inspecciones en tierra cubana, dejando la posibilidad que algunos de los misiles permanecieran ocultos en los túneles o cuevas que previamente los albergaron.

Carbonell termina este acápite concluyendo que para algunos historiadores, especialmente norteamericanos, el Presidente Kennedy había logrado evitar una guerra nuclear y también obtenido una capitulación de los soviéticos en Cuba. Pero como prueba fehacientemente la documentación obtenida y analizada por el autor, pudo haberse evitado esta peligrosa crisis, al igual que la promesa de Kennedy de dejar a Cuba indefinidamente en mano de la Unión Soviética y del comunismo internacional.

Otro capítulo de esta obra es el referente a la lucha de los cubanos exiliados para enfrentarse al ambiente de apaciguamiento y contemporización con Castro que existía en 1975 en diversas capitales de América, el cual fracasó debido a la espontánea e inmediata movilización del exilio cubano. Carbonell contribuyó a esa campaña con un artículo en el *Diario Las Américas* que enfocaba el problema desde una perspectiva histórica. En el mismo se impugnaba el levantamiento de sanciones a Castro, que ganaba prosélitos en ese momento bajo el argumento de que el aislamiento no había dado resultado. Señala el autor que nunca se había pensado que el aislamiento solamente pudiera producir el derrocamiento de un régimen comunista, sangriento e intolerable como el de Cuba, pero que era innegable que esas medidas punitivas sí habían constituido una prueba de condenación moral a la dictadura y habían actuado en cierta medida como dique de contención a algunos de sus excesos.

Partiendo de esa premisa, Carbonell considera la necesidad de efectuar la revisión histórica del proceso de la O.E.A. que se inicia con el triunfo de una revolución que desde los primeros meses de 1959 origina expediciones armadas y otros actos de intervención en Panamá, en abril; en Nicaragua y en República

Dominicana, en junio; y Haití en agosto. Carbonell rompe su tradicional modestia para justificar de entrada la posesión de la valiosísima documentación que en el trabajo va a presentar, y admite que tuvo el altísimo honor de representar extraoficialmente en la O.E.A. a la Cuba cautiva, pero insumisa, en unión de compatriotas muy distinguidos. Aclara, asimismo que, por la propia índole de las gestiones diplomáticas, su labor se realizó siempre en forma callada y discreta. A continuación explica que no podía permanecer en silencio en víspera de una Conferencia de Cancilleres que creía era la más trascendental en esos últimos tiempos. Quiero señalar que estamos ante un cronista que, al propio tiempo, fue protagonista de algunos de los episodios fundamentales que va narrando, y esto, desde luego, le da una mayor veracidad a lo narrado.

A mí, estas referencias me han traído a la memoria a Bernal Díaz del Castillo y su famosa *Verdadera Historia de la Conquista de la Nueva España,* que se considera una de las historias más confiables de la Conquista de México. Hay que anotar, sin embargo, una diferencia, pues Díaz del Castillo, al tratar de desmentir la versión de los historiadores de la corte española que presentaban la conquista de México como obra de Cortés solamente y no colectiva, ofrece su versión alegando la veracidad de lo narrado y ratificando frecuentemente que él había sido testigo de tales hechos. Carbonell, en cambio, reconoce su participación muy pocas veces y sólo lo hace para subrayar la veracidad de lo que afirma, porque dado que se trataba de gestiones diplomáticas que exigen por su naturaleza discreción y silencio, era poco conocida.

Carbonell, en este largo ensayo, pone en evidencia cómo el régimen comunista de Cuba se acercaba cada vez más a los soviéticos y firmaba tratados en La Habana y en Moscú que ratificaban la creciente unión entre los dos países, mientras sus representantes, con el canciller Roa a la cabeza, pronunciaban en las reuniones internacionales de cancilleres falsas palabras de adhesión a la libertad y a la democracia.

Los años transcurrieron y continuó el ingenuo apaciguamiento de algunos países hispanoamericanos, así como las denuncias del gobierno norteamericano del comunismo que caracterizaba al régimen cubano, aunque sin presentar planes concretos para enfrentar esa amenaza a todo el hemisferio. Mientras tanto, seguían las provocaciones del canciller cubano, que, con desfachatez, proclamaba que estaba en esos foros no como reo, sino como fiscal. Por fin, en una reunión en Costa Rica, se llegó a acordar la Declaración de San José en la que se condenó la intervención, o su amenaza, de una potencia extra-continental en asuntos de las repúblicas americanas y se proclamó que el sistema interamericano era incompatible con todo totalitarismo.

Con esta declaración, que como acertadamente comentó Carbonell, fue vaga y débil, realmente poco se logró. En efecto, pronto Castro se burló de la misma, proclamando la Declaración de la Habana en la que ratificó la aceptación de la ayuda militar soviética y repudió los tratados interamericanos vigentes, insultando de paso a los cancilleres y jefes de gobierno del continente americano. Solamente alrededor de esos años de 1960 y 1961 se efectuaron rompimientos de relaciones diplomáticas de algunos de nuestros países hispanoamericanos, y otras naciones hermanas expulsaron a los diplomáticos cubanos o dispusieron el cierre de las oficinas diplomáticas cubanas.

Un aspecto menos conocido, que divulga en detalles esta parte del libro, fue todo el proceso de la expulsión del gobierno comunista cubano de la O.E.A, que tuvo una larga y complicada gestación diplomática en la que los representantes del exilio cubano, entre ellos el autor de este libro, tuvieron una valiosísima participación. Convocada la Octava Reunión de Consulta de la Conferencia de Cancilleres que se celebraría del 22 al 31 de enero de1962, en Punta del Este, Uruguay, concurrieron allí los delegados del Consejo Revolucionario de Cuba, y entre ellos, Néstor Carbonell Cortina. Éste había redactado el documento oficial del Consejo cubano a ese organismo por encargo específico del Dr. José Miró Cardona, como había hecho en otras importantes ocasiones.

Comprendiendo que el voto del país anfitrión sería fundamental para alcanzar los 14 que constituirían los dos tercios requeridos por el Tratado de Río de Janeiro para la imposición de penas al gobierno comunista castrista, los cubanos libres iniciaron gestiones con los más altos funcionarios del Uruguay que resultaron muy fecundas. También los intelectuales uruguayos, defensores de la Cuba democrática, organizaron un gran acto patriótico, nada menos que en el Ateneo de Montevideo, el gran templo de la cultura uruguaya donde José Enrique Rodó concibió y escribió su obra maestra *Ariel,* que tan profundo mensaje espiritual ofreció a Hispanoamérica. Allí se apoyó la proposición de condenar al gobierno dictatorial de Fidel Castro. Tal acto en el Ateneo obtuvo titulares en los periódicos uruguayos y ayudó a que la opinión del pueblo se inclinara a favor de la causa de Cuba libre. En la Junta de Cancilleres, se declaró la incompatibilidad del régimen comunista cubano y se acordó su exclusión del sistema interamericano.

Desgraciadamente para nuestra causa, no se implementaron las medidas complementarias de legítima defensa. Unos seis meses antes de la Crisis de los Cohetes, el 10 de abril de 1962, el Dr. Miró Cardona se entrevistó en la Casa Blanca con el Presidente Kennedy y planteó la necesidad de coordinar una acción militar. Aunque el Presidente norteamericano no puso objeciones y hasta dio ordenes a sus funcionarios de acelerar el reclutamiento de cubanos, muy poco se adelantó en ese sentido. Una gestión semejante para lograr el apoyo del Congreso fue iniciada por el Dr. Manuel Antonio de Varona y el autor de este libro, de la que tuvo conocimiento el Dr. Miró Cardona y a la que no se opuso. Estas gestiones culminaron con la Resolución Conjunta del 3 de octubre de 1962. La Crisis de los Cohetes y la promesa de Kennedy de no intervenir en Cuba, no apagaron el firme propósito de seguir luchando por la recuperación de la República libre y democrática que todo el pueblo cubano, el del exilio y el de la Isla, anhela.

Cierran esta parte del texto algunos breves estudios y artículos, inclusive misivas, en que se expone la firme determinación del pueblo cubano de lograr el renacimiento de la libertad, la justicia y la democracia en nuestra patria y analiza los nuevos problemas a los que se enfrenta el mundo libre. El primero de ellos es el mensaje que el autor dirigió al Rey de España y a los Jefes de Estado de Iberoamérica con motivo de su participación en la llamada Conferencia de la Cumbre en Cuba, en el que les pone de manifiesto la horrible tragedia del pueblo cubano bajo la sangrienta dictadura comunista.

El segundo es un artículo que se titula «El arresto que falta» en que se denuncia el evidente doble standard entre el arresto de Pinochet y la impunidad de Castro, y es también otra denuncia a las iniquidades cometidas por el régimen de Castro. Carbonell especula sobre las posibles causas que determinan la pusilanimidad con el tirano de Cuba, y apunta la inclinación a las izquierdas, el miedo a la subversión o el odio al Goliat norteamericano de algunos gobernantes del mundo. El artículo «¿Quo Vadis, Venezuela?», de septiembre de 1999, compara la llegada del comunismo en Cuba con lo que ya él detectaba en esa fecha en

Chavez. Analiza las diferencias del proceso en Cuba y en Venezuela, pero apunta las inclinaciones hacia la izquierda extrema del militar venezolano. Se pregunta si éste seguirá el camino de Castro y proféticamente advierte las horribles consecuencias, si esto se produjera.

«La Hora Cero de la Verdad: Las Torres Gemelas y el Terrorismo Internacional» sirve a Carbonell para evaluar el terrorismo internacional y especular las razones de su origen, concluyendo que en definitiva sus causas son el resentimiento social, de envidia y odio implacable a los valores de Occidente y a los Estados Unidos, que, con sus virtudes y defectos, los simboliza.

También se incluyen tres trabajos sobre la Iglesia Católica, uno escrito con anterioridad de la visita del Papa Juan Pablo II a Cuba, otro después de la referida visita y el tercero fue una conferencia sobre la Iglesia en Cuba que, por invitación de Monseñor Octavio Cisneros, se efectuó en New York ante una representación eclesiástica que también comprendía a los obispos Boza Masvidal y Román y un miembro prominente del Obispado Cubano.

En el primer artículo Carbonell establecía las dos opciones a las que se enfrentaba el Sumo Pontífice: o una llamada al pueblo cubano a la reconciliación o una reafirmación de los principios cristianos y la exaltación del derecho a la libertad, repitiendo el histórico viaje a Polonia en 1979, que tan fecundos resultados produjeron en su país de origen y en el mundo. Alegaba que la primera sería una claudicación, que pudiera ganar concesiones, siempre temporales en naciones bajo gobiernos totalitarios, pero debilitaría a la Iglesia y reduciría la moral de la oposición de la isla. La segunda, la calificaba Carbonell con acierto, más confrontadora y riesgosa pero más noble y cristianamente religiosa. Carbonell se refirió a uno de los fundadores de la nación cubana más amado y respetado, el insigne Padre Félix Varela y recordó su vida como ejemplo luminoso a seguir y también rememoró a Juan Pablo II en su primer gran sermón en Polonia, citando las palabras de Cristo a sus discípulos: «No tengáis miedo».

El segundo artículo en que avala el impacto de la visita papal a Cuba nos muestra con razón que la misma fue positiva. Juan Pablo II se declara revolucionario, pero de la revolución de Cristo, que es la del amor, todo lo contrario del comunismo que es la del odio, y plantea la defensa de los derechos humanos, que es un tema fundamental de todo su papado. Sus condenas al totalitarismo, su defensa de la libertad, hicieron por breves momentos históricos, de la tierra cubana, tierra mambisa. Carbonell recuerda la homilía histórica del Arzobispo de Santiago de Cuba, Monseñor Pedro Meurice Estío, que realmente hablaba por un pueblo que quería reconstruir esa fraternidad tan típica de nuestra manera de ser, basada en la libertad y la solidaridad. Muestra el cronista hasta la profunda sabiduría popular que vibra en nuestro choteo criollo, al aludir al estribillo que el pueblo repite, con respeto, «El Papa, amigo, llévatelo contigo».

Carbonell estaba consciente de que esta conferencia «Reflexiones sobre la Iglesia en Cuba» era una labor difícil, sobre todo en el exilio, y aclaró que se acercaba al tema con la perspectiva laica de un católico que deseaba que la Iglesia saliera de esta lucha con más fortaleza y prestigio. La misma es un estudio hecho con gran cuidado y con moderación y equilibrio, lo que se comprende dadas las polémicas sostenidas en el exilio sobre esta candente cuestión.

Para lograr su objetivo, el autor realiza una amplia, precisa y detallada evaluación sobre esas relaciones, reconociendo un factor básico: la gran responsabilidad moral de la Iglesia de mantener su presencia y vigencia en Cuba para cuidar la espiritualidad y la fe religiosa de millones de cubanos que mayoritariamente pertenecían a esa religión. Esta revisión la inicia muy adecuadamente con la referencia al ejemplo luminoso del Padre Félix Varela que, además de eminente catedrático de Teología y Derecho Constitucional, fue un militante de la reforma de la educación cubana y un reconocido filósofo. Pero fue sobre todas las cosas un sacerdote católico de una conducta llena de santidad y un patriota cubano capaz de todos los sacrificios por lograr la independencia de su patria.

Carbonell continúa con la polémica sobre la inclusión de la moral cristiana en la Constituyente de 1940 entre los delegados del Partido Comunista y figuras del calibre intelectual de Emilio Núñez Portuondo, Jorge Mañach y José Manuel Cortina. Se refiere posteriormente a la polarización de ciertos sectores laicos y religiosos contra los excesos del régimen de Batista y el intento fallido de la alta jerarquía eclesiástica de intentar una reconciliación pacífica y democrática. Sigue con la comunización de Cuba y la creencia al principio, entre ciertos representantes de la Iglesia, de que se trataban de errores de improvisación, y describe el inolvidable homenaje a la Virgen de la Caridad del Cobre el 28 de noviembre de 1959 en la Plaza Cívica de la Habana, que tan profundo mensaje de rechazo a la ideología atea lanzó al mundo el creyente pueblo cubano. Después, Carbonell plantea la internacionalización de la lucha, en la que la agonía de Cuba empieza a ser angustia del mundo civilizado, y señala los efectos, en cuanto a las relaciones entre la Iglesia y el estado cubano, de acontecimientos como la heroica expedición de Playa Girón, la Crisis de los Cohetes y la contraofensiva mundial contra el comunismo del Presidente Ronald Reagan y el Papa Juan Pablo II. Carbonell reconoce la misión moral de la Iglesia que requiere su presencia en Cuba, pero con gran respeto recomienda a sus figuras rectoras no olvidar el compromiso que tiene la Iglesia Católica de defender la libertad y la dignidad humana que tan unidas están al mensaje de Jesús.

Termina esta parte con dos debates epistolares que Carbonell tuvo. El primero con David Rockefeller, al enterarse por la prensa que éste le iba a dar a Fidel Castro una recepción en su casa de campo. En su carta, Carbonell le expresó su decepción y tristeza por la noticia. Rockefeller ingenuamente le contestó que no veía nada negativo en esas reuniones porque creía que en ese tipo de conversaciones privadas se podía llegar a convencer hasta a los dictadores. El segundo, con resultados semejantes, lo tuvo con los editores de la revista *Time,* que incluyeron en un número de esa revista de 1999, dedicado a «Héroes e Íconos», una laudatoria reseña del Che Guevara, falsa e hiperbólica. Esto motivó la carta de Carbonell en donde mostraba, en referencia a su actuación en el gobierno castrista, que el Che dio muestras indudables de su crueldad, su falta de moral y su fanatismo totalitario. Ambas misivas muestran un adecuado ajuste entre la denuncia acertada y bien fundamentada y la cortesía y la discreción con que se expresa.

LA AÑORADA LIBERTAD

La cuarta y última parte del libro, «La Añorada Libertad,» comienza con un breve artículo titulado «La República que Perdimos... y que Rescataremos,» escrito en ocasión del centenario de la República, que por su belleza expresiva, la luminosidad del análisis histórico que realiza, el sofrenado patriotismo que lo inspira y la veracidad de los hechos históricos que destaca, puede calificarse como antológico y escogerse como modelo en un libro como éste, tan pletórico de ensayos históricos valiosos. Cumple plenamente el objetivo declarado del autor de vindicar los logros y aciertos de la República, sin olvidar sus errores y fallos, y al mismo tiempo revivir la fe en el rescate de una república democrática, como también lo lograron otras naciones que sufrieron similares tragedias.

El segundo trabajo de esta parte, que se titula, «¡No Prevalecerán!» fue escrito para alertar a sus compatriotas de posibles maquinaciones continuistas en la Cuba post-castrista, bien siguiendo el modelo chino de Den Xiaoping, que por ser más reciente llama más la atención, o el modelo de Lenin en Rusia de 1921. Con algunas variaciones entre ellos, ofrecen ambos ciertas libertades económicas, pero dejando la intolerancia política intacta. Carbonell precisa claramente que aunque se proclama como programa para darle más fuerza a la economía, lo que en el fondo se pretende es apuntalar el poderoso aparato represivo que ya empieza a dar muestras de decrepitud, esperando tal vez que la protección del gobierno de Chavez pueda ayudar a superar la tremenda crisis económica que está actualmente atravesando Cuba. Carbonell explica en detalles las dos opciones, el modelo ruso de 1921 y el chino de 1977, pero reitera que el objetivo es el mismo: el continuismo de la clase dirigente, facilitado por el ofrecimiento de reformas parciales, pero siempre revocables, la atracción del capital y tecnología del extranjero, pero conservando el totalitarismo en lo político.

Carbonell previene que ese posible intento de mantener el comunismo en Cuba quizás tenga la ayuda de los gobiernos de algunas naciones hispanoamericanas y europeas que verían con beneplácito la sustitución de Castro, si se hace un simulacro de liberación temporal. Apunta que hasta los Estados Unidos, aunque quiera una amplia apertura democrática para suprimir el embargo, puede ser que se asuste ante posibles luchas intestinas y acepte una solución intermedia tipo Nicaragua. Pero cree que, en definitiva, ese tipo de transición, si en su desesperación la logra el comunismo cubano, durará poco porque complot descubierto y denunciado, no sorprende ni engaña. Y también porque el cambio originará pugnas y luchas intestinas entre los gobernantes comunistas, y el pueblo cubano, cansado de medio siglo de cruenta esclavitud, se levantará a defender sus derechos.

«El Peligro de los Referéndums Amañados» es un breve pero muy valioso artículo previendo los peligros de utilizarlos cuando no se practican en una democracia con amplias garantías y pluralidad de partidos. Carbonell revisa en la historia mundial los casos de los plebiscitos y referéndums amañados y las nefastas consecuencias que éstos han producido. Denuncia muy específicamente el reciente del dictador de Venezuela y las terribles consecuencias que traerá a esa desgraciada nación si el pueblo venezolano no impide sus siniestros propósitos. Asimismo, trata de convencer a ciertos disidentes en Cuba que abogan por un referéndum bajo una Constitución comunista, sin garantías de ningún tipo, que éste solamente propiciaría una falsa legitimidad del gobierno totalitario.

«El Precio de la Libertad» es un trabajo encaminado a demostrar que para que Cuba vuelva a ser una nación democrática hay que desmantelar y liquidar al gobierno que la somete a una horrible esclavitud, lo que requiere previamente que el pueblo lo desestabilice enfrentándosele. Carbonell describe todo el proceso de redención del pueblo de Polonia y la heroica lucha del movimiento Solidaridad para destruir al gobierno comunista con la ayuda del Papa Juan Pablo II y el gobierno del Presidente Ronald Reagan. Este proceso produjo en consecuencia la libertad de la Europa central y oriental que estaba sometida al comunismo. Este ejemplo, dice el autor, será el camino a seguir y agregaba, citando a Martí, que «la libertad cuesta muy cara, y es necesario, o resignarse a vivir sin ella, o decidirse a comprarla por su precio»

Otro trabajo «Entre la Mentira, el Miedo y la Esperanza» analiza la problemática cubana después de que Fidel Castro designara a su hermano Raúl como su sucesor.

Carbonell se concentra en la necesidad de abortar esa maniobra de continuismo que la misma encierra, y que tiene, en la mentira y el miedo, sus instrumentos más eficaces. Carbonell pone varios ejemplos encaminados a mostrar cómo con la mentira el gobierno comunista distorsiona la verdad, y cómo con el miedo paraliza las posibles reacciones de una parte de la población sumida en hondo temor. Pero confía en que con la ayuda del exilio cubano unido, el pueblo de la Isla pueda convertirse en el nuevo protagonista de su destino de libertad.

En el excelente trabajo «Lo que nos Une y lo que nos Divide,» Carbonell ratifica lo que hemos señalado como uno de los objetivos centrales de este libro, la indagación del pasado como la mejor manera de apreciar lo que somos y potenciar lo que seremos, cuando Cuba sea de nuevo una república independiente y democrática. El autor encuentra que, en general, nos une fundamentalmente el amor a la patria y la necesidad que sentimos de efectuar un cambio democrático. Señala Carbonell que más que en las grandes cuestiones, nuestras diferencias están en la manera en que se debe efectuar la transición, para que los cambios que hagamos sean en realidad eficaces y conlleven la instalación de una genuina democracia que necesariamente conduzca al establecimiento de un Estado de Derecho, y no sea una farsa que deje el totalitarismo vigente en Cuba. Muy hermosamente, Carbonell hace un llamado al exilio y a la oposición de Cuba para que discutan en forma constructiva las diferentes estrategias.

En el siguiente trabajo, que está muy unido al anterior, «Cuba después de Castro», Carbonell pronostica que a no ser que se produzca una rebelión popular espontánea o un alzamiento militar, la fase posterior después de Fidel Castro será probablemente más de sucesión totalitaria que de transición democrática. No obstante, augura que el exilio y la oposición en Cuba unidos producirán la derrota total del comunismo. Carbonell señala algunos cambios que servirán como índices que nos permitirán apoyar el proceso de democratización, si es verdadero, como son: el gobierno de unidad nacional, el restablecimiento de la Constitución de 1940 y una serie de medidas que garanticen la creación de un verdadero Estado de Derecho. Carbonell, que ha estudiado con mucho cuidado los procesos de transformación de los países balcánicos que eran comunistas en repúblicas democráticas, advierte que el pueblo cubano debe estar muy alerta en este proceso que tendrá que recorrer para recobrar la dignidad y la libertad.

Carbonell cierra este libro con el trabajo «Marco Constitucional para una Transición Democrática Cubana,» que, como los artículos que lo preceden, está encaminado a facilitar una transición democrática y no una sucesión totalitaria. En el mismo, ante la necesidad de escoger una Carta fundamental que rija durante el período provisional hasta que los mandatarios electos por el pueblo efectúen la libre adopción del texto constitucional definitivo, Carbonell plantea que existen tres opciones: la primera es la reforma de la presente Constitución estalinista de Cuba, establecida por el gobierno comunista en 1976 y modificada en 1992 y en años subsiguientes; la segunda, redactar una nueva Constitución y la tercera, reestablecer las partes aplicables de la de 1940. El autor dedica el trabajo a probar la impropiedad de utilizar las dos primeras opciones y a explicar la idoneidad de acogerse a la tercera.

Se basa para ello en que la Constitución comunista está encaminada al establecimiento de un régimen marxista que anula los derechos individuales que supuestamente debía proteger y tiene artículos que se contradicen entre sí, lo que hace que no se pueda utilizar en un genuino esfuerzo de democratizar la nación. En cuanto a una nueva Constitución, considera que un gobierno transitorio no podría darle legitimidad y sería muy peligrosa y objetable. Por tanto, llega a la conclusión de que el restablecimiento de los preceptos aplicables de la Constitución de 1940 es la única solución posible que permitiría la transición a la democracia en Cuba. Las razones históricas que legitiman la Constitución de 1940 y los derechos individuales que esa Carta Magna garantizan, son estudiados también por Carbonell para ratificar que su empleo sería la más recomendable de las opciones apuntadas.

En su hermoso y razonado «Epílogo», escrito, como el resto del libro, en esa prosa suya, clara y elegante, que está dotada de un contenido lirismo, confiesa que ha procurado ofrecer un sobrio balance del proceso borrascoso pero fascinante de Cuba, con sus luces y sus sombras, desde el advenimiento de la República hasta estos días aciagos. Y lo ha logrado pues, como aconseja a sus hermanos cubanos, no ha caído ni en pesimismos ni optimismos extremos. Se ha enfrentado, con la seriedad y la objetividad tan presentes en todas sus obras, al período histórico que evalúa y ha encontrado en el estudio de nuestras raíces, nuestra historia y nuestra cultura –factores que por ancestro le están tan íntimamente ligados– la luz para no perder la fe en la capacidad de nuestro pueblo. Este libro constituye un aporte fundamental a la historia de su patria, escrito en este exilio que se ha caracterizado por el cultivo del ensayo histórico, entre otros logros valiosos en diferentes campos. Con él, Néstor Carbonell Cortina ha servido cabalmente a su Cuba, con su talento y patriotismo, en estos tristes años de agonía, y su mensaje habrá de servir al pueblo cubano en el momento de su redención definitiva.

INTRODUCCIÓN

Libro de reflexiones sobre Cuba es éste, con trasfondo histórico y ojeada al futuro. Contiene una selección de mis ensayos, conferencias y otros trabajos en los que analizo la trayectoria azarosa de mi patria con sus éxitos y fracasos, luces y sombras, euforias y traumas.

He tratado de examinar los hechos con mesurado realismo –sin los lentes rosáceos de Pangloss ni los tintes sombríos de Casandra. Pero en los juicios que emito sobre la lucha contra la tiranía totalitaria en que estamos enfrascados, no hay relativismo ni neutralidad. Se observará la fibra de un militante de la democracia que define claramente su posición, «sine ira et studio».

Me adentro en el pasado de Cuba cuando era libre, no con fines nostálgicos, teóricos o académicos, sino para mejor escrutar su posible futuro sin amos. No soy determinista, pero creo que en todo ayer hay embriones del mañana; en toda historia hay un cúmulo de experiencias, predisposiciones y tendencias que impactan el porvenir y sus circunstancias. Del examen retrospectivo de nuestra era precomunista, acaso surja una idea más diáfana de lo positivo de esa era que habrá que retener y mejorar, y de lo negativo que habrá que corregir o eliminar.

Es amplio y abarcador el libro, pero en las distintas etapas que cubro, perfilo únicamente episodios y personajes de relieve y trascendencia. La primera sección enfoca capítulos cruciales del proceso de la República, desde su advenimiento en 1902, pasando por Zayas, Machado y la Revolución de 1933, hasta su punto culminante en la Convención Constituyente de 1940. Concluye con su caída fatal en 1959 bajo un mesianismo totalitario incubado en la mentira y apoyado en el terror. Lo que éste implantó en nuestro suelo no ha sido más que una enajenante y anticubana aberración. Por eso es preciso hurgar en nuestro pasado republicano, no para tratar de reeditarlo, sino para saber lo que, en esencia, fuimos e hicimos, y lo que, con necesarios cambios, seremos y haremos cuando el pueblo recobre su sentido y respire libertad.

En la segunda sección del libro profundizo en el cómo y el por qué el comunismo se apoderó de Cuba. Tras esbozar los factores internos que socavaron la República y menguaron sus defensas, trato de desentrañar la conspiración comunista urdida por los hermanos Castro con agentes soviéticos para adueñarse del país. Incluyo en el libro el trabajo titulado *¿Hacia dónde vamos?*, que escribí a mediados de 1959, en el que trazo un paralelo entre las medidas iniciales adoptadas por el régimen de Castro y las preconizadas por Marx y Lenin para dominar y comunizar a un país. Concluyente es la evidencia de una ruta totalitaria seguida desde el principio por la revolución – no traicionada como todavía piensan algunos de los que creyeron en sus promesas, sino traidora desde su infausta germinación.

Precisa tener presente que lo que aherrojó y mantiene en cautiverio a nuestro país no fue, ni es, un caudillismo demagógico y autoritario, ni un militarismo dictatorial a la vieja usanza latinoamericana, sino un sistema esteparío-yugulador con retórica, ribetes y personeros cubanos. Para liberarnos de ese sistema, habrá que desmantelar el aparato totalitario, que, aunque desgastado y sin mística, conserva todavía sus férreas tenazas de intimidación y represión.

La tercera y más amplia sección del libro está dedicada al exilio. Omito la estela luminosa de éxitos económicos, profesionales, artísticos y culturales alcanzados por tantos compatriotas

– orgullo de la nación cubana del destierro – para concentrarme en los hitos de nuestra militancia en pro de la libertad. Los detractores del exilio sólo apuntan los fallos y desaciertos, incluyendo el protagonismo divisionista y el debate destemplado y mordaz. Sin negar nuestros excesos, justo es reconocer que son pocos los exilios en el mundo que han afrontado tantos reveses y frustraciones, por tanto tiempo, sin abandonar la causa, ni arriar la bandera, ni abdicar la identidad.

En esta sección analizo, con perspectiva histórica, las causas y consecuencias del imperdonable abandono en Girón y de la subsiguiente Crisis de los Cohetes, que culminó en el pacto Kennedy-Kruschov de no invasión, consagratorio del protectorado soviético en Cuba.

Al abordar el tema de la diplomacia en el exilio, explico cómo se logró expulsar de la O.E.A. al régimen de Castro – tarea que me cupo el honor de impulsar y coordinar en representación del Consejo Revolucionario de Cuba. Incluyo, asimismo, trabajos posteriores denunciando la conducta de gobiernos y organismos internacionales, que, por cobardía, inercia o confabulación, le han otorgado una patente de impunidad a la tiranía más cruel, injuriante y agresora que ha existido en las Américas.

En trabajos subsiguientes me refiero a la metástasis castrocomunista en Venezuela bajo Chávez y a la amenaza sin fronteras del terrorismo internacional.

Le dedico un capítulo completo a la Iglesia, desde diversos ángulos, con sus luces y sombras en su postura de cara al régimen de Castro. La pieza central de este capítulo es la conferencia que pronuncié, a raíz de la visita del Papa a Cuba, ante la más alta jerarquía de la Iglesia en el exilio y en presencia de un representante obispal del episcopado en la isla.

En la sección correspondiente al exilio, me refiero también al debate epistolar que entablé con David Rockefeller sobre Castro y al que sostuve con la revista *Time* sobre el Che Guevara. Incluyo copia de las cartas cruzadas en ambas casos.

En el artículo final de esta sección, enfoco con preocupación, pero sin abatimiento, los retos del exilio. A pesar de todas las adversidades y del implacable calendario que ha diezmado nuestras filas y nos ha privado de insignes adalides, el exilio ha dado grandes batallas en todos los frentes. Y hoy, aunque fatigado y un tanto dividido, mantiene su vigencia y espíritu de lucha.

La cuarta y última sección del libro ofrece una ojeada al futuro añorado, sin opresores ni oprimidos bajo el imperio de la ley y con plena libertad. Para alcanzar esta meta, señalo los obstáculos que habrá que sortear y las maniobras fraudulentas que habrá que abortar: la sucesión dinástica, ya en marcha, del fraterno vicetirano; concesiones selectivas y revocables para dividir la oposición; reformas económicas parciales, como las que impulsaron Lenin en la Rusia Soviética (Nueva Política Económica) y Deng Xiaoping en la China Comunista, para atraer capital sin apertura política; referéndums amañados para «legitimar» el totalitarismo; piñatas revolucionarias, tipo Nicaragua, para convalidar el saqueo y pertrechar la nomenclatura.

Éstos y otros rejuegos continuistas podrán intentarse por un tiempo, pero no creo que habrán de perdurar. Si el exilio militante se mantiene con ojo avizor y en estado de alerta, no habrá sorpresas ni desengaños. Y si cierra filas para fomentar y apoyar la oposición dentro de Cuba, auguro que el régimen sucesor, agrietado eventualmente por pugnas internas, no podrá resistir el oleaje de nuestro pueblo cuando, harto de vegetar en la ignominia, alce la frente para reclamar su derecho a vivir con dignidad.

Llegado ese momento, podrá erradicarse el totalitarismo e iniciarse el verdadero tránsito a un estado democrático de derecho.

¿Habrá entonces que reinventar a Cuba, como proponen algunos, con modelos fundacionales teóricos o esquemas foráneos de ingeniería social? No, lo que a mi juicio habrá que hacer es reencontrar a la Cuba de nuestras raíces y tradiciones para edificar, sobre esa base, la nueva república proyectada al futuro. Una república civilista y cordial, avalada por el sufragio libre y directo, asentada institucionalmente en la ley, y abierta a las corrientes modernas más progresistas que sean compatibles con las realidades del país y la idiosincrasia de los cubanos.

Ardua y compleja será la tarea que habrá que acometer en la fase transitoria, y grandes los retos que habrá que enfrentar en tres áreas principales que comento en mi libro: democratización política basada en la carta de derechos («Bill of Rights») que consagra nuestra legítima Carta Magna de 1940; liberalización económica anclada en el derecho de propiedad privada y en la iniciativa empresarial regida por el mercado, pero con responsabilidad social; y regeneración moral inspirada en el evangelio de Cristo, en los principios martianos, en la ética de trabajo, y en la reconciliación nacional expurgada de odios, con equidad y justicia.

¿Podrá Cuba con sus jóvenes y mayores, hombres y mujeres, residentes en la isla y desterrados, realizar esta hazaña gigantesca tras recobrar su libertad? Como hube de consignar en uno de mis trabajos, «si pudo Polonia, desmembrada cuatro veces y azotada por dos totalitarismos consecutivos durante cincuenta años, ¿por qué no ha de lograrlo Cuba también?» Creo en las reservas democráticas, íntegras y sensatas de nuestra patria. Creo en los presos políticos plantados, en los opositores frontales y en los exiliados solidarios e indoblegados. Y creo en nuestros muertos egregios que todo lo dieron por Cuba, sin esperar recompensa, legándonos en su heroica lucha por la libertad un ejemplo de grandeza que emular y un mandato sagrado que cumplir.

I
LA REPÚBLICA

LA PRIMERA INTERVENCIÓN NORTEAMERICANA Y LA ALBORADA DE LA REPÚBLICA

A instancias de mi entrañable amigo y distinguido compatriota, Alberto S. Bustamante, fundador de Herencia Cultural Cubana –dedicada a promover los valores culturales que enriquecen nuestra nacionalidad–, escribí este trabajo publicado en la revista de dicha entidad. Examino en este breve ensayo, centrado en la intervención norteamericana que preludió el advenimiento de la República, el saldo de los gobiernos interinos de los generales Brooke y Wood, con sus aciertos y sus máculas. Concluyo evocando el controvertido apéndice constitucional (Enmienda Platt) a la luz del memorable debate en la Asamblea Constituyente de 1901 entre los próceres Juan Gualberto Gómez y Manuel Sanguily.

Primera Intervención Norteamericana en Cuba

Coronel Theodore Roosevelt y los «Roughriders»
en la Toma de Santiago de Cuba

Voladura del acorazado Maine frente a las costas habaneras

INTRODUCCIÓN

La guerra mal llamada Hispanoamericana, porque omite el factor beligerante cubano, fue declarada por los Estados Unidos en abril de 1898 tras la voladura del acorazado Maine frente a las costas habaneras, y concluyó formalmente en diciembre de ese año. Hondas fueron las consecuencias de su desenlace: la derrota de España y la pérdida de sus últimas posesiones coloniales (Cuba, Puerto Rico, Filipinas, Hawai); el fin de la luchas independentistas que durante más de treinta años, con intervalos y reveses, habían librado los cubanos; y el inicio del expansionismo extraterritorial norteamericano y de su intervención y tutelaje en Cuba.

Para España, su capitulación y consiguiente eclipse como potencia mundial fueron traumáticos. Trataron de evitar el descalabro con obstinada intransigencia y abrumadora fuerza. Desplazaron a Cuba 200,000 de sus mejores soldados con el fin de liquidar la insurrección mambisa que, galvanizada por Martí, había resurgido vigorosa en 1895. Pero aun sin la intervención norteamericana y sacrificando hasta «el último hombre y la última peseta», como proclamara Cánovas del Castillo, España no hubiera podido sofocarla. Tras la Invasión de Oriente a Occidente –epopeya que con singular audacia llevaron a cabo Máximo Gómez y Antonio Maceo– el ansia de libertad había prendido a lo largo de la isla y era ya irrefrenable.

En lo que respecta a los Estados Unidos, el Maine no fue más que la causa inmediata de su intervención en el conflicto cubano, el detonante. Antes de la voladura, ya había una fuerte corriente de opinión, atizada por Hearst y otras cadenas de periódicos, que abogaban por reconocer y apoyar la beligerancia de los cubanos. Haciéndose eco de esa corriente (bloqueada por los presidentes Cleveland y McKinley, partidarios únicamente de un armisticio), el influyente senador Henry Cabot Lodge, entre otros legisladores, declaró en 1896 que los Estados Unidos no podían permanecer inmóviles frente a «esas escenas sangrientas y de desolación» en Cuba. Se refería principalmente a las víctimas de la brutal Reconcentración decretada por el general español Valeriano Weyler. Y concluyó Cabot Lodge su alocución diciendo: «la simpatía del pueblo americano... está con los cubanos en su lucha por la libertad».

La solidaridad con los insurrectos, por afinidad de ideales y sentimientos humanitarios, no fue el único móvil de la intervención norteamericana en Cuba. En algunos círculos políticos y empresariales palpitó también la vieja querencia de anexar a la Perla de las Antillas para satisfacer intereses comerciales y estratégicos. Este latente deseo cobró auge con la doctrina del Destino Manifiesto, que preconizaba la extensión del poderío benefactor de los Estados Unidos a otras tierras.

Por su parte, los patriotas cubanos, en su fiera y prolongada lucha para conquistar la independencia, hubieran preferido lograrla sin intervención foránea, pero les dieron todo su apoyo a las fuerzas de los Estados Unidos para finiquitar cuanto antes la dominación española. La acción conjunta, sin embargo, no se tradujo en alianza, sino en ocupación norteamericana. Y con ella surgieron algunas sombras ominosas e incidentes deplorables. Así, por ejemplo, el general William R. Shafter, jefe del ejército norteamericano en Santiago de Cuba, les prohibió al general Calixto García y a sus tropas que entrasen en esa ciudad después de la rendición española, lo que constituyó una afrenta al prócer y a los aliados cubanos.

Pero lo que más hirió la sensibilidad de nuestro pueblo fue que, al negociarse y firmarse el tratado de paz en París, en diciembre de 1898, se desconociera y excluyera la representación cubana. Por consiguiente, los iniciadores y sostenedores de la gesta libertadora, quienes antes del desembarco norteamericano controlaban más de la mitad del territorio nacional y contaban con su propio gobierno en armas, no fueron ni reconocidos ni consultados a la hora de decidir en Paris la suerte de su país.

Durante la concertación de los protocolos de paz, la delegación de España, para proteger sus intereses comerciales y garantizar la seguridad de sus súbditos en la isla, quiso que los Estados Unidos asumieran la plena soberanía de Cuba con carácter permanente. Justo es reconocer que los representantes norteamericanos rechazaron esa propuesta, que hubiera violado la Resolución Conjunta adoptada por el congreso federal el 19 de abril de 1898, y refrendada al día siguiente, con fuerza de ley, por el presidente McKinley. Esa Resolución no sólo declaró en su párrafo primero que «el pueblo de la isla de Cuba es y de derecho debe ser libre e independiente». También incluyó en su párrafo cuarto, en virtud de la enmienda Teller gestionada por el gallardo abogado de la causa cubana, Horatio Rubens, esta explícita renuncia de soberanía o anexión:

«... Los Estados Unidos por la presente declaran que no tienen deseo ni intención de ejercer soberanía, jurisdicción o dominio sobre dicha isla, excepto para su pacificación, y afirman su determinación, cuando ésta se haya conseguido, de dejar el gobierno y dominio de la isla a su pueblo».

Gobierno del General Brooke

El 1º de enero de 1899, España le cedió el mando de la isla a los Estados Unidos. El traspaso se efectuó ordenadamente, con manifestaciones de júbilo del pueblo cubano por el cese de la dominación ibérica, pero con el debido respeto a los peninsulares vencidos. Para orgullo nuestro, no hubo persecución ni hostigamiento de españoles o simpatizantes del régimen colonial, ni saqueo de propiedades, ni emigración masiva.

Para asumir el cargo de gobernador militar de la isla, los Estados Unidos designaron al mayor general John R. Brooke, militar pundonoroso, muy capacitado, laborioso y justo. La tarea de pacificación, reordenamiento institucional y reconstrucción a él encomendada fue sumamente ardua y espinosa, porque Cuba era un país exangüe y devastado. A consecuencia del exterminio genocida decretado por Weyler y de la epidemia de fiebre amarilla, el país había perdido cerca de 400,000 hombres, mujeres y niños (el veinte por ciento de la población). Y con motivo de la guerra total desencadenada por los mambises para contrarrestar la agresividad y superioridad numérica y armamentista de las fuerzas españolas, se destruyó gran parte de la riqueza nacional que sostenía y financiaba la ofensiva ibérica. Sólo quedó el veinte por ciento de la ganadería existente antes de la guerra del '95. Y la zafra azucarera, que en 1894 alcanzó 1,054,214 toneladas, a duras penas sobrepasó 200,000 toneladas en 1897.

El gobierno de Brooke, aunque establecido sobre base militar, creó paralelamente una administración civil con cubanos prominentes. Entre las personalidades escogidas para desempeñar secretarías figuraron Domingo Méndez Capote, Pablo Desvernine y José Antonio González Lanuza. Este último, teniendo a su cargo la secretaría de justicia e instrucción pública, se ocupó de la reorganización de los tribunales de justicia, creando juzgados correccionales y un tribunal supremo con jurisdicción en todo el territorio nacional. A instancias de Lanuza, la presidencia del supremo recayó en el ilustre e integérrimo jurista cubano Antonio González de Mendoza y Bonilla.

Asimismo, Brooke nombró gobernadores civiles para las provincias, escogiéndolos entre los jefes revolucionarios de mayor prestigio: Demetrio Castillo Duany para Santiago de Cuba; Lope Recio para Puerto Príncipe; José Miguel Gómez para Santa Clara; Pedro Betancourt para Matanzas, y Guillermo Dolz para Pinar del Río.

Una de las tareas más escabrosas que Brooke tuvo que realizar fue el licenciamiento del Ejército Libertador y la obtención de fondos que hicieran posible abonar a los mambises parte de sus haberes para facilitar su reincorporación a la vida civil. Los comisionados de la Asamblea de Representantes del gobierno cubano en armas, que permaneció activa luego del cese de hostilidades (en Santa Cruz del Sur primero y en el Cerro después), se dividieron for falta de consenso. Algunos insistieron en un empréstito norteamericano de diez millones de dólares, y otros propusieron un préstamo de tres millones. Encoñados fueron los debates que este asunto suscitó, y triste su secuela: la muerte repentina en Washington de Calixto García sin poder llegar a un acuerdo con el gobierno de los Estados Unidos, y la destitución posterior de Máximo Gómez como general en jefe a consecuencia de un explosivo incidente con representantes de la Asamblea del Cerro. Cuando el apasionamiento ofusca la inteligencia y se personalizan fuertes discrepancias, el choque de los amores propios resulta inevitable. Esto fue lo que enardeció el lamentable enfrentamiento. En definitiva, los norteamericanos le pusieron fin a la controversia con un donativo (no préstamo) de tres millones de dólares para el Ejército Libertador.

Como paso previo «al establecimiento de un sistema eficaz de gobierno propio», el general Brooke dispuso que se hiciera un censo nacional. Al propio tiempo, adoptó las medidas urgentes que la precaria situación exigía. Así, amplió los plazos apremiantes de hipotecas para evitar la quiebra y remate de las propiedades de deudores empobrecidos por la guerra. Se ocupó del saneamiento, alcantarillado y pavimentación de algunas de las principales ciudades. Reorganizó y amplió la Universidad de La Habana, aumentó los institutos de segunda enseñanza, y reclutó más de tres mil maestros para la enseñanza primaria. Creó la guardia rural, y con ella pudo hacerle frente al bandolerismo que azotaba la zona oriental de la isla.

Durante casi un año de gobierno, el general Brooke rigió el país con singular acierto. El jurisconsulto Pedro González Llorente, interpretando el sentir mayoritario de la nación, proclamó en el banquete de despedida: «Dondequiera que os encontréis, general, cualquiera que sea nuestro destino..., tendremos siempre de vos una brillante memoria y os profesaremos un motivadísimo sentimiento de respeto, de amor y de gratitud».

General Calixto García a quien se le prohibió entrar con sus tropas en Santiago de Cuba tras la rendición española.

General en Jefe Máximo Gómez, destituido por la Asamblea del Cerro a consecuencia de un lamentable incidente.

General Leonard Wood, Gobernador General de Cuba (20 de diciembre de 1899 a 20 de mayo de 1902).

Enrique José Varona, Secretario de Instrucción Pública bajo Wood.

Gobierno del General Wood

El 20 de diciembre de 1899, sustituyó al general Brooke como gobernador general de la isla el general Leonard Wood, médico militar, bostoniano de nacimiento, graduado de Harvard, y amigo personal del Presidente McKinley y de Theodore Roosevelt (a quien acompañó, con los Rough Riders, en la toma de Santiago de Cuba). Con apenas treinta y nueve años de edad, Wood era un hombre severo y dinámico, de extraordinarias aptitudes y de reconocidas dotes de mando. No era partidario, sin embargo, de compartir o delegar su autoridad, como lo hacía Brooke, y en el fondo alimentaba sueños anexionistas.

El general Wood declaró que venía a continuar la prudente y fecunda política de su antecesor, y que les daría preferente atención a la instrucción popular y las obras públicas. En vista del alto nivel de analfabetismo existente en el país, (sesenta y cuatro por ciento de la población, según el censo de 1899), Wood le encomendó a los educadores Frey y Hanna un program integral que incluyó la creación de una junta de educación en cada municipio, la transformación de cuarteles en escuelas y de casas en aulas rurales, la revisión de los libros de textos, y la capacitación de maestros por medio de escuelas normales y de cursos intensivos de verano en la Universidad de Harvard.

La reforma de la enseñanza secundaria y universitaria estuvo a cargo del preclaro secretario cubano de instrucción pública, Enrique José Varona. Influenciado por el positivismo en boga, Varona procuró que la enseñanza dejase de ser «puramente verbal y retórica, pasando a ser objetiva y experimental..». Bajo su controvertido liderato, se crearon en la Universidad de La Habana las carreras de ingeniería agronómica y eléctrica, arquitectura y veterinaria, amén de laboratorios, museos y clínicas.

En materia de obras públicas, la administración del general Wood mereció asimismo felicitaciones y aplausos por la pavimentación de las principales calles de Santiago de Cuba y otras ciudades, la canalización del puerto de Cárdenas, la transformación y embellecimiento del paseo del Prado en La Habana, y el inicio del trazado de la impresionante avenida del Malecón. La sanidad fue objeto también de especial atención, sobre todo en lo que respecta a la fiebre amarilla. Comprobada la teoría de Carlos Finley de que cierta especie de mosquito era el transmisor de dicha plaga, se desarrolló una gran campaña que dio como resultado la erradicación de la fiebra amarilla en Cuba.

Con el concurso de juristas cubanos y norteamericanos, se continuaron las reformas del sistema legal y procesal iniciadas bajo el gobierno de Brooke. Entre las innovaciones figuraron el mandamiento de hábeas corpus, el derecho de amparo en la posesión, la ley del perjurio, el juicio por jurados (de corta duración), y la defensa de los pobres por abogados de oficio.

Uno de los efectos inmediatos del proceso de estabilización y reconstrucción del país bajo la ocupación norteamericana, y del establecimiento en ese período del dólar como moneda de curso legal, fue el incremento del flujo de capital extranjero a la isla. Se calcula que al comienzo de la gesta de 1895 las inversiones estadounidenses en Cuba eran alrededor de $40,000,000, y hacia 1902 éstas ascendían a unos $70,000,000. Junto con los beneficios innegables de estas inversiones, creadoras de fuentes de empleo, capital, tecnología y experiencia gerencial, surgió un factor preocupante que vino a corregirse o atemperarse posteriormente, en el decurso de la República: la extranjerización de grandes extensiones de tierra (latifundios), combinada con la concentración progresiva de la industria azucarera.

Una de las empresas que tuvo un enorme impacto en el desarrollo económico de la isla, durante y después de la intervención, fue la que acometió la construcción del Ferrocarril Central entre Santa Clara y Santiago de Cuba. El promotor principal de esta magna iniciativa fue William Van Horne, un audaz hombre de negocios quien poseía la experiencia de haber construido el ferrocarril interoceánico de Canadá y los contactos financieros para obtener los millones necesarios para la obra. Van Horne logró que Wood evadiera la legislación vigente (Enmienda Foraker que prohibía otorgar concesiones durante la intervención), y que le diera «permisos revocables», que fueron convalidados posteriormente mediante la Ley de Ferrocariles de 1902.

El Ferrocarril Central le abrió al cultivo de la caña las grandes llanuras de Camagüey y Oriente, acortó la duración de viaje entre La Habana y Santiago de Cuba a veinticuatro horas, reduciendo significativamente los costos de transporte, enlazó poblaciones y mercados internos que estaban prácticamente incomunicados, y les dio un formidable impulso al desarrollo agrícola y a la industrialización del país.

La Enmienda Platt y el fin de la intervención norteamericana

El gobierno interventor de Wood se distinguió no sólo implementando reformas beneficiosas que contribuyeron a encauzar y vigorizar la isla, sino también orillando hábilmente situaciones embarazosas, como los fraudes en el Departamento de Correos de Cuba en los que estuvieron involucrados altos funcionarios norteamericanos.

En el tránsito paulatino a la democracia representativa, un paso de suma importancia fue la celebración de comicios municipales, con absoluta transparencia, el 16 de junio de 1900. El otro hito trascendental fue la libre elección de una Asamblea Constituyente, que comenzó sus sesiones en noviembre del mismo año. En ella participaron cubanos de gran prestigio y talento, quienes elaboraron una notable Carta democrática, la Constitución de 1901, que, inspirada en el modelo norteamericano, garantizó plenamente las libertades individuales bajo un estado de derecho.

Cuando los convencionales cubanos se preparaban para sugerir las bases del convenio que habría de regir las relaciones internacionales de Cuba y los Estados Unidos (documento que, por instrucción del gobierno norteamericano, debía formar parte de la nueva Constitución), se produjo un hecho sorpresivo que estremeció a la Asamblea Constituyente y empañó el saldo positivo de la intervención. El congreso de los Estados Unidos, a través de una enmienda presentada por el senador Orville Platt a la Ley de los Presupuestos del Ejército, estableció y aprobó por su cuenta, sin consulta previa con los cubanos, las cláusulas que regularían las relaciones. Y el presidente McKinley le impartió su sanción inmediatamente después. La llamada Enmienda Platt, que algunos tildaron de proteccionista y otros de imperialista, mermaba las facultades de los gobiernos de Cuba para consumar pactos y contraer deudas, permitía a Norteamérica establecer estaciones navales en la isla, y reconocía el derecho de intervención de los Estados Unidos para conservar la independencia de Cuba.

Aunque la Enmienda fue presentada a los convencionales cubanos como un hecho consumado, éstos trataron de suavizarla e inclusive de adjuntarle un documento interpretativo basado en los conceptos emitidos verbalmente por el secretario de guerra de los Estados Unidos, Elihu Root. Infructuoso resultó este noble esfuerzo. El gobierno norteamericano fue categórico en su respuesta. La Enmienda Platt tenía que formar parte de la Constitución cubana tal cual, sin modificaciones ni aditamentos, para que cesara la ocupación. Las implicaciones de la Enmienda y su inmutabilidad fueron discutidas ampliamente por los convencionales. Casi todos intervinieron en los caldeados debates, pero fueron dos los que más se destacaron. Dos eminentes ciudadanos con prístina trayectoria cívica y patriótica. Dos próceres separados por medulares divergencias respecto a la Enmienda, pero unidos en el amor a Cuba y la devoción a la libertad: Juan Gualberto Gómez y Manuel Sanguily.

Dos próceres que debatieron las implicaciones de la Enmienda Platt

Juan Gualberto Gómez.

Manuel Sanguily.

Leonard Wood le entrega el mando y el gobierno de Cuba al Presidente electo Tomás Estrada Palma (20 de mayo de 1902).

El primero, periodista esclarecido, adalid de la gesta emancipadora y amigo personal de Martí, se opuso resueltamente a la Enmienda Platt porque violaba la Resolución Conjunta y atentaba contra el principio de independencia consagrado en la Constitución que acababan de elaborar. Sostuvo Juan Gualberto Gómez que concederles a los Estados Unidos el poder discrecional de decidir cuando estaba amenazada la independencia de Cuba y cuando, por ende, debían intervenir para conservarla, equivalía a entregarles la soberanía y dignidad de la nación. Asimismo, previó que esta Enmienda crearía en Cuba gobiernos raquíticos, imbuidos de una mentalidad Plattista, es decir, de una dependencia psicológica, cuando no política, en los Estados Unidos para arbitrar nuestras querellas internas y resolver nuestras propias crisis. Certero vaticinio validado por los hechos en 1906, que dieron lugar a la segunda intervención militar norteamericana en la isla.

Por su parte, Manuel Sanguily, coronel del Ejército Libertador de Cuba, escritor y orador brillantísimo, reconocía que la Enmienda Platt limitaba la soberanía nacional, pero consciente de que el rechazo de la misma prolongaría indefinidamente la ocupación militar norteamericana, mantuvo con criterio realista que era preferible una república con Enmienda a no tener república. Asimismo, consideró el tribuno que ese apéndice constitucional no sería óbice para que la nación prosperase, y que los Estados Unidos, impedidos de anexar a Cuba por la Resolución Conjunta, acabarían por abrogar la Enmienda, como en efecto ocurrió en 1934.

Prevaleció la tesis de Sanguily. Con una votación de dieciséis contra once, los convencionales cubanos aprobaron finalmente la Enmienda Platt. Cumplido este requisito, se celebraron el 31 de diciembre de 1901 los comicios para cubrir los cargos nacionales y provinciales. Resultó electo presidente (sin adversario debido al retraimiento a última hora de Bartolomé Masó), don Tomás Estrada Palma. Superando resquemores y obstáculos, se logró el 20 de mayo de 1902 el más caro anhelo nacional: el gobernador militar Leonard Wood les entregó el mando y el gobierno de la isla a Estrada Palma y al congreso cubano recién electo. En el castillo de El Morro, bajo la dirección del general Emilio Núñez, se efectuó el cambio de pabellones. Con desbordado frenesí, las multitudes congregadas a lo largo del litoral vieron flotar, en lo más alto del mástil, la bandera de la república naciente, la bandera tricolor de la estrella solitaria. Fue entonces que Máximo Gómez, guerrero insigne de treinta años de heroísmos y sacrificios, pudo exclamar: «Creo que hemos llegado».

Sí, se había llegado a una etapa crucial de nuestra historia, pero no era, ni podía ser, el cierre de la jornada. Porque, como hemos podido comprobar los cubanos en la adversidad, la democracia, que es el único sistema de gobierno que trata de conciliar las libertades individuales con la autoridad legitimada por el sufragio, es una brega afanosa que no tiene límite de tiempo, una travesía azarosa que no tiene fin. Requiere la democracia, en todo momento, vigilancia para protegerla cuando aseche el peligro, solidaridad para fortalecerla cuando se debilite o divida, y coraje para rescatarla cuando caiga o se pierda.

Esperemos que este doloroso aprendizaje acompañe en el mañana a los cubanos para que la nueva república, edificada sobre los escombros del totalitarismo, pueda consolidarse bajo el imperio del derecho, realizar su potencial de grandeza y figurar, con entera dignidad, entre las naciones libres y progresistas del mundo.

PRESIDENTES DE CUBA (1902-1959)[2]

Tomás Estrada Palma
(1902-1906)
Le sigue la Segunda Intervención de los Estados Unidos bajo Charles Magoon.
(1906-1909)

José Miguel Gómez
(1909-1913)

Mario García Menocal
(1913-1921)

Alfredo Zayas Alfonso
(1921-1925)

Gerardo Machado
(1925-1933)
Le siguen gobiernos provisionales de corta duración, (1933-1936)

Miguel Mariano Gómez
(1936)

---

[2] Fotos cortesía de la revista *Herencia* (Herencia Cultural Cubana)

Federico Laredo Bru
(1936-1940)

Fulgencio Batista
Zaldívar (1940-1944)

Ramón Grau San Martín
(1944-1948)

Carlos Prío Socarrás
(1948-1952)

Fulgencio Batista
Zaldívar (1952-1959)

LA REPÚBLICA EN PERSPECTIVA

Con motivo del centenario del nacimiento de la República de Cuba, el secretario ejecutivo y alma del Círculo de Cultura Panamericano, Elio Alba Buffill, quien prestigia nuestras letras en el destierro, me pidió que en sólo diez cuartillas trazara la evolución política de la República en sus 56 años de vida. Dada la alta jerarquía intelectual y moral del peticionario, y la honda amistad que nos une, acepté ese amable reto a mi capacidad de síntesis y presenté la siguiente ponencia, que los norteamericanos llamarían «overview», los franceses «tour d'horizon», y los latinos «a vuelo de águila».

En los primeros años de la lucha contra el régimen comunista de Castro, la nostalgia por la Cuba que perdimos nos llevó a muchos desterrados a idealizarla en nuestros recuerdos. La visualizamos cuajada de perfecciones, prístina como un sol sin manchas, bella como una rosa sin espinas. Frente a la barbarie del presente, encumbramos los aciertos del pasado, sin reconocer o sopesar a veces sus lacras innegables.

Últimamente, el péndulo parece inclinarse hacia el extremo opuesto: el negativismo. Es decir, la tendencia a menospreciar los logros de la República y a exagerar sus fallos y corruptelas. Esta tendencia se observa principalmente en algunos círculos intelectuales, contaminados quizás con el virus nihilista que Castro y sus acólitos esparcen para denigrar todo lo que la República realizó. Esto es lo que suelen hacer los regímenes totalitarios:

cercenar todo nexo con el pasado, enlodar las glorias, arrasar las instituciones, obliterar los valores, usos y tradiciones, a fin de erigir en el vacío creado el patíbulo de su horrenda tiranía.

Para repasar, con balance y perspectiva, los hitos principales de nuestro proceso republicano, ha de tenerse en cuenta el factor tiempo. La República de Cuba murió, mejor dicho, fue asesinada en plena adolescencia. Porque 56 años en la evolución política de una nación, sin experiencia previa en el gobierno propio, no son suficientes para alcanzar la madurez.

La historia centenaria y borrascosa de Europa −cuna de la libertad, pero también del totalitarismo− confirma este aserto. Y también lo corrobora la trayectoria de este gran país que nos abrió sus brazos. Tras declarar su independencia en 1776, los Estados Unidos tardaron 11 años en adoptar una Constitución, 89 años en abolir la esclavitud, 144 años en otorgarle el voto a la mujer, y 188 años en extenderles los derechos civiles a todos sus ciudadanos. Y en el camino, tuvieron que erradicar focos gangrenosos de corrupción política y sobreponerse al cataclismo de una guerra civil con 600,000 muertos.[3]

Manteniendo la necesaria objetividad, urge repasar nuestra historia, porque si queremos saber hacia dónde iremos después del régimen totalitario de los hermanos Castro, precisa recordar de dónde vinimos. Un pueblo que pierde el hilo histórico es una masa informe sin identidad ni memoria; es una multitud alelada sin luces ni rumbo.

La primera etapa del proceso republicano, la de los «Generales y Doctores», comienza en 1902 con la elección de Tomás Estrada Palma, sin opositor por la retirada de Bartolomé Masó.

---

[3] Talbott, Strobe, Spreading Democracy, *Foreign Affairs Magazine*, Nov.-Dec. 1996, pág. 63.

Don Tomás –paradigma de sencillez y probidad– llega a la presidencia desde los Estados Unidos con blasones bien ganados en las gestas emancipadoras y en el destierro. Habiendo heredado el controvertido apéndice constitucional de la Enmienda Platt que mediatizaba la soberanía nacional, su gobierno procede a regularizar las relaciones con los Estados Unidos, firmando el Tratado Permanente y el Tratado de Reciprocidad Comercial. Asimismo, liquida los haberes de los libertadores (operación maculada por la especulación); hace bueno su lema de «más escuelas que soldados», y acelera la reconstrucción económica del país, estimulando las inversiones extranjeras.

Al aproximarse el período electoral, Don Tomás se ve presionado por sus adeptos a ir a la reelección, y a ganarla a cualquier precio. Bajo su «Gabinete de Combate» se crea un clima de violencias y represiones, que culminan en el vil asesinato del líder liberal Enrique Villuendas. Estrada Palma gana a la brava, y el Partido Liberal, defraudado, se alza en armas. No pudiendo dominar la insurrección, el gobierno renuncia en pleno, invoca la Enmienda Platt y fuerza la intervención de Estados Unidos, que sólo pretendía mediar en la contienda. La recién nacida República sufre un serio quebranto debido a la desbocada aspiración al poder desde el poder, y a la intransigencia de los políticos de ambos bandos.

Al finalizar la segunda intervención norteamericana, que va de 1906 a 1909, el gobernador provisional Charles E. Magoon deja a Cuba pacificada y con buenas leyes, pero endeudada y con prácticas perniciosas, incluyendo el reparto de sinecuras o «botellas» y el otorgamiento de contratas sin subastas.

Se reanuda el proceso republicano en 1909 con la presidencia, tras elecciones libres, del general José Miguel Gómez –héroe de Arroyo Blanco en la guerra del 95, y líder liberal campechano de gran simpatía popular. El gobierno de Gómez es respetuoso de las libertades públicas y constructivo. Organiza el servicio diplomático; crea el ejército permanente y la marina; construye el alcantarillado de La Habana, y suprime el sistema de vales y fichas con que se pagaba a los trabajadores azucareros. En el campo cultural, funda el Museo Nacional y las Academias de Artes y Letras y de Historia.

El problema más serio que confronta el gobierno de Gómez es la sublevación racista –la llamada «Guerrita de los Negros»–. Ante la grave alteración del orden público, el Presidente Taft ordena el desembarco de tropas norteamericanas. Se opone vigoramente el ilustre canciller cubano Manuel Sanguily. Taft retira las tropas y se evita una tercera intervención de los Estados Unidos en Cuba.

La corrupción no amaina, sino crece, y el pueblo lamentablemente la trivializa con un estribillo dedicado al presidente: «Tiburón se baña, pero salpica». No obstante este innegable baldón que empañó su gobierno, Gómez fue un demócrata de cuerpo entero, y desistió de movilizar los recursos del poder para ir a la reelección.

Tras unos comicios inobjetables, llega a la presidencia en 1913 el mayor general de la guerra libertadora, Mario García Menocal, líder conservador austero y de recio carácter. Queriendo ponerle fin a los desmanes del gobierno anterior, nombra un gabinete de figuras prestigiosas. Le da un fuerte impulso a la instrucción pública con más de 1000 aulas adicionales y 7 escuelas normales. Uno de sus mayores aciertos, promovido por el eminente economista Leopoldo Cancio, fue la creación de la moneda nacional, a la par del dólar. En menos de 15 años de independencia, Cuba podía ufanarse de tener una hacienda pública sólida y pujante.

En el campo cultural, se funda Pro-Arte Musical. En su medio siglo de vida, esta institución privada convirtió a La Habana en uno de los grandes centros musicales de América, atrayendo a luminarias como Rachmaninov, Paderewski, Rubenstein, Casals, Tebaldi, entre otras.[4]

Menocal, quien había proclamado que «el principio de la no-reelección era el más firme sostén de la paz», olvida su prédica y decide aspirar de nuevo en 1916. Maniobras fraudulentas por parte del gobierno provocan una sublevación militar, que Menocal domina con el respaldo de Washington. A falta de virtud doméstica, por la que abogara el insigne repúblico Manuel Márquez Sterling, se manifiesta nuevamente la injerencia extraña.[5] Para mantener el orden público durante su segundo cuadrienio, Menocal recurre a métodos autoritarios. A pesar de ello, el país avanza ayudado por el alza del precio de la azúcar («las vacas gordas»), que a los pocos años, con el desplome del precio, pasan a ser «vacas flacas».

Con el apoyo de la Liga Nacional (alianza de Conservadores y Populares), y tras elecciones impugnadas por serias irregularidades, asume el poder en 1921 el más culto de nuestros presidentes, el Dr. Alfredo Zayas. Con gran ecuanimidad y tino político, afronta una economía en ruinas, neutraliza la agitación estudiantil dirigida por Julio Antonio Mella, y resuelve la revuelta promovida por Veteranos y Patriotas. Finalmente, se enfrenta al enviado norteamericano, general Enoch Crowder, quien interpretando «preventivamente» la Enmienda Platt, se inmiscuía en asuntos

---

[4] Parera Villalón, Célida, *Pro-Arte Musical y su divulgación de cultura en Cuba*, Senda Nueva de Ediciones, 1990.

[5] Márquez Sterling, Carlos, *A la injerencia extraña, la virtud doméstica*, Ediciones Universal, Miami, 1986.

internos de gobierno en su campaña contra la corrupción imperante. El nepotismo y el peculado afloraron indudablemente en las esferas oficiales, pero Crowder, quien fuera censor implacable de esos males, reconoció posteriormente, al comprobar las lacras que minaban la política en Chicago, que se había excedido con Zayas.[6]

La sociedad civil, con sanas inquietudes reformistas, va cobrando fuerzas. Surge el grupo «Minorista», en el que despuntan intelectuales de alto calibre como Jorge Mañach, Francisco Ichaso y Félix Lizaso. En el ámbito internacional, Cuba logra rescatar la soberanía sobre Isla de Pinos y se cubre de gloria con Cosme de la Torriente en la presidencia de la Asamblea de la Liga de las Naciones y con Antonio Sánchez de Bustamente en el Tribunal Permanente de Justicia en La Haya. En el orden interno, Zayas concluye pacíficamente su mandato, con lacras deplorables, pero respetando en todo momento las libertades públicas.

Con el triunfo de los Liberales en buena lid, llega a la presidencia en 1925 otro de los generales de nuestra guerra de independencia, Gerardo Machado. Sin perder tiempo, lanza un programa de obras públicas como nunca se había visto en Cuba. Bajo la dirección del dinámico ministro Carlos Miguel de Céspedes, el gobierno construye el Capitolio Nacional, la Carretera Central, la Plaza de la Fraternidad, y extiende el Malecón. Vestida de gala, La Habana es la sede de la Sexta Conferencia Panamericana a la que asiste el Presidente de los Estados Unidos, Calvin Coolidge. Con legítimo orgullo, Cuba da muestras de su brillante acervo cultural, distribuyendo la obra portentosa, en 18

---

[6] Guggenheim, Harry Frank, *The United States and Cuba: a Study in International Relations*, Arno Press, New York, 1970, págs. 156-157.

volúmenes, de la *Evolución de la Cultura Cubana*, dirigida por José Manuel Carbonell.

El gobierno impulsa la instrucción pública con escuelas de comercio y técnico-industriales, y fomenta las empresas nacionales con la reforma de aranceles. Éstos y otros sonados logros dan pie para la adulación. Los aplausos desmedidos a Machado lo convencen de que es imprescindible. Se produce así el cesarismo, aupado por la fórmula «cooperativista» que elaboraron los tres partidos existentes. Se reforma la Constitución para prorrogar los mandatos de los funcionarios electivos y autorizar la reelección de Machado por seis años. Tras la protesta cívica, encabezada por los Directorios Estudiantiles, se desata el péndulo sangriento de la violencia. Fracasa la mediación, se intensifica la resistencia, y se agudiza la crisis económica. Con el estímulo del embajador norteamericano Sumner Welles, el ejército fuerza la renuncia de Machado.

Se abre entonces la etapa convulsa de transición revolucionaria que va de 1933 a 1940; una etapa que produce la sublevación de estudiantes y sargentos, el desfile fugaz de 7 presidentes provisionales, y la abrogación de la Enmienda Platt. En este período, en el que juega un papel protagónico la llamada generación del treinta, sobresalen dos figuras centrales: de un lado, Ramón Grau San Martín y la revolución Auténtica de hondo contenido social (inspirada, en parte, en el programa de Antonio Guiteras y la «Joven Cuba»), y del otro lado, el entonces coronel Fulgencio Batista esgrimiendo, entre bambalinas, el poder militar.

La Convención Constituyente de 1940, en la que estuvieron representados todos los partidos políticos con sus distintas vertientes ideológicas, cierra este período de transición revolucionaria. Con un alto grado de patriotismo, talento y visión política, los convencionales elaboraron una Carta Fundamental ensalzada por la Comisión de Juristas Internacionales de la O.N.U. como notable fórmula democrática de equilibrio social;[7] una Carta Fundamental cuyos preceptos aplicables conservan vigencia histórica y legitimidad jurídica. El Presidente de la Convención, Carlos Márquez Sterling, llevó a feliz término esta obra cumbre de la República, en la que intervino decisivamente el Presidente de la Comisión Coordinadora, José Manuel Cortina.

Le sigue la etapa constitucional que va de 1940 a 1952, con tres presidentes electos libremente por el pueblo: Fulgencio Batista, Ramón Grau San Martín, y Carlos Prío Socarrás. Batista asume en 1940 el poder civil y estrena con solemnidad el régimen semi-parlamentario, pero les da entrada a los comunistas en el gabinete. Asimismo, alinea a Cuba junto a Estados Unidos en la guerra y supera los desajustes económicos que sobrevinieron, aunque con irregularidades y corruptelas. Tras celebrar unos comicios impecables, le entrega el poder en 1944 al líder Auténtico de la oposición, Ramón Grau San Martín.

Grau llega a la presidencia con inmenso apoyo popular. La abundancia que genera el alza del precio del azúcar le permite proclamar que «hay dulce para todos». Impulsa un amplio plan de obras públicas, que incluyen la Vía Blanca y la Vía Mulata; introduce en la amplia legislación social del país el banco de seguros sociales y la jornada de verano, y les concede a los trabajadores cañeros los beneficios excepcionales del llamado «diferencial azucarero». Grau respeta las libertades públicas, pero les hace caso omiso a las crisis de confianza planteadas por el Congreso. La impunidad del gangsterismo político y la corrupción desafora-

---

[7] *El Imperio de la Ley en Cuba*, Ginebra, Comisión Internacional de Juristas, 1962, pág. 87.

da provocan el distanciamiento del íntegro Vicepresidente de la República, Raúl de Cárdenas, la escisión del Partido Auténtico, y el surgimiento de Eduardo Chibás como Catón irrefrenable del nuevo Partido Ortodoxo.

A pesar del desgaste del Autenticismo, triunfa su candidato presidencial en las elecciones de 1948, Carlos Prío Socarrás. Este líder, ducho en la política, apuesto, ágil y cordial, trata de imprimirle «nuevos rumbos» a su gobierno. Mucho avanza en el campo institucional con la creación del Banco Nacional, el Banco de Fomento Agrícola e Industrial y el Tribunal de Cuentas. Pero la corrupción y el gangsterismo no decrecen, y la crítica demoledora de Chibás, martillada por radio con libertad irrestricta, sólo cesa con el «último adabonazo» de su autodisparo.

En marzo de 1952, unos tres meses antes de las elecciones, Batista –candidato presidencial sin posibilidades de triunfo– quebranta el ritmo constitucional con el fatídico golpe militar. En sus siete turbulentos años de gobierno, logra atraer a algunos ministros y consejeros de prestigio, e impulsa el desarrollo de la economía nacional. Aun con zonas de pobreza y atraso en el campo, Cuba alcanza la fase de «despegue» y figura entre los tres países de Latinoamérica con el nivel de vida más alto y con la clase media más sólida.[8] Pero, políticamente, el país no llega a estabilizarse con Batista, ni el gobierno a legitimarse plenamente. Luego del asalto de Castro al cuartel Moncada y otros actos posteriores de violencia, se desorbitan las sangrientas represalias y fracasan los intentos de conciliación –desde el Diálogo Cívico alentado por Cosme de la Torriente hasta la Comisión Interparlamentaria–. En el seno de la dividida oposición, prevalecen los revolucionarios del monte y el llano, y quedan marginados los

---

[8] Marrero, Leví, *Cuba: La Forja de un Pueblo*, Editorial San Juan, 1971, págs. 21-67.

electoralistas, quienes, liderados principalmente por Carlos Márquez Sterling, trataron infructuosamente de evitar, por vías pacíficas, el derrumbe de la República.

Tras el ultimátum de Washington y la fuga de Batista y su equipo, se produce la rendición incondicional del ejercito acéfalo, no por derrota, sino por desmoralización. El vacío creado lo llena en 1959, con audacia y siniestro magnetismo, el gran estafador de la Sierra Maestra, Fidel Castro. La digna batalla que, con viva alerta, libra en los primeros meses gran parte de la prensa independiente, encabezada por el decano *Diario de la Marina*, no pudo impedir que se consumara el primer asalto comunista en este hemisferio. Cuba, debilitada política y moralmente, sin suficientes anticuerpos, cae azotada por el mortífero bacilo moscovita, transmitido por agentes traidores cubanos. Muere así la República, no por subdesarrollo económico ni por carencia de talentos y buenas leyes, sino por falta de madurez política, cordura y tiempo para consolidar la democracia e inocularla contra la mentira demagógica y el caudillismo envilecedor.

Han pasado 43 años de horrenda tiranía y de inercia o complicidad internacional. A pesar de ello, no se ha extinguido la resistencia en la isla, ni se ha apagado la militancia en el destierro. ¡Que nadie dude que Cuba de nuevo será libre! Si renació Polonia, descuartizada por más de 200 años y aherrojada durante medio siglo por dos regímenes totalitarios, Cuba también resurgirá en libertad.

Preparémonos para esa etapa tan ansiada de renovación nacional estudiando, con serenidad y perspectiva, las valiosas enseñanzas que contiene la historia de nuestra República. Una República joven que, entre eclipses y caídas, dejó una estela de notables realizaciones en el orden económico, político social, jurídico y cultural. Una República que, aunque sacudida por obcecadas pugnas partidistas, contó desde su fundación con esclarecidos ciudadanos como Enrique José Varona, Manuel Sanguily, Juan Gualberto Gómez, Emilio Núñez, José Antonio González Lanuza, Carlos de la Torre, y tantos otros. Que su ejemplo, pleno de acendrada cubanía, nos estimule e ilumine para fortalecer nuestras raíces y edificar, sobre bases justas e inconmovibles, la República democrática del porvenir: austera en las costumbres, respetuosa de las leyes, productiva en el trabajo, generosa y noble en su humanidad.

EL PRESIDENTE ALFREDO ZAYAS Y EL PROCESO REPUBLICANO

Con motivo del ciclo de conferencias sobre los presidentes de Cuba, de Céspedes a Machado, que organizara en 1985 el Patronato Ramón Guiteras, su presidente, Luis J. Botifoll, me pidió que disertara sobre Alfredo Zayas.

Ardua y delicada fue la encomienda porque no disponía de mucho tiempo para la investigación, y tenía que medirme en el ciclo con historiadores y parlamentarios de altos quilates, como Herminio Portell Vilá, Carlos Márquez Sterling y Víctor Vega Ceballos. Por otra parte, el personaje que me correspondía microbiografiar era muy controvertido, por lo que tenía que proceder con mesura y perspectiva para no excederme ni en el encomio ni en la censura.

A juzgar por los comentarios que suscitó mi conferencia, publicada en el Diario Las Américas y recogida posteriormente en un folleto, creo que salí bastante bien parado. Luis J. Botifoll, no dado al halago, amablemente sentenció: «Aprovecho estas líneas para reiterarte mi felicitación por tu trabajo, que sin discusión fue el mejor de todo el ciclo». Carlos Alberto Montaner, incisivo y lúcido en el enjuiciamiento de la República, fue deferente en la nota personal que me envió: «Bueno tu perfil histórico de Zayas. Me parece justo y equilibrado». José Ignacio Rasco, generoso en la estima, me escribió: «Como ya te es sabido, tú llevas en tus cromosomas la genética de tus dos elocuentes abuelos que tú sintetizas elocuentemente. Al releer el trabajo, me deleito de nuevo en sus páginas sagaces y convincentes». Guillermo B. Belt, perspicaz y atento en sus asertos, calificó la disertación de «elocuente y bien documentado capítulo de la historia de la República de Cuba». Santiago Rey Perna, conocedor a fondo del entorno político, fue expansivo en el elogio: «Brillante trabajo que destaca magistralmente los rotundos perfiles del patriota, ciudadano, intelectual y gobernante que fue el Dr. Alfredo Zayas y Alfonso». Y Julio Hernández Miyares volcó en la honrosa reseña los sentimientos de nuestra amistad: «Me resultó gratísimo leer tu estudio biográfico de Alfredo Zayas y disfrutar la bella prosa en que encerraste un atinado juicio valorativo de una de las figuras más interesantes de nuestra vida política e intelectual».

Mucho aprecio estas amables expresiones de reconocimiento y estímulo que levantan el espíritu sin hipertrofiar el ego, pero más significación tienen los testimonios históricos, anecdóticos y personales que el trabajo generó. Veamos algunos ejemplos. Eduardo Zayas Bazán, emparentado con nuestro cuarto presidente, me comentó en una carta celebrando mi conferencia: «Siempre he tenido sentimientos ambivalentes sobre Zayas. Quizás las acusaciones de corrupción han dominado mi perspectiva de él. Tu trabajo, sin embargo, me ha servido para verlo con mejores ojos».

Luis Casero, quien fuera uno de nuestros políticos más íntegros y prestigiosos, me envió estos comentarios: «Su trabajo ha hecho luz sobre una etapa de nuestra vida republicana que lo necesitaba. En el discurso pronunciado por el presidente Prío Socarrás ante el mausoleo de Martí inaugurado por nosotros en 1951, expresó estas pala-

bras...: 'Padre y Apóstol, ninguno de los hijos tuyos que han ocupado la dirección de la República, dejó de hacer algo digno de ti.' Unos días después, al comentar nosotros con un compatriota esas palabras, éste opinó escuetamente: 'Menos Zayas'. Esa persona, que aún vive, conocerá por mi mediación el trabajo de usted, y descubrirá todo lo hecho por el cuarto presidente que fue digno del Apóstol».

Andrés Rivero Agüero, al agradecerme el envío de una copia de mi disertación, me obsequió esta anécdota sobre Zayas al recibir la visita inesperada del entonces presidente, Gerardo Machado, poco antes de su caída. Cuenta Rivero Agüero que «venía Machado a pedirle a Zayas que aceptara la postulación presidencial porque era el único estadista cubano que podía salvar a Cuba del caos. Zayas fue a su biblioteca y le trajo a Machado el libro del padre Mariana intitulado Una vez y no más...*» Y agregó Rivero Agüero: «Ese cubano [Zayas] sí era un demócrata, sí era un patriota sin bastardas ambiciones».*

Carlos M. Piñeiro y del Cueto, quien en su juventud conoció personalmente a Zayas, le relató a mi padre el siguiente episodio al acusar recibo del texto de mi conferencia. «Recuerdo que hablando una tarde, recién cesado Zayas en la presidencia, con José María Vargas Vila, el eminente escritor colombiano, éste me dijo: 'Zayas sería el presidente ideal de Cuba si hubiera sido como la Venus de Milo: con cabeza y sin brazos,' aludiendo, evidentemente, a su extraordinario talento político y a su corrupta administración pública. Y ese juicio de Vargas Vila es coincidente con el discreto análisis que hace tu hijo en su trabajo».

Finalmente, voy a transcribir unos párrafos relevantes

85

de la carta que, con motivo de mi trabajo sobre Zayas, me enviara Rafael Miquel, vinculado al cuarto presidente por lazos de familia. Me dijo Miquel: «Yo tuve la suerte de tener a mi alcance las cartas que Zayas le escribió a su madre, Lutgarda Alfonso y Espada viuda de Zayas, durante su destierro. Eran más de cuarenta cartas que leí y releí numerosas veces y que revelaban mucho sobre su carácter y manera de pensar. En la primera de esas cartas, escrita a bordo del barco que lo llevaba a España desterrado, Zayas le decía a su madre que lamentaba el dolor que le causaba con su separación –su madre acababa de perder a su hijo menor, Juan Bruno, y poco antes a su hijo mayor, mi abuelo, José María– pero que esperaba no sólo que lo perdonase, sino que estuviese orgullosa de su conducta como cubano».

«Ya en la Cárcel Modelo de Madrid, y al llegar el invierno, le decía Zayas a su madre que le había vuelto la inspiración poética, [y le transcribió] los hermosos y sentidos versos que acababa de componer y que en forma tan emotiva como elocuente expresan el impacto del invierno en la planicie castellana sobre el alma de un desterrado cubano».

Por último, Miquel me explica el origen de la frase ¡Fe y Adelante –lema político de Zayas que yo cito en mi trabajo–. «En el año 1860 o 1861, justamente en la época en que nació Alfredo, José de la Luz y Caballero le regaló a su padre, José María Zayas y Jiménez, una obra en francés titulada Géographie Physique de la Mer que había sido escrita originalmente en inglés por un oficial de la marina de los Estados Unidos. La dedicatoria decía así: 'A José María. ¡Oh siglo XIX, quien te quitara más agua!' En el mar estamos, ¡Fe y Adelante! Don Pepe».

A continuación, la conferencia que pronuncié sobre Alfredo Zayas y el proceso republicano.

Alfredo Zayas Alfonso

SR. PRESIDENTE DEL PATRONATO RAMÓN GUITERAS
SRES. DE LA PRESIDENCIA
SEÑORAS Y SEÑORES:

Es para mí un alto honor ocupar la tribuna prestigiosa del Patronato Ramón Guiteras para pronunciar una conferencia sobre el ex Presidente de Cuba, Dr. Alfredo Zayas y Alfonso, y nuestro proceso republicano. Aunque no cuento con la capacidad y la experiencia de los que tuvieron a su cargo el estudio de otros presidentes, ni dispongo del sosiego requerido para una cabal investigación, acepté este encargo por el imperativo de la conciencia que nos obliga a apoyar toda noble iniciativa de divulgación histórica y estímulo ciudadano.

Hoy, más que nunca, tenemos los cubanos que extraer de la historia antecedentes que nos ilustren, enseñanzas que nos iluminen y ejemplos que nos levanten. Las naciones que ignoran, falsifican o desdeñan su pasado se niegan a sí mismas y están condenadas a desaparecer. Carentes de luces y de arraigo, deambulan en tinieblas dando bandazos, sin rumbo ni orientación, y a la postre se desintegran y fenecen, dejando únicamente como mudos testigos de su existencia, los escombros de sus ruinas y el polvo de sus huesos.

Decía Ortega y Gasset que «la única diferencia radical entre la historia humana y la historia natural es que aquella no puede nunca comenzar de nuevo. Las bestias se encuentran cada mañana con que han olvidado casi todo lo que han vivido el día anterior, y su intelecto tiene que trabajar sobre un mínimo material de experiencias». El verdadero tesoro del hombre es el cúmulo de sus aciertos y errores, la larga experiencia vital decantada gota a gota a través del tiempo. Por eso decía Nietzsche que el hombre superior era el ser « de la más larga memoria».

Hurgando en los anales de nuestra historia republicana, enriquecida con los testimonios de cubanos prominentes que hoy nos honran con su presencia, procuraré trazar los rasgos más sobresalientes del cuarto Presidente de Cuba. No vengo a enfocar con lentes microscópicos facetas aisladas de su gobierno; vengo a examinar con visión de conjunto el saldo de su actuación y el resumen de su vida. No vengo a esparcir el incienso del ditirambo que suele encubrir los errores cometidos; ni vengo a destilar la bilis del dicterio que tiende a negar los éxitos alcanzados. Vengo a compartir con ustedes el fruto de mis estudios y reflexiones, manteniendo en lo posible la sobriedad y el equilibrio. El presente angustioso y convulso no admite enjuiciamientos irresponsables ni recriminaciones infecundas. Urge embridar la pasión que nos ofusca y divide. ¡Si queremos de nuevo ser libres, tenemos que aprender primero a ser justos!

Antecedentes biográficos

Alfredo Zayas nació en La Habana en 1861. Su padre, José María Zayas, fue colaborador y sucesor del prócer José de la Luz y Caballero en la dirección del colegio El Salvador. Y su hermano, Juan Bruno Zayas, fue general mambí de gloriosa recordación. Desde joven, adquirió una amplia cultura humanista y abrazó las doctrinas del enciclopedismo, caldera ideológica de la Revolución Francesa. Al graduarse de Derecho en la Universidad de La Habana, comenzó a ejercer la profesión; despuntó como orador, periodista e historiador, y tomó parte activa en las campañas del Partido Autonomista.

En 1893, Zayas abandonó el autonomismo y se incorporó a la causa separatista, llegando a ser representante en La Habana del

Delegado en los Estados Unidos del Partido Revolucionario Cubano. En 1896 fue detenido, en unión de González Lanuza y otros, y deportado a Ceuta. Sufrió los rigores del presidio en Chafarinas hasta fines de 1897. Poco después se incorporó a la delegación de separatistas cubanos en Cayo Hueso. Desde allí estableció rápidas comunicaciones con las fuerzas insurrectas en las provincias occidentales y les envió armas, municiones y otros pertrechos de guerra. Al cesar las hostilidades, regresó a La Habana y se entregó de lleno a la pasión que dominó su vida: la política.

Delgado, vivaz, de facciones móviles, Zayas tenía una personalidad afable, un trato llano y sencillo, y una percepción agudísima de la psicología del cubano. Según José Manuel Cortina, predominaban en Zayas las cualidades intelectuales. Siempre razonaba y su lenguaje carecía de giros altisonantes y adjetivos estridentes. La medida del concepto, la precisión del dato y el enfoque realista eran habituales en él. En los debates políticos cubanos, donde afloraban las afirmaciones hiperbólicas y las generalizaciones absolutas, la lógica reposada de Zayas servía de contrapeso a las pasiones, y se imponía casi siempre con gran autoridad.

Dialéctica parlamentaria

Su dialéctica acerada le permitía identificar el punto vulnerable del adversario y destruir sus alegatos con argumentos irrefutables, impregnados de sutil ironía. Así sucedió en la Convención Constituyente de 1901. Se discutía una enmienda de Morúa Delgado, quien se oponía a que las sesiones de la Convención fuesen públicas. Morúa sostenía que la publicidad inhibiría a muchos de los delegados y provocaría intervenciones extemporáneas del público como las que interrumpieron la sesión inaugural y un discurso posterior de Giberga.

Zayas desarrolló su razonamiento con la precisión de un letrado que expone su tesis, la documenta y la prueba. Demostró que las cuestiones arduas no se discutían en asamblea, sino en secciones creadas precisamente para estudiar y deliberar en privado. En tal virtud, apuntó Zayas, «el riesgo de que la publicidad cause perjuicio a la solidez del criterio y a la claridad de percepción de las cuestiones de verdadera importancia..., no es un argumento atendible».

Después Zayas abordó el tema de las interrupciones ¿«Qué tiene de extraño que el pueblo aplaudiera en la sesión inaugural? Aquella no era una sesión de deliberación; aquella no era en realidad una sesión en que los delegados veníamos a discutir cuestiones serias y profundas. Aquel era un día de fiesta nacional, día que se había declarado festivo por el hecho de inaugurarse la Convención... Por consiguiente –remató Zayas– no es ese un día que pueda citarse como ejemplo de probable repetición».

En cuanto a la interrupción a Giberga, Zayas señaló que mientras aquel hablaba, hubo de oírse en las altas localidades una voz que exclamaba: ¡una guásima! ¿Y qué resultaba de ello? –se preguntó Zayas. Con la sutileza penetrante de un estilete florentino, Zayas se contestó él mismo:

«Ha resultado que el que tal cosa dijera, seguramente avergonzado, abandonó este local ante la impasibilidad del público a su voz, abrumado por el desprecio con que se oyera esa falta de respeto y de corrección... El único tristísimo ensayo de perturbar los debates de esta Asamblea ha fenecido bajo el desprecio profundo de todos los que lo escucharon. ¡Eso no acontece más; eso no acontecerá!»

Sólo después de haber destruido los argumentos del adversario fue que Zayas introdujo la retórica en la peroración: «Es necesario –dijo– que haya alteza de espíritu para que no haya sombras en estos momentos en que todo debe ser luz. Yo protesto de que se quiera cubrir de sombra nuestra conducta y se pueda decir que nos reunimos reservadamente para tratar cuestiones que no nos atrevemos... a sostener con la palabra a la faz del público... A nosotros nos importa mucho que todo el mundo nos oiga... A nosotros nos importa mucho que de un extremo a otro de la isla de Cuba se sepa inmediatamente qué es lo que hemos dicho y en qué circunstancias lo hemos manifestado... A nosotros nos importa la claridad meridiana. A nosotros nos importa que el pueblo venga aquí para que se eduque en la escuela de la democracia...¡Nosotros jamás debemos de rechazar al público! »[9] Así persuadía y cautivaba Alfredo Zayas.

Oratoria y poesía

Decía el Dr. Juan J. Remos que Zayas en la oratoria «recorrió todos los grados, ocupando la tribuna política del mítin popular y la parlamentaria, la forense y la académica... Poseyó un gran dominio de la palabra; y tenía una cultura muy amplia y bien formada, especialmente en problemas jurídicos y en cuestiones cubanas».[10] Se dice que en tiempos de la República nadie habló más que Zayas, ni con tanta frecuencia, ni tan largamente. Solía

---

[9] Carbonell, José Manuel, *Evolución de la Cultura Cubana*, La Habana, Imp; Montalvo y Cardenas. 1928, Tomo III (La Oratoria en Cuba) págs. 102-105.

[10] Remos, Juan J. *Historia de la Literatura Cubana*, Miami, Mnemosyne Publishing Co., pág. 136.

ser sumamente extenso en la tribuna, y sus discursos patrióticos y literarios a veces estaban cargados de símiles sin novedad y floreados a saturación.

Sin embargo, su vena melódica, que contrastaba con su temperamento flemático, derramó elocuencia en el discurso que pronunció el 17 de junio de 1906, al conmemorarse el primer aniversario del fallecimiento de Máximo Gómez. Dijo Zayas en esa oportunidad al referirse al Generalísimo: ... «Parecía amargo, parecía áspero, parecía rudo; pero era porque amaba la verdad». Él era, a semejanza de José Maceo, de quien, ponderando el valor y la temeridad sin límites, decía Máximo Gómez: «Admiré su valor, comprendí su generosidad, y me llené de admiración y de cariño por aquel general, porque lo veía temerario en el peligro, valeroso en el combate, firme en sus convicciones y al propio tiempo amante de la mujer y de los niños. Esas frases de Máximo Gómez refiriéndose a José Maceo, se aplican perfectamente a él: generoso hasta el extremo, valeroso sin límites, temerario en el combate, y en el seno de la paz amigo de la mujer y amante de los niños».

«Y los hombres que reunen en sí esas cualidades, al parecer tan contrapuestas, los hombres que pueden derramar la sangre y arrancar la vida cuando de batirse por una idea se trata, y al encontrarse en el seno del hogar depositan ósculos amantes en la frente tersa de la niñez inocente, esos son hombres escogidos y señalados para llevar a los pueblos al progreso, o para llevarlos al heroísmo y a la victoria».[11]

Entre las otras piezas oratorias de Zayas se encuentran: El Presbítero Don José Agustín Caballero (1891), La Evolución Social (1891), Por la Gloria de Luz y Caballero (1909), Francisco

---

[11] Carbonell, José Manuel, ob. cit., Tomo IV pág. 30.

Vicente Aguilera (1910), El Sufragio y su Ejercicio en Cuba (1910), La Poesía Patriótica en Cuba hasta 1868 (1930).

Publicó algunos estudios históricos de innegable valor como la *Lexicografía Antillana* (1914), y recogió en un tomo sus inspiraciones poéticas, entre las que sobresale *Al caer de la nieve*. Esta composición fue escrita por Zayas en la Cárcel Modelo de Madrid, poco después de llegar a España en 1896, rumbo al presidio de Ceuta. Comenzó estos versos con las rimas melancólicas de su honda cubanía:

>   Hijo de tierra en que el verdor eterno
>   con torrentes de luz el sol inunda;
>   el pálido fantasma del invierno
>   vierte en mi seno postración profunda.

En las estrofas siguientes, dejó correr su numen al conjuro de los recuerdos. Y al final, domeñó la amargura, levantó la frente y esgrimió la dignidad del patriota derrotado, pero no vencido:

>   Quiero morir oyendo del solibio,
>   el alegre piar en la yagruma,
>   y sintiendo en la frente el rayo tibio
>   del sol, que rasga matutina bruma.
>   En la margen florida de Almendares,
>   que nunca agosta el aterido invierno
>   al inefable son de los palmares...
>   allí anhelo dormir mi sueño eterno.
>   ¡Allí dormir! Dormir hasta el instante
>   en que irradie en el cielo, el primer lampo
>   de sol de libertad, que fulgurante
>   seque la sangre que matiza el campo.

Puedan entonces en el mármol yerto,
golpear mis hijos con tremantes manos,
y clamar, cual si oyera el padre muerto:
¡ya es libre Cuba y libres tus hermanos!

Vocación política

Zayas pudo haberse dedicado por entero a sus actividades profesionales e intelectuales; pero su inclinación irrefrenable al servicio público lo llevó a la política, y a ella se entregó en cuerpo y alma. Zayas nació y murió político. Recorrió todas las escalas de la Administración Pública. Durante la primera intervención norteamericana fue designado concejal y teniente de alcalde del ayuntamiento de La Habana. Desempeñó los cargos de juez municipal y subsecretario de justicia. En el año de 1900, fue electo Delegado a la Asamblea Constituyente y llegó a ser secretario de la misma.

Al constituirse la República en 1902, resultó electo senador. Fue uno de los fundadores del Partido Nacional Cubano y luego del Partido Liberal Nacional, que vino a fusionarse con el «miguelismo" y dio origen al Partido Liberal. Fue candidato vicepresidencial derrotado y después fue electo Vicepresidente de la República. Fue dos veces candidato presidencial derrotado y finalmente llegó, en 1921, a la primera magistratura de la nación. Acaso haya sido el político cubano de jerarquía que con más consistencia y tesón se haya sometido al veredicto del sufragio.

La consagración de Zayas a la política cobra especial relieve en un país como Cuba, donde tantos hombres de ejecutoria y talento se mantenían alejados de la cosa pública. El Conde de Pozos Dulce, previendo las consecuencias funestas de esa abstención que ya se manifestaba en tiempos coloniales, aseveró lo siguiente: «En Cuba, más que en cualquier otra parte del mundo, de todo deberá uno abstenerse, menos de la política, porque la política es la sola esperanza que hay para los cubanos de ser hombres, de ser verdaderos ciudadanos y no una grey sumisa y obediente al capricho de sus señores, de conquistarse una patria y ganar un puesto entre las naciones».

«Puede discreparse en cuanto a los medios, o a la oportunidad de aplicarlos; pero nunca, no, nunca, respecto de la necesidad y obligación de estudiar y consagrarse preferentemente los jóvenes y los viejos al estudio de cuanto puede acelerar el advenimiento de esa era de ventura y de felicidad para la patria. En Cuba todos debemos ser políticos, todos debemos ser revolucionarios, aunque no seamos todos combatientes ni mártires».

« No hay que dudarlo ni por qué esconderlo: el mayor de los males que en Cuba ha originado el despotismo es esa mansedumbre crónica que todo lo sufre y sobrelleva con resignación, esa inercia profunda que se ha enseñoreado de todos los ánimos, ese envilecimiento de los caracteres que los hace simular el contentamiento y la lealtad, esa atonía moral que los aleja de la política y de todo cuanto con ella se roce, esa inconstancia de propósito que anonada los espíritus al primer revés de fortuna, ese confiar en las estrellas o en el tiempo para remedio de los males que afligen a la patria».

«No, mil veces, no: la paciencia y la inacción son el parricidio de la infeliz Cuba..».[12]

---

[12] Morales, Vidal, *Iniciadores y primeros mártires de la Revolución Cubana*, La Habana, La Moderna Poesia, 1931 Tomo III págs. 113-114.

Lastre colonial

España, que realizó la proeza del Descubrimiento y dejó huellas de civilización a lo largo del Nuevo Mundo, no creó, sin embargo, hábitos republicanos. Por el contrario, provocó el alejamiento de la política que condenara el Conde de Pozos Dulce dictando leyes electorales amañadas que daban siempre la mayoría a los colonos europeos, a pesar de representar éstos apenas el nueve por ciento de la población de Cuba. El régimen colonial institucionalizó el fraude electoral a través de la Comisión Permanente de las Diputaciones Provinciales, que resolvía las controversias en favor de la administración. Esto dio origen a la frase nefasta para Cuba de que «el gobierno siempre gana las elecciones».

Asimismo, la metrópoli fomentó la corrupción administrativa mediante la real orden de fecha 2 de septiembre de 1882 en virtud de la cual los tribunales ordinarios no podían conocer de los delitos de desfalco, sustracción o malversación de fondos públicos y falsificación cometidos por funcionarios del gobierno, a menos que su culpabilidad fuese previamente probada en un expediente administrativo. La administración, pues, se juzgaba a sí misma e impedía la sanción de dichos delitos.[13]

Una larga cadena de abusos y crueldades cometidos por el régimen español hizo que el pueblo cubano, en el paroxismo de la desesperación, abriera sus venas en lucha heroica contra los ejércitos que escudaban a la tiranía. Después de prolongadas y dolorosas contiendas, Cuba logró emanciparse de España. No así de las lacras y vicios de la colonia. Al advenir la república, me-

---

[13] Varona, Enrique José, *De la Colonia a la República*, La Habana, Biblioteca La Cultura Cubana, 1919, págs. 42, 43, 54.

diatizada por la Enmienda Platt, la nación contaba con la gloria esplendente de su epopeya, pero carecía de experiencia en el ejercicio de la democracia. Tenía abundancia de talento y recursos naturales para acometer grandes empresas, pero le faltaba la disciplina solidaria para mantener la estabilidad fundada en la ley. Estaba en condiciones de impulsar su desarrollo económico, social y cultural, pero necesitaba tiempo para alcanzar su madurez política.

Martí, que nunca perdió la fe en la capacidad del pueblo de Cuba para gobernarse a sí mismo, tuvo muy presente el lastre que arrastrábamos de la colonia. Por eso en el artículo cuarto de las Bases del Partido Revolucionario Cubano advirtió que éste no se proponía «perpetuar en la República Cubana, con formas nuevas o con alteraciones más aparentes que esenciales, el espíritu autoritario y la composición burocrática de la colonia, sino fundar en el ejercicio franco y cordial de las capacidades legítimas del hombre un pueblo nuevo y de sincera democracia, capaz de vencer, por el orden del trabajo real y el equilibrio de las fuerzas sociales, los peligros de la libertad repentina en una sociedad compuesta para la esclavitud».

A la luz de estos antecedentes, que explican muchas de las dificultades que tuvieron que enfrentar los forjadores de la República, vamos a analizar la obra de gobierno del Presidente Zayas. Pero antes, interesa recordar cómo llegó al poder.

Contiendas electorales

Poco antes de las elecciones de 1906, se funda el Partido Liberal Nacional de Zayas con los desprendimientos del Partido Moderado que acaudillaba el General José Miguel Gómez. El intento reelecionista de don Tomás Estrada Palma, apoyado en el fraude electoral, impide el triunfo de la candidatura liberal Gómez-Zayas, provoca la Revolución de Agosto y da lugar a la segunda intervención norteamericana bajo Charles Magoon.

Al pacificarse el país y reanudarse las actividades políticas, el Partido Liberal se escindió en dos partes: los «liberales históricos» que mantenían la intangibilidad de la candidatura presidencial de José Miguel Gómez, y los «liberales » a secas que querían elegir a Zayas presidente. Así divididos, los liberales concurrieron a los comicios municipales de 1908 y fueron fácilmente derrotados por el Partido Conservador que acababan de fundar Enrique José Varona, José Antonio González Lanuza, el general Emilio Núñez, don Julio de Cárdenas y otros.

Ante esta derrota aplastante, la militancia liberal en La Habana se impuso a gritos en las asambleas y forzó la formación de una comisión de conciliación para unificar el partido. Esta comisión, integrada por los doctores Pelayo García, Orestes Ferrara, Ezequiel García Enseñat y José Manuel Cortina, logró zanjar las enconadas controversias y sentó las bases del acuerdo que determinó el triunfo en 1908 del equipo liberal, integrado por el general Gómez en la presidencia y Zayas en la vicepresidencia.

La unión liberal no duró mucho tiempo. Al finalizar su gobierno, el general Gómez decidió no ir a la reelección, y el Partido Liberal proclamó la candidatura presidencial de Zayas para los comicios de 1912. Pero la pasión política de nuevo sembró la discordia y le abrió paso a la coacción electoral. Zayas fue derrotado debido, en parte, a la enemistad manifiesta del jefe del ejército, general Monteagudo, quien inclinó la balanza en favor de la candidatura de Menocal.

Durante el gobierno del general Menocal, la pugna entre Zayas y José Miguel Gómez se mantuvo latente. Llegado el momento de las postulaciones en 1916, el Partido Liberal oficial proclamó nuevamente la candidatura presidencial de Zayas. Se le ofreció la vicepresidencia al coronel Mendieta, pero éste, influido acaso por su amistad con el general Gómez, se negaba a aceptar la postulación. A fin de resolver esta situación, el Partido Liberal celebró una asamblea en el Teatro Martí. Allí se hicieron esfuerzos por integrar la candidatura, pero todo parecía en vano. La crisis no se solucionaba, y la asamblea estaba a punto de degenerar en un tumulto.

A petición del público enardecido, Cortina emplazó a Mendieta para que aceptara la postulación. Y terminó su acalorada arenga con un grito conminatorio: «¡Pueblo, ejercita tus derechos, avanza sobre el escenario e impón tu voluntad!». En medio de un vocerío ensordecedor, la muchedumbre corrió por los pasillos, saltó al escenario y forzó a Mendieta a aceptar la postulación.

Poco después, se selló oficialmente la unión liberal. Con la intervención de los señores Manuel J. Carrerá, Modesto Morales Díaz y José Manuel Cortina, se acordó crear el Directorio Nacional del Liberalismo bajo la presidencia de José Miguel Gómez, y se lanzó la candidatura de Zayas-Mendieta bajo la consigna de «victoria completa». La reelección fraudulenta de Menocal bloqueó el triunfo de los liberales y provocó la Revolución de Febrero, que fue sofocada por el gobierno en las inmediaciones de Caicaje.

Al convocarse a elecciones generales en 1920, Zayas pretendió que su candidatura presidencial fuese respetada con el carácter de «histórica», como aconteció con la del general Gómez en 1908. Los partidarios de José Miguel no aceptaron esta tesis y presentaron de nuevo la candidatura presidencial del general villareño. Ambas tendencias pugnaron en los tribunales por la jefatura del Partido Liberal. Triunfó José Miguel Gómez, y Zayas decidió formar el Partido Popular, que la prensa bautizó con el mote del «Partido de los Cuatro Gatos».

La necesidad de derrotar a los liberales de Gómez, a quienes los conservadores temían, movió al general Menocal a considerar un entendimiento con Zayas. Ambos líderes coincidieron en la conveniencia de una alianza, pero Zayas se negó a aceptar la coalición planteada por Menocal a base de un candidato presidencial conservador.

Admoniciones de Juan Gualberto

Al quedar rotas las negociaciones, Juan Gualberto Gómez le dirigió una carta abierta al general Menocal con fecha 15 de julio de 1920. En dicha carta, escrita con gran elevación patriótica y visión política, Juan Gualberto abogó por una coalición presidida por los elementos de avanzada que agrupaba el Partido Popular. Refiriéndose a las tendencias políticas mundiales, afirmó lo siguiente: «Fíjese bien, general, en todos los países civilizados surge de abajo un movimiento que es imprudente resistir, pero, a la vez, peligroso dejar que se desborde. Hay que encauzarlo para que se desenvuelva en forma evolutiva y no revolucionaria. Para conseguirlo, lo primero que se necesita es inspirar confianza a la legión de reclamantes de mejoras, y esa confianza no la pueden dar sino los hombres que por su historia, sus prédicas y sus actos anteriores han simpatizado con las ideas avanzadas, aunque sin exageraciones ni radicalismos».

Luego Juan Gualberto alude a un político que trató de acallar sus angustias diciéndole: «No hay que temer aquí el malestar social puesto que mientras no se produzcan sus efectos en los Estados Unidos no los experimentaremos en Cuba». «Error profundo –aseveró Juan Gualberto–; en primer lugar, porque ya en los mismos Estados Unidos existe la inquietud, como lo indican las medidas severas que se adoptan contra los propagandistas del comunismo; lo cual significa que está cerca de nosotros la agitación; y después, porque no es cierto que los Estados Unidos puedan evitar aquí las perturbaciones, de cualquier clase que sean, aunque sí tengan la voluntad y poder para reprimirlas. El papel, la misión de evitarlas, nos corresponde exclusivamente a nosotros, para ahorrar a nuestra tierra, no sólo quebrantos materiales, sino, lo que es más importante: el vejamen que significa la represión llevada a cabo por el extraño, sea éste quien sea y proceda como proceda».

Juan Gualberto abordó después el tema de la inevitabilidad del cambio, y sentenció: «Nuestra República, para desenvolverse, arraigar y perdonar, necesita también de ese turno pacífico de los partidos en el Poder. Después de todo, en ninguna parte pasan las cosas de otro modo, con la única diferencia de que allí donde las costumbres públicas están desarrolladas, los partidos abandonan tranquilamente el Poder, y donde no lo están, caen, con mayor o menor estruendo. Estimo sinceramente que si nuestro Partido Conservador levantase el espíritu y el corazón, vería que su conveniencia estriba en no caer estruendosamente».

De los principios generales Juan Gualberto pasó a las realidades políticas, y le espetó a Menocal estas preguntas que encerraban verdades innegables: «...¿Es que en estos últimos tiempos no se ha quebrantado enormemente la fuerza del partido que viene gobernando desde hace ocho años? ¿Es que no significa nada que su Vicepresidente de la República, en el primer período, el ilustre Dr. Enrique José Varona, se alejara de sus filas, mostrándose públicamente inconforme, por la palabra y por escrito, con su línea de conducta; en tanto que el Vicepresidente de la República en ejercicio, General Emilio Núñez, se separa ruidosamente para organizar, con fuerzas conservadoras, un nuevo partido? ¿Es que no tiene ninguna significación dolorosa para los conservadores el hecho de que figura tan importante como la del General Freyre de Andrade, ex Alcalde conservador de La Habana, haya pasado a ser correligionario del General José Miguel Gómez? ¿Es que carece de importancia la asombrosa, la desconcertante, la estupenda proclamación del ex Representante conservador y Gerente de la Cuban Cane Company, Sr. Miguel Arango, como candidato vicepresidencial del miguelismo? Todos estos desprendimientos, todos estos actos, todas estas maniobras anormales ¿no dicen que existe un quebranto moral, un desconcierto espiritual y un desgaste material en las huestes conservadoras... ?»

La Alianza con Menocal

Esta carta abierta produjo un gran impacto, pero no modificó la postura del general Menocal. Entonces, Juan Gualberto Gómez y José Manuel Cortina, en representación de Zayas, reanudaron las negociaciones, con Ricardo Dolz y Aurelio Álvarez, personeros de Menocal. Como fórmula transaccional, los populares manifestaron que Zayas aceptaría la vicepresidencia con Enrique José Varona de presidente. Fue una hábil estrategia de los comisionados de Zayas. Al declinar Varona por motivos de salud, se fortaleció la posición negociadora de Gómez y Cortina, quienes después de varias juntas con Menocal lograron imponer el liderazgo de Zayas.

Resuelta la controversia entre los jefes populares y conservadores, se modificó el código electoral que impedía las coaliciones, y se estructuró la llamada «Liga Nacional» que acordó la candidatura de Alfredo Zayas para la presidencia y la del general conservador Francisco Carrillo para la vicepresidencia. Con entusiasmo y gracejo criollo comenzó la campaña política. Los liberales proclamaron su consigna: «Gómez-Arango: Le Zumba el Mango»; y la Liga Nacional coreó su respuesta: «Zayas-Carrillo: Triunfo en el bolsillo».

Previendo unos comicios muy reñidos, Menocal movilizó a los supervisores militares y empleó los recursos del poder para apoyar a los candidatos de la Liga Nacional. Durante las elecciones se cometieron irregularidades y violencias. Impugnados los resultados de los comicios, los tribunales ordenaron la celebración de elecciones complementarias en 189 colegios. El general Crowder, que había regresado a Cuba como representante especial del gobierno norteamericano, recomendó algunas medidas para impedir la intimidación de los votantes. En un esfuerzo por crear un clima de concordia nacional, se consideró la elección de un candidato presidencial de transacción, pero esta idea no prosperó.

La tensión se agudizó cuando la Audiencia de Santa Clara, ante una denuncia por coacción militar formulada por los liberales, llegó a afirmar que «sólo los varones fuertes tienen derecho al sufragio..».[14] Después de un recorrido por la isla, Crowder señaló que existían plenas garantías para las elecciones y que ningún partido debía de abstenerse. Esto no convenció al general Gómez, quien ordenó el retraimiento del Partido Liberal. Triunfó la Liga Nacional, mas no en buena lid. Como atinadamente apuntara el Dr. Carlos Márquez Sterling, «Zayas había ganado la única vez que había perdido».[15]

Al tomar posesión de su cargo, Zayas no cuenta con un respal-

---

[14] Duarte Oropesa, José, *Historiología Cubana*, pág. 306.
[15] Márquez Sterling, Carlos, *Historia de Cuba*, pág. 289.

do en el Congreso. Por el contrario, la mayoría de los senadores y representantes le era hostil. Recibe una economía en quiebra y tiene que hacerle frente a un hervidero de pasiones políticas, exacerbadas por la constante intromisión del general Crowder. Considerando estos antecedentes, examinemos la actuación de Zayas de cara a las siguientes prioridades: economía nacional; administración pública; soberanía de Cuba; y libertades políticas.

Economía nacional

En el campo económico, Zayas tiene que afrontar una crisis nacional provocada por el desplome del precio del azúcar, de 22 centavos y medio la libra en mayo de 1920, a menos de 2 centavos la libra al comienzo de su mandato. Esta crisis, que se conoció como «las vacas flacas», llevó a la ruina por igual a especuladores, bancos, depositantes, hacendados, colonos, obreros y empleados de la industria. Los bancos disminuyeron drásticamente, de 394 en 1920, a 60 en 1922. Sólo la banca extranjera, representada principalmente por el National City Bank of New York y el Royal Bank of Canadá, permanecía con solidez financiera y en condiciones de tomar posesión de muchos ingenios quebrados. Según Jenks, el National City Bank llegó a controlar en 1921 casi 60 ingenios azucareros con grandes extensiones de tierra.

Para encarar este desastre económico, Zayas sólo contaba con un balance del Tesoro que ascendía teóricamente a doce millones de pesos, pero por estar depositada casi toda esa suma en el quebrado Banco Nacional, y por otras circunstancias, los únicos fondos realmente disponibles apenas excedían de $62,000 pesos. Y para agravar la situación, las rentas públicas disminuyeron tan drásticamente que el gobierno se halló sin recursos con que hacerle frente a un presupuesto de más de cien millones de pesos, heredado de los tiempos de opulencia de las «vacas gordas» bajo Menocal.

Sorteando presiones de Crowder y protestas de la ciudadanía, Zayas reduce el presupuesto nacional casi en un 50%, a 55 millones de pesos en 1922. Asimismo, suspende y después anula unas gratificaciones o sobresueldos que se pagaban a los empleados públicos y a los miembros de las Fuerzas Armadas. Y obtiene, después de prolongadas negociaciones con J.P. Morgan y el gobierno norteamericano, el llamado «empréstito chico» por cinco millones de dólares en 1922, y el «empréstito grande» por cincuenta millones de dólares en 1923.

Esta fuerte inyección de capital, junto con el aumento paulatino del precio del azúcar, que llegó a seis centavos la libra en abril de 1923, reactivaron la economía del país y le permitieron al gobierno restablecer el crédito público. Al inaugurar la legislatura de 1924, Zayas pudo recitar sus logros en un mensaje presidencial que dirigió, con especial deleite, a sus mordaces críticos del patio y del norte:

«Nuestra situación económica, decía, es realmente próspera y podemos jactarnos del estado de nuestras finanzas, cuando hace muy poco tiempo nos hallábamos en profunda crisis, a semejanza de casi todos los países civilizados, y vemos que aun sufre la mayoría de ellos sus consecuencias».

«Demostración de la bondad de nuestra situación económica se encuentra en los siguientes hechos: Cuba es la única de las naciones deudoras del gobierno de los Estados Unidos, a causa de la reciente guerra, que ha satisfecho su débito; Cuba es una de las tres únicas naciones que ha liquidado el año fiscal de 1923 a 1924 sin déficit; Cuba habrá amortizado, dentro del presente ejercicio económico, una suma no menor de $16,000,000 de sus deudas públicas; Cuba ha obtenido, en el pasado año fiscal, un sobrante de más de $12,000,000 después de cubrir todas las obligaciones del presupuesto».[16]

Con paciencia y con tino, sin quebrantos institucionales ni convulsiones sangrientas, Zayas había superado una de las crisis económicas y financieras más graves de nuestra historia republicana.

Administración pública

En el campo administrativo, lo que Cuba realmente necesitaba era probidad y saneamiento. La joven república arrastraba el lastre de prácticas corruptas que incluían nóminas de empleados imaginarios, «botelleros» que no iban a trabajar, comisiones infladas a contratistas, operaciones fraudulentas o «chivos», y las colecturías de la lotería nacional, cuyas jugosas ganancias alcanzaban para satisfacer las apetencias de diversos sectores del gobierno, el congreso y la prensa.

No es éste un capítulo del cual Zayas y los cubanos podamos ufanarnos. A pesar de los esfuerzos moralizadores de su «Gabinete de la Honradez», la corrupción, aupada por el nepotismo, cobró nuevos bríos. Pero al consignar este hecho lamentable, que empañó la actuación de Zayas, debemos en justicia examinar algunas circunstancias relevantes. La crisis económica obligó a Zayas a suprimir sinecuras y «botellas» que habían atenuado viejos resentimientos políticos y engrasado la maquinaria electoral que contribuyó al triunfo de la Liga Nacional. Los usufructuarios de tales

---

[16] Justiz y del Valle, Tomás, *Elogio del Dr. Alfredo Zayas y Alfonso*, Habana, Imprenta El Siglo XX, 1935, pág. 74.

prebendas se consideraron traicionados y trocaron la alabanza aduladora por el vituperio demoledor. Como bien apuntaba el Dr. Víctor Vega Ceballos en brillante artículo sobre este tema, «donde no hay harina todo es mohína».[17]

Por otra parte, el régimen de libertades irrestrictas mantenido por Zayas contribuyó a la virulencia del ataque. Detrás de cada medida del gobierno se veía un fraude, y como nadie se sentía amenazado ni cohibido, las acusaciones, coloreadas por la imaginación del cubano y exageradas por la pasión política, casi llegaron a alcanzar proporciones nihilistas. El general Crowder, quien en su injerencismo desmedido enarboló la bandera de la moralidad administrativa, fustigó a Zayas con memorandos condenatorios que tuvieron amplia resonancia y atizaron la campaña de descrédito público.

En el tema delicado de la corrupción, no puedo acompañar a algunos panegiristas del cuarto Presidente que lo eximen de toda responsabilidad. Tampoco puedo respaldar a algunos de sus detractores que presentan a Zayas como el promotor de todos los vicios, y a Cuba como el centro de todas las inmundicias. Me ubico entre los extremos de la justificación sin culpa que exonera y olvida, y la condenación sin atenuantes que estigmatiza y deprime.

No ha de perderse la perspectiva al enjuiciar la corrupción en Cuba. Aún los pueblos de gran civilización han tenido que afrontar y vencer el azote de la inmoralidad. Los griegos de la antigüedad, que tanto se distinguieron por su amor a la libertad, a la inteligencia y a la belleza, tenían, sin embargo, una predisposición para el desfalco. Afirmaba Polibio que «no hay modo de evitar

---

[17] Vega Ceballos, Víctor, artículo intitulado *Expurgos históricos – Período presidencial de Alfredo Zayas*, publicado en el *Diario Las Américas* (pág. 5) el 3 de Febrero de 1980.

que un griego desfalque, por muchos funcionarios que se pongan junto a él para vigilarlo». En Roma, decía Catón que «el que roba a un ciudadano termina sus días entre grillos y cadenas; en cambio, el que roba a la comunidad los termina entre púrpura y oro».

Inglaterra necesitó muchos años para depurar y consolidar su democracia. Disraeli llegó a aseverar lo siguiente: «No existe nobleza inglesa. Los pares ingleses tienen tres orígenes: la expoliación de la Iglesia, la venta de los títulos por los primeros Estuardos, y la venta de las circunscripciones en tiempos modernos».

Y los Estados Unidos, que constituyen un ejemplo de democracia representativa y de respeto a la majestad de la ley, tuvieron en el pasado que eliminar focos de corrupción que carcomían su sistema político. Eran los tiempos en que los gobernantes de turno proclamaban sin ambages que los «despojos pertenecen a los vencedores». Una de las administraciones norteamericanas más corruptas fue precisamente la del Presidente Harding, representada en Cuba por el fiscal implacable de Zayas, el general Crowder. Éste, poco tiempo después de retirarse, se dio cuenta de que se había excedido en el ataque a Zayas y le confesó al embajador Guggenheim lo siguiente: «cuando volví de Cuba a Chicago y presencié la corrupción de la política municipal en esta ciudad, sentí vergüenza recordando aquel memorándum [sobre el peculado] que estimé necesario enviar al presidente Zayas».[18] Esta confesión de Crowder fue silenciada o ignorada por algunos historiadores extranjeros, que volcaron sobre Zayas el fango del denuesto y clavaron a Cuba en el INRI de la infamia.

Lo dicho no borra nuestras faltas ni consuela nuestros pesares.

---

[18] Guggenheim, Harry Frank, «The United States and Cuba; a Study», in *Internacional Relations*, New York, Amo Press, 1970, págs, 156-157.

Pero sí evita que se enseñoree de nuestro espíritu el cinismo fatalista de aquellos que piensan que cubanía es sinónimo de inmoralidad, y que estamos condenados a soportar siempre las lacras que gangrenaron la República.

No, las corrupciones del pasado no tienen por qué repetirse ni tolerarse en el futuro. Pero al acometer la gran tarea de la regeneración, tendremos que precavernos de las asechanzas de los falsos profetas, de los seudo-savonarolas, de los moralistas inéditos. Por haber muchos creído en las promesas de purificación y redención enunciadas en la Sierra Maestra, los actuales piratas totalitarios llegaron al poder, y después de subyugar a la nación, asaltaron su sagrario, profanaron sus reliquias, traicionaron la bandera y se robaron el patrimonio nacional.

Soberanía de Cuba

Pasemos ahora a analizar la actuación de Zayas en lo que respecta a las relaciones de Cuba con los Estados Unidos, y a las tendencias intervencionistas que lesionaban gravemente la soberanía nacional.

Al llegar Zayas a la presidencia, se encontraba en Cuba el general Enoch Crowder con el carácter de Enviado Especial del Presidente de los Estados Unidos. Washington, a la sazón, no tenía embajada en La Habana, sino solamente una legación. Representaba a la nación norteña el Ministro Boaz Long, quien viéndose progresivamente eclipsado y anulado por el poderoso general, no tuvo más remedio que renunciar a su cargo.

Crowder tenía gran experiencia en cuestiones administrativas y electorales. Conocía bien a Cuba por haber desempeñado en la isla diversas funciones, incluyendo la presidencia de la Comisión

Consultiva durante la segunda intervención norteamericana, y la redacción del código electoral en 1919, con la asistencia de distinguidas personalidades cubanas. Su viaje intempestivo a La Habana en 1920, abordo del acorazado Minnesota, provocó un incidente diplomático ya que el presidente Menocal no había sido previamente notificado de la visita un tanto misteriosa del general norteamericano. Superado el incidente, Crowder «intervino sin intervenir» en las elecciones complementarias de 1921 que le dieron el triunfo a Zayas, y logró permanecer en Cuba como representante personal del Presidente Harding.

Crowder creía que Cuba debía ser una especie de protectorado de Washington para que pudieran efectuarse las rectificaciones políticas, económicas, sociales y morales que el país requería. Él se veía como el reformador de las instituciones cubanas con facultades similares a las que tuvo el Delegado Residente de Inglaterra en Egipto.[19] La Enmienda Platt, así concebida, permitiría la intervención «preventiva» de los Estados Unidos en la administración interna de nuestra República. Esta interpretación amplísima de la Enmienda, acaso inspirada en propósitos loables de estabilidad y regeneración, tenía, sin embargo, implicaciones funestas para Cuba: pérdida de la fe en nuestra capacidad para el gobierno propio; abdicación de las responsabilidades nacionales; subordinación humillante a intereses foráneos, y erosión paulatina de la independencia de nuestra patria.

---

[19] Cortina, José Manuel, *Caracteres de Cuba*, Habana, Editorial Lex, 1945, págs. 198-199.

La Enmienda Platt

Ya los convencionales de 1901 habían previsto las consecuencias ominosas del apéndice constitucional. La comisión dirigida por Juan Gualberto Gómez, que tuvo a su cargo la ponencia de la respuesta de los delegados cubanos al comunicado de Washington, articuló con lucidez y vigor argumentos incontrastables.[20] Con respecto a la cláusula tercera de la Enmienda Platt, la comisión cubana afirmó lo siguiente: «Reservarse a los Estados Unidos la facultad de decidir ellos cuando está amenazada la independencia, y cuando, por lo tanto deben intervenir para conservarla, equivale a entregarles la llave de nuestra casa, para que puedan entrar en ella, a todas horas, cuando les venga el deseo, de día o de noche, con propósitos buenos o malos».

En cuanto a la facultad de los Estados Unidos de intervenir en Cuba para «el mantenimiento de un gobierno adecuado», la comisión agregó: «Si a los Estados Unidos corresponde apreciar cuál es el gobierno cubano que merece el calificativo de adecuado..». a ellos les... «correspondería de hecho y de derecho la dirección de nuestra vida interior. Sólo vivirían los gobiernos cubanos que cuenten con su apoyo y benevolencia; y lo más claro de esta situación sería que únicamente tendríamos gobiernos raquíticos y míseros conceptuados como incapaces desde su formación, condenados a vivir más atentos a obtener el beneplácito de los Poderes de la Unión, que a servir y defender los intereses de Cuba. En una palabra, sólo tendríamos una ficción de gobierno y pronto nos convenceríamos de que era mejor no tener ninguno, y ser administrados oficial y abiertamente desde Washington que

---

[20] *Antiimperialismo y República*, Editorial de Ciencias Sociales, La Habana, 1975, págs. 9-10.

por desacreditados funcionarios cubanos, dóciles instrumentos de un poder extraño e irresponsable».

Después de vanos esfuerzos por suprimir o limitar dicha Enmienda, ésta fue aprobada por la Convención. Frente al peligro de que se aplazase indefinidamente el nacimiento de la República, la mayoría aceptó, con dolor, la mengua de la soberanía nacional. Entre los que acompañaron a Juan Gualberto Gómez y a Salvador Cisneros Betancourt en la oposición irreductible a la enmienda, se encontró el secretario de la convención constituyente, Alfredo Zayas.

Los hechos muy pronto confirmaron los negros presagios de los impugnadores de la Enmienda. El primer presidente de Cuba, asediado por fuerzas populares que rechazaron su reelección fraudulenta, prefirió solicitar la intervención militar norteamericana a tener que pactar con los liberales triunfantes. Apenas inaugurada la República, acudíamos a los Estados Unidos para dirimir controversias internas y estabilizar el país. Bajo la administración de Magoon, los cubanos apreciaron los aciertos legislativos logrados por los interventores, pero también le tomaron el gusto a las «botellas», prebendas e indultos que éstos dispensaron sistemáticamente para granjearse el apoyo político de sectores influyentes. Eran los inicios de lo que más tarde se conoció como la «diplomacia del dólar».

Firmeza de Sanguily

Durante la asonada racista que se produjo en 1912, bajo el gobierno del presidente Gómez, la enérgica postura adoptada por el Secretario de Estado, Manuel Sanguily, en defensa de nuestra soberanía contribuyó a evitar la tercera ocupación militar norteamericana. Consciente de las nefandas consecuencias para Cuba de otra intervención, Sanguily aseveró lo siguiente en el cable oficial dirigido a Washington: «Una resolución de esa especie tan grave alarma y lastima el sentimiento de un pueblo amante y celoso de su independencia, sobre todo cuando coloca al gobierno de Cuba en humillante inferioridad por el olvido de sus derechos nacionales, acarreándole el consiguiente descrédito dentro y fuera del país».[21]

Y para acentuar su valiente y patriótica admonición, Sanguily incorporó en el discurso de bienvenida al Secretario Knox esta dramática alusión a la estatua de la libertad: Si los anuncios intervencionistas de inicuos agoreros enemigos de nuestra independencia se cumpliesen, «acaso la majestuosa mujer que se yergue en medio del gran estuario sobre la isla Bedloe doblaría su cintura de metal para apagar en las aguas alteradas la gigantesca antorcha que ilumina el vasto océano y la conciencia humana, a tiempo de resonar un alarido pavoroso, arrancado al desencanto y al terror, que el eco repetiría de ola en ola y de cumbre en cumbre, anunciando en la noche del mundo que la libertad había muerto».[22]

Nuevos intentos y modalidades de intervención dejaron sus huellas en la joven República. Durante la sublevación militar de febrero de 1917, provocada por la reelección de Menocal, el Presidente Wilson intervino en favor del presidente cubano declarando que los Estados Unidos no reconocería a un gobierno producto de una revolución, y enviando a Cuba unidades de la infantería de marina norteamericana. Una vez más la soberanía nacio-

---

[21] *La Enciclopedia de Cuba*, Gobiernos republicanos, España, Playor, S.A., 1975, pág. 12.

[22] Carbonell, José Manuel, *Manuel Sanguily: Adalid, Tribuno y Pensador*, Habana, Imprenta El Siglo XX, 1925, pág. 48.

nal se plegaba a los dictados de la Enmienda Platt. Esto dio lugar al famoso artículo de don Manuel Márquez Sterling titulado «A la injerencia extraña, la virtud doméstica». A juicio del ilustre diplomático y escritor, la dignidad y el civismo de la ciudadanía en el pleno ejercicio de la democracia eran la mejor defensa contra el intervencionismo norteamericano. Había que vencer a la Enmienda Platt haciéndola obsoleta e innecesaria.

Los partidos políticos, empero, no respondieron al patriótico llamado. En vez de fortalecer las virtudes domésticas, se supeditaban cada vez más a influencias y presiones extrañas. Hasta los liberales, que habían sido contrarios a la injerencia norteamericana, llegaron a solicitar en 1919 que los comicios nacionales fuesen supervisados por emisarios del norte.

Fundadores con Manuel Sanguily del Movimiento Nacionalista para reafirmar la soberanía y promover la moralidad administrativa.

Manuel Márquez-Sterling

José Manuel Carbonell

A favor y en contra de la injerencia norteamericana

General Enoch Crowder, procónsul norteamericano partidario de aplicar preventivamente la Enmienda Platt. (Foto de Hugh Thomas, *Cuba: The Pursuit of Freedom*)

José Manuel Cortina, Secretario de la Presidencia, quien se opuso al injerencismo de Crowder.

Doctrina nacionalista

La inconformidad y la frustración frente a estas tendencias intervencionistas determinaron que un grupo de cubanos eminentes fundara el Partido Nacionalista. Se trataba de un movimiento nuevo, libre de influencias caudillistas, que salía a la palestra con vibrante doctrina para reafirmar la soberanía y promover el adecentamiento de la política y la administración pública.

Surgió por iniciativa de don Manuel Márquez Sterling y de José Manuel Carbonell, quienes a principios de 1919 fueron a ver a Manuel Sanguily a su casa de Jesús del Monte para plantearle la necesidad de organizar un gran movimiento de unificación y saneamiento, como el que fundara Mazzini en 1831 bajo la enseña de la Italia Nueva. Sanguily señaló que el proyecto podría malograrse por falta de recursos económicos y de apoyo de la prensa, pero abrazó la idea alegando que no tenía el derecho de restarle su apoyo a un esfuerzo tan noblemente concebido.

Participaron activamente en la organización del movimiento otros cubanos distinguidos como Enrique Loynaz del Castillo, Juan José de la Maza y Artola, Arturo Montori, Eusebio Hernández, Juan Ramón Xiques, Eudaldo Tamayo y Antonio Bravo Correoso. En el manifiesto «Al País», redactado principalmente por Manuel Sanguily, se sentaron las bases ideológicas y morales de un nacionalismo renovador que inspiró los siguientes párrafos:

«El espíritu práctico y vulgar, afanoso en su egoísmo y sensualidad de bienestar material y de goces epicúreos, no ha ocasionado otro beneficio ni otra gloria en el mundo que el haber despertado y fortalecido las ansias inmortales del lirismo soberano y bendito, al que ha debido siempre la cuitada humanidad su dignificación y sus consolaciones, como el viático divino de mejor vida individual y colectiva».

... «El santo ensueño de la independencia que templó siempre el corazón de los líricos fundadores... es necesario que ahora inspire y caliente el pecho de cuantos líricos y soñadores ansíen que la patria común no sea en definitiva víctima inútil e infeliz en el hartazgo de prosaicos descreídos».[23]

Estos cruzados cubanos no pudieron vencer el escepticismo de una ciudadanía conformista ni el ataque mordaz de una prensa que les endilgó los epítetos de «líricos» y «puritanos». Apesadumbrado y triste, Manuel Sanguily le dijo a José Manuel Carbonell en la confianza íntima de su fraternal amistad: «Usted, con su entusiasmo quemante, me ha arrastrado en esta aventura, pero no estoy arrepentido».[24]

Injerencia de Crowder

Después de este fallido intento de movilizar las reservas morales de Cuba y detener el avance injerencista de Washington, el procónsul norteamericano, Enoch Crowder, se sintió con poder suficiente para intervenir abiertamente en la administración del gobierno de Zayas. Este tenía una posición precaria dada la crisis económica que estremecía al país y el limitado respaldo congresional con que contaba. No todos los políticos se percataban de las graves implicaciones de la injerencia extraña. Algunos inclusive se apoyaban en ella para promover sus aspiraciones personales.

---

[23] Ibídem, págs. 49-50.

[24] Ibídem, pág. 50.

Y núcleos influyentes de la ciudadanía llegaron a pensar que únicamente el general extranjero podía poner término a nuestras discordias y sanear el país.

En estas circunstancias, Crowder no tuvo gran dificultad en desarrollar la campaña injerencista más intensa que se registró en nuestra historia republicana. Contaba con el apoyo de Washington y con las debilidades y fallas del gobierno de Zayas. Disponía asimismo de otra arma poderosa: la facultad de condicionar o bloquear el empréstito de 50 millones de dólares que Cuba requería con urgencia para superar la crisis económica.

A partir de mayo de 1922, Crowder le dirigió a Zayas 15 memorandos que abarcaban múltiples facetas de la administración pública: gastos presupuestarios, reforma constitucional, registro electoral, depuración de los contratos de obras públicas, banco de reserva, impuesto sobre las ventas, reforma de la lotería nacional, ley de servicio civil, moralidad administrativa[25]. Casi todos los memorandos contenían severas admoniciones. Algunos transmitían amenazas veladas de intervención.

Las presiones sobre Zayas se agudizaron a mediados de 1922. Crowder exigía reformas radicales para extirpar la corrupción. La oposición arreciaba sus ataques al gobierno. Zayas se daba cuenta de la gravedad de la situación, pero aplazaba las soluciones de fondo. En conversación privada con Crowder, accedió a un cambio parcial del gabinete, pero esto no satisfizo al enérgico general. Se inició en el congreso un movimiento para destituir a Zayas. Crowder no era ajeno a esa maniobra, que podía crear el vacío propicio para la intervención. Quedaban pocas horas para conjurar el conflicto. Los periódicos anunciaban con grandes titulares que la caída del gobierno y del presidente era inminente.

---

[25] Primelles, León, *Crónica Cubana, 1919-1922*. Habana, Editorial Lex, 1957.

La gestión de Cortina

Cuenta José Manuel Cortina,[26] a la sazón Secretario de la Presidencia, que él le había aconsejado a Zayas que se adelantara a la tempestad provocando la dimisión total del gabinete, como suelen hacer los regímenes parlamentarios ante una crisis de confianza. Contrariado por la demora de Zayas y previendo el posible desplome del gobierno, Cortina se dirigió al palacio presidencial. Allí se encontró a Zayas debilitado por un ataque gripal, solo en su despacho, hojeando un voluminoso expediente. «Le expuse la inminencia de la crisis y la dificultad del momento –narra Cortina– y él, después de un breve diálogo... me encomendó que yo personalmente, con plenos poderes y su total aprobación anticipada, resolviera el conflicto en la forma que mejor creyera conveniente».

«Sin tiempo que perder –agrega Cortina– y con el amplio voto de confianza del Presidente, forcé la crisis y la renuncia de todos los secretarios, anunciándolo sin demora a la prensa. Entonces fue nombrado el segundo gabinete de Zayas, que se ha llamado, indebidamente, el 'gabinete de Crowder'. En efecto, este Consejo de Secretarios fue seleccionado, no por Crowder, sino por mí, con los poderes que me había confiado el presidente Zayas. Escogí las personalidades que me parecieron... más adecuadas para hacerle frente a la crisis nacional».

Según Cortina, el general Crowder, en presencia de Clarence Marine, ex asesor de la legación americana, le hizo algunas objeciones sobre las condiciones de dos de los secretarios designados. Cortina le manifestó que dichos nombramientos eran definitivos porque habían sido hechos por el Presidente de la República en

---

[26] Cortina, José Manuel, ob. cit., págs. 204-206.

ejercicio de sus facultades constitucionales. «Recuerdo –dice Cortina– que el general Crowder, después de meditar un momento, me estrechó la mano con elegante gesto y me dijo: –Usted cumple su deber como gran patriota y esto puede resolver la grave dificultad por el momento, y la posible intervención americana; y espero que usted diga en el futuro la verdad: o sea, que yo no le impuse, en definitiva, el nombramiento de ningún secretario».

El nuevo gabinete comenzó a actuar con gran autoridad y mereció el título de «El Gabinete de la Honradez». Crowder, sin embargo, no estuvo satisfecho con ciertas medidas adoptadas por el gobierno, y promovió la disensión valiéndose de algunos de los secretarios sobre los cuales ejercía gran influencia. Una nueva crisis, más grave que la anterior, surgió cuando el gobierno decidió adquirir el Convento de Santa Clara. La oposición impugnó dicha operación alegando que la misma encerraba un fraude o «chivo». Algunos secretarios, incluyendo el de Hacienda, don Manuel Despaigne, plantearon públicamente que la compra no había sido debidamente aprobada por el Consejo de Secretarios. La situación se hacía intolerable para Zayas, atacado frontalmente por algunos de sus propios secretarios en combinación con Crowder.

Se recibió entonces un cable del Subsecretario de Estado de los Estados Unidos conminando a Zayas a que no cambiara el gabinete ya que la continuidad del mismo había sido condición esencial para el otorgamiento del empréstito de los 50 millones de dólares. Se agregaba en el cable que si el presidente no seguía esta indicación y cambiaba el gabinete, no podrían predecirse las consecuencias que tal conducta le acarrearía a la república. Al circular este cable, se planteó nuevamente en el congreso de Cuba la posible destitución de Zayas.

El Presidente se reunió con Cortina y varios dirigentes del

Partido Conservador para discutir el cable y las medidas que debían adoptarse. Cortina terminó su exposición diciéndole a Zayas: «Las circunstancias han puesto en sus manos la oportunidad y la necesidad de detener el avance absorbente y destructor de la independencia que realiza el general Crowder, apoyado en una errónea aplicación de la Enmienda Platt... Usted es el Presidente; es un patriota, un hombre de estado y hermano de un héroe que murió por la independencia. Yo sólo puedo ofrecerle que lo acompañaré en todos los riesgos hasta el fin, cualquiera que éste sea. Es preferible chocar y caer antes que sentar un fatal precedente de acatamiento. El momento es muy grave: ¡ahora o nunca!»[27]

Al día siguiente, Zayas y Cortina redactaron un cable dirigido al Departamento de Estado en el que rechazaron toda intervención extraña en la formación y mantenimiento del gabinete cubano, por ser ésta facultad exclusiva del Presidente de la República. Y agregaron al final del cable que si sobrevenía algún daño a la nación por virtud de esta actitud, sería con violación de los tratados existentes entre Cuba y los Estados Unidos.

El Secretario de Estado Charles Evans Hughes rectificó de inmediato el cable conminatorio de su subsecretario, calificándolo de simple recomendación sin carácter coactivo. Zayas procedió a reorganizar su gabinete. A partir de ese momento, las sombras del protectorado se disiparon; la Enmienda Platt dejó de ser interpretada «preventivamente», y el general Crowder, ya con el rango de embajador, tuvo que ajustarse a los cánones protocolares, y pudo ser neutralizado.

Zayas consolidó esta gran victoria diplomática enviando a la Quinta Conferencia de Estados Americanos celebrada en Chile a

---

[27] Ibídem, págs. 207-209.

una delegación integrada por cubanos distinguidos, entre los cuales sobresalieron adversarios del presidente, como don Manuel Márquez Sterling y Carlos García Vélez. Esta delegación logró que la asamblea se manifestara en contra del derecho de intervención, y que designara a La Habana como sede de la Sexta Conferencia. Por otra parte, Zayas obtuvo la retirada de numerosas tropas norteamericanas que estaban acampadas en Camagüey, y su embajador en Washington, don Cosme de la Torriente, que antes había presidido la Liga de las Naciones, logró que Washington ratificara el Tratado Hay-Quesada reconociendo la soberanía de Cuba sobre Isla de Pinos.

Honra y ennoblece a este gran país que hoy nos cobija el haber rectificado sus prácticas injerencistas que contribuyeron a debilitar nuestro carácter y a frenar nuestra maduración política. Pero quienes ayer se excedieron en la acción, hoy pecan por omisión. Del intervencionismo absorbente y nocivo, han pasado al aislamiento claudicante y suicida, que le ha permitido a la Unión Soviética apoderarse de Cuba y utilizarla impunemente como base estratégica para subvertir a tres continentes y socavar la autoridad y el prestigio de los Estados Unidos como líder del mundo libre.

Libertades políticas

Finalmente, en el campo de las libertades políticas, nadie respetó más que Zayas el sagrado derecho de disentir. Frente a una crítica desenfadada, implacable e hiriente, mostró gran entereza y aplomo. Maestro de la política, que es a veces selva de pasiones en la que alternan glorias y bajezas, triunfos y decepciones, supo conciliar intereses divergentes dentro del marco de las realidades cambiantes. Conocedor a fondo de la psicología del cubano, para quien la transacción suele ser un deshonor, pudo construir puentes de entendimiento y de paz en un ambiente proclive a la violencia y la atomización.

Agrupaciones cívicas, desvinculadas de los partidos políticos y contrarias al gobierno de Zayas, comenzaron a proliferar en 1922 y 1923. Surgieron, entre otras entidades, El Comité de los Cien, integrado principalmente por hombres de negocio que orientaba Porfirio Franca; la Asociación de Buen Gobierno, creada por iniciativa de Carlos Alzugaray; la Junta Cubana de Renovación Nacional presidida por Fernando Ortiz; la Falange de Acción Cubana dirigida por Rubén Martínez Villena, y la Asociación Nacional de Veteranos y Patriotas que encabezó el general Carlos García Vélez y que vino a reunir o incorporar a casi todas las agrupaciones cívicas mencionadas anteriormente.

Veteranos y patriotas

La Magna Asamblea de Veteranos y Patriotas celebrada el 29 de agosto de 1923 se hizo eco de muchas de las aspiraciones nacionales, que incluían la independencia del poder judicial, la libre organización de los partidos políticos, preferencia a obreros cubanos, prohibición de la reelección presidencial, voto a la mujer y moralidad administrativa. Mas la crítica sana y constructiva pronto cesó. Se impuso la pasión y la diatriba. Lo que comenzó con un gran movimiento cívico para el engrandecimiento de la patria, terminó con un infructuoso alzamiento para la conquista del poder.

Zayas no empleó la censura ni la represión. Considerándose injuriado, ejerció sus derechos en los tribunales, y cuando estalló la insurrección en Santa Clara se trasladó al teatro de operaciones, convenció al coronel Laredo Bru de que depusiera las armas, y le ofreció el perdón a todos los alzados que se presentasen a las autoridades en un plazo de 10 días. Sin persecuciones ni violencias, con su sonrisa afable y el corazón abierto a la conciliación sincera, Zayas había evitado una sangrienta guerra civil.

Movimiento estudiantil

Durante su gobierno, la Universidad de La Habana también fue escenario de hondas perturbaciones. El profesor José Arce, rector de la Universidad de Buenos Aires, había pronunciado una conferencia en La Habana en diciembre de 1922. Su mensaje exaltó los ánimos e indujo a los estudiantes a exigir derechos de representación para mejorar los métodos de enseñanza y depurar al profesorado. Se constituyó la Federación de Estudiantes de la Universidad de La Habana, acaudillada por su joven y atlético secretario, de fogosa oratoria marxista, Julio Antonio Mella.

Pronto se introdujo la política en el recinto universitario. Se escucharon pronunciamientos enconados contra el imperialismo, que excluían a la Unión Soviética. Se organizaron huelgas, manifestaciones y tropas de choque. Se forzó la renuncia de profesores y rectores, y se abogó por la autonomía universitaria.

Zayas actuó con serenidad y firmeza. No creó héroes ni mártires, pero tampoco aceptó el papel de víctima. Haciendo caso omiso a la advertencia de Mella de que no concurriera a la inauguración del curso universitario porque su presencia corrupta ofendería al estudiantado, Zayas se presentó en el aula magna, ocupó la presidencia, agitó la campanilla y procedió a la apertura del curso. No apoyó la autonomía universitaria, pero autorizó la creación de una asamblea representada por 30 profesores, 30 alumnos y 30 graduados. No se amilanó frente a las amenazas y presiones de la universidad, pero mantuvo siempre un diálogo abierto y cordial con los estudiantes. Y cuando éstos en una manifestación hostil frente al palacio le lanzaron lodo a su estatua, Zayas le dijo al indignado jefe de policía que pedía instrucciones: «Déjelos que le tiren fango, que algún día la cubrirán de flores».

Agitación sindical

En el campo laboral, Zayas tuvo que afrontar numerosas huelgas, exacerbadas por elementos anarco-sindicalistas peninsulares, bolcheviques embozados y radicales cubanos. La huelga de bahía tomó proporciones alarmantes, paralizando nuestras actividades mercantiles con el extranjero. Zayas se negó a emplear la fuerza y creó el clima adecuado para zanjar la controversia. En las huelgas ferroviarias, «las más graves que había padecido Cuba», Zayas intervino directamente en la negociación que culminó con el convenio de 9 de abril de 1924, en virtud del cual se reconoció la hermandad ferroviaria, se implantó la jornada de ocho horas y se aumentó el jornal de los peones de vías y obras.

Con su habitual espíritu de equidad y conciliación, el Presidente había resuelto la huelga que llegó a paralizar prácticamente todo el movimiento ferroviario del país. Y al firmarse el convenio, tanto las empresas como la central ferroviaria felicitaron a Zayas por su brillante y justa intervención.

Habiendo preservado la paz, sin desajustes institucionales ni derramamientos de sangre, con tolerancia y respeto al derecho ajeno, Zayas cumplió su mandato presidencial, retiró su candidatura reeleccionista, que nunca realmente calorizó, y propició unos comicios ejemplares que le dieron el triunfo a los liberales y populares.

Laudo y tributo

Poco después de abandonar el poder, Zayas sufrió una grave enfermedad que por algún tiempo le impidió desarrollar sus actividades intelectuales. Nunca se recuperó totalmente, pero tuvo fuerzas y lucidez suficientes para dictar conferencias sobre Cuba en la Academia de la Historia, de la cual fue Presidente hasta el último día de su vida.

Murió Zayas en abril de 1934. Le correspondió a José Manuel Cortina hablar ante su tumba en momentos de gran agitación revolucionaria. Casi al final de la oración fúnebre, el tribuno emitió estos conceptos:

«Nosotros vamos, ahora, a depositar en la tierra los restos de Alfredo Zayas. Su vida y sus hechos podrán ser discutidos: en ellos se encontrarán errores; pero en el balance de la actuación de toda su existencia habrá siempre grandeza y gloria bastantes para inmortalizarlo en nuestra historia como un ejemplo de gobernante democrático, estadista original y capaz, y patriota ferviente y verdadero».

«Alfredo Zayas estuvo treinta días, antes de fallecer, en una lenta agonía, en que no podía hablar ni razonar; pero en los últimos momentos, rodeado de la familia ansiosa que quería revivirlo, cuando ya iba a morir, un resplandor de razón penetró en su cerebro..., y como si lo que había sido su ideal de toda la vida se hubiese resumido en su último soplo vital, sus postreras palabras, articuladas por sus labios helados ya por la muerte, fueron: «¡En el mar estamos: fe y adelante!»

Hoy, medio siglo después, ese lema de Zayas, inspirado en el credo de Luz y Caballero, conserva plena vigencia. Frente al naufragio de la República, tenemos los cubanos que avivar la fe, forjar la unión, levantar la boga y trazar el rumbo que nos lleve a la patria redimida. Si nos hermana el ideal y no nos divide la discordia, Cuba de nuevo será libre. Si mantenemos la lucha y no nos abandonan los aliados, Cuba de nuevo será libre. Si nos acompaña la historia y no nos falla la geografía, Cuba de nuevo será libre.

Y cuando llegue ese día, que será como una alborada de júbilo y esperanza, nimbada por saetas luminosas de un sol resplandeciente, acaso el pueblo cubano, con la perspectiva del tiempo y la madurez nacida de la desgracia, desfile frente a la estatua de Zayas y le rinda un homenaje de justicia a aquel por cuyo gobierno ninguna madre tuvo que guardar luto ni enjugar lágrimas; aquel que fue, por encima de todo, defensor de nuestra soberanía y restaurador de nuestras libertades.

DURAS ENSEÑANZAS DE LA REVOLUCIÓN DE 1933

A raíz de la reciente publicación del libro La Revolución de 1933 *de Enrique Ros, decidí escribir el siguiente artículo. Fueron varios los motivos. Primero, para felicitar al autor –mi admirado y querido compañero de luchas y amigo– por su notable aportación a la historiografía de Cuba. Segundo, para tratar de dilucidar algunas interrogantes sobre la Revolución de 1933 que todavía penden en la mente de muchos. Y tercero, para extraer de ese proceso traumático posibles enseñanzas que acaso sean útiles para el futuro.*

Recibí comentarios encomiásticos del propio Enrique Ros, entre otros. Y el fraterno militante de la democracia, Tomás Gamba, me llamó para decirme: « Yo viví ese proceso, y doy fe de que lo que tú dices en el artículo es verdad».

El magnífico libro *La Revolución de 1933*, publicado recientemente por mi distinguido amigo Enrique Ros, ha sido objeto de múltiples reseñas y merecidos elogios. Esto era de esperarse, porque el libro contiene sólida y copiosa documentación sobre una etapa crítica de la historia republicana de Cuba; documentación avalada por la ecuánime y cabal investigación del autor.

El libro aporta datos desconocidos u olvidados, y nos hace pensar. En lo que a mí respecta, la lectura de esta nueva y valiosa contribución de Ros a la historiografía de Cuba suscitó algunas preguntas que me llevaron a examinar las causas y consecuencias del desgarrador proceso revolucionario relatado. El propósito del somero examen no es otro que extraer posibles enseñanzas para evitar que naufrague la nueva República democrática que se edifique en el mañana.

¿Cómo fue que Gerardo Machado, electo presidente por abrumadora mayoría y muy querido en los primeros años de su gobierno, llegó a ser tan detestado en la fase final de su régimen? ¿Qué factores motivaron su despótica trayectoria y la lucha que sobrevino?

El enjuiciamiento de su conducta, por severo que sea, no puede negar los logros de Machado y su genuina popularidad en la primera parte de su mandato. Tan pronto asumió la más alta magistratura de la nación, le imprimió a su gobierno una tónica de orden, eficiencia y fecunda actividad, que redundó en beneficio de la instrucción pública y en fuerte estímulo a las industrias nacionales. Pero fue el amplísimo y vertiginoso plan de obras públicas, a cargo de «el dinámico» Carlos Miguel de Céspedes, lo que vino a deslumbrar a la nación. La construcción de la Carretera Central, de un extremo al otro de la isla, le impartió gran impulso al comercio. Y con el impresionante Capitolio Nacional, La Habana se vistió de lujo en 1928 para recibir a los delegados a la Sexta Conferencia Panamericana, que contó con la presencia del presidente de los Estados Unidos, Calvin Coolidge.

Reconociendo estos hechos innegables, pasemos a comentar los factores nocivos, bien detallados en el libro de Ros, que contribuyeron a incubar la dictadura, desatar la violencia y quebrantar el orden constitucional. En primer término figura la tendencia autoritaria y narcisista de Machado, larvada al principio, que lo indujo a alentar o condonar execrables desafueros por considerarse «egregio» (como le llamaban) e imprescindible. Olvidó acaso que «del Capitolio a la Roca Tarpeya no hay más que un paso».

El Presidente de los Estados Unidos, Calvin Coolidge y Sra. con Gerardo Machado y Sra. en La Habana (1928).

Capitolio Nacional

El «dinámico» Carlos Miguel de Céspedes, Secretario de Obras Públicas.

Escalinata de la Universidad de La Habana.

Alimentó el ego de Machado la adulación de las masas populares, así como de figuras representativas del mundo académico, político, social y empresarial. Las consecuencias de este ciego mesianismo pudieran resumirse en esta tersa admonición: pueblo que, en arranque frenético, endiosa a sus gobernantes y los coloca por encima de las leyes, abdica sus derechos, pierde su albedrío, y cae a la postre en cautiverio. Lección que, al llegar Fidel Castro al poder en 1959, la mayoría del pueblo cubano, en su delirio, descartó u olvidó.

Otro factor que contribuyó al cesarismo de Machado fue el llamado «cooperativismo» –engendro de fascismo tropical ideado por Wilfredo Fernández. Esta fórmula de apoyo incondicional al gobierno, basado en la alianza oportunista de los únicos tres partidos existentes, le permitió a Machado y sus colaboradores monopolizar los resortes electorales para prolongar, sin reconocida oposición política, su permanencia en el poder. Algo parecido acaeció en México con el PRI durante 70 años.

Esta fórmula cooperativista vino a agravar el presidencialismo excesivo, sin verdadero contrapeso parlamentario, que desde el inicio de la República hacía girar la gobernación del país alrededor del presidente. Asimismo, la acomodaticia y excluyente alianza de los tres partidos políticos, sellada herméticamente bajo el cooperativismo, marginó a los jóvenes e impetuosos opositores pertenecientes a los Directorios Estudiantiles y al ABC, que de la protesta callejera pasaron a las células clandestinas y al terror urbano. Cerradas para ellos las vías legítimas para defender la libertad y efectuar cambios sustanciales en el país, optaron por la violencia quienes posteriormente fueron líderes civilistas de la política, como Carlos Prío Socarrás, Manuel Antonio (Tony) de Varona y Carlos Saladrigas; de la economía, como Joaquín Martínez Sáenz, y de la cultura, como Jorge Mañach y Francisco Ichaso.

El otro factor agravante, preludio de dictadura con barniz democrático, fue la Convención Constituyente celebrada sin partidos de oposición en 1928. El propósito principal o pretexto era prohibir la reelección presidencial, es decir, la aspiración al poder desde el poder, que había sido en el pasado, con Estrada Palma y Menocal, fuente de fraudes electorales y pugnas violentas. Mas esta Convención, excediéndose en su mandato, autorizó la reelección de Machado por un período de seis años. Asimismo, prorrogó los poderes de todos los funcionarios electos.

Este simulacro constitucional (virtual golpe de estado), acompañado de medidas represivas, desencadenó la violenta oposición, sofocada en Río Verde y Gibara, encarnizada con bombas urbanas y desorbitada tras la muerte de Rafael Trejo, el asesinato de Vázquez Bello y la brutal represalia que segó las vidas de los hermanos Freyre de Andrade y de Aguiar. Caldearon también el ambiente la grave crisis económica que azotó el país, así como las doctrinas en boga, importadas algunas de ellas de Europa y Rusia con matices de Mussolini y de Lenin. Doctrinas que preconizaban el corte radical con gesto heroico para que germinara la utopía revolucionaria.

Las otras preguntas que me suscitó la lectura del notable libro de Ros fueron las siguientes: *¿No previeron y trataron de evitar el desenlace sangriento figuras reflexivas de la política cubana? ¿Hubo intentos serios de conciliación antes de la Mediación prohijada por el embajador norteamericano Sumner Welles? Y si los hubo, ¿por qué fracasaron?*

Aparte de los recursos de inconstitucionalidad, que fueron denegados, hubo varios intentos patrióticos de conciliación. Entre los principales promotores sobresalió Manuel Márquez Sterling, quien en sus crónicas sobre las llamadas Conferencias de Shoreham en Washington relata las negociaciones que sostuvieron él y Cosme de la Torriente, (representando este último a la Junta Revolucionaria en el exilio), con Orestes Ferrara y Viriato Gutiérrez en nombre del gobierno. Se sumaron después a estas infructuosas pláticas en Cuba Juan Gualberto Gómez y Carlos de la Torre, entre otros.

Uno de los planes más plausibles y completos de pacificación fue el que concibió e impulsó José Manuel Cortina. Siendo senador y líder de la mayoría gubernamental en ese cuerpo, se opuso a la reelección presidencial y a la prórroga de poderes, como también lo hicieron brillantemente Ramón Zaydín, Carlos Manuel de la Cruz y otros pocos en la Cámara de Representantes, y Ricardo Dolz en el Senado. En vista del estado de violencia indiscriminada que se creó tras la ilegítima reforma constitucional de 1928, Cortina consideró su deber abogar por un amplio plan que dirimiese pacíficamente la enconada controversia y ayudase a curar algunos de los males orgánicos y funcionales que venían socavando la República.

El Plan Cortina propugnaba el recorte del mandato de Machado, con elecciones en 1932 y cambio de gobierno en 1933, y el cese inmediato de los actos de violencia. Asimismo, contemplaba la convocatoria a una Convención Constituyente tan pronto como un comité de conciliación ad hoc hubiese completado sus gestiones, y se hubiese constituido un consejo de ministros interino de unidad nacional que ofreciese las garantías necesarias para celebrar los comicios. Las reformas constitucionales propuestas por Cortina, recogidas en un folleto publicado en enero de 1931, incluían la creación del régimen semiparlamentario, el establecimiento de un Tribunal de Cuentas, la ampliación de las facultades del Tribunal Supremo, y medidas para fortalecer el hábeas corpus, garantizar la seguridad de los presos políticos e impedir la impunidad de los fraudes electorales.

Dos figuras cimeras de la Revolución de 1933: el sargento Fulgencio Batista y el profesor Ramón Grau San Martín.

El Plan Cortina, aceptado en principio por Machado a fines de 1930, fue aprobado con algunas modificaciones por la Cámara de Representantes. Al pasar al Senado en octubre de 1931, quedó estancado porque Machado cambió de parecer y ordenó que sus partidos políticos suspendieran la discusión de dicho plan. Con tal motivo, Cortina renunció al cargo de líder de la mayoría senatorial, pero no abandonó su cívica cruzada. Al iniciarse la Mediación, logró que todos los partidos allí representados, así como al ABC, aceptaran el plan. Pero no hubo tiempo para convencer a Menocal y al Directorio Estudiantil, que se oponían a la Mediación, porque la violencia se recrudeció y Machado se negó a renunciar voluntariamente.

¿Lección? Cuando se desbordan las pasiones y se desata la espiral de la violencia, se endurece la irracional intransigencia e impera la cismática anarquía. Se frustró así éste y otros planes netamente cubanos de conciliación y reforma constitucional, y se dio pie para que el emisario norteamericano fulminara su ultimátum e impusiera su propia y efímera fórmula de sustitución presidencial.

Al final de la década de los 30, tras casi diez años de pugnas políticas que parecían irreconciliables, los mandatarios legítimos del pueblo cubano dieron una gran prueba de madurez, talento y civismo. Superando sus hondas divergencias, y sin presiones internas ni foráneas, elaboraron en la Convención Constituyente de 1940 una Carta democrática que plasmó sus más fervientes aspiraciones, incluyendo las reformas esbozadas por Cortina en 1930.

¿Habremos aprendido algo de la sangrienta revolución de 1933 y de su pacífica y fructífera culminación en 1940? Aunque de nada sirvieron las enseñanzas en 1959, ¿podrán iluminarnos en el mañana, cuando cese el despotismo, para consolidar la libertad?

Estas son las preguntas punzantes que afloran al final del formidable libro de Enrique Ros. Con la fe que no decae, las contesto afirmativamente. La situación será mucho más difícil que en el '33, porque habrá que desmantelar el aparato totalitario y sanear moralmente a la nación desquiciada y bastante prostituida. Pero se contará para el tránsito a un estado democrático de derecho con el recuerdo traumático de casi medio siglo de tiranía; con los preceptos fundamentales de la Carta de 1940, suplantada pero no abrogada ni olvidada; con las experiencias, buenas y males, del post-totalitarismo en otros países, y con reservas no contaminadas de cubanía dentro y fuera de la isla.

Claro que habrá escollos que superar y pasiones que domeñar. Pero en los momentos críticos, surgirán voces responsables que evoquen la consigna tribunicia que electrizó y unificó a los convencionales de 1940: LOS PARTIDOS ¡FUERA! ¡LA PATRIA DENTRO!

LA CONSTITUCIÓN DE 1940: OBRA CUMBRE DE LA REPÚBLICA

El tema constitucional siempre me ha apasionado, porque toda Constitución, cuando refleja la voluntad soberana del pueblo expresada democráticamente, es más que un ordenamiento institucional con «fuerza legal aumentada», como decía el tratadista alemán Jellinek; más que un código de garantías individuales. La Constitución es, sobre todo, un pacto social para la civilizada convivencia. Roto ese pacto, se cae en la arbitrariedad de uno, caso del despotismo, o en la tiranía de todos, caso de la anarquía.

Como parte esencial de mis estudios constitucionales, profundicé en nuestra Carta Magna de 1940, no sólo en la letra de sus preceptos, sino en su espíritu. Ese fue precisamente el tema de mi tesis de grado, recogida posteriormente en un libro con prólogo de quien fuera presidente de la Convención Constituyente de 1940, Carlos Márquez Sterling.

Considerando estos antecedentes, Alberto S. Bustamante me pidió que, con motivo del centenario de la República, escribiera un breve ensayo sobre la Constitución de 1940, arrojando un poco de luz en los orígenes y trascendencia de esa notable Ley Fundamental –obra cumbre de la República. El trabajo que a continuación se transcribe fue publicado en un número conmemorativo de «Herencia», y sirvió de base para un coloquio telefónico con líderes de la oposición en Cuba, organizado posteriormente por Héctor Lanz. En representación del destierro militante, nos acompañaron en el coloquio destacados compatriotas: Luis Figueroa, José Sánchez-Boudy, Efrén Córdova, Rogelio de la Torre y Manuel Alzugaray.

Sesión inaugural de la Convención Constituyente. El Presidente de la República, Federico Laredo Bru, leyendo el discurso de apertura.

L a Constitución de 1940 –la última Carta legítima del pueblo cubano– ha sido considerada por muchos juristas e historiadores como la obra cumbre de la joven República. Avalan esta afirmación diversos factores que comentaremos en este breve ensayo, incluyendo el ejemplo de previsión, tolerancia y patriotismo que dieron casi todos los convencionales, la brillantez e intensidad de los debates, los aciertos de muchos de los preceptos aprobados, las instituciones básicas que se crearon bajo la égida constitucional, y la supervivencia simbólica de la Carta a lo largo de las últimas cinco décadas de lucha en pro de un estado de derecho con plena libertad.

¿Cómo se llegó a la Constituyente?

A raíz de la caída del gobierno de Gerardo Machado el 12 de agosto de 1933, tras lucha sangrienta contra el sistema represivo imperante, crisis económica y presiones del embajador norteamericano Sumner Welles, cobró intensidad el proceso revolucionario que se estaba incubando. Del '33 al '36 se produjo el desfile fugaz de siete presidentes interinos, incluyendo la llamada Pentarquía. No se acababa de estabilizar el país, azotado por ráfagas intermitentes de violencia.

Durante este proceso, casi todos los partidos políticos consideraron necesario convocar a una Asamblea Constituyente porque el país carecía de una Carta Fundamental acatada por todos. Los grupos que se opusieron a Machado habían repudiado la reforma constitucional de 1928, que dio pie para la prórroga de poderes de los funcionarios electos y la reelección de Machado bajo la política del «cooperativismo». Y Ramón Grau San Martín, al negarse su gobierno provisional a reconocer en 1933 la llamada Enmienda Platt como parte de la Constitución de 1901, le restó virtualidad a dicha Constitución.

Por otra parte, durante esta etapa revolucionaria comenzaron a cristalizar diversas reformas políticas, sociales y laborales, que muchos quisieron constitucionalizar a fin de impartirles estabilidad y permanencia. Resonó en 1934-1935 la consigna de «Constituyente primero y elecciones después», pero el general Mario García Menocal, líder del Conjunto Nacional Democrático –el partido más fuerte en esos momentos– se opuso a una Constituyente precipitada. Con buen juicio, Menocal argumentó que era necesario estabilizar el país y sentar las bases de un estado de derecho con gobernantes electos antes de convocar a una Convención Constituyente.

En las elecciones generales de 1936 salió victorioso Miguel Mariano Gómez, pero con motivo de una disputa entre éste y el entonces jefe del ejército, coronel Fulgencio Batista, Gómez fue juzgado y destituido a los pocos meses por el Congreso. Le sucedió el vicepresidente Federico Laredo Bru, quien con gran tacto propició la conciliación de los líderes principales del país, incluyendo los enemigos acérrimos Ramón Grau San Martín y Fulgencio Batista, como paso previo a la Constituyente. Deponiendo intereses mezquinos y rivalidades partidistas, los líderes políticos sellaron el pacto de conciliación en la llamada finca Párraga del Wajay. Bajo una ley electoral aceptada por todos, se celebraron a fines de 1939 elecciones inobjetables para delegados a la Convención Constituyente.

Véase la significación que esto tuvo. Se cerró una década de convulsiones revolucionarias, pugnas sangrientas e inseguridad jurídica. Se celebraron las elecciones más honestas y transparentes de nuestra historia republicana, sin intromisiones nativas ni presiones foráneas. Ganó la coalición oposicionista, obteniendo 42 delegados de los 77 que tomaron posesión de sus cargos, y se acató el veredicto popular. Estuvieron representados todos los partidos políticos, incluyendo los más conservadores y los más radicales, los que colaboraron con Machado y los que se opusieron a él. Por encima de las diferencias, que parecían irreconciliables, se logró el consenso nacional necesario para dotar al país de una nueva Constitución.

Composición de la Asamblea y tendencias ideológicas

Los delegados electos representaron a los 9 partidos políticos existentes –5 por la coalición gubernamental (inicialmente en minoría), y 4 por la coalición oposicionista. Clasificados por profesiones, participaron en la Constituyente 34 abogados, notarios y procuradores; 15 médicos y doctores en ciencia; 11 comerciantes, industriales y agricultores, y 4 periodistas. Entre los restantes figuraron 1 albañil, 1 pailero y 1 zapatero. La mujer cubana estuvo también representada en la Convención con 3 delegadas.

Las personalidades que le dieron realce a la Constituyente incluyeron estadistas como Orestes Ferrara, José Manuel Cortina y Carlos Márquez Sterling; intelectuales como Jorge Mañach y Francisco Ichaso; libertadores como Miguel Coyula; juristas como Ramón Zaydín y Manuel Dorta Duque; internacionalistas como Emilio Núñez Portuondo; parlamentarios como Aurelio Álvarez de la Vega, Miguel Suárez Fernández, Rafael Guas Inclán, Pelayo Cuervo Navarro, Santiago Rey Perna, Emilio Ochoa y José R. Andreu; dirigentes sindicales como Eusebio Mujal; industriales como José Manuel Casanova; economistas como Joaquín Martínez Sáenz; pedagogos como Alicia Hernández de la Barca; líderes políticos y revolucionarios como Ramón Grau San Martín, Carlos Prío Socarrás y Eduardo Chibás.

El equipo comunista, con 6 delegados, estuvo liderado por Blas Roca, Juan Marinello y Salvador García Agüero –formidables polemistas, artífices de la dialéctica marxista, y uno de ellos (Marinello), intelectual de alto vuelo.

Los convencionales contaron con un anteproyecto constitucional, que, por mandato del Congreso electo en 1936, había elaborado el eminente jurista Gustavo Gutiérrez. Pero cada partido llevó su propio programa a la Constituyente, y en los debates pugnaron diversas tendencias ideológicas. De un extremo, el «laissez faire » del liberalismo histórico que preconizó Orestes Ferrara, entre otros. Del otro extremo, la tesis marxista, edulcorada para ganar votos y defendida por el triunvirato comunista antes mencionado. Y en el centro, inclinándose a veces a la derecha y otras veces a la izquierda, una mayoría heterogénea de demócratas cubanos partidarios no sólo de fortalecer y ampliar los derechos individuales consagrados en la Constitución de 1901, sino también de incorporar los derechos sociales y laborales que comenzaron a despuntar con la llamada revolución «Auténtica» en 1933-1934.

La conciliación, en lo posible, de estas tendencias contrapuestas y la defensa en las asambleas plenarias de los principales dictámenes le correspondió a la Comisión Coordinadora que dirigió José Manuel Cortina. Esta Comisión agrupó a los 17 líderes principales de la Constituyente y logró analizar, discutir y filtrar acertadamente las ponencias de los delegados y los informes que presentaron diversos sectores de la nación.

La otra clave del éxito de la Constituyente fue la presidencia de Carlos Márquez Sterling, quien con maestría parlamentaria, carácter y mucho tino agilizó los debates que se habían estancado bajo la rectoría inicial de Ramón Grau San Martín, y llevó a feliz término la labor de la Constituyente dentro del plazo fijado de tres meses.

Carlos Márquez Sterling, Presidente de la Convención Constituyente, quien llevó a feliz término la magna obra de los convencionales de 1940.

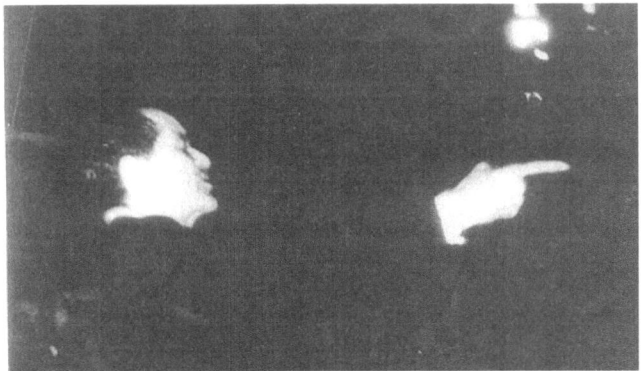

José Manuel Cortina, Presidente de la Comisión Coordinadora de la Convención, en el momento en que acallaba un violento tumulto con su arranque tribunicio: «Los Partidos ¡Fuera!, ¡La Patria Dentro!»

Debates memorables

Los debates fueron lúcidos, sustanciosos e intensos. Algunos temas suscitaron enconadas confrontaciones, como la moratoria hipotecaria y la prohibición de organizaciones políticas contrarias a la democracia, pero las controversias se desarrollaron con elegancia en el decir y con respeto absoluto al derecho de disentir. Estalló a veces la discordia apasionada y estridente, pero prevaleció la concordia equilibrada y prudente. Para orgullo de los cubanos, en esa etapa crítica de nuestra historia republicana la intransigencia le cedió el paso a la esclarecida y patriótica transacción.

En términos generales, puede decirse que los debates recogen lo mejor de nuestra doctrina constitucional, de nuestras tradiciones liberales, de nuestra cultura política, y de nuestra oratoria parlamentaria. Vienen a ser el equivalente cubano de los «Papeles Federalistas» norteamericanos, salvando las diferencias naturales entre debates en vivo y ensayos bien acabados.

Al iniciarse las labores de la Constituyente, se impuso el señorío tribunicio de Cortina, dominando un violento tumulto en las galerías con su célebre apóstrofe: «Los partidos ¡fuera! ¡La Patria dentro!» Sobresalieron también en las sesiones los contrapunteos agudísimos de Ferrara y Núñez Portuondo con los líderes comunistas; las disertaciones magistrales de Zaydín; las exposiciones enjundiosas de Mañach e Ichaso; las evocaciones vehementes de Coyula; las impugnaciones tenaces de Mujal, y las intervenciones incisivas de Prío Socarrás, Guas Inclán, Suárez Fernández, Martínez Sáenz, Álvarez de la Vega, Rey Perna y otros.

Preceptos fundamentales

En la sección de los *Derechos Individuales*, que constituyen la coraza defensiva del ciudadano frente a las extralimitaciones o abusos de la autoridad estatal, los convencionales del 40 garantizaron al máximo las libertades fundamentales de expresión, locomoción, asociación y cultos, entre otras. Asimismo, recordando un pasado de persecuciones y violencias, reforzaron el hábeas corpus más que en ninguna otra Constitución, y ampliaron la protección a los detenidos y presos políticos a fin de evitar los sombríos desenlaces de la llamada «ley de fuga».

En el título correspondiente a la *Familia*, los convencionales reconocieron la importancia capital del matrimonio, la maternidad y la familia como elementos indispensables de cohesión social. Corrigiendo injusticias del pasado, consagraron la igualdad absoluta de derechos para ambos cónyuges, la abolición de todo estigma de ilegitimidad en la filiación, la garantía de pensiones por alimentos a favor de la mujer y los hijos, y la inembargabilidad de la propiedad familiar.

En la sección de la *Cultura*, la Constitución del 40 estableció que la instrucción pre-primaria, primaria y vocacional será gratuita cuando la imparta el estado, y la universitaria pública sólo estará sujeta a una módica matrícula. Asimismo, ordenó la creación de un Consejo Nacional de Educación y Cultura libre de todo sectarismo político. Al garantizar la enseñanza privada, reconoció el derecho a impartir la educación religiosa que se desee, guardando el debido respeto a la moral cristiana y al orden público.

En su afán de dotar a la educación pública de recursos adecuados, los convencionales se excedieron en el casuismo, consignando que el sueldo mensual del maestro no será inferior a la millonésima parte del presupuesto nacional –condición inaplicable e impropia para una Constitución.

En la parte correspondiente al *Trabajo*, la Constitución del 40 colocó a Cuba a la vanguardia del progreso social en su época, estipulando jornadas máximas de trabajo, derecho de sindicación y de huelga, salarios mínimos, asistencia social, descanso retribuido de un mes, y otras prerrogativas. El despido por causa justa, establecido rígidamente en la Carta del 40, le dio estabilidad al obrero, pero dificultó lamentablemente la terminación de empleos, por motivos económicos, mediante el pago de compensación.

A fin de evitar la excesiva y politizada intervención del gobierno en los conflictos obrero-patronales, se dispuso la creación de comisiones paritarias de conciliación presididas por un funcionario judicial, cuyas resoluciones serían apelables ante los tribunales del trabajo. Este concepto innovador, aunque defectuoso en su forma, no se llevó a la práctica.

En el campo de la *propiedad privada, la contratación y la economía*, la Carta del 40 estableció barreras o límites infranqueables a la intervención del estado por motivos de utilidad pública o interés social. Así, por ejemplo, prohibió todo tipo de confiscación, incluyendo métodos indirectos que fueron rechazados, como el impuesto progresivo sobre el capital y la tierra. Dispuso asimismo que la expropiación sólo se hará por autoridad judicial mediante indemnización previa y en efectivo fijada por el juez, pudiendo el expropiado impugnar el motivo de interés social ante los tribunales.

La seguridad jurídica, sin la cual la empresa privada no puede prosperar, fue también ampliamente garantizada. A ese efecto, los convencionales establecieron que, en los casos extraordinarios en que el Congreso le diese carácter retroactivo a las leyes civiles, tendría que indemnizar los derechos adquiridos. Pero ni el Poder

Legislativo ni el Ejecutivo podrán anular o alterar las obligaciones que nazcan de los contratos.

En el título correspondiente a los *Órganos del Estado*, los convencionales introdujeron el régimen semiparlamentario con el propósito de atemperar los poderes excesivos del Ejecutivo, es decir, el cesarismo de nuestros presidentes. A ese fin, le otorgaron al Congreso la facultad de interpelar y censurar a los ministros, y de provocar cambios de gabinete bajo ciertas condiciones e intervalos de tiempo. De Gaulle implantó en 1958 este sistema híbrido (semiparlamentario o semipresidencial, con características propias), para evitar el parlamentarismo desenfrenado que provocó la caída en Francia de 26 gabinetes durante los 12 años de la Cuarta República.

En Cuba, este régimen sólo rigió a medias a consecuencia de hábitos presidencialistas arraigados y viejas corruptelas. Los fallos, más que orgánicos fueron funcionales, agudizados por nuestros jefes de estado, quienes actuaron como cabeza de partido, y no como «poder director, moderador y de solidaridad nacional».

Entre los otros avances y logros de la Constitución del 40 se encuentran: el sufragio directo sin voto acumulativo, la independencia del poder judicial, la autonomía municipal, la carrera administrativa (no implementada), el Banco Nacional, el Tribunal de Garantías Constitucionales y Sociales, el Tribunal de Cuentas, y el Tribunal Superior Electoral.

Balance y supervivencia de la Carta de 1940

La Constitución de 1940 mereció el apoyo entusiasta de todos los sectores del país. Se le consideró un triunfo –no de ningún partido– sino de la nación cubana, que escuchó absorta los debates transmitidos por radio.

Muchos fueron los aciertos de la Carta, pero el casuismo o detallismo exagerado no fue uno de ellos. A fin de anclar las conquistas sociales, evitando que naufragasen con los cambios de gobierno, los convencionales en su mayoría quisieron constitucionalizar una serie de disposiciones propias para códigos o leyes complementarias. Esta tendencia al texto recargado se observa, en grado superlativo, en las Constituciones actuales de Brazil, Colombia y Venezuela, entre otras.

Siguiendo las corrientes nacionalistas y justicieras en boga, la Carta del 40 incluyó, a veces excesivamente, medidas proteccionistas en favor de los cubanos y preceptos intervencionistas en ciertas áreas económicas y sociales. Pero la propia Constitución balanceó el intervencionismo estatal con la más amplia y categórica garantía de los derechos individuales. Este equilibrio, encomiado por la Comisión Internacional de Juristas de las Naciones Unidas, hizo posible que la clase media y profesional cubana adquiriese extraordinaria pujanza, que la economía nacional alcanzase la fase de «despegue», y que Cuba figurase entre los tres países de Latinoamérica con el más alto estándar de vida.

En el campo político, el país sufrió graves quebrantos en la década de los 50, pero éstos no son imputables a la Constitución del 40, sino a su flagrante incumplimiento. Tan es así que, tras el malhadado golpe militar del 10 de marzo de 1952, todos los líderes de la oposición enarbolaron la Carta del 40 como leitmotiv de la lucha. Y tras el derrumbe total de la República bajo el régimen comunista que se enseñoreó de Cuba en 1959, el rescate de la Constitución de 1940 surgió de nuevo como objetivo central de la gesta libertadora.

Hoy, ante la crisis integral de la tiranía en Cuba, personalidades respetables del exilio y de la oposición en la isla abogan por el restablecimiento de las partes aplicables de la Constitución del 40 durante la transición democrática después de Castro. Son válidas las razones que esgrimen. La Constitución que hoy rige de facto en Cuba (la de 1976 reformada en 1992) es un engendro totalitario que no otorga derechos exigibles, sino meras concesiones supeditadas a la ideología comunista y a los úkases inapelables de los que detentan el poder. Mantenerla en vigor, aunque se le maquille con algunos parches, sólo serviría para propiciar el continuismo del régimen con nuevas caras.

La Constitución de 1940, por ser la última Carta legítima de los cubanos no abrogada democráticamente, es la única intachable que ofrecería garantías para todos. Es la única que podría ponerle fin a la usurpación y servir de puente institucional, conectando las tradiciones del ayer con la República del mañana. Sin ese enlace o ligamento histórico, Cuba estaría a la deriva, dando bandazos, a la merced de los nuevos «salvadores» que emerjan en la etapa pos Castro.

Es evidente que no todos los preceptos de la Carta del 40 serían aplicables durante la provisionalidad. Habría que dejar en suspenso, mediante disposiciones transitorias, los artículos correspondientes a los órganos de representación popular y algunos de los que conforman el régimen económico y laboral. Pero tendrían vigencia los derechos individuales (nuestro «Bill of Rights»), y gran parte de las secciones correspondientes a la familia, la educación, la cultura y la propiedad.

Sólo una Carta con visos de legitimidad como la del 40, y no la espuria de Castro u otra impuesta arbitrariamente por los gobernantes interinos, facilitaría la ingente tarea de pacificar y levantar el país y crear las condiciones necesarias para celebrar elecciones pluripartidistas. Cuando llegue el día en que pueda ejercerse libremente el sufragio, los convencionales o mandatarios del pueblo cubano decidirán si procede actualizar y reformar la Carta de 1940 o sustituirla por otra.

En conclusión, si se desea a la caída de Castro rechazar la usurpación y encarrilar a Cuba republicanamente, no puede partirse de la premisa de que el terror enervante y las aclamaciones frenéticas confirieron autoridad valedera para abolir y suplantar la Constitución legítima de la nación. Sólo la urna libre es fuente democrática de derecho. La mejor manera de vindicar este principio y de grabarlo simbólicamente en la conciencia ciudadana, sería, a mi juicio, desempolvando la Carta de 1940 y jurando solemnemente en el Capitolio Nacional que nunca más ningún déspota o demagogo habrá de usurpar la voluntad soberana del pueblo, y nunca más el dominio de las armas habrá de prevalecer sobre el imperio de la Constitución y de las leyes.

EL REDESCUBRIMIENTO DE LA CONSTITUCIÓN DEL 40

Ediciones Universal, empresa que con tanta devoción patriótica dirige Juan Manuel Salvat, publicó en el año 2001 mi libro Grandes Debates de la Constituyente Cubana de 1940. Para los jóvenes que no tuvieron oportunidad de escuchar por radio esos memorables debates, y aun para los más añosos que vivieron en esa época, el libro sirvió para destacar la extraordinaria contribución de los convencionales cubanos.

Veamos una síntesis de las opiniones sobre el libro y los debates emitidas por figuras representativas y diversas del destierro.

Manuel Márquez Sterling: *«Leyendo estas páginas se aprecia la sabiduría política de aquellos [convencionales de 1940], ya que en sus expresiones y preocupaciones aparecen previstos los ominosos peligros que la actual tiranía comunista ha convertido en trágica realidad».*

Mario LLerena: *«La Convención Constituyente de 1940 constituye en sí, de hecho y como símbolo, el pináculo de toda la historia de Cuba conocida hasta hoy. El repaso de los nombres de los delegados es una revelación de cómo allí se reunía la pléyade de nuestra calidad humana».*

José Manuel Hernandez: *«La Constitución de 1940 es el documento político más importante de la historia de la Cuba republicana. Lo que brilla en su articulado no es tanto su perfección técnicojurídica o lo avanzado de la doctrina que lo inspira, sino* *el reflejo de la voluntad mayoritaria del pueblo de Cuba manifestada a través de representantes que supieron conciliar sus opiniones y concluir un nuevo pacto socialdemocrático».*

Luis Mario: *«El libro que acaba de publicar el Dr. Carbonell Cortina recoge quince de los famosos debates que hicieron historia durante la redacción de la Constitución de 1940. Se trata de una obra amena, que va de lo dramático a lo humorístico por los encuentros verbales ocurridos entre altas personalidades, en una Cuba libre empeñada en mantener y perfeccionar la democracia».*

Guillermo Cabrera Leiva: *«Carbonell Cortina ha seleccionado sabiamente quince temas que siguen siendo los más importantes en la sociedad cubana. [Estos incluyen]: la invocación a Dios; la prohibición de la confiscación de bienes; la pena de muerte; la libre emisión del pensamiento; la educación privada y religiosa; el derecho de sindicación; la proscripción del latifundio; el régimen semiparlamentario».*

Octavio R. Costa: *«La Convención del 40 ha quedado como el más ejemplar espectáculo de civilidad... Con los talentos, la cultura y experiencia que requería la histórica cita... [sobresalieron], entre otros: Cortina, Ferrara, Coyula, Rey Perna, Núñez Portuondo, Zaydín, Álvarez de la Vega, Martínez Sáenz, Mañach, Ichaso, Guas Inclán, Casanova, Prío Socarrás, Mujal. No puede ignorarse a los comunistas, Roca, García Agüero y Marinello, que insinuaron lo que después revelaran».*

Ariel Remos: *«Esos debates de la Constituyente de 1940, como dice Carbonell Cortina, son un tesoro nacional. Él, con su talento, ha escogido en su libro quince de ellos que recogen la esencia de ese tesoro que pone de manifiesto las sobresalientes aristas intelectuales del cubano y su sentido de la libertad y el derecho, donde no faltó eso que el autor llama la terapéutica del humor*

criollo».
Armando Álvarez Bravo: *«Esta obra es un texto de imprescindible lectura y reflexión para todos aquellos que están comprometidos con la causa democrática cubana. Con la autoridad que le confiere su amor a Cuba, su entrega a la defensa de los valores patrios y el estudio de su historia, Carbonell Cortina nos ofrece una aproximación llena de lucidez... de la Constitución [de 1940], a partir de la recopilación, condensación y comentario de quince de los grandes debates de la Constituyente».*
José Ignacio Rasco: *«La obra llena un vacío en la cultura política del exilio, con galanura de estilo y selección inteligente. Quince debates ingeniosos nos lega Néstor Carbonell Cortina en su libro para que veamos cómo el cubano también puede buscar el consenso en el disenso, la negociación ante la negación, la tolerancia sobre la intolerancia».*
Uva de Aragón: *«Los debates son una lección en vivo. Se caracterizan por la agudeza, la profundidad de los argumentos, la libertad y la pasión con que se defendieron puntos de vista opuestos».*

Estimulado por estas reseñas, tan generosas como enaltecedoras, publiqué el 8 de septiembre del 2001 en El Nuevo Herald el siguiente artículo titulado «El Redescubrimiento de la Constitución de 1940».

CONVENCIONALES SOBRESALIENTES EN LOS DEBATES
I

Carlos Márquez Sterling

José Manuel Cortina

Orestes Ferrara

Miguel Coyula

Rafael Guas Inclán

Eduardo Chibás

Alicia Hernández de la Barca

Santiago Rey Perna

Jorge Mañach

CONVENCIONALES SOBRESALIENTES EN LOS DEBATES
II

Ramón Zaydín

Aurelio Álvarez de la Vega

Emilio Núñez Portuondo

Blas Roca

Eusebio Mujal

Joaquín Martínez Sáenz

Carlos Prío Socarrás

José Manuel Casanova

Miguel Suárez Fernández

Muchos me han preguntado qué me movió a publicar ahora los *Grandes Debates de la Constituyente Cubana de 1940*. Uno de los motivos fue contribuir a ilustrar a los jóvenes cubanos de ambas orillas que poco conocen de lo bueno y fecundo de la Cuba antes de Castro. Lo que no ha sido deformado por el régimen comunista, con mentiras esparcidas dentro y fuera de la isla, ha sido aviesamente silenciado. También he querido refrescar la memoria de aquellos mayores que sólo conservan un recuerdo neblinoso de lo que fue la obra cumbre de la República.

Al leer los debates, tanto los pinos nuevos como los añosos podrán descubrir o redescubrir un capítulo brillantísimo de nuestra historia. En ese capítulo, cubanos representativos de todos los partidos políticos, tendencias ideológicas y capas sociales superaron violentos antagonismos para elaborar una Constitución, que, aun con sus defectos, fue una de las más progresistas y equilibradas de su época. Por algo la prestigiosa Comisión Internacional de Juristas de las Naciones Unidas reconoció que la Carta de 1940 «se caracteriza por traducir un raro equilibrio entre las estructuras republicanas, liberales y democráticas y los postulados de justicia social y promoción económica».

A través de los debates, puede el lector no versado en leyes asomarse a la Constituyente del 40, en plena y creadora ebullición, sin tener que adentrarse en el tupido bosque del frío articulado. Con un poco de imaginación, puede uno escuchar, entre otros, a estos convencionales: Coyula defendiendo la invocación a Dios, Guas Inclán apoyando la igualdad racial, Chibás rechazando las confiscaciones, Hernández de la Barca oponiéndose a la pena de muerte, Rey Perna manteniendo la irretroactividad de las leyes civiles, Mañach exaltando la educación privada y religiosa, Zaydín abanderando la libertad de prensa, Álvarez de la Vega proscribiendo los partidos totalitarios, Cortina proponiendo el régimen semiparlamentario, Márquez Sterling agilizando con maestría los debates.

No faltaron en las sesiones contrapunteos chispeantes con los comunistas, como éste. Casanova: «¿Cree [el Sr. Roca] que podría manifestarse en el parlamento de Rusia con la libertad con que se produce aquí?» Ferrara: «Sí, pero una sola vez». Blas Roca: «Yo podría decir [allí] todas estas cosas». Núñez Portuondo: «Pero en español, no en ruso».

Aparte del valor histórico que tienen los debates y la Carta del 40, éstos cobran relevancia hoy en que, ante el desgaste progresivo del tirano, muchos se preguntan qué Constitución debe regir en una transición verdadera, no amañada, después de Castro. Digo esto, porque habrá seguramente un intento inicial de sucesión sin amplia apertura.

Hay quienes piensan que lo mejor o más realista sería enmendar la Constitución de Castro reformada en 1992. Pero, ¿cómo democratizar una Constitución que no otorga derechos sino concesiones revocables, que subordina el ejercicio de las libertades a los fines comunistas, y que consagra en su propio articulado el estado hipertrófico que todo lo controla y todo lo decide? ¿Cómo estructurar la transición tomando como base un engendro totalitario que simboliza la tiranía? Eso no es realismo, sino continuismo.

Hay otros que plantean la urgente necesidad de convocar a una Convención Constituyente. Pero esto lleva tiempo, porque antes habría que pacificar el país, desmantelar el aparato represivo, organizar los partidos políticos y sentar los cimientos de un estado de derecho. Sin esa infraestructura y período de sedimentación, la Convención podría degenerar en la anarquía o incubar un nuevo despotismo. Las asambleas y consultas populares no siempre persiguen fines democráticos. Napoleón se valió del plebiscito para legitimar su imperio, y Hitler lo utilizó cinco veces para barnizar y remachar su tiranía.

Tampoco resolvería el problema una nueva Constitución sin mandato nacional e impuesta por decreto. Si queremos ponerle fin a la usurpación en Cuba y asegurar una transición democrática, la única Carta Fundamental con visos de legitimidad que ofrecería garantías a todos los ciudadanos, incluyendo a los funcionarios civiles y militares comprometidos con el régimen, es la Constitución de 1940. No todos sus preceptos serían aplicables, pero los derechos individuales y muchos de los sociales servirían de base constitucional hasta que los representantes electos del pueblo cubano decidan si quieren actualizar la Carta del 40, corrigiendo sus defectos, o sustituirla por una nueva.

La mejor manera de iniciar el tránsito a la democracia sería proclamando en el Capitolio Nacional que el paredón infamante y las turbas frenéticas no son fuentes de derecho, y que la única autoridad legítima para abrogar o reformar la Constitución del 40 es la urna libre. Tal vez tuvo presente este principio René Gómez Manzano, el líder de la disidencia interna que con mayor detenimiento ha estudiado distintas alternativas constitucionales, cuando afirmó que «si las únicas opciones posibles [durante la transición] fueran las de mantener el texto supralegal que exhibe actualmente el gobierno comunista o restablecer la Constitución de 1940..., apoyaría sin la menor vacilación la segunda variante».

¿Será un sueño enarbolar en la transición la Constitución del 40 como fórmula democrática de concordia nacional? Quizás lo sea. Pero no olvidemos que toda acción proviene de una idea, y que toda idea nace de un sueño.

Y SIN EMBARGO, PERVIVE

El «redescubrimiento» de la Constitución de 1940, a raíz de la publicación de los Grandes Debates de la Constituyente, fue saludado con beneplácito por muchos comentaristas. Pero también fue objeto de algunas críticas. Acaso la más drástica fue la emitida por Jorge Sanguinetty en su artículo «El Fetiche de la Constitución de 1940», publicado en El Nuevo Herald el 3 de octubre del 2001.

En su tajante impugnación de la Carta de 1940, Sanguinetty señaló diversos artículos constitucionales que habría que modificar porque, a la luz de la experiencia histórica, eran excesivamente reglamentistas e intervencionistas. Otros preceptos no serían aplicables durante la provisionalidad, por lo que habría que suspender su vigencia temporalmente. Plausible fueron estos planteamientos formulados por el autor del trabajo. Lo lamentable fue su sesgado enjuiciamiento y completo rechazo de la Constitución de 1940, omitiendo toda referencia a la coraza defensiva de los derechos individuales consagrados en esa Carta; derechos individuales que sirven de contrapeso a la intervención estatal y a los derechos sociales. Esto llevó a Sanguinetty a desechar la Constitución de 1940 en su totalidad y a sentenciar que era hora de «enterrarla» como fetiche.

Más reflexivo y atinado ha sido el autor en posteriores pronunciamientos, suscribiendo el Compromiso Nacional Cubano, que en su párrafo 17 aboga por la «implementación de la Ley de la Provisionalidad..., aproximándonos en lo posible a los principios normativos de la Constitución de 1940, cuyo Título IV se establecería como Carta de Garantías ciudadana durante el período de provisionalidad». Asimismo, el párrafo 19 recomienda la «creación de una Comisión Técnica Constitucional, encargada de redactar un texto que actualice la Constitución de 1940..., [y ratifique] las garantías ciudadanas del Titulo IV..». El distinguido jurista y amigo, Alberto Luzárraga, suscribió también esta recomendación.

Las Constituciones, como obras humanas al fin, son más o menos imperfectas (salvo las que elaboran los teorizantes en sus gabinetes), y no todos sus preceptos son perdurables. No obstante sus impurezas, los gobiernos democráticos, políticamente maduros, las tratan con mucho respeto. No las entierran a capricho, ni las cancelan con golpes de estado, ni las anulan con revoluciones demagógicas o totalitarias, sino las renuevan y actualizan mediante los procedimientos debidamente establecidos y con el consentimento libre y expreso de los ciudadanos.

La Constitución de los Estados Unidos −modelo de democracia representativa, concisión, balance y longevidad− nació imperfecta: le faltó la sección de los derechos individuales, el «Bill of Rights», que hubo que agregar después. Y nació viciada, habiendo enquistado en sus preceptos, sin resolver, el problema explosivo de la esclavitud. Esto dio lugar, años después, a una espantosa y sumamente sangrienta guerra civil. Al concluir esa tragedia, que desmembró y emponzoñó a la nación, los norteamericanos se aferraron más que nunca a su Constitución. Vieron en ella su Arca de Noé, su tabla de salvación, y por eso no la desecharon ni la culparon de la sangre derrama-

da, sino la reformaron y actualizaron de acuerdo con las necesidades de la época.

La envidiable estabilidad democrática de los Estados Unidos se debe, en gran parte, a que han sabido someterse a su venerada Constitución, y no empinarse sobre ella; a que han sabido renovarla con el tiempo sin pisotearla ni quebrantarla.

Bien haríamos los cubanos en seguir ese ejemplo. Para cerrar el capítulo de la usurpación totalitaria y no caer en la violencia anarquizante o en un nuevo despotismo, lo sensato sería enarbolar la Carta del 40, no como fetiche, sino como símbolo de legitimidad democrática y restablecer los preceptos que sean aplicables hasta que los representantes electos del pueblo cubano decidan las reformas que estimen necesarias.

Precisa rescatar la Carta Magna de 1940, no para regresar ilusoriamente al pasado, sino para vindicar y grabar en la conciencia nacional el principio de juricidad, sin el cual no podrá fundarse y consolidarse la nueva república democrática por la que tanto se ha luchado.

A continuación, mi artículo «Y sin embargo, pervive», publicado en El Nuevo Herald en octubre del 2001, en respuesta al trabajo de Sanguinetty.

El señor Jorge Sanguinetty, en su artículo «El Fetiche de la Constitución de 1940» publicado en El Nuevo Herald el 3 de octubre pasado, comenta uno mío y se refiere encomiásticamente a mi libro *Grandes Debates de la Constituyente Cubana de 1940*, cortesía que agradezco.

Sin embargo, el señor Sanguinetty arremete contra la Carta del 40 y contra la República que, según él, «nunca existió», y pregunta «¿qué fascina tanto de la Constitución del 40 que impide a muchos pensar más crítica y creativamente?» Precisa aclarar que a la Carta del 40 no le han faltado analistas sosegados que reconocen, como yo, sus defectos; defectos corregibles que no eclipsan sus aciertos. Pero no creo que haya muchos demócratas cubanos que, ante el naufragio patrio sin asideros, se empeñen en «enterrarla» como «fetiche».

Fascina la Constitución del 40 porque con su promulgación se cerró una década de convulsiones y se logró un consenso nacional en torno a una Carta considerada como fórmula democrática y progresista de equilibrio social. Fascina porque, bajo su égida, Cuba con sus baches prosperó y se crearon instituciones fundamentales como el Banco Nacional, el Banco de Refacción Agrícola e Industrial, la Sala de Garantías Constitucionales y Sociales, y el Tribunal de Cuentas, entre otras. Fascina porque ni los tanques ni los paredones lograron erradicarla totalmente de la conciencia ciudadana.

La Carta del 40 fue el leitmotiv de la oposición contra Batista, y, tras la vil estafa de Castro, aglutinó al Frente Revolucionario Democrático, galvanizó al clandestinaje, inspiró a la Brigada 2506, y hoy la invocan simbólicamente, como entronque con el pasado y puente hacia el futuro, figuras respetables del exilio y de la disidencia en Cuba.

Se alega en el artículo mencionado que la Carta del 40 impide el desarrollo de la economía de mercado por ser demasiada nacionalista e intervencionista. Pero aun con algunos excesos, la Constitución hizo posible que Cuba antes de Castro figurase entre los tres países de Latinoamérica con el más alto estándar de vida. Y como apuntara el prestigioso profesor Theodore Draper, el ingreso per cápita de Cuba en 1958 era casi tan alto como el de Italia, y bastante más alto que el de Japón.

Si la Constitución del 40 fuese colectivista, Castro, quien prometió restablecerla, no se hubiera apresurado a aniquilarla. Y si fuese contraria a la economía de mercado, los representantes en el exilio de todos los sectores de la producción no estarían abogando por restaurarla. Lo cierto es que hay pocas Constituciones en el mundo que aventajen a la del 40 en la protección y defensa de los grandes puntales de la libre empresa: el derecho a la propiedad privada (garantizado al máximo en el artículo 24), la santidad de los contratos (consagrada en los artículos 22 y 23), y la independencia de las instituciones privadas de previsión y cooperación social (salvaguardada en el artículo 279).

Y si analizásemos todos los derechos individuales que sirven de coraza contra las intervenciones abusivas del estado, veríamos que los artículos de la Carta cubana (20 al 40) son más categóricos que los postulados de la Declaración Universal de los Derechos Humanos.

Las Constituciones no son documentos de academia, sino pactos sociales que reflejan la conciliación de criterios divergentes. La Constitución norteamericana fue un «bundle of compromises» entre los Federalistas y los antiFederalistas. La cubana también lo fue, y el balance que en ella se logró, sin ser perfecto, evitó los extremos del «laissez faire» anárquico y del intervencionismo asfixiante.

Imputarle a la Constitución de 1940 el desplome de la República sería tan absurdo como culpar a la Constitución de Weimer de la caída de Alemania bajo Hitler. Las Leyes Fundamentales, por buenas que sean, de poco sirven si fallan las agencias humanas encargadas de interpretarlas, ejecutarlas y cumplirlas. Para superar los fallos y las crisis, los pueblos requieren de maduración y tiempo. Inglaterra, con su célebre Carta Magna y convenios posteriores, tardó más de seis siglos en consolidar su monarquía parlamentaria, pasando por la decapitación de Carlos I, la dictadura de Cromwell, La Gloriosa y los burgos podridos. Y Estados Unidos, con su flamante Constitución enmendada 27 veces, tardó casi 180 años en otorgarles plenos derechos a todos sus ciudadanos, sin distingos raciales, pasando por una guerra civil con 600,000 muertos.

Concluyo estas reflexiones reiterando que la Constitución de 1940 puede y debe jugar un papel importante en la transición democrática después de Castro. Es nuestra única Carta legítima, no abrogada debidamente, que puede ponerle fin a la usurpación y servir de puente con garantías para todos. Algunos de sus preceptos serían inaplicables, pero habría los suficientes para pacificar y levantar el país, y sentar las bases institucionales necesarias para celebrar elecciones pluripartidistas.

Cuando llegue ese día, los mandatarios del pueblo cubano decidirán si quieren actualizar y reformar la Carta del 40 o «enterrarla» y sustituirla por otra. Que cada quien opine como quiera sobre estas opciones. Pero si el objetivo es la democracia, sólo hay una forma de zanjar el debate: con los votos en una Cuba libre.

CARLOS MÁRQUEZ STERLING: TRAYECTORIA Y LEGADO

Cierro esta sección dedicada a la República con la semblanza de uno de nuestros más insignes repúblicos: Carlos Márquez Sterling. Este trabajo figura como prólogo en el libro Carlos Márquez Sterling: Memorias de un Estadista, *editado admirablemente por su talentoso hijo, mi querido amigo Manuel Márquez Sterling.*

Dicha semblanza no sólo es un merecido homenaje a un preclaro e íntegro estadista. Es también una vindicación de nuestra República, que produjo luces antes de caer aherrojada en sombras; luces que continúan alumbrándonos en el naufragio y que habrán de iluminarnos cuando toquemos tierra firme de libertad.

Manuel Márquez Sterling, amigo entrañable quien con luces propias y raigal cubanía hace honor a sus ilustres apellidos, me ha confiado el prólogo de este libro.

Acaso influyó en su decisión los estrechos lazos que a lo largo de muchos años han unido a varias generaciones de nuestras familias: en las luchas por la independencia, en la edificación de la República, en las labores periodísticas y culturales, en la Convención Constituyente de 1940, en las lides parlamentarias, en la fundación del Partido del Pueblo Libre en 1958 con el noble pero infructuoso propósito de evitar la tragedia que sobrevino, y en los esfuerzos en el destierro para impulsar la liberación de Cuba.

Carlos Márquez Sterling

Acepté esta encomienda no sólo por los antecedentes que acabo de apuntar, sino también por la importancia del libro que me enaltece prologar. Se trata de las memorias extraídas de parte de la correspondencia en el exilio de Carlos Márquez Sterling, en la que sobresale, con genuina espontaneidad y sin retoques cosméticos, el pensamiento íntimo del estadista.

Muy acertado el trabajo de Manuel, seleccionando con perspicacia los fragmentos más relevantes de la correspondencia, hilvanándolos con pericia y encuadrándolos con perspectiva histórica. Y muy loable su iniciativa, porque no habiéndose escrito todavía la biografía de Carlos Márquez Sterling, este epistolario es lo que más nos acerca a su intimidad, es decir a sus ideas, a sus sentimientos, a su carácter y a su conciencia.

Como bien señala su hijo, Márquez Sterling era un hombre reservado, y en lo que respecta a sus grandes decisiones políticas, solitario. En momentos de crisis, solía «empijamarse», no para rehuir los retos, sino para meditar a solas antes de encararlos. Sus publicaciones poco nos hablan de su persona. Pero las cartas privadas recogidas en este libro –ricas en el anecdotario– nos abren una ventana a sus vicisitudes e interioridades.

Poliédrica y fascinante fue la vida de Carlos Márquez Sterling como abogado, jurisconsulto, catedrático, periodista, escritor, historiador, biógrafo, parlamentario, conferencista, gran señor de la amistad sin dobleces, de la cultura sin petulancia y del patriotismo sin afectación. Pero la arista de su trayectoria y personalidad que más lo caracteriza y exalta es su condición de estadista.

¿Qué es un estadista, y qué lo separa y distingue de un político? Alguien dijo que el político piensa en la próxima elección y el estadista en la próxima generación. La afirmación es quizás simplista, pero tiene algo de verdad. Porque el estadista, sin descuidar su elección, tiene un horizonte más amplio que el político, un conocimiento de la ciencia del estado más profundo, una misión cívica más trascendente, y una visión del porvenir más clara.

El estadista se adelanta al futuro previéndolo. Al atisbar el peligro, el reto o la oportunidad en embrión, se eleva a gran altura para dimensionar sus implicaciones y trazar la estrategia adecuada. Y luego aterriza en el campo de las realidades para alertar, persuadir, coordinar y ejecutar.

En el desempeño de sus funciones públicas, el estadista despunta como arquitecto de las instituciones que le dan solidez y permanencia a la república. Asimismo, sobresale como gran conciliador, serenando las pasiones y extrayendo del seno mismo de las controversias partidistas, transacciones honorables en beneficio del país.

Mas es en tiempos de grave crisis nacional que el estadista demuestra su verdadera talla, como vidente que ve más lejos que otros, como líder que advierte a tiempo el peligro y no se repliega o amilana ante la adversidad, y como patriota que, con alteza de miras, sacrifica el bienestar personal para tratar de salvar a su pueblo de una catástrofe, o para ayudarlo a recobrar su albedrío y dignidad.

Estas cualidades que tipifican y ennoblecen al estadista se manifiestan a lo largo de la vida pública de Carlos Márquez Sterling, pero sobre todo en tres etapas que él evoca en su epistolario y que yo trataré de perfilar en este prólogo: la presidencia de la Convención Constituyente de 1940, la fundación del Partido del Pueblo Libre en 1958, y la lucha posterior en el exilio hasta su muerte.

Convención Constituyente de 1940

La Convención Constituyente de 1940 puso fin a una década de convulsiones revolucionarias, inestabilidad política e inseguridad jurídica. Tras el «pacto de conciliación» entre los principales líderes políticos, propiciado en 1939 por el entonces presidente de la República, Federico Laredo Bru, se pudo convocar a una Convención Constituyente. Los comicios para elegir delegados a la Convención se celebraron con absoluta transparencia y honestidad, sin injerencia extraña ni presiones domésticas. Triunfaron los partidos de oposición, y éstos eligieron al Dr. Ramón Grau San Martín presidente de esa magna asamblea.

Bajo la presidencia de Grau, los delegados, representando a todos los partidos políticos, ideologías y corrientes de opinión en el país, expresaron sus ideas libremente, con brillantez casi siempre, elegancia y decoro. Pero los debates, intensos y electrizantes, se hicieron interminables. Pasaron casi dos meses, y sólo se habían aprobado parcialmente cuatro de los títulos de la Constitución que se estaba elaborando.

En esa situación, y tras un viraje político del general Mario García Menocal y su partido, Grau pierde la mayoría en la Convención y decide dimitir. Los partidos de gobierno, ahora en mayoría, le proponen la presidencia a José Manuel Cortina, pero éste la declina para poder continuar liderando la Comisión Coordinadora y apoyando sus principales ponencias en las sesiones plenarias. Propone Cortina en su lugar, como candidato transaccional, a Carlos Márquez Sterling, quien es elegido presidente de la Convención.

Estelar y decisiva fue la actuación de Márquez Sterling, demostrando sus dotes de conciliador y estadista. Como miembro de la Cámara de Representantes varias veces y presidente de ese cuerpo colegislador en 1936, él había adquirido un dominio de la técnica parlamentaria. Le ayudaba también su vasta cultura, su certera dialéctica, su destreza para atemperar pasiones y zanjar controversias, y su limpia ejecutoria acorde con la histórica misión a él encomendada.

En el ejercicio de su autoridad, sin aspereza pero con carácter, Márquez Sterling logró que se le confiriese a la Comisión Coordinadora la potestad de armonizar, en lo posible, las diversas propuestas constitucionales, y someter la ponencia final consensuada a la consideración de la asamblea para discutirla y aprobarla por capítulos. Asimismo, recibió un voto de confianza, previa modificación del reglamento, para fijar la duración de los turnos a favor y en contra en los debates. Fue así que Márquez Sterling pudo agilizar las sesiones y completar la ardua y delicada tarea constituyente en el plazo establecido de tres meses.

Interesa destacar su donaire y «savoir faire» en la presidencia de la Convención: respetuoso de la diversidad de criterios, pero firme en el cumplimiento de las reglas; elevado y justo en sus decisiones, preciso y agudo en sus réplicas. Sus salidas ingeniosas y frases ocurrentes, que hacían recordar los chispazos de su mentor Orestes Ferrara, sirvieron para disipar las tensiones, moderar la invectiva y desinflar la hipérbole. Veamos un intercambio recogido en mi libro *Grandes Debates de la Constituyente Cubana de 1940*.

Al discutirse una enmienda a la moratoria hipotecaria presentada por el convencional Quintín George, éste plantea la suspensión del debate para que se aclarasen conceptos relevantes de otra enmienda presentada a última hora. Objeta el delegado Santiago Rey por entender que el debate se alargaba innecesariamente, y el presidente de la Convención, Carlos Márquez Sterling, le da la razón al Dr. Rey y le pide a Quintín George que se concrete a su enmienda sin interrumpir la discusión.

El señor George, visiblemente irritado, se remonta hasta la Revolución Francesa para impugnar, con dramático acento, la decisión presidencial: «... A la presidencia quiero recordar una frase histórica dicha por Camilo Desmoulins junto a Dantón cuando los llevaban a ser decapitados. Trataron de abrazarse en presencia del verdugo y éste se los impidió violentamente. Entonces [Desmoulins] le dijo: 'Quieres ser más cruel que la muerte, pero nada podrá impedir que nuestras cabezas se besen en el cesto.' No sea la presidencia más cruel que los impacientes autores de [esta] malhadada... [enmienda]; más cruel que el propio proyecto de moratoria [hipotecaria]».

Sin titubear, replica Márquez Sterling: «La presidencia le da la razón ahora al señor George en relación con la explicación que ha hecho acerca de la disposición [transitoria] tercera. En lo único que no le da la razón es en que la cabeza del señor Rey y la del señor George se besen en el cesto...»

Bajo la acertada dirección de Márquez Sterling, los convencionales de 1940 le dieron a Cuba una Carta Magna democrática, equilibrada y justa, que concilia la libertad individual y los derechos sociales. Si bien la Constitución incorporó (a veces en demasía) las conquistas sociales y laborales que emanaron principalmente de la Revolución de 1933, ella estableció también, como contrapeso, una vasta gama de derechos individuales («Bill of Rights») para proteger al ciudadano contra la intervención abusiva del estado. Asimismo, la Carta de 1940 fue pionera del sistema semiparlamentario, adoptado posteriormente por otros países con diversas modalidades para evitar los efectos desestabilizadores del parlamentarismo desenfrenado.

Con honda satisfacción y legítimo orgullo, Márquez Sterling firmó la Carta en Guáimaro y la promulgó en la escalinata del

Capitolio Nacional el 15 de julio de 1940. Siguió así la trayectoria insigne de sus mayores, que él evocara, conmovido, en carta dirigida en el exilio a Juan J. Remos: «Nunca me sentiré cansado para luchar por Cuba, a la que quiero entrañablemente, seguramente porque por mis venas corre mucha sangre mambisa: la de Carlos Mola, que fue ministro con Céspedes; la de Domingo Guiral, que fuera su secretario íntimo en la guerra; la de mi tío Enrique Mola, agramontista fervoroso, héroe del cafetal González y del rescate de Sanguily; y por último las de los dos Manueles Márquez: uno plenipotenciario de Céspedes en el Perú, y el otro, uno de nuestros más grandes diplomáticos, firmante de la abrogación de la Enmienda Platt..»..

Fundación del Partido del Pueblo Libre

Bajo la égida de la Carta Magna de 1940, Cuba avanzó, entre aciertos y errores, en su desarrollo económico, político y social. En cumplimiento de los preceptos constitucionales, se aprobaron leyes complementarias muy beneficiosas, como las que crearon el Banco Nacional, el Banco de Fomento Agrícola e Industrial y el Tribunal de Cuentas. Mas no todo fue Jauja y progreso en la Perla de las Antillas. Al país lo azotaron ráfagas intermitentes de gangsterismo político y corrupción administrativa. Pero eso no justificó el malhadado golpe militar del 10 de marzo de 1952, que vino a quebrantar el orden constitucional y a polarizar la nación.

Durante el septenio de Batista (1952-1958), la oposición se dividió en tres bandos: los electoralistas, partidarios de una salida por medio del sufragio; los abstencionistas, que se inclinaron al retraimiento por no lograr, como condición previa, la renuncia o «decapitación» de Batista, y los abanderados de la acción armada.

Por el lado del gobierno, pugnaron dos tendencias: los «tanquistas», que plantearon la línea dura sin hacer concesiones, y los moderados, que favorecieron un entendimiento con la oposición.

Hubo varios intentos de superar, por vías pacíficas, la grave crisis por la que atravesaba el país, desde el «Diálogo Cívico» en 1956 y la Comisión Interparlamentaria en 1957, hasta la mediación de la Iglesia en 1958. Pero estos esfuerzos no fructificaron. Las voces equilibradas, partidarias de llegar a una transacción honorable en beneficio de Cuba, fueron ahogadas por los gritos estridentes de quienes exigían «todo o nada». Como resultado de este impasse político, se produjo el péndulo sangriento del terror y el contra-terror.

Fidel Castro, encuevado en las montañas de Oriente desde fines de 1956, comienza a figurar como símbolo de la insurrección. Radio Rebelde magnifica sus hazañas, y las loas con tono de epopeya que le dedica Herbert Matthews en el New York Times le dan credibilidad y relieve internacional. Es así que Castro va imponiendo su voluntad desde la Sierra Maestra e incumpliendo pactos unitarios con otros dirigentes de la oposición que confiaron en él o que creyeron poder manipularlo.

Carlos Márquez Sterling no cayó en esa trampa. Estadista en cuerpo y alma, vio más lejos que otros. Y no sólo vio, sino denunció, desafió, arriesgó y actuó. Ante la negativa del Partido Ortodoxo, al que pertenecía Márquez Sterling, de abandonar la tesis insurreccional o abstencionista, él funda en 1958 el Partido del Pueblo Libre para abogar por una salida electoral. Lo acompañan otros líderes civilistas y democráticos, entre los que se encontraba mi padre, Néstor Carbonell Andricaín, vicepresidente del nuevo Partido.

Mucho le preocupaba a Márquez Sterling un triunfo insurreccional con Castro a la cabeza, no ya por sus antecedentes gangsteriles en la etapa universitaria, sino por sus nexos con el comunismo internacional, afianzados durante su exilio en México. Por eso decide Márquez Sterling aceptar el reto de concurrir, como candidato presidencial, a las elecciones generales que habrían de celebrarse en noviembre de 1958.

Carlos Márquez Sterling (a la derecha) y Néstor Carbonell Andricaín (al centro), fundadores del Partido del Pueblo Libre en 1958.

Ante la posibilidad de un fraude electoral perpetrado por el gobierno, Márquez Sterling se esfuerza en movilizar a la ciudadanía, sabiendo que no hay «cambiazo» que resista el oleaje de un pueblo alerta, erguido e indignado. En señal de desprendimiento y buena fe, promete, de ser electo, presidir un gobierno de transición por sólo dos años, y celebrar después elecciones generales sin figurar como candidato en esos comicios.

En su campaña, trata afanosamente de despertar las conciencias aletargadas o confundidas con esta tersa admonición: «Tenemos que superar la dictadura de Batista sin caer en la tiranía de Fidel Castro». [Su] revolución no puede ser buena, ni puede traernos, si triunfa, más que miseria, comunismo, desafuero...»

En lugar de las balas, que podrían llegar a derribar la República, plantea Márquez Sterling, al igual que el líder del Partido Auténtico inscrito, Ramón Grau San Martín, la urgente necesidad de esgrimir el arma cívica del voto. A los miopes abstencionistas les recuerda esta advertencia martiana: «El alivio más inmediato a los males políticos está en que los ciudadanos cultos, que hoy hacen gala de mantenerse lejos de las urnas, voten. Si desdeñan hoy el ejercicio de sus derechos de dueños, tendrán mañana... que postrarse ante un tirano...»

El estadista Márquez Sterling anticipó y denunció la vil estafa que Castro y el comunismo fraguaban. Asimismo, trató patrióticamente de evitarla, afrontando con dignidad y denuedo las calumnias venenosas de quienes lo acusaron de haberse vendido al gobierno, así como los tres atentados contra su vida que perpetraron agentes de la traición en cierne.

La tercera fuerza política que Márquez Sterling y otros trataron de crear, frente al continuismo del régimen de Batista y al totalitarismo encubierto de Castro, chocó contra dos obstáculos insalvables. Primero, el estado de mendacidad contagiosa y terror extenso sembrado por Castro y sus secuaces para que gran parte de la población no acudiera a las urnas. Esto lo lograron, ya que más de la mitad de los electores no votaron. La otra gran barrera que, por falta de apoyo decisivo de la ciudadanía, no pudo superarse, fue la artimaña de los «tanquistas» del gobierno empeñados en ganar a toda costa. Aunque no se pudieron auditar los resultados de las elecciones, los informes iniciales antes del «cambiazo» le daban el triunfo a Márquez Sterling.

Lo que sobrevino es bien conocido, aunque no debidamente profundizado. El candidato presidencial del gobierno, Andrés Rivero Agüero, no pudo tomar posesión del cargo. Batista, presionado por el Departamento de Estado norteamericano (bajo la influencia de funcionarios del «cuarto piso»), abandonó sorpresivamente el país la madrugada del 1° de enero de 1959. El ejército, desmoralizado y acéfalo, se rindió incondicionalmente. El pueblo, bajo un estado de histeria colectiva, le entregó su suerte a un falso redentor, que devino en su implacable carcelero.

¿Qué hubiera acontecido de haber llegado Márquez Sterling a la presidencia en ese momento crítico de nuestra historia? No hay nada más aventurado, y poco fiable, que especular sobre lo que pudo ser y no fue. Pero lo que le comentó Fidel Castro al embajador Julio Amoedo de la Argentina cuando volaban juntos a Buenos Aires en 1960 para asistir a una conferencia económica (pasaje citado en este libro), tiene gran significación. Dijo Castro: «Nosotros nunca nos fijamos en los demás adversarios nuestros. Era a Márquez a quien le temíamos. Si él hubiera ganado, yo no estaría aquí volando con usted».

Lucha en el exilio

Acosado por el régimen de Castro desde su llegada al poder, Márquez Sterling se asila en la embajada de Venezuela en julio de 1959, y después se dirige a los Estados Unidos, donde permanece como exiliado militante hasta su muerte treinta y dos años después.

Sufre en el destierro no sólo los duros azares del desarraigo, sino también la pena lacerante del secuestro de Cuba y de la imposibilidad de rescatarla. Su epistolario en el destierro nos hace evocar estos pensamientos que atormentaron en el siglo XIX a otro insigne exiliado cubano, el «estadista sin estado»: José Antonio Saco: «Amar a la patria y gozar de sus delicias es una felicidad; amarla y no poder vivir en ella es una desgracia. Verla esclavizada y tener la esperanza de redimirla es un consuelo; verla gemir entre cadenas y no ser dado romperlas es el más cruel de los tormentos».

Márquez Sterling no cayó en un estado de inactiva depresión. Se soprepuso al trauma del expatriado, y luchó sin tregua hasta el final de sus días. Los primeros planes para liberar a Cuba no le inspiraron confianza, pero se abstuvo de criticarlos para no crear divisiones. Tras el fracaso de la operación de Bahía de Cochinos y el desenlace de la Crisis de los Cohetes con el pacto Kennedy-Kruschov, que implícitamente consagró la inviolabilidad del régimen de Castro, Márquez Sterling funda unos 80 Clubes Patrióticos en diversas ciudades de los Estados Unidos. Inspirado en el ejemplo martiano, trata de galvanizar a núcleos importantes de exiliados, de vigorizar su militancia y coordinar sus esfuerzos por encima de las tendencias partidistas.

En 1964, Márquez Sterling constituye, en unión del ex presidente de Cuba Carlos Prío Socarrás y otras personalidades, el Comité por la Liberación para encauzar la iniciativa de un gobierno en el exilio. El objetivo no era vegetar bajo esa sombrilla, ostentando cargos ilusorios y títulos pomposos. El propósito que perseguían era unificar el exilio, representarlo jurídicamente ante los gobiernos y organismo internacionales, y concertar las alianzas necesarias para lograr la liberación de Cuba. A juicio de los proponentes, sin el reconocimiento de un gobierno en el exilio, la ayuda extranjera requerida, si llegase, estaría sujeta a humillante dependencia y desesperante frustración.

Este proyecto lo intentaron en 1961 (después de Girón) Rafael Díaz Balart y otros, con el apoyo del congresista Víctor L. Anfuso. Y lo promovimos infructuosamente, poco antes de la Crisis de los Cohetes, Manuel Antonio («Tony») Varona y el que estas líneas escribe, con el respaldo del senador demócrata de la Florida, George Smathers.

Había precedentes de reconocimiento por parte de los Estados Unidos de gobiernos en el exilio (técnicamente llamados «de facto beligerantes»), incluyendo el caso del Consejo Nacional Checoslovaco, al cual Washington en 1914 revistió de autoridad para dirigir los asuntos militares y políticos de los checoslovacos en el exilio. A pesar de éste y otros precedentes, Washington denegó nuestra solicitud, alegando que no existía un estado de guerra con Cuba. La verdadera razón era que el gobierno de Estados Unidos no quería comprometerse a una política de liberación. Deseaba mantener una estrategia de aislamiento poroso, sin descartar la posibilidad de un entendimiento con el régimen de Castro.

La iniciativa de Márquez Sterling y otros, sin embargo, parecía más factible que los anteriores intentos por tres razones. Primero, porque ante la flagrante intervención militar y subversiva de la tiranía cubana en Venezuela, la OEA la había condenado en 1964 y le había impuesto sanciones diplomáticas y económicas. La segunda razón era que el nuevo gobierno de Brasil, representado por su prominente canciller, Vasco Leitao da Cunha, calorizaba la idea de un gobierno cubano en el exilio y estaba inclinado a reconocerlo. Y la tercera razón era que Thomas Mann, quien como secretario de estado adjunto dirigía entonces la política de Estados Unidos hacia la América Latina, no parecía oponerse a esta iniciativa con paternidad brasileña.

En su epistolario, Márquez Sterling recuenta con lujo de detalles sus enormes esfuerzos para que este importante proyecto cristalizara. Pero las circunstancias cambiaron y las rivalidades entre los líderes del exilio acabaron por minar y liquidar el plan. Se perdió así una magnífica oportunidad para darle dirección, consistencia y respaldo contundente a la lucha enquistada.

A fin de mantenerse a flote en el exilio (ya que carecía de recursos económicos), Márquez Sterling enseñó como profesor de literatura hispanoamericana y española en el Post College de Long Island. Desde su modesto apartamento en Manhattan, tenía que tomar varios trenes para llegar al College. Asimismo, dictó conferencias en otras universidades y consideró la posibilidad de revalidar su título de abogado para fundar un bufete en el destierro. Pero, como le expresó a uno de sus íntimos, «por Cuba, cuando llegue la hora, lo doy todo».

No cesó de escribir artículos y libros, incluyendo uno de historia de Cuba con su hijo Manuel. Nunca le negó su apoyo a todo esfuerzo serio en pro de la libertad de su patria. Disertó, orientó y estimuló a los exiliados para que no abandonaran la lucha. Pero no se dejó llevar por quimeras y espejismos. Sin perder la esperanza, fue siempre realista, y, como se refleja en el siguiente párrafo de una carta que le dirigiera a mi padre, mantuvo afilada su sutil ironía. «Te escribo el 10 de octubre, día de la patria, en que Carlos Manuel de Céspedes agitó a los cubanos, sin pensar en Castro, porque de seguro se hubiera quedado con Tacón...»

En su largo y doloroso exilio sufrió quebrantos, pero no abatimiento. Se sintió a veces derrotado, pero no vencido. Estadistas de su calibre, patriotas de su raigambre, caen abrazados al ideal, pero no se rinden.

¿Qué nos deja Márquez Sterling como legado? Siguiendo la estela de sus ilustres antepasados, nos deja huellas imborrables de su cultura y talento como escritor, de su brillante, honesta y previsora trayectoria como hombre público, y de su acendrado amor a Cuba y su libertad.

En el magnífico prólogo a mi tesis sobre el Espíritu de la Constitución de 1940 que él generosamente me obsequiara, Carlos sintetizó en tres párrafos un vibrante mensaje, cuasi testamentario, centrado en dos de sus grandes devociones: Martí y la Carta Magna de 1940. Veamos lo que nos dice:

«Fue necesario que José Martí se inmolara gloriosamente en Dos Ríos para que a partir de aquel instante tremendo se comprendiera a plenitud su vida, su obra y sus grandes sacrificios».

«Con la Constitución de 1940 ha sucedido algo parecido. Se precisó el desconocimiento de sus mandatos, la traición y el ultraje de su contenido para que los cubanos, una vez que ha dejado de regir en nuestra patria, tuvieran conciencia de que eran poseedores de una de las leyes más fundamentales de estos tiempos».

«Tal vez sea por eso que nuestro Apóstol y la Ley Fundamental de 1940 se mencionen tanto y resulten en nuestro triste y amargo destierro dos puntos luminosos hacia los cuales vuelven los cubanos sus ojos cargados de esperanzas en esta lucha por la nueva independencia de la patria».

Fallece Carlos Márquez Sterling en Miami, en 1991, con el hondo pesar de no ver el final del despotismo y el renacer de su amada Cuba en libertad. Sí, murió triste, pero con la conciencia tranquila. Cerró los ojos y, como diría Martí, alzó el vuelo con las alas limpias.

II

LA REVOLUCIÓN COMUNISTA

MITOLOGÍA DE LAS REVOLUCIONES

Mario Llerena, recién fallecido en el exilio, fue uno de los escritores cubanos más cultos, lúcidos y certeros en la lucha contra la tiranía comunista que sojuzga a Cuba. Apoyó en su fase embrionaria la revolución que Castro gestaba contra Batista creyéndola democrática, pero pronto se percató de la monstruosa estafa y la denunció y combatió frontalmente.

Llerena estudió con profundidad y perspectiva el caso de Cuba de cara a otras revoluciones –fenómenos traumáticos que, como decía Octavio Paz, «comienzan como una promesa, se disipan en violenta agitación y se congelan en sangrientas dictaduras».

Tras plasmar en su último libro, Mito y Espejismo de la Revolución, los frutos de sus estudios y reflexiones, Llerena me honró pidiéndome que lo prologara. He aquí el texto del prólogo.

Siempre despierta interés el tema de las revoluciones. Éstas son fascinantes como transformaciones históricas para quienes las estudian a distancia, y traumáticas como convulsiones sociales para quienes las sufren en carne propia.

El interés en el tema se aviva cuando el autor sobresale por las luces de su talento y los frutos de su investigación. Este es el caso de Mario Llerena, quien con el aval de su vasta cultura, de su trayectoria democrática y de su alta jerarquía intelectual y moral, ha analizado magistralmente el engendro castro-comunista a la luz de otros partos dolorosos de la historia.

Por eso me place y me honra prologar su libro acerca del *Mito y espejismo de la Revolución* –vista no como episodio romántico, sino como aberración lacerante. Por eso tengo a bien recomendar su obra, tan iluminadora y provechosa, sobre todo para los demócratas cubanos, quienes debemos extraer, de lo más hondo de nuestra terrible experiencia revolucionaria, las enseñanzas que nos inmunicen en el futuro contra todo mesianismo político o caudillaje envilecedor.

Se ha escrito copiosamente sobre la revolución cubana, pero Llerena la enfoca en su libro con singular perspectiva. Él señala lo que tiene de «sui generis» (producto de circunstancias propias), y lo que tiene de comparable con otros fenómenos revolucionarios, como el jacobino y el bolchevique.

Europa y Estados Unidos han producido historiadores contemporáneos de la talla de François Furet, Jean-François Revel, Hugh Thomas, Simon Schama y Richard Pipes, quienes han rebatido con éxito descripciones tendenciosas de las revoluciones, propagadas principalmente por intelectuales marxistas. El libro de Mario Llerena constituye una magnífica aportación a la bibliografía democrática revisionista.

Hace bien Llerena en comenzar definiendo el concepto revolución, ya que hay cambios violentos que no constituyen revolución (como los golpes de estado), y hay transformaciones pacíficas que sí son revolucionarias (como las actuales transiciones del comunismo a la democracia y la libre empresa en Europa del Este).

En materia de gobierno, la semántica puede llegar a ser importante, como lo demuestra la siguiente anécdota. Cuando el Duque de la Rochefoucauld-Liancourt le informa a Luis XVI de la caída de La Bastilla, el monarca impasible le pregunta: «¿Es una rebelión?» «No, Majestad –contesta el Duque– es una revolución». Acertado y premonitorio fue el diagnóstico del sagaz consejero francés. El oleaje popular, que comenzó a encresparse en julio de 1789, parecía una simple revuelta para corregir o frenar los abusos de la monarquía absoluta dentro de un marco constitucional. Pero este movimiento de enorme efervescencia, que engendró la Declaración de los Derechos del Hombre y del Ciudadano, se fue desorbitando y pervirtiendo con el tiempo. Aguijoneado por la crisis económica, polarizado por la tozudez e intento de fuga del rey, y caldeado por ideas revolucionarias que minaron el orden constituido, el movimiento cayó en 1792 en manos de tiranos obcecados, que trocaron la libertad por el terror y la fraternidad por la guillotina.

La revolución cubana se asemeja, en sus prolegómenos, a la francesa. Surgió como una rebelión contra los desafueros de la dictadura de Batista, no para suplantar el orden constitucional, sino para rescatarlo de la fuerza. El restablecimiento de la Constitución de 1940 fue el objetivo fundamental de la lucha, y a su consecución se comprometieron todos los líderes oposicionistas e insurreccionales, incluyendo a Fidel Castro.

Al igual que en Francia bajo Luis XVI, el movimiento de protesta y resistencia en Cuba se fue pervirtiendo y radicalizando, debido a la obstinación de Batista y a la miope abdicación, en favor de Castro, de muchos de los líderes oposicionistas moderados. Al desplomarse la dictadura y crearse un vacío de poder, se impusieron los más audaces y prevalecieron los más pérfidos y los más taimados. Así, pues, lo que comenzó como una rebelión reformista para corregir abusos, pasó a ser una revolución totalitaria para abolir los usos. (José Ortega y Gasset hace la distinción entre los abusos y los usos en su notable ensayo titulado El ocaso de las revoluciones.)

Llerena explica con documentación y lucidez las circunstancias que facilitaron dicha perversión: la descomposición de la sociedad civil, debilitada por la crítica feroz y maleada por la violencia y la corrupción; la insólita rendición incondicional de las fuerzas armadas a la caída de Batista, y la propensión del pueblo al virus de la demagogia revolucionaria, que tuvo su caldo de cultivo en centros universitarios y cenáculos intelectuales de izquierda.

Precisa destacar la importancia del condicionamiento psicológico, ya que las revoluciones requieren un clima de ebullición contagiosa para que prendan sus consignas. En Cuba el condicionamiento no fue repentino, sino progresivo a través de los años. Lo produjo una prédica política personalista, de fuerte tono y lenguaje revolucionarios, que hacía propicio el advenimiento de caudillos y demagogos. Esta prédica hiperexcitante creó en el país una especie de adicción al frenetismo, que se tradujo en adoración y entrega a la llegada de Castro al poder. Las masas delirantes, proclives al embrujo mesiánico, pensaron que había descendido de las montañas el salvador de la patria.

Los ciudadanos más reflexivos e influyentes del país, en su gran mayoría, no vieron grave peligro en las ráfagas iniciales. Acostumbrados a las «revoluciones» pasajeras de oratoria inflamada y gatillo alegre, (en las que Castro dejó sus tempranas huellas), pensaron que la nueva revolución sería parecida a los brotes anteriores: más retórica que real; más exaltada que calculadora y sistemática; más borrascosa que implacable y permanente. Y no fue así. Castro hizo del verbo incendiario una inmensa tea, y de la utopía revolucionaria una monstruosa e interminable realidad.

LA VIL ESTAFA

Imagen nazarena de Fidel Castro publicada en la revista *Bohemia* (1959).

Otras caras del pérfido estafador (Fotos de la Casa de Cuba).

Todos estos factores contribuyeron al ascenso de Castro, pero lo que le permitió perpetrar la gran estafa fue su habilidad para confundir, ocultar y engañar. Los tiranos revolucionarios, desde Robespierre hasta Lenin, Mussolini y Hitler, han empleado la mentira para allanar los obstáculos y lograr sus objetivos. Pero ninguno como Castro negó en forma tan artera y categórica su ideología y sus designios, y ninguno se jactó tanto como él de haber embaucado a la nación.

De Robespierre, Castro tomó el terror revolucionario, sustituyendo únicamente la guillotina por el paredón de fusilamiento. Y de Hitler y Mussolini copió los actos multitudinarios para manipular a las masas, hacinadas como rebaño, y atizar las bajas pasiones que generan el odio, la envidia y el resentimiento.

Asimismo, Castro se valió como nadie del instrumento poderoso de la televisión para martillar sus consignas y fomentar el culto a su personalidad. Así pudo sugestionar y ablandar a la población, para después subyugarla.

En cuanto a ideología, Llerena y otros eminentes historiadores y analistas afirman que el marxismo-leninismo de Castro fue un maridaje de conveniencia –producto de su odio visceral a los Estados Unidos y de sus ansias morbosas de poder, que sólo la Unión Soviética podía satisfacer y garantizar frente al Coloso del Norte. Esta tesis tiene fundamento, aunque hay otros connotados investigadores, como Salvador Díaz Versón, que sostienen que los nexos de Castro con la Unión Soviética, fuera del partido comunista, surgieron secretamente años antes de la revolución, durante la permanencia en La Habana del emisario del Comintern, Gumer W. Bashirov.

Esto quizás sea discutible, pero lo que sí parece indubitable es que Castro, desde su llegada al poder, se rodeó de un grupo de asesores comunistas para sentar subrepticiamente las bases de su revolución totalitaria y atea. Una revolución que, disfrazada inicialmente de humanista, aplicó los métodos preconizados por Marx y Lenin para implantar la tiranía política e ideológica, promover la lucha de clases, abolir la propiedad privada, y regimentar la vida humana bajo el más inicuo y absorbente vasallaje.

Como bien apunta Llerena, no puede decirse con propiedad que Castro traicionó su revolución. Esta nació en enero de 1959 con molde comunista, y se desarrolló después con rigor estaliniano. Castro, sí, traicionó sus promesas de restauración constitucional y reformas democráticas, y traicionó a Cuba, sometiendo su soberanía a los dictados del imperialismo soviético.

La consolidación del régimen de Castro es imputable, desde luego, a los cubanos –cegados primero por el fuego fatuo de la prédica revolucionaria, y aletargados después por el mito geopolítico de las 90 millas, según el cual no podía perdurar una base comunista tan cerca de la Florida.

Pero aun reconociendo la plena responsabilidad cubana en este proceso, no podemos eximir de culpa a los Estados Unidos. Estos subestimaron la virulencia expansiva del castro-comunismo, y, al abandonar a los expedicionarios en Bahía de Cochinos, estimularon a la Unión Soviética a emplazar en Cuba armas estratégicas, que pusieron en peligro la paz mundial. El desenlace de la Crisis de los Cohetes, encuadrado en el pacto Kennedy-Kruschov, fue en verdad funesto. No sólo liquidó la resistencia dentro y fuera de la isla, sino que le permitió a Moscú utilizar a Cuba como plataforma estratégica para subvertir impunemente a tres continentes.

Muy caro han costado estos errores en vidas humanas, convulsiones sociales y destrucción de riquezas. Pero ya estamos llegando al capítulo final de esta tragedia. A la revolución castrista le falta hoy credibilidad y fuerza para continuar su trayectoria inexorable. Los sueros artificiales de la Unión Soviética han cesado, y no hay a la vista alternativas financieras para remozar indefinidamente el aparato totalitario. El desgaste del régimen es progresivo, y el descrédito de su sistema, irremediable y total. Su único sostén –el tirano envejecido– comienza a tambalearse, y el pueblo sojuzgado está perdiendo el miedo y recobrando la fe.

El régimen (actual o sucesorio) habrá de caer por «implosión» o explosión, por razones biológicas o causas artificiales. Entonces comenzará la titánica pero gratificadora tarea de la reconstrucción de Cuba, basada en los principios cardinales de democratización política, liberalización económica y regeneración moral, plasmados en la legítima Constitución de 1940.

En ese empeño, no podemos de nuevo dejarnos hechizar por utopías revolucionarias, tentaciones totalitarias o teorías extravagantes de ingeniería social. Sirva el libro enjundioso y revelador de Mario Llerena de enseñanza, admonición y vacuna contra todo intento futuro de hacer revolución sin libertad, sin justificación y sin consentimiento.

La Cuba que emerja de las tinieblas del castro-comunismo sólo necesitará una revolución, en palabras de Martí… «la que no haga presidente a su caudillo, la revolución contra todas las revoluciones: el levantamiento de todos los hombres pacíficos, una vez soldados, para que ni ellos ni nadie vuelvan a serlo jamás».

La Conspiración Comunista: raíces ocultas de la Revolución Cubana

Fidel Castro con Fabio Grobart, alias Abraham Semjovitch, agente de la KGB a cargo del Grupo Caribe, con quien mantuvo relaciones conspirativas secretas desde 1950.

Imagen de Fidel Castro con Breznef y Kruschov. El joven que aparece al fondo (a la derecha de Castro) es Nikolas Leonov, agente de la KGB a cargo de América Latina, con quien los hermanos Castro mantuvieron nexos clandestinos desde 1953.

Mucho se ha escrito sobre los factores internos y externos que contribuyeron a la caída de la República en las garras del comunismo. Entre los factores internos de mayor impacto sobresalen los siguientes: el quebranto del orden constitucional causado por el infausto golpe militar del 10 de marzo de 1952; la polarización subsiguiente del país, que impidió una salida consensuada y pacífica a la crisis planteada; el lastre nefasto de corrupción y violencia, que fue minando los cimientos de la República; la miopía de las clases dirigentes, que no previeron las consecuencias fatales de su abdicación; la insólita rendición incondicional del ejército, desmoralizado y acéfalo, que dejó indefensa a la nación; y la predisposición del pueblo cubano al mesianismo político, es decir, su tendencia inmadura a cifrar sus esperanzas en promesas de caudillos y no en el imperio de las leyes.

Lo que, por falta de información suficiente y confiable, no se ha podido todavía determinar con precisión es el verdadero alcance de la conjura comunista en la década de los 40 y 50 para apoderarse de Cuba; el grado de participación de la Unión Soviética a través de sus agentes, y el papel que Fidel Castro desempeñó, fuera del Partido Comunista, en el proceso conspiratorio que incubó y preludió la siniestra revolución.

La comunización de Cuba no fue fortuita o casual. Las circunstancias ayudaron, claro está, a allanar el camino, y los conjurados se aprovecharon hábilmente de los sucesos que les fueron propicios. Pero el rumbo trazado, con premeditación y alevosía, persiguió una meta bien definida: el marxismo-leninismo. Hubo zigzagueos, más no fundamental desviación. La revolución, secretamente concebida, nunca fue democrática, como se proclamó con intencional mendacidad, sino totalitaria en su médula y origen. Los actores fueron cubanos, pero el libreto fue soviético. La traición no se fraguó después del advenimiento del régimen de Castro. La trama se urdió años antes. Como sentenciara Alberto Baeza Flores, las cadenas vinieron de lejos.

Veamos algunos testimonios confirmando la conjura comunista, el eje Habana-Moscú, y el papel señero desempeñado por Fidel Castro.

Comencemos con Salvador Díaz Versón, quien como fundador de la Liga Anti-Comunista y ex jefe de inteligencia militar y contraespionaje durante el gobierno constitucional de Carlos Prío, llegó a tener uno de los archivos más completos sobre la penetración soviética en Cuba y las Américas. Estos archivos fueron decomisados por el régimen de Castro en enero de 1959.

Según Díaz-Versón, Fidel Castro comenzó a trabajar para la Unión Soviética poco después de la llegada a Cuba en 1943 de Gumer Bashirov, agente soviético hispano-parlante, quien desde su residencia en el número 6 de la segunda avenida en Miramar se dedicó a reclutar varios jóvenes no inscritos en el Partido Comunista. Entre los miembros de la red de Bashirov que recibían mensualidades para cubrir sus gastos se encontraban Fidel Castro, Alfredo Guevara, Baudilio Castellanos, Luis Mas Martin, Salterio Carbonell, Alicia Alonso y Antonio Núñez Jiménez.

El voluminoso expediente «A-943» sobre Castro que Díaz Versón tenía en su archivos incluía fotos de Fidel visitando a Bashirov, copias fotostáticas de cartas interceptadas, e instrucciones recibidas para participar en el «Bogotazo» (1948), infiltrarse posteriormente en el Partido Ortodoxo (1951) y desarrollar el plan militar, que comenzó con el asalto infructuoso al Cuartel Moncada en 1953.

Cuando Cuba rompió relaciones diplomáticas con la URSS en

1951, Bashirov fue trasladado a México y allí lo visitó Castro ese año utilizando un pasaporte falso a nombre de Federico Castillo Ramírez. Entre los otros documentos comprometedores interceptados por Díaz Versón figura una carta dirigida por Castro a Abelardo Adán García, a la sazón recibiendo entrenamiento comunista en Praga, en la que Castro le explica por qué no podía acompañarlo. En uno de sus párrafos decía: «Nuestro amigo me dijo que me mantiene reservado para mayores esfuerzos y que no debo 'quemarme' viajando ahora. Ellos tienen un plan, en el cual yo seré el eje, que se implementará muy pronto. Es posible que entonces volvamos a vernos sin temor al Imperialismo Yanqui». (Ver *Desde cuándo es Castro comunista*, por Salvador Díaz Versón, periódico El Mundo, Miami, Octubre 1960).

Juan Vivés, cuyo verdadero nombre es Andrés Afaya, ex miembro del servicio secreto del régimen de Castro (G-2), afirma en su libro *Los Amos de Cuba* que Fidel Castro figuró, desde 1947, como agente secreto (topo) del grupo comunista «Caribe» que dirigía el emisario polaco del Kremlin, Abraham Semjovitch, alias Fabio Grobart. Éste, según Vivés, participó en los preparativos del asalto al Cuartel Moncada, en la infiltración comunista en la Sierra Maestra, y en las medidas acordadas secretamente a principios de 1959 para sentar las bases del régimen marxista-leninista en Cuba.

Rafael Díaz Balart, quien fuera cuñado de Fidel Castro y conocedor de su formación y nexos comunistas, se opuso vigorosamente a la amnistía que se le otorgó en 1955 porque, según Díaz Balart, el objetivo de Castro era instaurar en Cuba «un régimen totalitario, inescrupuloso, ladrón y asesino que sería muy difícil de derrocar por lo menos en veinte años».

En mayo de 1960, Díaz Balart testificó bajo juramento ante el Subcomité de Seguridad Interna del Senado de los Estados Unidos que Fidel Castro era miembro de la Tercera Internacional de la Unión Soviética, sin figurar como miembro inscrito del Partido Comunista. En la universidad pertenece a varias organizaciones gangsteriles, pero allí establece fuertes vínculos marxistas con Alfredo Guevara, Leonel Soto, Mas Martin, Flavio Bravo y Fabio Grobart, entre otros. En su testimonio, Díaz Balart reveló que Fidel Castro le había dicho que «se iba con los comunistas porque era la mejor manera para un joven líder que pensaba en el futuro de promoverse para alcanzar el más alto rango». Asimismo, Díaz Balart aseveró que fue Fidel Castro quien puso a su hermano Raúl en contacto con la maquinaria intelectual del Partido Comunista para que lo adoctrinaran.

El escritor francés, Serge Raffy, en su libro *Castro, el Desleal* (Aguilar, 2003), corrobora y amplía la anterior información. Según las investigaciones de Raffy, Fidel Castro ya era en 1947 «un militante curtido, antiimperialista hasta la médula, que pasaba el tiempo en la biblioteca del Partido Comunista en La Habana, devorando la obra de Karl Marx».

Cuenta Raffy que en 1950, mientras Castro estudiaba para obtener su doctorado en derecho, recibió en su apartamento a militantes comunistas, entre los cuales se encontraba el dirigente Flavio Bravo. Éste le preguntó a Castro: «¿Por fin ya estás preparado para unirte a la organización (secreta 'Caribe')?» Contesta Fidel: «Es cierto, estoy listo desde el punto de vista ideológico. Pero sigo representando al Partido Ortodoxo». Tras amplia discusión, Castro aceptó «jugar a dos bandas», por lo que Bravo acotó: «Fidel, acabas de dar el paso más importante de tu vida».

Según Raffy, la noche del 25 de julio de 1953, unas horas antes del ataque al Moncada, Castro se reunió en Santiago de Cuba con Fabio Grobart, eminencia gris del Kremlin en La Habana. Éste le advirtió a Castro que la dirección del Partido Comunista de Cuba iba a condenar la operación sin paliativos (como en efecto hizo), pero que debían continuar con el doble juego el mayor tiempo posible. Durante los 22 meses que estuvo preso en Isla de Pinos, tras el fracaso del asalto al Moncada, Fidel Castro leyó y releyó a Marx y Lenin, entre otros autores. Asimismo, disfrutó plenamente de los privilegios y comodidades que le concedió el gobierno. «¿Qué pensaría Marx de un revolucionario como éste?», llegó a escribir, soleándose en «short» y comiendo opíparamente como si estuviera en un restaurante.

Según reveló Carlos M. Castañeda en su artículo «Cuba bajo la Estrella Roja», publicado en Bohemia Libre el 16 de octubre de 1960, mientras Castro permaneció en prisión, «se presentó al comunismo en la cárcel isleña como la solución única para los males cubanos... Mario Oliveiro Hidalgo y César Gómez fungieron de principales adoctrinadores».

Durante su exilio en México, luego de haber sido amnistiado por Batista, Fidel Castro amplió sus contactos con los comunistas y sus simpatizantes –desde el Che Guevara, quien ingresó en sus filas, hasta el veterano de la guerra civil española, Alberto Bayo, quien les impartió instrucción militar a las huestes de Castro; desde los dirigentes comunistas cubanos Blas Roca y Lázaro Peña, quienes lo visitaron clandestinamente en la capital azteca, hasta los líderes marxistas mexicanos Lázaro Cárdenas y Vicente Lombardo Toledano, quienes lograron liberarlo tras ser detenido por las autoridades locales.

Pero la relación secreta más trascendente que Fidel Castro mantuvo en México, de cara a sus planes marxistas-leninista, fue la que forjó con Nikolaí Sergeyevich Leonov, agente del Kremlin, quien con el tiempo llegó a desempeñar la más alta posición de la KGB en Latinoamérica. El precursor de esa relación fue Raúl Castro, quien conoció a Leonov en 1953, durante un congreso de juventudes socialistas celebrado en Praga. En su viaje a México ese año para perfeccionar su español, Leonov viajó con Raúl en el mismo buque mercante italiano que hizo escala en La Habana. (Confirmado por Chistopher Andrew y Vasili Mitrokhin en su libro *The World Was Going Our Way –The KGB and the Battle for the Third World*, Basic Books, 2005.)

Esta relación con Leonov se estrechó en México en 1956, no sólo con Raúl, sino también con Fidel Castro y el Che Guevara. Frecuentes fueron los contactos y las orientaciones impartidas por Leonov, pero la ayuda soviética en esta etapa fue parca, indirecta y sigilosa. No quería el Kremlin que se vieran sus huellas prematuramente para que no abortara la audaz revolución cubana con fachada de democracia y nacionalismo.

Ya en la Sierra Maestra, Carlos M. Castañeda relató en su artículo «Cuba bajo la Estrella Roja» que Raúl Castro, menos discreto que Fidel con los rojos, se esforzaba por cumplimentarlos. «Diariamente llegaban al campamento insurrecto viejas militantes [comunistas] de la provincia. Y con Vilma Espín, Manuel Piñeiro y Augusto Martínez Sánchez celebraban prolongadas reuniones».

«Muchas veces vi con Raúl a Romérico Cordero, que venía con nombre cambiado, y a Cándido Betancourt, hombres del Partido Socialista Popular (Comunista)», –cuenta un soldado de la tropa.

«Pronto se estableció una escuela de «capacitación cívica» en Matayegua, Mayarí, dirigida por el comunista Cauce. De sus aulas saldrían los adoctrinadores militares y campesinos».

Agregó Castañeda en su reportaje que en el verano de 1958 llegó a la Sierra Maestra el líder comunista Carlos Rafael Rodríguez. El 15 de octubre se oficializó el pacto con el Partido Socialista Popular, alegando Fidel Castro que se necesitaba el refuerzo comunista para consolidar la victoria. Se amplió entonces el Segundo Frente del Escambray, en el que figuró el viejo dirigente rojo Félix Torres, apoyado por hombres y pertrechos del Partido Socialista Popular. Éstos les dieron la bienvenida al Che Guevara y Camilo Cienfuegos y reforzaron su liderazgo en detrimento de la primacía de los miembros del Directorio Revolucionario que allí operaban.

Durante esta etapa insurreccional, la Unión Soviética mantuvo un perfil bajo para que no se tildara de comunista el movimiento de Castro. Sin embargo, la bien informada publicación The Intelligence Digest de Londres recabó suficientes evidencias para denunciar que «el Movimiento 26 de Julio formaba parte de una conspiración urdida detrás de la Cortina de Hierro... La organización rebelde de Fidel Castro cuenta con el respaldo de la Unión Soviética y de los grupos comunistas del Hemisferio Occidental, quienes le suministran armas y dinero».

En su edición de diciembre de 1957, The Intelligence Digest aseveró que «existen pruebas de que durante el mes de agosto [1957], submarinos rusos emergieron dos veces en las costas de Cuba y descargaron municiones para las fuerzas de Castro».

Por su parte, Pedro Luis Díaz Lanz, quien fuera Jefe de las Fuerzas Aéreas en los primeros meses del régimen de Castro, testificó el 14 de julio de 1959 ante el Subcomité de Seguridad Interna del Senado de los Estados Unidos que «en los primeros días de febrero (1958) se me informó de que un submarino se hallaba cerca de la costa norte de Cuba. También, en ocasión de encontrarme enfermo, un amigo mío que trabajó conmigo en el clandestinaje en Santiago... me dijo que había visto un submarino pegado a la costa en los días en que Raúl Castro controlaba aquella zona... Y vio extranjeros, quienes, según me dijo, no hablaban inglés ni francés ni nada parecido. Hablaban ruso».

La Unión Soviética dejó en sus archivos pocas huellas de su apoyo clandestino a las guerrillas de Castro. Entre las escasas pruebas, consta en el Protocolo del Presidium número 198 de fecha 27 de diciembre de 1958, que la embajada checa en México, en coordinación con la soviética, envió armamentos y municiones a las fuerzas de Castro por conducto de una agencia costarricense de importación y exportación. Las instrucciones fueron muy precisas: que las armas sean alemanas de la Segunda Guerra Mundial o de diseño checo, pero no de manufactura soviética. (Citado en *One Hell of a Gamble*, de Aleksandr Fursenko y Timothy Naftali, págs 12-13.)

Mientras todo esto ocurría, ¿cual fue la política de los Estados Unidos con respecto a Cuba? Desde el comienzo de la lucha armada contra Batista, capitaneada principalmente por Castro y sus secuaces, el Departamento de Estado mantuvo ostensiblemente una política de neutralidad. Digo ostensiblemente porque, en realidad, se llegó a tolerar, con esporádicas detenciones, el transporte de armas a los insurrectos desde una pequeña pista abandonada en la Florida. Asimismo, según reveló Lucas Morán Arce en su libro *La Revolución Cubana*, el equipo para la estación clandestina de Radio Rebelde enviado desde Nueva York llegó a manos de Castro gracias a la asistencia del cónsul norteamericano en Santiago de Cuba, Park F. Wollam.

Debido al alejamiento por grave dolencia cancerosa del Secretario de Estado, John Foster Dulles, la interpretación y ejecución de la política norteamericana respecto a Cuba recayó oficialmente en el Secretario de Estado Adjunto para América Latina, Roy R. Rubottom, y el Director de la Oficina del Caribe y México, William Wieland. Extraoficialmente, influyó con avieso propósito en esa política y en la opinión pública norteamericana el reportero y editorialista del New York Times, Herbert Matthews, quien abandonó la objetividad periodística para convertirse en panegirista de Castro.

Earl T Smith, Embajador de los Estados Unidos en Cuba, bloqueado en sus denuncias y gestiones por funcionarios del «Cuarto Piso».

Herbert Matthews (a la derecha de la imagen), reportero y editorialista de *El New York Times* y tenaz apologista de Castro y su revolución.

William A. Wieland, Director de la Oficina del Caribe y México del Departamento de Estado y coartífice de la política hacia Cuba.

Roy R. Rubotton, Secretario de Estado Asistente para Asuntos Interamericanos, quien trazó la política hacia Cuba.

En marzo de 1958, Washington decretó la suspensión de toda ayuda militar de los Estados Unidos al gobierno de Cuba –suspensión extendida por presión norteamericana a fuentes alternas de suministro de armas en Europa y Canadá. Esta medida fue percibida por muchos como un acto de repudio a la dictadura y como un reconocimiento tácito de la beligerancia de los insurrectos.

Se agudizó posteriormente la controversia entre los funcionarios del Departamento de Estado Rubottom y Wieland y el Embajador de los Estados Unidos en Cuba, Earl E. T. Smith. Los primeros consideraron que Smith se inclinaba demasiado en favor de Batista y le prohibieron interponer sus buenos oficios en pro de una transición pacífica a la democracia. El Embajador, por su parte, se quejó de que esos dos funcionarios clave del cuarto piso del Departamento de Estado le restaban importancia al peligro comunista recalcado por él.

Tras el fracaso de la contraofensiva militar batistiana en el verano de 1958 y la frustración en noviembre de ese año de una salida electoral debido al retraimiento de la ciudadanía y al fraude del gobierno, cundió el derrotismo en las filas del ejército y se esparció el fermento conspirativo por sus altas esferas.

Fue entonces, el 17 de diciembre de 1958 para ser preciso, que, por instrucciones de Rubottom, el Embajador Smith se vio compelido a comunicarle a Batista que los Estados Unidos no podían continuar apoyando a su gobierno (por haber perdido el control efectivo de la situación en Cuba), y que sería aconsejable que él abandonara el país. Este ultimátum en lenguaje diplomático, que precipitó la fuga de Batista el 1º de enero de 1959 y la rendición del ejército, constituyó, a juicio de Smith, una intervención en favor de Castro. Quiso decir el Embajador que Washington le dio el empujón final al dictador sin prever el resultante vacío de poder llenado por Castro. (Citas tomadas del libro de Earl E. T. Smith *The Fourth Floor*).

¿Tuvo el Presidente Eisenhower conocimiento de ese ultimátum a Batista? ¿Se le mantuvo informado del deterioro progresivo de la situación en Cuba y de la penetración comunista en el movimiento de Castro? A juzgar por la minuta de la junta del Consejo Nacional de Seguridad celebrada en Washington el 23 de diciembre de 1958, Eisenhower no estaba al tanto de la gravedad de la crisis en Cuba ni de sus implicaciones.

Transcribo a continuación la versión en español de dicha minuta publicada en *Foreign Relations of the United States 1958-1960*, Volumen VI, Cuba, U.S., Government Printing Office, Washington, D.C. 1991, págs. 302-303.

«A juicio del Sr. [Allen] Dulles, la situación en Cuba estaba empeorando. Era improbable que Batista tomase algunas medidas para remediar las condiciones, como no fuese una acción militar desesperada que, a todas luces, el ejército no apoyaría de buena gana. Los comunistas parecen haber penetrado el movimiento de Castro a pesar de cierto esfuerzo por parte de Fidel de dejarlos fuera». [Como se ve, el jefe del servicio de inteligencia de los Estados Unidos consideraba que Castro trataba de alejarse de los comunistas.]

«Si Castro toma el poder en Cuba –agregó Dulles– es de esperarse que elementos comunistas participen en el gobierno». [En sus memorias, *Waging Peace*, pág. 521, Eisenhower afirmó: «Cuando escuché este informe, me irrité por no habérseme comunicado antes esta conclusión».]

«El Presidente preguntó si el Departamento de Estado le había solicitado al Departamento de Defensa que estudiase una acción militar que podría ser necesaria en Cuba. El Secretario Herter dijo que las conversaciones entre los Departamentos de Estado y

Defensa se habían centrado en la posibilidad de una evacuación; él no tenía conocimiento de ningún proyecto de acción militar».

«El Sr. Quarles opinó que Castro era el peor entre los dos males representados por Castro y Batista. Estados Unidos debía apoyar al menor de esos males y, por ende, debía proceder contra las bases que en el país ayudaban a Castro. El Secretario de Justicia [«Attorney General»] informó que estaban arrestando a los simpatizantes de Castro en Estados Unidos cuando éstos violaban los estatutos».

«El Vicepresidente [Nixon] preguntó si era posible enjuiciar penalmente a quienes financiaban a Castro desde los Estados Unidos. El Secretario de Justicia observó que se podría enjuiciar a los militantes castristas más vigorosamente si por razones de alta política [«policy»] esto fuese deseable... [Omitida la frase siguiente.]

«El Sr. Quarles estimó que deberíamos decidir cuál de las facciones deseamos apoyar en Cuba. El Vicepresidente afirmó que tenemos que ajustarnos a la ley cuidadosamente ya que la prensa norteamericana tiende a apoyar a Castro. El Presidente inquirió si había algún cubano aspirante al poder que podríamos apoyar... [Omitidas las dos frases siguientes.] El Sr. Dulles agregó que deberíamos impedir el triunfo de Castro. El Presidente señaló que era la primera vez que se hacía esta afirmación en el Consejo Nacional de Seguridad. El Vicepresidente afirmó, por otro lado, que no podíamos apoyar a Batista para derrotar a Castro. [Omitida la frase siguiente.]»

«El Sr. Allen se preguntó por qué Estados Unidos debía impedir la victoria de Castro. El Sr. Dulles apuntó que se pensaba que Castro estaba apoyado por elementos extremadamente radicales. El Vicepresidente señaló que no era deseable correr el riesgo de una dominación comunista en Cuba, que tenía uno de los partidos comunistas más grandes del hemisferio en relación con su población. El Secretario Herter observó que parecía ser unánime el sentir de que un régimen de Castro sería indeseable».

«El Presidente consideró que Estados Unidos debía tomar una posición que los progresistas pudiesen respaldar. El Sr. Quarles opinó que no había una 'tercera fuerza' (es decir, otra fuerza que no fuese Batista o Castro) para apoyar. El Presidente manifestó que estaba convencido de que una 'tercera fuerza' con influencia y pujanza podría surgir si la organizase un hombre capaz provisto de dinero y de armas. El Secretario Herter consideró que era necesario un plan de contingencia. En respuesta a una pregunta del Vicepresidente, el Sr. Dulles dijo: [omitida la respuesta]».

Según se desprende de esta histórica minuta, el Presidente de los Estados Unidos viene a ser informado del peligro comunista en Cuba una semana antes de la caída de la República en manos de Castro. Siguiendo sus instrucciones, altos funcionarios norteamericanos, reunidos el 31 de diciembre de 1958 en el Departamento de Estado, tratan de localizar y apoyar a dirigentes políticos cubanos no vinculados a Batista y a Castro. Gestión tardía e infructuosa. A las pocas horas, se produjo el insólito desenlace, funesto para Cuba, sobre todo, pero también para los Estados Unidos y el resto del hemisferio.

Como consigné en mi libro *Por la Libertad de Cuba: una Historia Inconclusa*, tras la fuga de Batista y de sus más cercanos colaboradores, cae lo que queda de gobierno, no por derrocamiento, sino por desintegración. Se entrega el ejército disperso y sin mando, no por derrota, sino por desmoralización. Y el pueblo, cansado de tanta corrupción y matanza, creyendo que cualquier cosa era mejor que Batista, apoya finalmente a Castro y se deja llevar por mitos de lucha, cantos de gloria y promesas de redención.

¿HACIA DÓNDE VAMOS? CÓMO SE IMPLANTÓ EL MARXISMO-LENINISMO EN CUBA

En los primeros meses del régimen de Castro, pocos advirtieron que las medidas que se estaban adoptando tenían como inexorable propósito implantar paulatinamente el marxismo-leninismo en Cuba. Se ignoró u olvidó que la comunización de un país no se efectúa de golpe. Es el resultado de un proceso que requiere, de antemano, la destrucción de las instituciones y valores preexistentes y la dislocación de la sociedad para poder sentar, sin escollos ni impedimentos, las bases del aparato totalitario.

Veamos cómo ocurrió esto en Cuba y por qué tantos sectores de la población, incluyendo clases pudientes e intelectuales pensantes, no se percataron del rumbo comunista del régimen.

Castro negó todo nexo, filiación u objetivo comunista. Habló de una revolución verde olivo, tan cubana como las palmas. Y definió su programa en estos términos: «Pan sin terror; libertad con pan. Ni dictadura de derecha ni dictadura de izquierda: una revolución humanista». Fue en abril de 1961 que Fidel Castro declaró que su revolución era socialista, y el 1º de diciembre de ese año confesó que había sido marxista-leninista desde su etapa universitaria y que lo seguiría siendo hasta el último día de su vida. Acaso esa fue la única verdad que ha dicho en su mendaz y prolongada tiranía.

Al comienzo de su régimen, Castro enmascaró sus de-

signios comunistas con un Consejo de Ministros en el que figuraron prominentes demócratas cubanos. Pocos sabían que el poder no radicaba en ese Consejo de Ministros ni en el Presidente Provisional, sino en un gobierno paralelo que secretamente sesionaba en la antigua residencia en Cojímar de Agustín Cruz, ocupada por el Fidel Castro. Según reveló Tad Szulc en su biografía de Fidel Castro (tras entrevistar a los principales jerarcas del régimen), allí en Cojímar, bajo la jefatura de Fidel, se reunían para trazar lineamientos revolucionarios los viejos comunistas de partido Blas Roca, Carlos Rafael Rodríguez y Aníbal Escalante, y los neocomunistas embozados Raúl Castro, Che Guevara, Camilo Cienfuegos y Ramiro Valdés. Cuenta Tad Szulc que en una de esas sesiones confidenciales, Fidel Castro exclamó en tono jocoso: «¡C...!, ahora somos gobierno y tenemos que seguir reuniéndonos clandestinamente».

Para instrumentar los lineamientos de Cojímar, se reunían en una residencia en Tarará, ocupada por el Che Guevara, diversos asesores encargados de redactar los anteproyectos de las principales leyes revolucionarias, incluyendo la llamada Reforma Agraria. Entre esos asesores, orientados por Osvaldo Dorticós, quien fungía como enlace con el gobierno oficial, se encontraban: Antonio Núñez Jiménez, Alfredo Guevara, Vilma Espín, Oscar Pino Santos, Segundo Ceballos y Pedro Miret. (Según revelara Manuel Prieres en un trabajo publicado el 28 de mayo del 2005 en la revista Guaracabuya que dirige Miguel Uría, se sumaron a este grupo de asesores un comunista español enviado por el Kremlin, Angel Ciutah, más tres comunistas de Chile y tres de Nicaragua.)

El régimen empleó con gran efectividad los dos instrumentos yuguladores más poderosos que existen: la mentira taladrada para lavar el cerebro y el terror incesante y abrumador para paralizar o amilanar la voluntad. El maestro de orquesta, en vivo y directo, fue Fidel Castro, y los dos órganos principales de difusión, en la fase inicial, fueron el periódico Revolución *y la revista* Bohemia.

Los efectos intoxicantes de esta campaña no sólo contagiaron a las masas populares, que suelen ser maleables. Impactaron también el raciocinio de prelados de la Iglesia y de algunos prominentes intelectuales, forjadores de opinión pública. Éstos sostuvieron durante meses de despótica convulsión que el país necesitaba cambios radicales («de raíz»). Asimismo, justificaron los excesos del régimen por considerarlos inevitables en un proceso revolucionario, que, según ellos, abriría amplios horizontes para el progreso económico, la depuración política y la justicia social. Triste y lamentable fue la actitud de estos ciudadanos señeros, que, por razones inexplicables, se negaron a ver el curso siniestro de la revolución que hundió al país y los obligó a exiliarse dos años después.

Abundaron los oportunistas que trataron de congraciarse con el régimen para ganar favores o lograr protección. Algunos destacados empresarios llegaron a pensar ingenuamente que, jurando lealtades y haciendo aparatosas donaciones, podían moderar el radicalismo de la revolución o, al menos, salvar sus propiedades.

Los ilusos, incluyendo políticos supuestamente avisados, creyeron que Castro era un medio loco sin ideología, ávido de poder, que acabaría por deshacerse de los comunistas. Había que apoyarlo, sostenían otros, porque si algo malo le sucediese a él, vendría el diluvio, es decir, Raúl, el Che Guevara y sus secuaces comunistas. (El propio Fidel Castro se encargó de difundir este embuste.) En todo caso, pensaron los ilusos, y también muchos cuerdos, Estados Unidos no permitiría la permanencia de un régimen comunista a 90 millas de sus costas (razonable presunción devenida en mito o «wishful thinking», al decir de los sajones).

No todo fue euforia y genuflexión en los primeros meses de la revolución. En las filas del régimen se produjeron renuncias por desacuerdos o alarma ante la penetración comunista. Entre los renunciantes figuraron: José Miró Cardona, Primer Ministro; Pedro Luis Díaz Lanz, Jefe de la Fuerza Aérea Revolucionaria; Manuel Urrutia, Presidente Provisional; Huber Matos, Comandante del Ejército Rebelde a cargo de la jefatura militar de Camagüey. El Comandante Félix Lugerio Pena, quien presidió honorablemente el tribunal revolucionario que absolvió a los aviadores acusados de masacrar a las guerrillas de Castro en la Sierra, fue vilipendiado por el propio tirano y compelido, en su desesperación, a suicidarse.

Entre los pocos políticos democráticos, civilistas y austeros que alzaron su voz de alerta y oposición en los primeros meses de la revolución, sobresalió Manuel Antonio de Varona. Y entre los empresarios que impugnaron públicamente la llamada Reforma Agraria por confiscatoria y totalitaria, se distinguieron, por los colonos, Ricardo Rafael Sardiña, y por los ganaderos, Armando Caiñas Milanés, quien cayó preso, junto con otros compatriotas, en la primera gran conspiración contra el régimen de Castro.

Algunos de los colegios profesionales, sobre todo los de abogados, mantuvieron una actitud patriótica y valiente, oponiéndose a los desafueros del régimen.

La prensa independiente también contó con plumas ilustres y certeras, como las de Sergio Carbó, Humberto Medrano y Guillermo Martínez Márquez, quienes abogaron por la democracia y la concordia frente al despotismo y la cismática vendetta. Pero el gigante cívico y moral que, contra viento y marea, más se destacó en el frente periodístico por su visión y entereza, fue José Ignacio Rivero. Su bastión fue el Diario de la Marina; su pluma, ariete de dignidad, y su lucha, cruzada para desenmascarar al comunismo solapado y defender las libertades y tradiciones cristianas.

José Ignacio Rivero me honró abriéndome las páginas del Diario de la Marina cuando tenía yo menos de veinte años. En una sección dedicada a la juventud, publiqué mis primeros trabajos en pro de una salida democrática a la crisis creada por el golpe militar de Batista. A la llegada de Castro al poder, publiqué un artículo en enero de 1959, saludando positivamente el triunfo de la revolución. Poco duró mi entusiasmo. Sumamente preocupado por el rumbo del régimen, publiqué el 8 de marzo de 1959 mi segundo artículo titulado «La Nueva República», en el que enfaticé la necesidad de instaurar al imperio de la ley y de aplicar fielmente la Constitución de 1940 como programa revolucionario.

Cinco días después, el 13 de marzo, Castro me contestó indirectamente en un discurso que pronunció en el palacio presidencial: «Nosotros seremos respetuosos de la ley..., pero para la ley vieja ningún respeto; para la ley nueva todo el respeto». En cuanto a la Constitución de 1940, puntualizó: si el Consejo de Ministros considera que un «artículo resulta inoperante, demasiado viejo... [pues] lo transforma, modifica, cambia o sustituye..».

Esa respuesta categórica, junto con el paredón sangriento, las turbas intimidatorias, la indefensión jurídica y la negativa a celebrar elecciones, vinieron a confirmar en mi mente el surgimiento de una tiranía como la que no habíamos padecido antes. Una tiranía no sólo política, sino total. Porque apegados al despotismo vinieron la lucha de clases atizada por el régimen, el intervencionismo estatal cabalgando a lo largo y ancho de la sociedad, el golpe de muerte a la propiedad privada disfrazado de reforma agraria, el ataque sistemático a los Estados Unidos, y la creciente penetración comunista en todas las esferas del gobierno y de las fuerzas armadas.

No estábamos, pues, en la antesala de una dictadura a la vieja usanza, sino de un totalitarismo marxista-leninista en cierne, con ribetes cubanos. Llegué a esa conclusión, a mediados de 1959, sin tener pleno conocimiento de la conspiración comunista que incubó y moldeó la verdadera revolución de Castro, y sin saber de la existencia del gobierno paralelo que secretamente trazaba los lineamientos del régimen en los primeros meses. Mi convicción se basó en lo que arrojaron mis estudios y observaciones: una concordancia entre las consignas y prácticas preconizadas por Marx, Lenin y otros para liquidar la sociedad «burguesa» y sentar las bases previas del comunismo, y las medidas que estaba adoptando el régimen de Castro.

En mi análisis comparativo atisbé un rumbo definido entre los zigzagueos tácticos de Castro y percibí fría lógi-

ca marxista-leninista en su maléfica psicopatía. En agosto de 1959, concluí mi trabajo titulado «¿Hacia dónde vamos?», lo circulé entre amigos que me merecieron confianza, y les entregué una copia a varias embajadas. Asimismo, le remití algunos fragmentos relevantes al Diario de la Marina, *que los publicó, sin firma, en su popular columna «Buenos Días».*

A continuación, el texto completo del trabajo.

LOS VERDADEROS PADRES DE LA REVOLUCIÓN DE LOS HERMANOS CASTRO

Carlos Marx

Vladimir Lenin

EL ABRAZO QUE SELLÓ LA TRAICIÓN A CUBA

Castro y Kruschov en las
Naciones Unidas (1960)

Introducción

Hace aproximadamente ocho meses que la nación cubana se halla como en el vórtice de un huracán. No ha habido, en este período, ni un solo instante de tranquilidad y sosiego. Todo ha sido transformación, vértigo y constante movimiento.

Se han promulgado leyes que cambian sustancialmente nuestro sistema económico, político y social. Se ha desnaturalizado la Constitución de 1940, que es la síntesis de las aspiraciones y anhelos de todo el pueblo de Cuba. Se han repudiado instituciones, jerarquías, contratos, tratados, deudas, rentas, intereses, leyes y tradiciones, que es como decir la estructura total de una sociedad. Se comienza ahora a reglamentar, en todos sus aspectos y manifestaciones, la vida individual de cada cubano.

¿Qué alcance tienen estas medidas? ¿Qué fin persiguen? ¿Son el producto de la improvisación –inevitable a veces en épocas convulsas– o responden, por el contrario, a un plan preconcebido y rigurosamente estructurado? Dicho de otro modo: ¿vamos a la deriva, dando bandazos, a merced de los caprichos y de las pasiones de los jerarcas revolucionarios, o vamos con intención aviesa, pulso firme y rumbo definido, proa al comunismo? Para poder contestar estas preguntas, es menester precisar primeramente el concepto gelatinoso de comunismo.

¿Qué es el comunismo y quiénes son sus agentes?

El debate que se ha suscitado en Cuba en torno a los vocablos «comunismo» y «comunista» no es un ejercicio académico ni un juego semántico. El futuro del país acaso penda de una clara definición de estos términos.

Para muchos, comunismo es lo que profesan y pregonan los miembros inscritos del partido comunista. Si aceptamos esta premisa, sólo serían comunistas los que agitan tarjeta de afiliado o hacen pública confesión de su militancia. Quedarían, pues, excluidos todos los que, con fines conspiratorios, ocultan sus rojos designios para aprovecharse de los incautos y tontos útiles.

Este método simplista de identificar al comunismo por su nombre, y no por sus actos, técnicas y pragmáticas, es producto de la ignorancia o de la más obtusa ingenuidad. El nombre no hace la cosa. Un ladrón no deja de ser ladrón porque se proclame honrado. Un ave que vuela como un pato, nada como un pato, grazna como un pato, y tiene el pico abovedado y las patas palmeadas como un pato, podrá llamársele como se quiera, pero seguirá siendo un pato.

El comunismo no deja de ser comunismo por el hecho de que se disfrace verbalmente de democracia popular, socialismo cristiano o humanismo redentor. Si nos atuviésemos nada más que a las palabras, sin tomar en cuenta los hechos, no habría entonces gobierno comunista, ya que ninguno se atreve a ostentar ese lúgubre apelativo. Hasta la propia Rusia y sus vecinos opresos se llaman Unión de Repúblicas Socialistas Soviéticas, y la China de Mao lleva el nombre sugestivo de República Popular China.

Es preciso, por ende, ir más allá de las palabras para detectar al comunismo e identificar a sus agentes. Porque, en definitiva, el comunismo no es un mero rótulo o etiqueta, sino una ideología, una técnica revolucionaria y un sistema de gobierno con modalidades y características propias.

Lo que hoy se entiende por comunismo soviético, o marxismo-leninismo, es un régimen totalitario vagamente concebido por Marx, implantado por Lenin, y brutalmente consolidado y extendido por Stalin, que tiene como objetivo inicial la captura del poder absoluto por cualquier medio disponible, incluyendo la infiltración, el engaño, el terror, la lucha de clases y hasta las elecciones. Su meta supuestamente transitoria –llamada «dictadura del proletariado»–requiere la sustitución radical y violenta del sistema «burgués» de libertad individual y propiedad privada por una tiranía degradante y omnímoda, que se asienta en la prepotencia de un partido único, en el monopolio estatal de los medios de producción y en la regimentación total de la vida humana.

Sesenta años antes del advenimiento del comunismo soviético, Enrique Federico Amiel describió, con profética pupila, lo que ese imperio de sombras nos depararía: «¡Qué dueños tan temibles los rusos si alguna vez espesara la noche de su dominación en los países del Mediodía! El despotismo polar, una tiranía como el mundo no ha conocido aún, muda como las tinieblas, cortante como el hielo, insensible como el bronce, con exteriores amables y el frío resplandor de la nieve: la esclavitud sin compensaciones ni dulcificaciones. He ahí lo que nos aportaría».

¿Cómo es posible que con ese sistema de vasallaje brutal la Unión Soviética haya logrado someter bajo su férula o influencia a ochocientos millones de habitantes, o sea, la tercera parte de la población mundial? Antes de analizar los métodos empleados para engañar, dividir y sojuzgar, revisemos los principios esenciales en que se funda lo que pudiéramos llamar el «catecismo comunista».

Catecismo comunista[28]

Para comprender las líneas probables de la evolución que sigue el movimiento comunista, es necesario tener presente las principales aspiraciones de los «fieles» y su interpretación del

---

[28] Basado en el libro *Surgimiento del Comunismo Moderno*, escrito por el profesor italiano Massimo Salvadori.

mundo en que viven. Muchas de estas aspiraciones e interpretaciones se encuentran en otros movimientos: su combinación en un sistema bien integrado es lo que constituye el comunismo. Este sistema puede resumirse en los siguientes puntos:

1. Para los comunistas, el primer estímulo a la acción es de carácter emocional. Crean o estimulan en las multitudes la conciencia del sufrimiento económico (exagerando o deformando las injusticias sociales existentes) y después les ofrecen la utopía de un mundo sin miseria, sin lucha y sin dolor. Son maestros de la propaganda, del sofisma y de la agitación.

2. En el terreno práctico, el comunismo desea acabar con la explotación del hombre por el hombre. Se entiende por «explotación», en términos exclusivamente económicos, la relación contractual entre individuos dentro de una estructura social determinada. Según ellos, no existe dominación ni explotación cuando el patrono o «capitalista» es el Estado, es decir, una minoría gobernante que aparece como representante impersonal del proletariado.

3. El bienestar material sólo puede lograrse a través de una sociedad colectivista, en la cual la propiedad privada de los medios de producción ha sido abolida. Esto fue demostrado «científicamente» por Marx, mediante el análisis de la historia humana desarrollada en forma dialéctica.

4. El punto anterior es tan importante, que todos los medios conducentes al establecimiento del colectivismo son legítimos. Entre estos medios, la «violencia» es de los más cruciales.

5. El triunfo del colectivismo requiere la conquista previa del Estado, el cual no es otra cosa que la violencia organizada.

6. Una vez que los comunistas han conquistado el Estado no puede ponerse límites al ejercicio de su poder. Para bien de las masas trabajadoras, debe haber una dictadura.

7. De ello se sigue que todo el poder debe concentrarse en manos de los comunistas. Esto es, que el Estado debe ser totalitario. Los comunistas rechazan categóricamente el principio liberal básico de la separación de los poderes. En un Estado comunista no puede haber separación entre el poder político, poder económico y poder religioso, ni divisiones dentro del poder político. Cualquier autonomía que pueda existir no es un derecho de los individuos o grupos, sino una concesión que el Estado hace por razones puramente administrativas.

8. La realidad del universo está representada exclusivamente por la Materia, que está dotada de ciertas características inherentes y sigue un proceso de cambio y transformación. Los comunistas niegan enfáticamente todo plano sobrenatural de existencia. Por consiguiente, Dios no existe.

9. El hombre es, por supuesto, parte de la Materia. Es como la arcilla, y como ella es moldeado por las leyes inherentes a la Materia misma. No hay razón independiente o voluntad independiente ni cosa parecida: la autonomía individual simplemente no existe.

10. Siendo la razón y la voluntad simples atributos de la Materia y expresión de las leyes que determinan el proceso universal

de la Materia, se sigue que la libertad no existe. El hombre sólo puede hacer lo que las fuerzas económicas le obligan a hacer.

11. Como la moralidad, o sea, la apreciación de los bueno y lo malo y la elección entre ambos, implica la libertad, y como la libertad no existe, así la moralidad tampoco existe «per se». Lo que los seres humanos llaman moralidad es un atributo de la Materia, y varía con la estructura (organización económica) de la Materia.

12. La inexistencia de la moralidad «per se» lleva a los comunistas a negar la existencia autónoma del derecho como un sistema de principios morales que el Estado hace cumplir. La negación del derecho lleva a la negación del concepto de ciudadano, que es un individuo físico dotado de derechos y obligaciones, esto es, de elementos morales.

13. La presunción liberal de la suficiencia, autonomía y responsabilidad del individuo es falsa. Los comunistas, económicamente condicionados para ello, han descubierto la verdad de la evolución humana. Los otros son tan miopes que no pueden descubrir la verdad (y por consiguiente deben ser conducidos a ella) o están predeterminados económicamente a no aceptarla (y, por consiguiente, deben ser eliminados).

14. El grupo *per se* tiene el control total –político, económico o religioso– del individuo. La mentalidad comunista no puede concebir la mayoría y la minoría en un grupo: es siempre «el proletariado», «la burguesía», «el clero», y no «los proletarios», «los burgueses», «los sacerdotes», entre quienes unos

puedan seguir una tendencia, y otros, otra.

15. El individuo que rehúsa adaptarse al grupo al cual pertenece es un cáncer, un elemento enfermo, y por lo tanto debe ser destruido. Este postulado es importante para comprender cómo los comunistas pueden conciliar la teoría de la preocupación por el dolor social, con la práctica de una indiferencia absoluta por la vida humana. El «humanismo comunista» pertenece al plano de las abstracciones (la colectividad), y es por consiguiente compatible con una crueldad implacable en el plano de la realidad (el individuo). Lo que importa es el bienestar del proletariado, no de los proletarios. La postura mental es en esto similar a la de los nazis, que permanecían indiferentes ante los sufrimientos de millones de alemanes, porque lo único que les importaba era la nación o la raza. Ni los comunistas ni los nazis pueden entender los conceptos cristianos del amor y la caridad hacia el individuo.

16. En términos más generales, las herejías y «desviaciones» son enfermedades del cuerpo social, y por lo tanto deben ser extirpadas. Una sociedad sana necesita que todos sus miembros se amolden completamente al tipo requerido por la sociedad misma.

De cara a estos dieciséis puntos, es fácil advertir que los comunistas se ven forzados, por sus propias creencias y por su interpretación del mundo en que vivimos, a poner en práctica, desde el poder, el despotismo político, el monopolio económico y el dogmatismo intelectual. No hay nada en su programa que no haya sido ensayado por otros movimientos, a veces con éxito (desde su punto de vista). Lo nuevo es la posibilidad que ha traído el progreso técnico de ejercer sobre el individuo un control total como nunca se había visto antes.

1
CONQUISTA DEL PODER ABSOLUTO

A) Antecedentes comunistas

El objetivo inicial de toda revolución comunista es la conquista del poder político absoluto y la instauración de la llamada «dictadura del proletariado», como paso previo para «hacer saltar, hecho añicos desde los cimientos hasta el remate, todo ese edificio que forma la sociedad oficial».[29]

Las reformas comunistas, cargadas de pugnacidad y radicalismo, requieren necesariamente métodos despóticos de gobierno. Es por ello que Engels concibe la revolución como un «acto durante el cual una parte de la población impone su voluntad a la otra, mediante los fusiles, las bayonetas, los cañones, esto es, mediante elementos extraordinariamente autoritarios». Y agrega que «el partido triunfante se ve obligado a mantener su dominación por medio del temor que dichas armas infunden a los reaccionarios».[30]

Con estos antecedentes doctrinales, pasemos a señalar algunos de los métodos empleados por el comunismo para sojuzgar a distintos países europeos después de la última guerra mundial.

Es interesante observar que entre las naciones dominadas por el comunismo soviético se encuentra Checoslovaquia, que tenía un nivel de vida relativamente alto y una conciencia democrática bastante arraigada.

---

[29] Marx y Engels, *Biografía del Manifiesto Comunista*, pág. 84.
[30] Lenin, *El Estado y la Revolución*, pág. 75.

Los métodos comunistas que se mencionan a continuación fueron gradualmente aplicados, de acuerdo con las características y peculiaridades de cada país o región, invocando el sagrado nombre de la democracia y la justicia social.

★ En los pueblos en que fue necesario establecer inicialmente «gobiernos de coalición», los comunistas ocuparon posiciones destacadas en las fuerzas armadas y en el Ministerio del Interior, que tiene el control directo de la policía.

★ Los partidos no vinculados al gobierno fueron casi siempre suprimidos so pretexto de haber colaborado con el nazismo. En otros casos, se les privó de toda influencia, impidiéndoles el uso de los medios de comunicación y locomoción (prensa, radio, vehículos, lugares de reunión.)

★ A fin de hacer posible la reestructuración total del Estado y la consolidación del monopolio político comunista, se inició una ola de arrestos, amenazas y depuraciones.

★ Toda oposición organizada fue destruida. Las libertades fundamentales (libertad de expresión, de conciencia, de enseñanza, de asociación, entre otras) fueron severamente restringidas hasta ser abolidas.

★ Se nacionalizó un sector considerable de la economía para que los productores dependieran totalmente del gobierno. Se dio un fuerte impulso a la colectivización, transformando a la mayoría de los ciudadanos en asalariados del Estado.

★ El intervencionismo estatal se hizo extensivo a la educación, a la prensa y a todos los demás medios de comunicación.

★ Los ciudadanos recalcitrantes, acusados de contrarrevolucionarios, fueron arrestados, deportados o fusilados. Esto sirvió para sembrar el terror y amedrentar a los que disentían de los métodos comunistas.

B) Medidas adoptadas por la revolución cubana

★ Una vez producido el desplome de la dictadura de Batista, se decretó una huelga general que duró el tiempo que fue necesario para que los dirigentes revolucionarios tomaran posesión de los puestos clave del Estado, especialmente de las Fuerzas Armadas.

★ Fueron sometidos a juicios sumarísimos y ejecutados o encarcelados cientos de personas acusadas de ser criminales de guerra, cómplices o confidentes del régimen depuesto.

★ Se confiscaron o «intervinieron» las propiedades de los llamados «colaboradores» del gobierno derrocado, y a veces de sus familiares y socios de negocios.

★ Se sustituyó la Constitución de 1940 (que había sido el «leitmotiv» de la revolución) por una Ley Fundamental aprobada por el Consejo de Ministros revolucionario, y susceptible de ser modificada por éste en cualquier momento.

★ Se suspendió el derecho de hábeas corpus y se crearon tribunales revolucionarios de excepción. Cientos de personas permanecen detenidas por motivos políticos, sin haber sido juzgadas todavía por los tribunales de justicia.

★ Se inició una ola de depuraciones dentro de las Fuerzas Armadas, la Administración Pública, el Poder Judicial, las corporaciones económicas, entidades benéficas, centros docentes, hospitales, y hasta organizaciones religiosas.

★ Fueron disueltos o inutilizados todos los partidos políticos existentes, (con excepción del Partido Socialista Popular o Comunista), y se pospuso indefinidamente la celebración de elecciones.

★ Se organizó el insulto, la amenaza y el chantaje a fin de hacer poco atractiva o impopular cualquier crítica a las leyes o medidas del Gobierno, anulando con ello la libertad de expresión y de asociación y el derecho de disentir.

★ Se limitó consideralemente el derecho de propiedad privada, pasando a ser ésta, en muchos casos, una mera concesión administrativa. Se dio un fuerte impulso a la colectivización por medio de la Ley de Reforma Agraria.

★ Se creó un ejército político con amplísimas atribuciones para intervenir directamente en casi todas las reformas gubernamentales.

★ Fueron separados de sus cargos algunos ministros considerados «reaccionarios», y se radicó causa criminal contra tres magistrados que declararon con lugar un recurso de hábeas corpus.

★ Se crearon los «delitos contrarrevolucionarios», y se ampliaron los delitos contra la estabilidad del Estado, la Economía Nacional y la Hacienda Pública. Casi todos estos delitos, que pueden ser sancionados con la pena capital, tienen la virtud de incluir a todos los ciudadanos disidentes o recalcitrantes.

★ Fue acusado de traidor y desertor el Jefe de la Aviación revolucionaria, por haber afirmado en su carta-renuncia que en el Gobierno Revolucionario existían ciertas tendencias comunistas.

★ El Presidente del Gobierno Revolucionario se vio precisado a renunciar a su cargo, después de que Fidel Castro lo acusó de traidor –precisamente a los pocos días de haber denunciado el Presidente dimitente a los comunistas cubanos.

★ Las reformas gubernamentales que se anuncian, entre ellas, la educacional, tienen un marcado acento estatal.

2
NEGACIÓN DEL PRINCIPIO DE LEGALIDAD

A) Antecedentes comunistas

Toda revolución comunista, en su inexorable itinerario de purga, cambio y violentación, requiere libertad irrestricta de acción y movimiento. Esta libertad no puede estar subordinada a ninguna ley vigente que frene o limite la acción «renovadora» del comunismo. De ahí la necesidad de negar el principio de legalidad como paso previo para subvertir el orden institucional y hacer posible la llamada «dictadura del proletariado».

Para justificar este ataque frontal a la Constitución y las leyes vigentes, los comunistas alegan que éstas son el producto de la explotación mantenida a través de los años por los intereses reaccionarios. En tal virtud, deben ser barridas «revolucionariamente», evitando caer en la artimaña burguesa de elecciones pluripartidistas, que vendrían a desviar o detener la marcha de la revolución.

Dijo Marx en 1849, cuando fue procesado por incitar a la resistencia armada contra el recaudador de contribuciones del gobierno prusiano: «Pero veamos, señores, ¿a qué llaman ustedes mantener el principio de legalidad?»

«¿A mantener unas leyes procedentes de una época social desaparecida, hechas por los representantes de intereses sociales caducos o que están a punto de caducar y que, por tanto, se limitan a elevar a ley estos intereses, pugnantes con las necesidades generales de la sociedad? Pero la sociedad no descansa en la Ley. Eso es una quimera jurídica. No, es lo contrario; la Ley es la que tiene que descansar en la sociedad, la que tiene que ser expresión de intereses y necesidades comunes, derivados del régimen material de producción existente en cada época, contra el despotismo individual».

«Las viejas leyes son fruto de las viejas condiciones, y con ellas perecen. Cambian al cambiar las nuevas condiciones de vida. Querer mantener las leyes viejas, desafiando las nuevas necesidades y exigencias del progreso social, equivale, en rigor, a tomar la defensa de intereses privados y trasnochados, sacrificando a ellos el interés actual y general».[31]

En otra ocasión, se preguntó Marx: «Por lo demás, ¿qué es lo que significa la palabra sublevación? Simplemente, el hecho de desobedecer las leyes. Pero, ¿qué son estas leyes que nos rigen? Unos productos del medio ambiente burgués, exactamente lo mismo que las instituciones que tienen como fin proteger. La revolución consistirá sencillamente en sustituir esas leyes por otras leyes, pero para conseguirlo es indispensablemente necesario que busque un punto de apoyo fuera de aquellas».[32]

[Esto explica el rechazo de los comunistas a todo tipo de reforma legal dentro del marco jurídico-constitucional.]

El siguiente episodio de la historia de la Unión Soviética confirma el desprecio que sienten los comunistas por el derecho y la democracia representativa.

El 5 de enero de 1918 inició sus labores la Asamblea Constituyente, que había sido convocada por el gobierno soviético para satisfacer exclusivamente un viejo anhelo popular. (Consideraban los bolcheviques que sólo el choque con la realidad convencería

---

[31] Marx y Engels, *Biografía del Manifiesto Comunista*, Edit. México S.A. –1949. Págs. 202-203.

[32] Marx y Engels, *Biografía del Manifiesto Comunista*.

a las masas del cariz «contrarrevolucionario» de la Asamblea Constituyente.)

Durante la primera sesión, los bolcheviques (comunistas), que estaban en franca minoría, presentaron una moción que contenía la Declaración de Derechos del Pueblo Trabajador y Explotado. Al ser rechazada dicha moción por la mayoría que controlaba el Partido Social Revolucionario, los comunistas se retiraron del local. Continuó la sesión, pero ya por la madrugada, el jefe de la guardia se dirigió al Presidente de la Asamblea y le dijo: «la guardia está cansada. Hay que terminar». Estas escasas pero convincentes palabras fueron suficientes para que se levantara la sesión.

Al día siguiente, Lenin disolvió oficialmente la Asamblea Constituyente, y poco después el III Congreso de los Soviets de toda Rusia aprobó la Declaración de Derechos de Pueblo Trabajador y Explotado, en la que se consigna lo siguiente: «Rusia se declara una república de soviets, de diputados obreros, soldados y campesinos. Todo el poder, así central como local, pertenece a estos soviets».

Como epitafio de este histórico episodio, quedaron estas gélidas palabras de Lenin: «La disolución de la Asamblea (Constituyente) significa la completa y abierta repudiación de la idea democrática en favor del concepto dictatorial».[33]

B) Medidas adoptadas por la revolución cubana

La revolución cubana, que asumió el poder con el respaldo de

---

[33] Tomado principalmente de la obra *Historia de la U.R.S.S.*, publicada por la Academia de Ciencias de la U.R.S.S.

casi todos los sectores del país, tuvo como principal objetivo restaurar el orden jurídico-constitucional sobre la base de la plena vigencia de la Carta Magna de 1940.

Fidel Castro, en su autodefensa durante el juicio por el asalto al Cuartel Moncada, celebrado el día 16 de octubre de 1953, denunció el «vil cuartelazo judicial» perpetrado por el Tribunal de Garantías Constitucionales y Sociales, al fallar en contra de la legítima Constitución cubana (la de 1940), y a favor de los Estatutos espurios promulgados por la tiranía batistiana. Decía entonces Fidel Castro: «Entendemos por Constitución la ley fundamental y suprema de una nación que define la estructura política, regula el funcionamiento de los órganos del Estado y pone límites a sus actividades; ha de ser estable, duradera y más bien rígida. Los Estatutos espurios de Batista no llenan ninguno de estos requisitos. Primeramente encierran una contradicción monstruosa, descarada y cínica en lo más esencial, que es lo referente a la integración de la República y al principio de la soberanía..»..

«Hay en los Estatutos –expresó más adelante– un artículo que ha pasado bastante desapercibido, pero es el que da la clave de esta situación y del cual vamos a sacar conclusiones decisivas. Me refiero a la cláusula de reforma contenida en el artículo 257 y que dice textualmente: (esta Ley Constitucional podrá ser reformada por el Consejo de Ministros con un quórum de las dos terceras partes de sus miembros). Aquí la burla llegó al colmo. No es sólo que hayan ejercido la soberanía para imponer al pueblo una Constitución sin contar con su consentimiento y elegir un gobierno que concentra en sus manos todos los poderes, sino que por el artículo 257 hacen suyo definitivamente el atributo más esencial de la soberanía que es la facultad de reformar la ley suprema y fundamental de la nación, cosa que han hecho ya varias veces el 10 de marzo, aunque afirman, con el mayor cinismo del mundo, en el artículo 2 que la soberanía reside en el pueblo y de él dimanan todos los poderes. Si para realizar estas reformas basta la conformidad del Consejo de Ministros con un quórum de sus dos terceras partes, y el Presidente es quien nombra al Consejo de Ministros, queda entonces en mano de un solo hombre el derecho de hacer y deshacer la República...»

«Si el Tribunal de Garantías Constitucionales aceptó semejante situación, ¿qué espera para colgar las togas? Es un principio elemental de derecho público que no existe la inconstitucionalidad allí donde el poder constituyente y el poder legislativo residen en el mismo organismo. Si el Consejo de Ministros hace las leyes, los decretos, los reglamentos y, al mismo tiempo, tiene la facultad de modificar la Constitución en diez minutos, ¡maldita la falta que nos hace un Tribunal de Garantías Constitucionales!..»..

En esa ocasión, Fidel Castro prometió al pueblo cubano promulgar la primera ley revolucionaria, que «devolvía al pueblo la soberanía y proclamaba la Constitución de 1940 como la verdadera Ley Suprema del Estado, en tanto el pueblo decidiese modificarla o cambiarla, y a los efectos de su implantación y castigo ejemplar a todos los que la habían traicionado, no existiendo órganos de elección popular para llevarlo a cabo, el movimiento revolucionario como encarnación momentánea de esa soberanía, única fuente de poder legítimo, asumía todas las facultades que le son inherentes a ella, excepto la de modificar la propia Constitución...»[34]

Veamos si concuerdan estos pronunciamientos de Fidel Castro con sus palabras y con los hechos después del triunfo de la revolución.

---

[34] Tomado de la obra *Pensamiento Político, Económico y Social de Fidel Castro*, publicada por la Editorial Lex, págs. 39, 68, 69, 70.

A raíz de la rendición incondicional del ejército gubernamental, se designó presidente provisional al doctor Urrutia Lleó, en vez del magistrado más antiguo del Tribunal Supremo, como dispone en su artículo 149 la Constitución de 1940.

Arrogándose facultades de asamblea constituyente, el Consejo de Ministros revolucionario suspendió indefinidamente la vigencia de la Constitución de 1940 y promulgó una Ley Fundamental que desnaturaliza la Carta de 1940.

Entre las modificaciones espurias que dicha Ley Fundamental le hace a la Constituciónal de 1940, pueden citarse las siguientes:

1. Se establece en la IV Disposición Transitoria al Título IV, Sección Primera, que los autores de delitos cometidos en pro de la instauración o defensa de la tiranía, o de delitos cometidos contra la economía nacional o la hacienda pública, y los que se hayan enriquecido ilícitamente al amparo del poder público, podrán ser sancionados en virtud de leyes posteriores al delito. (Este precepto pone en manos del Estado una de las armas de intimidación política más formidables que hayan existido nunca: la retroactividad de la ley penal, prohibida por todas las constituciones democráticas del mundo, que permite al gobierno penar hechos o actos acaecidos en el pasado, que no eran constitutivos de delito al tiempo de producirse. Los regímenes totalitarios utilizan esta arma para sembrar el terror y eliminar todo tipo de oposición.)

2. Se autoriza la promulgación de leyes que limiten o prohíban la participación en la vida política de la nación, así como el ejercicio del sufragio, a aquellos ciudadanos que como consecuencia de su actuación pública y de su participación en los procesos electorales de la tiranía, «hayan coadyuvado al manteni-

miento de la misma». (Quinta Disposición Transitoria al Título IV, Sección Primera y Disposición Transitoria Unica, a la Sección Primera del Título Séptimo.)
(Estos preceptos crean el delito «ideológico o de opinión», que tiene como finalidad destruir o inutilizar al adversario político. Las democracias no recurren a estos métodos que atentan contra la libertad de asociación y de emisión del pensamiento. Utilizan la vía del sufragio para someter la conducta política del hombre público al veredicto del pueblo.)

3. En virtud de la Tercera Disposición Transitoria Adicional se suspende por un término de 90 días (que fue ampliado posteriormente) la aplicación de los artículos 27, 29, 174 y 175 (que se refieren al hábeas corpus y demás derechos individuales) respecto de las personas sometidas a la jurisdicción de los tribunales revolucionarios y a las personas sujetas a investigación y detenidas por autoridades militares, a quienes se les impute la comisión de delitos cometidos en pro de la instauración y defensa de la tiranía y contra la economía nacional o la hacienda pública.
(Es tan amplio este precepto, que con él se priva a toda la ciudadanía de las más elementales seguridades y garantías jurídicas, ya que permite el encarcelamiento indefinido de cualquier individuo a quien se le impute simplemente la comisión de cualesquiera de los delitos antes mencionados.)

4. Se suspenden íntegramente durante un término de noventa días (que fue ampliado posteriormente), las disposiciones del Título Duodécimo sobre inamovilidad del Poder Judicial, del Ministerio Fiscal, abogados de oficio, así como auxiliares y subalternos de los funcionarios y empleados electorales. Asimismo, la

Quinta Disposición Transitoria Adicional señala la forma en que deberá procederse a la reorganización del Poder Judicial. La posibilidad de «depurar», en cualquier momento y sin previa formación de expediente, a jueces y magistrados, es manifiestamente una fórmula de coacción mediante la cual se subordinan las decisiones judiciales a la voluntad del gobernante. A esto pudiéramos llamarle «administración de justicia dirigida».)

5. Se modifica el artículo 24 de la Constitución, en el sentido de autorizar la confiscación de los bienes del tirano depuesto el día 31 de diciembre de 1958 y de sus «colaboradores», los de las personas naturales o jurídicas responsables de delitos cometidos contra la economía nacional o la hacienda pública, y los de las que se enriquezcan o se hayan enriquecido ilícitamente al amparo del poder público.
(La pena de confiscación, sobre todo cuando es aplicada por organismos administrativos –como es el Ministerio de Recuperación de Bienes Malversados– , y por motivos políticos –caso del delito de «colaboración»– , hace mucho tiempo que ha sido abolida en todos los países democráticos del mundo. En estos países no se castigan las ideas políticas, sino los delitos comunes, como la malversación, previo debate y comprobación ante los tribunales ordinarios de justicia. La confiscación es una medida abusiva, por cuanto afecta no sólo al supuesto delincuente (casi siempre el adversario político derrotado), sino también a su familia. Esta pena es utilizada frecuentemente por los regímenes totalitarios para amedrentar a la población y reducir a la miseria a sus opositores.)

6. Se modifica el artículo 25 de la Constitución que prohíbe la

aplicación de la pena de muerte, exceptuando únicamente los miembros de las fuerzas armadas por delito de carácter militar, y las personas culpables de traición o de espionaje en favor del enemigo en tiempo de guerra con nación extranjera. En virtud de esta modificación, se hace extensiva la aplicación de la pena de muerte a las personas culpables de subversión del orden institucional, de delitos «contrarrevolucionarios», así calificados por la Ley, y de aquellos que lesionen la economía nacional o la hacienda pública.

(Son tan elásticos y amplios los referidos delitos que se sancionan con la pena de muerte, que puede afirmarse, sin temor a hipérbole, que sobre cada cubano pende la amenaza perenne del fusilamiento. Pocos países han llegado tan lejos en la aplicación de métodos que «legalizan» la eliminación física de los ciudadanos inadaptados o disidentes.)

7. Se incorpora a la Constitución la llamada Ley de Reforma Agraria, que, como se verá más adelante, anula el derecho de propiedad privada y el de libre empresa, estableciendo las bases para la colectivización de las tierras y la reglamentación estatal de toda la economía privada del país.

8. Se modifica el capítulo correspondiente a la reforma constitucional. La nueva Ley Fundamental podrá ser modificada por el Consejo de Ministros, en votación nominal, con la conformidad de las dos terceras partes de sus componentes, ratificada por igual votación en tres sesiones sucesivas, y con la aprobación del Presidente.

(No existe Constitución verdadera, si ésta puede ser reformada, total o parcialmente, por una minoría que no ostenta la representación expresa de la nación y que sólo se rige por su libérrima voluntad, apoyada en la demagogia y en la fuerza.)

En plena concordancia con los postulados de Marx y Lenin, Castro rechazó en marzo de 1959 los principios cardinales en que se apoyó para combatir a Batista: el imperio de la Ley y la intangibilidad constitucional. Cito de nuevo los parrafos reveladores de su discurso: «Nos hablan mucho de la Ley, pero ¿de qué Ley? ¿De la vieja o de la nueva? Porque hay dos clases de leyes: la de antes, que la hicieron los intereses creados, y las de ahora, que las vamos a hacer nosotros. Nosotros seremos respetuosos de la Ley, pero de la Ley Revolucionaria. Respetuosos del Derecho, pero del Derecho Revolucionario, no del Derecho viejo; del Derecho nuevo que vamos a hacer. Para el Derecho viejo nada, ningún respeto; para el Derecho nuevo, todo el respeto. Para la Ley vieja ningún respeto; para la Ley nueva todo el respeto..»..

Y agregó más adelante: «es bueno sentar aquí que el Consejo de Ministros Revolucionario, representativo de la inmensa mayoría del pueblo, es el Poder Constituyente de la República en estos instantes, y que si un artículo de la Constitución resulta inoperante, demasiado viejo, el Consejo de Ministros Revolucionario, representativo de la inmensa mayoría del pueblo, transforma, modifica, cambia o sustituye ese precepto constitucional».

3
LA LUCHA DE CLASES

A) Antecedentes comunistas

Los ideólogos del comunismo necesitaban una doctrina que justificara el odio clasista como incentivo, la violencia como sistema, y la opresión como fin.

Desarrollaron así una teoría denominada «materialismo histórico», que supedita toda la actividad humana a las «apetencias del vientre», y plantea la guerra de clases como fuerza motriz de la historia y principio del progreso social.

En un estudio titulado *¿Por qué me Opongo al Comunismo?*, que publicó hace varios años Bertrand Russell, famoso filósofo británico, ganador del premio Nobel de Literatura de 1950, aparecen estas punzantes y esclarecedoras aseveraciones: «Las teorías del comunismo se derivan mayormente de Marx. Mis objeciones a Marx son de dos clases: la primera que era un imbécil; y la segunda, que estaba casi totalmente inspirado por el odio. La doctrina de Marx de que todos los conflictos históricos habían sido motivados por los conflictos de clases, es una aventurada y equivocada extensión de incidentes locales de la Inglaterra y la Francia de hace cien años a toda la historia mundial. Su creencia de que hay una fuerza cósmica llamada materialismo dialéctico, que gobierna la historia humana fuera de las voluntades humanas, es pura mitología. Sin embargo, sus errores teóricos no hubieran importado mucho si no hubiese sido por su principal deseo, que era el ver a sus enemigos (capitalistas) castigados, importándole muy poco lo que le aconteciese a sus amigos».

En efecto, la interpretación comunista (marxista) del proceso histórico, carece de base científica. No es en el campo de la ciencia donde ha tenido éxito, sino en el campo de la técnica revolucionaria.

La lucha de clases –principal divisa del comunismo– es una fórmula subversiva que tiene por objeto el aniquilamiento político, económico y moral de los sectores más independientes y poderosos de la nación. Sólo así es posible consolidar la llamada «dictadura del proletariado», consistente en la tiranía piramidal de un partido único, controlado por una minoría o un individuo con poderes absolutos.

Cuenta Stalin que un día le preguntó a Lenin cuál era, en su opinión, el mejor libro sobre táctica militar revolucionaria. «El de Clausewitz», le contestó Lenin, mostrándole un ejemplar anotado. «Léalo y aprenderá cómo se le debe hacer la guerra a la sociedad capitalista. Clausewitz demuestra que a un gran país no se le puede conquistar y dominar sin la ayuda de conflictos internos. Por eso nosotros propugnamos la lucha de clases». (Tomado de la revista «France-Illustration», número 387, de 14 de Marzo de 1953, p.10.)

¿Y en qué consiste la lucha de clases, desde el punto de vista marxista-leninista?

- En crear primeramente la conciencia o mentalidad del proletariado, como clase autónoma y organizada.

- Después, en atizar el odio del proletariado hacia el sector empresarial (capitalista), considerado como ente independiente, presentándolo como fuente de explotación y causa de todos los males sociales.

- Sentadas estas premisas, es fácil promover el antagonismo y el choque violento entre estas dos clases, que trae como consecuencia la división y el debilitamiento de la sociedad.

- La lucha de clases no sólo excita a los obreros. Solivianta también a los campesinos, empleados, profesionales, soldados, estudiantes, en fin a todos los que, por una causa u otra, guardan encono y quieren «liberarse» de sus superiores.

- Neutralizadas las fuerzas defensivas de la sociedad por estas luchas intestinas (que sólo deben cesar en la fase final de consolidación comunista), se facilita el control político y el uso de poderes incontrastables para aplastar todo residuo de independencia económica y destruir todo vestigio de autoridad preexistente.

La lucha de clases es el santo y seña que ha contribuido a la expansión del comunismo, porque aun aquellos mismos que no comprenden ni una palabra de sus teorías –es decir, casi todos los que han sido embaucados– no olvidan jamás esta fórmula sencilla de sublevación, que enerva los resortes morales, embota la razón y penetra en los bajos fondos de la envidia, la codicia, el egoísmo y la estupidez humana.

Veamos las recomendaciones específicas de los adalides del comunismo internacional para promover la lucha de clases y liquidar la resistencia burguesa.

Tareas fundamentales

«¿Qué hay que hacer para alcanzar este fin (consolidación del poder político)? Es necesario cumplir, por lo menos, las tres tareas principales que se le plantean a la dictadura del proletariado al día siguiente de triunfar:

- Vencer la resistencia de los terratenientes y capitalistas derrotados y expropiados por la revolución; liquidar todas y cada una de sus tentativas para restaurar el poder del capital.

- Organizar la labor constructiva mediante la cohesión de todos los trabajadores (especialmente campesinos) en torno al proletariado, y llevar a cabo esta labor en el sentido de preparar la supresión, la destrucción de las clases. [La destrucción de las clases no se ha logrado en la Unión Soviética ni en ninguno de los países satélites. Por el contrario, las desigualdades sociales son allí más marcadas que en muchos países llamados «capitalistas».]

- «Armar a la revolución, organizar un ejército revolucionario para luchar contra los enemigos exteriores, para luchar contra el imperialismo». (J. Stalin, *Cuestiones del Leninismo*, págs. 38 y 39.)

Guerra al capital

«La dictadura del proletariado es la guerra más abnegada y más implacable de la nueva clase (obreros y campesinos principalmente) contra un enemigo más poderoso, contra la burguesía, cuya resistencia se halla decuplicada por su derrocamiento... La dictadura del proletariado es una lucha tenaz, cruenta e incruenta, violenta y pacífica, militar y económica, pedagógica y administrativa, contra las fuerzas y las tradiciones de la vieja sociedad».[35]

Alianza de obreros y campesinos

«La dictadura del proletariado es la alianza de clases entre el proletariado y las masas trabajadoras del campo, para derribar al capital y alcanzar el triunfo definitivo del socialismo, siempre que el proletariado sea la fuerza dirigente de esta alianza. (Las revoluciones francesas de 1848 y 1871 fracasaron, principalmente, porque las reservas campesinas resultaron estar al lado de la burguesía. La Revolución de Octubre (soviética) triunfó porque supo atraer estas reservas junto al proletariado y porque el proletariado demostró ser, en esta revolución, la única fuerza dirigente de las masas de millones de trabajadores de la ciudad y del campo».[36]

Movilización proletaria para la lucha de clases

«A medida que se socializa la economía y se afectan los intereses capitalistas de la ciudad y del campo, debe de ponerse en guardia a la clase obrera y a las masas explotadas del campo, elevar su capacidad combativa y desarrollar su agilidad de movilización para la lucha contra esos elementos capitalistas, para la lucha contra los enemigos de clase que se resisten. La teoría marxista-leninista de la lucha de clases es buena, entre otras cosas,

---

[35] Lenin, *Obras Completas*, Tomo XXV, págs. 173-189.

[36] J. Stalin, *La Revolución de Octubre y la táctica de los comunistas rusos*, pág. 8.

porque facilita la movilización de la clase obrera contra los enemigos de la dictadura del proletariado.

«¿Por qué es dañina la teoría «bujarinista» de la evolución (de los cambios graduales)?»

«Porque adormece a la clase obrera, porque mina la agilidad de movilización de las fuerzas revolucionarias de nuestro país, porque desmoviliza a la clase obrera y facilita la ofensiva de los elementos capitalistas contra el poder soviético».[37]

Ejército político

«No podríamos sostenernos sin una defensa armada de la república socialista. Esto quiere decir que si la clase dominante, el proletariado, quiere y ha de dominar realmente, necesita demostrarlo también por medio de su propia organización militar».[38]

«El ejército rojo estaría integrado exclusivamente por obreros y campesinos, trabajadores, sobre la base del principio de la voluntariedad. Este principio permite organizar un ejército ideológicamente fuerte, con hombres sólidos de las capas de vanguardia de la clase obrera y de los trabajadores del campo».[39]

Soviets o consejos regionales, integrados por delegaciones de obreros, campesinos y miembros del ejército revolucionario.

«Los Soviets son la organización de la iniciativa política de las masas trabajadoras. Surgieron como órganos de movilización

---

[37] J. Stalin, *Cuestiones del Leninismo*, pág. 280.

[38] Lenin, *Obras Completas*, Tomo XXIX, pág. 133.

[39] Tomado de la obra *Historia de la U.R.S.S.*, publicada por la Academia de Ciencias de la U.R.S.S., págs. 90 y 91.

revolucionaria de los obreros y campesinos, y como órganos de su poder político. Posteriormente, se convirtieron en el órgano de la dictadura del proletariado».

«Los Soviets procuran la forma de organizar la vanguardia, es decir, de la parte más consciente, más enérgica, más avanzada de las clases oprimidas, de los obreros y campesinos, y constituye, de este modo, un aparato por medio del cual la vanguardia de las clases oprimidas puede elevar, educar, instruir y conducir a toda la gigantesca masa de estas clases, que hasta ahora permanecía completamente al margen de la vida política, al margen de la historia».[40]

B) Medidas adoptadas por la revolución cubana

Entre las medidas adoptadas por la revolución cubana para realizar su programa de transformaciones sociales, sobresalen las siguientes:

★ Ataque frontal a las clases productoras del país (llamadas «reaccionarias, latifundistas, contrarrevolucionarias»), por medio de leyes que tienden a despojarlas, directa o indirectamente, de sus ingresos o rentas, así como de la propiedad de sus bienes inmuebles.

★ Para justificar estos despojos, se acusa reiteradamente a dichos sectores «capitalistas» de ser los únicos responsables del subdesarrollo económico de la nación, de la miseria de los obreros

---

[40] Lenin, *Obras Completas*, Tomo XXI, págs. 258-259.

y campesinos, y de todos los infortunios de la República, deformados y aumentados por medio de la propaganda gubernamental.

★ Con el fin de estigmatizar a los empresarios y de crearles un complejo de culpa que los incapacite para actuar públicamente, se lanzan consignas que presentan a la propiedad privada como un robo, a las rentas como una inmoralidad, y a las empresas agropecuarias e industriales como fuentes de explotación.

★ Se excita la imaginación de las clases obreras y campesinas con promesas de reparto de tierras y nivelación de riquezas, a la vez que se les disciplina y adiestra para la lucha mediante movilizaciones constantes.

★ Se fortalece la alianza entre los trabajadores y los campesinos, y se organizan milicias obreras para combatir a los «enemigos de la revolución», que son todos aquellos que se opongan al gobierno o manifiesten opiniones contrarias al mismo.

★ A fin de acelerar la marcha de la revolución, se dota al Estado de «medios de persuasión», como son, la pena de muerte por delitos políticos, la confiscación de bienes, la intervención de las empresas y el ataque al honor de las personas. («Quien pretenda contener la revolución, será arrastrado por ella». –Fidel Castro.[41]

★ Se reorganizan y depuran los sindicatos bajo la supervisión del

---

[41] Tomado de la revista «Humanismo», correspondiente a los meses de enero a abril, 1959, pág. 330.

Gobierno, y se adoptan medidas para agrupar a los campesinos en cooperativas estatales.

★ Se intensifica el adoctrinamiento oficial a fin de transformar el sistema de vida de los proletarios, condicionar sus reflejos y orientar sus actividades económicas, políticas y sociales de acuerdo con las directrices de la Revolución.

★ Se crea un ejército político (así lo declaró Raúl Castro), integrado principalmente por campesinos y obreros, con facultades para intervenir directamente en la realización del programa revolucionario, sobre todo en lo que respecta a la Reforma Agraria.

En las zonas rurales, se constituyen núcleos revolucionarios de soldados, dirigentes obreros y delegaciones campesinas, que tienen la misión de supervisar y dirigir las actividades económicas y sociales en las respectivas localidades.

La acción mancomunada de estos sectores (obreros, campesinos y soldados) responde a la filosofía de Lenin, sintetizada por Fidel Castro en el siguiente párrafo de uno de sus discursos:

«La marcha de los tractores, y más emocionante todavía, la marcha unida del ejército rebelde, codo a codo con la clase obrera. La marcha de los oficiales con los hombres que sudan la camisa, signo inequívoco de nuestra revolución. Ayer, los soldados, los guardias rurales jamás podían marchar con los obreros y campesinos, y esto de hoy ¡cuánta emoción, cuánto orgullo para nosotros ver aquellos doce de ayer convertidos en ejército marcial, que marcha a la vanguardia de los trabajadores de la fábrica».[42]

---

[42] Tomado de la revista «Humanismo», correspondiente a los meses de enero-abril, 1959, pág. 331.

4
ANULACIÓN DEL DERECHO DE PROPIEDAD PRIVADA Y CONTROL ESTATAL DE LOS MEDIOS DE PRODUCCIÓN

A) Antecedentes comunistas

Según Marx y Engels, la revolución comunista, una vez que se ha consolidado en el poder, irá «despojando paulatinamente a la burguesía de todo el capital, de todos los instrumentos de la producción, centralizándolos en manos del Estado, es decir, del proletariado organizado como clase gobernante, y procurando fomentar por todos los medios y con la mayor rapidez posible, las energías productivas».

«Claro está que, al principio, esto sólo podrá llevarse a cabo mediante una acción despótica sobre la propiedad y el régimen burgués de producción, por medio de medidas que, aunque de momento parezcan económicamente insuficientes e insostenibles, en el transcurso del movimiento serán un gran resorte propulsor y de las que no puede prescindirse como medio para transformar todo el régimen de producción vigente».[43]

La conclusión de Marx de que la clase obrera no puede limitarse simplemente a apoderarse de la máquina del Estado burgués, sino que tiene que romperla, destruirla, constituye uno de los principales fundamentos de la doctrina comunista acerca del Estado y de la revolución.

El objetivo es muy claro: destruir el puntal más firme de la

---

[43] (Marx y Engels, *Manifiesto del Partido Comunista*, Cap. II.

libertad individual –la propiedad privada.

Al Estado comunista le es imposible desarrollar su programa de colectivización integral, no sólo de la economía, sino de todas las formas de la actividad humana, sin la tiranía política. Y ésta no puede sobrevivir si se dejan en libertad las fuerzas económicas, si subsiste la propiedad privada. De ahí su afán de abolirla.

Con la supresión de la propiedad privada, el ciudadano pierde su independencia económica y su libertad de acción, pasando a ser una mera tuerca de esa ingente maquinaria que tritura la personalidad humana: el Estado totalitario. (El nazismo, que toleró cierto grado de independencia empresarial, no fue tan lejos como el comunismo en sus afanes de subyugación total.)

Entre las medidas que Marx y Engels consideran más efectivas para destruir el régimen de la propiedad privada y la libre empresa, están las siguientes:

- Restricción de la propiedad privada mediante impuestos progresivos, fuertes impuestos sobre herencias, supresión de los derechos hereditarios en la línea colateral (hermanos, sobrinos, etc.), empréstitos forzosos, etcétera.

- Expropiación progresiva de los terratenientes, fabricantes, propietarios de ferrocarriles y armadores de buques; ya sea indirectamente, desplazándolos por la concurrencia de la industria del Estado, o directamente, mediante indemnización en valores públicos.

- Confiscación de los bienes de todos los emigrados y rebeldes a la voluntad de la mayoría del pueblo.

- Organización del trabajo y empleo de los proletarios en los terrenos nacionales, fábricas y talleres, eliminando de este modo la competencia de los obreros entre sí y obligando a los fabricantes que aún existan a pagar los mismos salarios subidos que pague el Estado.

- Obligación de trabajar impuesta a todos los miembros de la sociedad, hasta la total abolición de la propiedad privada. Formación de ejércitos industriales, en especial para la agricultura.

- Centralización del sistema de crédito y del tráfico monetario en manos del Estado por medio de un Banco Nacional, formado con capital público y suprimiendo todos los bancos y banqueros privados.

- Multiplicación de las fábricas y talleres nacionales, ferrocarriles y barcos, roturación de todos los terrenos y mejoramiento de los ya roturados, en la medida en que aumenten los capitales y obreros de que disponga la nación.

- Educación de todos los niños del país, a partir del instante en que puedan prescindir de los cuidados paternos, en establecimientos nacionales y a cargo de la nación.

- Construcción sobre solares nacionales de grandes palacios que sirvan de viviendas colectivas a comunas de ciudadanos dedicados tanto a la industria como a la agricultura, y que reúnan las ventajas de la vida urbana del campo, sin compartir las limitaciones ni los inconvenientes de ambos sistemas de vida.

- Destrucción de todas las viviendas y de todos los barrios malsanos o mal construidos de las ciudades.

- Igualdad de derechos hereditarios para los hijos legítimos e ilegítimos.

- Concentración de todos los medios de transporte en manos de la nación.

«Estas medidas no podrán implantarse todas, naturalmente, de una vez, pero cada una de ellas arrastrará consigo a las demás. Realizado el primer ataque radical contra la propiedad privada, el proletariado verase obligado a avanzar más, concentrando en manos del Estado, en proporciones cada vez mayores, todo el capital, toda la agricultura, toda la industria, todos los transportes y todo el cambio. A ello tienden todas estas medidas que serán realizables y engendrarán sus consecuencias centralizadoras exactamente en la misma medida en que el trabajo del proletariado multiplique las fuerzas productivas del país. Finalmente, cuando todo el capital, toda la producción y todo el intercambio se concentren en manos de la nación [léase Gobierno], la propiedad privada se habrá venido a tierra por sí sola, el dinero estará de más y la producción se desarrollará hasta tal punto y los hombres se transformarán en proporciones tales, que podrán desaparecer también las últimas formas de relación de la vieja sociedad».[44]

---

[44] Tomado del libro citado de Marx y Engels, *Biografía del Manifiesto Comunista*, pág.. 426.

Confiscaciones

«La dictadura del proletariado no brota sobre la base del orden burgués, sino en el proceso de la destrucción de éste, después del derrocamiento de la burguesía, en el proceso de la expropiación de los terratenientes y capitalistas, de la socialización de los instrumentos y medios de producción fundamentales, en el proceso de la revolución violenta del proletariado. La dictadura del proletariado es un poder revolucionario que se apoya en la violencia contra la burguesía».[45]

En esta fase «destructiva» del comunismo, en que se trata de deshacer lo que ha hecho el capitalismo, arrebatándole a los «burgueses» la propiedad de los instrumentos de producción, la confiscación de bienes juega un papel principal.

Se entiende por confiscación directa la apropiación de los bienes ajenos sin la debida remuneración o compensación, ya sea en forma «legal» o en forma violenta, ya por la acción de la autoridad gubernativa, ya por medio de una pena o sanción. En los países comunistas se le aplica la confiscación directa –casi siempre en forma de pena– a los emigrados y adversarios políticos del gobierno, así como a los elementos «contrarrevolucionarios» (generalmente capitalistas o terratenientes.)

La confiscación es indirecta cuando se establecen impuestos fuertemente progresivos sobre el capital o la tierra, cuando se reduce el valor de la propiedad inmueble mediante leyes o decretos, o cuando se elevan exageradamente los salarios en las empresas, de forma tal que éstas lleguen a hacerse incosteables.

Este método, recomendado por Marx para la «etapa transicional del socialismo», se aplica también con frecuencia en los países

---

[45] J. Stalin, *Cuestiones del Leninismo*, pág. 42.

comunistas.

Como una variante de la confiscación, puede considerarse la expropiación «sui generis» practicada por el comunismo. Dicha expropiación descansa en las siguientes reglas: Tasación del bien que se expropia por autoridades gubernativas (la tasación oficial es siempre inferior al precio real del bien); pago de la reducida, y a veces ínfima, indemnización en valores públicos (bonos del Estado), que tienen generalmente un largo término de vencimiento.

A manera de ilustración, vamos a citar un caso reciente de la Unión Soviética, que revela una de las formas en que procede el comunismo para despojar a los ciudadanos de sus bienes y riquezas.

«A principios de 1957, con toda tranquilidad, el Kremlin desconoció una deuda interna de 260 billones de rublos, unos 65 billones de dólares al cambio libre. Durante muchos años se estimuló a los ciudadanos para que compraran bonos del Estado, que incluyen las loterías. En muchos casos, una proporción de los premios fue automáticamente pagada en bonos de empréstitos del Estado. Estos certificados gozaban de un interés del 4%, y de acuerdo con la promesa, serían canjeados a los veinte años. Cuando la fecha de vencimiento estaba próxima, el gobierno tomó esa insólita medida. Tal vez «desconocer» no sea el término apropiado, pero el canje fue aplazado por veinte o veinticinco años, y se congeló el pago de intereses, es decir, que no se abonaron más. Por lo tanto, los inversionistas no perciben nada, y para la restitución de sus capitales deberán esperar hasta 1978 (si se realiza). Los ahorros hechos en vida por cientos de miles de ciudadanos han sido cancelados. El hecho más terrible de la Unión Soviética, que contribuye a convertirlo en el país más cruel de la tierra, es la espantosa contribución a que somete a sus ciudadanos».[46]

Colectivización agraria

El Estado comunista, a medida que despoja a los propietarios de las tierras, de las fábricas y de los capitales, no se los entrega a los trabajadores individualmente –porque esto es imposible en las nuevas condiciones económicas y sociales– sino «colectivamente». El procedimiento consiste en realizar, por etapas, la socialización o absorción por el Estado de los medios de producción. (Según Lenin, «el capitalismo monopolista del Estado es la más completa preparación material del socialismo, su antesala».)

Una vez hecho esto, el producto del trabajo de todos es repartido a prorrata, deducción hecha de los gastos de interés común.

La colectivización de las tierras es, indiscutiblemente, una de las tareas más difíciles. De ahí que el comunismo siga siempre un proceso evolutivo, que comprende las fases siguientes:

- *Confiscación o expropiación de las propiedades de los terratenientes y campesinos ricos. Para vencer su resistencia, se procura aislarlos y dividirlos.*

Esta táctica fue empleada con singular éxito en la China Comunista. Allí el gobierno dividió para reinar y eliminó a sus enemigos de clase en oleadas sucesivas. Primeramente, destruyó a los grandes terratenientes, y después amedrentó a los campesinos ricos a fin de que éstos, según la fórmula comunista, se hallaran «completa, hermética y definitivamente aisla-

---

[46] Tomado del libro *Rusia por dentro hoy*, pág. 348, escrito por John Gunther.

dos». En suma, el gobierno redujo a la nada a los dos grupos sociales capaces de oponerse seriamente a su política, cortejando entre tanto a los campesinos pobres y a los pequeños propietarios.

- *Entrega de pequeños lotes a los campesinos que cultivan directamente la tierra.*

Esta redistribución o reparto de tierra, bajo la consigna leninista de «la tierra para quien la trabaja», es una de las medidas más populares del comunismo, porque crea entre los campesinos la ilusión de poseer, en calidad de dueño, un pedacito de tierra. (No saben que esta fase es provisional o transitoria, ya que la finalidad del comunismo es la colectivización agraria integral.)
Refiriéndose a la espectativa del disfrute igualitario de la tierra, decía Lenin: «Los campesinos quieren conservar su pequeña economía, normándola igualitariamente... No hay inconveniente. Acerca de esto ningún socialista razonable va a reñir con los campesinos pobres. Si se confisca la tierra, es decir, si se quebranta la dominación de los bancos; si se confiscan los aperos de labranza, es decir, si se quebranta la dominación del capital, a condición de que el proletariado afirme su dominación en el centro, de que el poder político pase a manos del proletariado [léase dirigencia del partido], lo demás se resolverá por sí mismo, vendrá como resultado de la fuerza del ejemplo, se encargará de indicarlo la misma práctica..».. (Tomado de la obra *Historia de la U.R.S.S.*, publicada por la Academia de Ciencias de la U.R.S.S.)

- *Fuerte impulso al desarrollo de la agricultura colectiva, en cooperativas o comunas dirigidas por el Estado.*

Esta es la fase más cruenta y compleja en el proceso de colectivización. No se trata ya de expropiar a los ricos terratenientes –tarea que se realiza fácilmente con la ayuda de los campesinos pobres, de los obreros y del ejército revolucionario–. Se trata ahora de crear granjas colectivas, cooperativas o comunas, controladas por el Estado, que vienen a absorber las pequeñas propiedades de los agricultores y a destruir su independencia económica y su individualidad moral.

El objetivo de esta medida fue explicado por el propio Lenin. Dijo él: «Para suprimir las clases [léase para reducirlas a una sola, supeditada en todo al Estado] es preciso, primero, derribar a los terratenientes y a los capitalistas. Esta parte de la tarea la hemos cumplido, pero es sólo una parte y, además, no es la más difícil. Para suprimir las clases es preciso, en segundo lugar, suprimir la diferencia entre los obreros y los campesinos, convertirlos a todos en trabajadores. Esto no es posible hacerlo de golpe. Esta es una tarea incomparablemente más difícil, y, por la fuerza de la necesidad, de larga duración. No es una tarea que puede resolverse con el derrocamiento de una clase cualquiera. Únicamente puede resolverse mediante la reorganización de toda la economía social y con el paso de la pequeña producción mercantil, individual y aislada, a la gran producción colectiva (que irá transformando la mentalidad tradicionalmente 'burguesa' del campesino)».[47]

La colectivización forzosa ha provocado siempre una reacción

---

[47] *Obras Escogidas* de Lenin, Tomo IV, pág. 213.

violenta entre los campesinos. En la Unión Soviética, por ejemplo, los pequeños propietarios de fincas, llamados «kulaks», mataron su ganado y quemaron sus casas antes de entregárselos a los agentes estatales. Como consecuencia de lo anterior, millones de «kulaks» murieron de hambre o fueron fusilados, deportados o encarcelados por las autoridades soviéticas. A los restantes campesinos se les «persuadió» para que formaran parte de las cooperativas.

Los experimentos de colectivización agraria forzosa han sido desastrosos. La Unión Soviética produce mucho menos verduras que antes de la Segunda Guerra Mundial, y su último censo ganadero no alcanza el nivel de 1917. En la China Comunista, el aumento de la producción agraria es tan sólo del 4% desde 1953 (fecha en que comenzó la colectivización), mientras que en los años anteriores era del 14%. Y Hungría, llamada antaño «el granero de Europa», pasó a ser, después del inicio de la colectivización, uno de los menores productores agrícolas del continente, y ha tenido inclusive que importar trigo.

La causa principal de este fracaso es de índole humana. John Gunther la explica de la siguiente forma: «Cientos de miles de campesinos [soviéticos] participan activamente en una especie de resistencia pasiva contra el sistema colectivo».

«Concentran su trabajo en los lotes privados (pequeños huertas familiares excluidas de la colectivización), a expensas de la dedicación que deben a la parte colectiva, sabotean los métodos de trabajo y no cuidan ni los equipos ni lo que pertenezca al Estado. Están en contra de la rigidez del sistema, los impuestos y los precios que se fijan a las cuotas de entrega obligatoria, por lo que se limitan a producir lo que sea necesario para su subsistencia. Algunos dicen que están peor que sus abuelos que fueron siervos. Por sobre todas las cosas, carecen de incentivo».

B) Medidas adoptadas por la revolución cubana

Entre las medidas de carácter confiscatorio adoptadas por el gobierno revolucionario cubano, pueden citarse las siguientes:

★ Rebaja en un 30, 40 o 50% (según los casos) de los alquileres de las viviendas. (Como consecuencia de la campaña desatada por el gobierno en contra de los propietarios-rentistas, numerosos inquilinos han dejado de pagar los alquileres reducidos. Asimismo, se ha hecho muy lenta la tramitación de los juicios de desahucio.)

★ Fijación de un precio máximo de $4.00 por metro ($2.87 V^2) en las ventas forzosas de solares yermos para edificaciones industriales o comerciales, viviendas individuales y construcciones oficiales.
[Este precepto legal, al reducir arbitrariamente el justo precio de la propiedad urbana no edificada, está confiscando parcialmente su valor y de hecho disminuyendo la riqueza del país en cientos de millones de pesos.]

★ Creación de un impuesto de 4%, 5% o 6% anual, sobre el valor de todos los solares yermos, a excepción de un solar por propietario y de los urbanizadores durante cinco años.
[Este impuesto, que es muchísimo más alto que el que existía antes, les será muy difícil pagarlo a innumerables familias, que, por lo tanto, perderán sus ahorros y capitales invertidos en terrenos. Se trata de un caso típico de confiscación indirecta, mediante la cual el Estado se incauta paulatinamente de la propiedad privada sin pagarla.]

★ Confiscación directa de las propiedades de los malversadores y de los llamados «colaboradores» del régimen derrocado.
[El concepto «colaborador» no ha sido claramente definido por la Ley. La malversación, para los fines de la confiscación, no necesita ser probada ante los tribunales de justicia. Dicha confiscación la practica un organismo oficial, llamado Ministerio de Recuperación de Bienes Malversados, y sus decisiones son inapelables. Así se explica la congelación de cientos de cuentas bancarias y la intervención (léase confiscación) de innumerables propiedades y empresas de personas a quienes no se les ha probado la comisión de ningún delito.]

★ Todavía no se ha llevado a efecto la reforma industrial. Sin embargo, ya se siente la presión de los sindicatos, apoyados por el Gobierno, exigiendo aumentos de salarios que en ocasiones resultan incosteables; reviviendo o inventando reclamaciones obreras que se remontan a 1952, y forzando a los empresarios a que empleen un mayor número de trabajadores. Como consecuencia de lo antes expuesto y de la grave contracción económica que existe en el país, la situación de muchas empresas es desesperada. A pesar de ello, dichas empresas tienen que acceder a casi todas las demandas obreras, porque de los contrario corren el riesgo de ser «intervenidas» por el Estado.

★ En virtud de la llamada Ley de Reforma Agraria, se fija en treinta caballerías (995 acres), y excepcionalmente en 100 (3,316 acres), el límite máximo de tierra que una persona o entidad puede poseer. Al mismo tiempo, se autoriza a un organismo oficial, que se crea al efecto, denominado Instituto Nacional de Reforma Agraria, para que expropie las áreas excedentes.

Esta expropiación (que es realmente una confiscación) se efectúa de la siguiente manera:

★ Tasación de la finca teniendo en cuenta el valor en venta de la misma que aparezca de las declaraciones del amillaramiento municipal, de fecha anterior al 10 de octubre de 1958. (Este valor en venta es generalmente muy inferior al valor real de la finca.)
En los casos en que no fuere posible determinar el valor con arreglo a lo dispuesto anteriormente, la tasación de los bienes afectados se hará por el Instituto Nacional de Reforma Agraria (y no por los tribunales de justicia, como establece la Constitución).

★ La indemnización será pagada en bonos del Estado. La emisión o emisiones se harán por un término de veinte años, con un interés anual no mayor del cuatro y medio por ciento.
(Como se ve, esta llamada «expropiación» no reúne los requisitos de pago pronto, justo y adecuado que exigen las Constituciones democráticas del mundo y el Derecho Internacional.)

En relación con las treinta caballerías, o cien excepcionalmente, que uno puede conservar, la Ley establece que pueden inclusive ser expropiadas si en un término de dos años no se encuentran en producción. (No se define el concepto de producción.)

Además de las amplias facultades que le confiere la Ley al Instituto Nacional de Reforma Agraria, éste tiene la potestad «extralegal» de intervenir las fincas de los propietarios que en alguna forma «obstaculicen» el desarrollo de la Reforma Agraria o se opongan al Gobierno. (Bajo este supuesto, se intervinieron todas las fincas ganaderas de más de cien caballerías en la provincia de Camagüey).

Colectivización agraria

El capitán Antonio Núñez Jiménez, Director del Instituto Nacional de Reforma Agraria, en un fórum celebrado recientemente en la capital, expresó lo siguiente: «Para superar la realidad cubana, era necesaria una revolución tan profunda que, superados los procedimientos violentos de la guerra, acometiera una verdadera y completa reforma social capaz de cambiar las relaciones de producción y establecer sobre las cenizas del carcomido régimen que había imperado, una democracia política, económica y social que se encaminara y proyectara hacia el futuro, de acuerdo con las señales de nuestros tiempos».

Esta revolución contempla, en el orden agrícola, las medidas siguientes:

— «Expropiaciones» progresivas con pago aplazado en bonos del Estado, que abarcan a las fincas arrendadas u ocupadas por precaristas, así como a todas las que excedan de treinta caballerías, y excepcionalmente de cien. (El pago irrisorio que la Ley estipula puede que sea ficticio, es decir, que nunca se haga. En efecto, eso fue lo que ocurrió en casi todos los casos: no hubo indemnización.)

— Confiscación de todas las fincas que pertenezcan a los llamados «colaboradores» del régimen depuesto, así como las propiedades de los «contrarrevolucionarios», es decir, aquellos que se «opongan» a la realización de la Reforma Agraria y al cumplimiento de las demás leyes revolucionarias.

— A fin de crear el ambiente propicio para efectuar estos despojos, el gobierno organiza una campaña pública en contra de los terratenientes («latifundistas»), presentándolos ante el pueblo como explotadores de los campesinos y comparándolos con los criminales de guerra.

— Se les ofrece un trato especial a los pequeños propietarios de fincas rústicas, con lo cual se divide y debilita a las asociaciones nacionales de productores.

— Se moviliza a todos los campesinos, se les hermana con los obreros y con los soldados revolucionarios, y se les prepara ideológicamente para la colectivización agraria, dirigida por el Estado.

— Se refuerza el apoyo de los campesinos, ofreciéndoles la «propiedad» de las tierras que trabajan.

Un examen cuidadoso de la Ley de Reforma Agraria demuestra que no existe tal propiedad de las tierras, sino, a lo sumo, una concesión administrativa o usufructo condicionado por el Estado.
El artículo 17 de la Ley de Reforma Agraria dice así:
«Las tierras privadas expropiables en virtud de lo dispuesto por esta ley y las tierras del Estado, serán otorgadas en áreas de propiedad pro-indivisas a las cooperativas reconocidas por esta ley, o se distribuirán entre los beneficiarios, en parcelas no mayores de dos caballerías..»..

Esto quiere decir que las tierras podrán otorgarse a cooperativas estatales, pues son éstas las que la Ley reconoce, o a posibles beneficiarios, que suponemos sean particulares. En lo que a estos respecta, la Ley parece reconocer la propiedad privada, aunque es curioso que se les llame beneficiarios y no propietarios.

Art. 33. «Las propiedades recibidas gratuitamente en virtud de los preceptos de esta Ley no podrán ingresar en el patrimonio de sociedades civiles o mercantiles, excepto la sociedad matrimonial y las cooperativas de agricultores señaladas en el capítulo quinto de esta Ley».

Art. 34. «Las propiedades a que se refiere el artículo anterior, en virtud de los preceptos de esta Ley, no podrán trasmitirse por otro título que no sea hereditario, venta al Estado o permuta autorizada por las autoridades encargadas de la aplicación de las mismas, ni ser objeto de contrato de arrendamiento, aparcería, usufructo o hipoteca».

¿Qué quiere esto decir? Pues que el Estado cede las propiedades gratuitamente y limita de tal modo el uso y disfrute de ellas, que los beneficiarios son únicamente propietarios de nombre: no pueden disponer libremente de las tierras repartidas. Si estas restricciones tuviesen un término fijo, cabría pensar que han sido establecidas para evitar que el pobre campesino apremiado revenda las tierras y caigamos de nuevo en el latifundio. Pero no es así. Las restricciones se establecen «sine die», lo que nos lleva a concluir que quien redactó esta Ley quiso que el Estado retuviera la propiedad de las tierras y sólo concediera el usufructo condicionado.

Pero este menguado usufructo no es ni siquiera un derecho garantizado, ya que el INRA puede revocarlo en cualquier momento con sólo aducir las razones que se consignan a continuación:

Art. 66. «Toda práctica contraria a los fines de esta Ley, o el abandono o aprovechamiento negligente de las tierras que a su amparo se otorguen, podrán ser sancionados por el Instituto Nacional de Reforma Agraria, declarando rescindida la transmisión a título gratuito de las mismas y su reingreso en el fondo de reserva de tierras. El Reglamento de esta ley regulará la aplicación de este artículo».

Resumiendo. Al campesino le regalan la tierra, en vez de ayudarlo para que la adquiera y la haga suya. Una vez que la recibe, no puede hacer con ella otra cosa que trabajarla. Y si la trabaja, pero no lo hace con la «diligencia debida», a juicio del INRA, no se la expropian, porque la expropiación supone el derecho de propiedad, sino que sencillamente se declara rescindida la transmisión, quedando de nuevo la tierra a la disposición de su verdadero dueño, el Estado.

Asimismo, se da un fuerte impulso a la colectivización agraria. El capítulo más importante de la Ley de Reforma Agraria es, sin duda, el que se refiere a la «cooperación agraria» y a la creación de cooperativas estatales.

Estas cooperativas estarán enclavadas en las fincas pertenecientes al Estado o en las que hayan sido expropiadas por el Instituto Nacional de Reforma Agraria, y no estén arrendadas u ocupadas por precaristas. (Existen indicios suficientes para afirmar que aún los lotes de tierra que el Estado deberá entregar a los campesinos, en la forma y bajo las condiciones que se señalan en el apartado anterior, serán eventualmente incorporados a las cooperativas agrícolas estatales.)

Cada cooperativa será un verdadero pueblo, con hospitales, casas de vivienda colectiva, tiendas, escuelas, y centros deportivos. El administrador de dicha cooperativa será un delegado del Instituto Nacional de Reforma Agraria, es decir, un representante estatal, que contará con la asistencia de técnicos seleccionados por el Gobierno y con la cooperación del ejército revolucionario. (Se están creando en la actualidad escuelas de «capacitación y adoctrinamiento» para los futuros administradores de las cooperativas.)

El Estado, por conducto del Administrador, determina el número de campesinos que ocuparán las tierras de las cooperativas, de acuerdo con el mínimo vital señalado en la Ley; el tipo y forma de explotación agropecuaria, el interés de los préstamos, el precio de los productos, las deducciones por concepto de gastos de toda índole (abono, semillas, fomento, impuestos, «contribuciones voluntarias» para la Reforma Agraria), y el salario o participación en las utilidades que deba recibir cada campesino.

Se crea un centro de maquinarias del Instituto Nacional de Reforma Agraria, que alquilará a los campesinos tractores e implementos agrícolas necesarios para el trabajo y cultivo de la tierra.

En síntesis, las agencias gubernamentales administrarán las cooperativas, planificarán la producción, controlarán el transporte y la venta de los productos, monopolizarán el comercio, fiscalizarán la conducta de los campesinos y reglamentarán su vida.

Control ecónomico

De conformidad con lo dispuesto en la Ley de Reforma Agraria, se ha creado un organismo «paraestatal» (que es realmente supraestatal), denominado Instituto Nacional de Reforma Agraria. Bajo su férula se encuentran todas las asociaciones de productores (ganadera, arrocera, cañera, tabacalera, etcétera), así como las entidades autónomas vinculadas a la agricultura.

Dicho Instituto, que preside el Primer Ministro del Gobierno, está facultado para hacer su propio presupuesto y disponer libremente de todos los fondos que estime necesarios para llevar a cabo la Reforma Agraria. Sus atribuciones incluyen la de expropiar y redistribuir casi todas las fincas del país –estén o no cultivadas–, dirigir la producción agropecuaria nacional, e intervenir, por medio de las cooperativas estatales, en la contratación, transporte, comercio, vivienda, salubridad, educación, crédito agrícola y en las demás actividades que se desarrollan en las zonas rurales del país. La vida en el campo estará, pues, regida en su totalidad por esta superestructura gigantesca, que cuenta con el ejército revolucionario y con milicias obreras y campesinas para hacer cumplir sus disposiciones.

Por otra parte, siguiendo las directrices intervencionistas del Gobierno, se han ampliado extraordinariamente las facultades, servicios y funciones de la Caja Postal de Ahorros (organismo estatal que se limitaba a hacer préstamos sobre sus sueldos a los empleados públicos y a recibir depósitos), dándole un carácter bancario y situándola en una posición de ventaja frente a los bancos privados que funcionan en todo el país.

Las cuentas de ahorros que se abran en la Caja Postal y los depósitos que se hagan en ella (derecho que ahora se hace extensivo a todos los empleados y obreros de entidades privadas), devengarán un interés del 4%. A la banca privada se le obliga a abonar un interés mucho menor cuando realizan operaciones similares.

Los bancos de Cuba se enfrentan, pues, con un competidor privilegiado, que, con apoyo del Gobierno, está en condiciones de absorber gran parte del pequeño crédito, de cuentas de ahorro y de préstamos a particulares, convirtiéndose así en una incipiente banca oficial.

Bajo las condiciones imperantes en Cuba, el Gobierno ha logrado el acuerdo «espontáneo» de los bancos privados de financiar la Reforma Agraria. Se estima que los préstamos que dichos bancos le hagan al Instituto Nacional de Reforma Agraria serán pagados con bonos del Estado.

La intervención estatal del Instituto Cubano de Estabilización del Azúcar es, probablemente, el primer paso hacia la socialización de la industria azucarera –columna vertebral de nuestra economía. Dicha socialización podrá realizarse directamente, por medio de decretos confiscatorios, o indirectamente, con una política de salarios incosteables que provoque la quiebra de los ingenios.

Como medidas adicionales de control económico, se ha establecido una rígida política de fijación de precios para bienes de consumo, y se ha creado un Banco de Seguros Sociales, bajo la supervisión del Gobierno, que habrá de fusionar todas las cajas de retiros. Se espera, en fecha próxima, una «reforma minera» francamente intervencionista.

En resumen, los úkases revolucionarias dictados a la fecha indican que el régimen de Castro avanza decididamente hacia el monopolio estatal de los medios de producción y el control total de la economía. Esta meta, claro está, no se alcanza en un día. Pero ya se ha dado el paso esencial para acelerar la dinámica intervencionista: sentar el principio de que el Gobierno puede ocupar empresas y confiscar propiedades a su antojo, sin pago previo de indemnización alguna, con sólo invocar supuestas razones de interés público y justicia social. Sentado este principio, nada impide que el Estado se incaute de las demás propiedades que quedan en manos privadas. Es sólo una cuestión de tiempo.

5
TIRANÍA IDEOLÓGICA Y LAVADO CEREBRAL

a) **Antecedentes comunistas**

La acción avasalladora del marxismo-leninismo no tiene límites ni reconoce fronteras. Trasciende la esfera política, económica y social, y penetra en las regiones más íntimas del ser humano para moldear sus ideas, gobernar sus emociones, condicionar sus reflejos y dirigir sus instintos. El objetivo no es otro que hacer del ser humano un autómata, y de la sociedad, una agrupación de títeres.

Esto requiere una labor previa de desmoralización y ablandamiento por medio del terror organizado. A las masas hay que mantenerlas siempre en tensión. Hay que dirigirlas hasta en los detalles más nimios de la vida. Hay que someterlas a una dependencia absoluta y preservarlas de todo impulso incontrolado. Las masas deben sentirse constantemente vigiladas; deben encontrarse en permanente estado de ansiedad y de zozobra, de turbación y de miedo.

A fin de generar combustible revolucionario y de acelerar el proceso de desintegración social, el comunismo explota las pasiones inferiores del hombre, como son la envidia, el odio y la venganza. Se crea el «mito del pueblo», que es el artificio empleado para mantener a la sociedad hacinada como rebaño y en estado de hipnosis permanente. Se organizan con frecuencia actos multitudinarios en los que el ciudadano pierde su individualidad bajo el influjo del contagio y la sugestión. Se lanzan consignas incendiarias que excitan los ánimos y distraen la atención. Las más efectivas suelen ser las fulminaciones contra los «enemigos del pueblo»: los colaboradores del régimen depuesto, los contrarrevolucionarios, los capitalistas y los imperialistas.

El dogmatismo marxista-leninista no permite la disidencia ni tolera el libre juego de las ideas. Para este sistema totalitario, autoridad discutida es autoridad perdida. Por eso se crea un clima de coacción, delación y terror como paso previo para implantar la más severa censura estatal y lograr el control absoluto de la prensa, la educación, la cultura y la Iglesia.

Mas no basta la censura para lograr los objetivos marxistas-leninistas. Hace falta la «reeducación» del pueblo mediante el adoctrinamiento incesante y masivo. Veamos lo que Lenin postula sobre este particular:

«Bajo la dictadura del proletariado será preciso reeducar a millones de campesinos y pequeños propietarios, a centenares de miles de empleados, funcionarios, intelectuales, burgueses, subordinando a todos al Estado proletario y a la dirección proletaria».

«Será también necesario reeducar con una lucha prolongada, sobre la base de la dictadura del proletariado, a los proletarios mismos, que no se desembarazarán de sus prejuicios pequeño –burgueses de golpe, por un milagro, por gracia del Espíritu Santo o por el efecto mágico de una consigna, de una resolución o de un decreto, sino únicamente por medio de una lucha de masas prolongada y difícil contra las influencias pequeño-burguesas que existen entre las masas».[48]

Para el marxismo-leninismo, el lavado de cerebro, impartido por el Estado policíaco, es un elemento esencial de su sistema de subyugación, que tiene por objeto uniformar las ideas, mecanizar las emociones y doblegar la voluntad para lograr el anonadamiento total del individuo en la esclavitud del despotismo integral.

---

[48] Lenin, *Obras Completas*, Tomo XXV, págs. 247-248.

b) Medidas adoptadas por la revolución cubana

Desde su llegada al poder, Castro y los miembros más destacados del coro revolucionario no han cesado de taladrar el cerebro de las masas con lemas, estribillos y consignas. ¿Son espontáneas las gigantescas manifestaciones teatrales escenificadas por la Revolución? No, las aclamaciones frenéticas, los desfiles multitudinarios, el martilleo constante de los dogmas oficiales a través de los canales de difusión controlados por el Gobierno –toda esta campaña propagandística está muy bien sincronizada y persigue los objetivos siguientes:

- Crear el mito de los «20,000 muertos de Batista» para justificar las persecuciones y los fusilamientos indiscriminados.

- Difundir el terror paralizante, el miedo a disentir. Todo el que critique o se oponga a algunas de las medidas del régimen, aunque no sea realmente colaborador de Batista o contrarrevolucionario, corre el riesgo de ser vilificado, detenido y ejecutado.

- Fomentar el culto a la personalidad de Fidel Castro como «máximo líder», es decir, glorificar su imagen, magnificar sus proezas y endiosar su figura a fin de sistematizar la postración ignominiosa y la servil pleitesía.

- Promover la lucha de clases para facilitar la colectivización agraria y el control estatal de la economía. Quien objete o interfiera, será tachado de reaccionarío y marginado o barrido por las fuerzas revolucionarias del país.

- Alzar el espectro del imperialismo (Estados Unidos) para militarizar el país, crear una psicosis de guerra contra el «enemigo común» y desprestigiar al líder del mundo libre.

- Contrarrestrar las denuncias de infiltración comunista, acusando a quienes osen hacerlas de divisionistas, cómplices de la agresión extranjera y traidores a la Patria.

A fin de mantener por el momento algunas apariencias de democracia, el régimen de Castro no ha intervenido o clausurado todavía la prensa independiente (salvo la «vinculada» a Batista). Pero sí ha arreciado las presiones psicológicas, políticas, económicas y sindicales contra los periodistas y los dueños y directores de rotativos y estaciones de radio y televisión que se atreven a ejercer el derecho de discrepar.

Además de crear este clima de acoso e intimidación –antesala del lúgubre silencio totalitario– el Gobierno ha comenzado a establecer centros de formación política e ideológica dentro del ejército y el INRA. Esta formación ha sido revestida de humanismo, pero su base doctrinal es el marxismo-leninismo. Quiero esto decir que, en forma solapada y encubierta, empleando todo tipo de artificios, se ha iniciado en Cuba el adoctrinamiento comunista. Su radio de acción es hoy limitado, pero nada impide que mañana se extienda a todos los centros de enseñanza, públicos y privados, laicos y religiosos. Porque los responsables de este adoctrinamiento no son meros agentes comunistas infiltrados, como se ha dicho; son los jefes del Gobierno Revolucionario, la cúpula del poder en Cuba.

CONCLUSIONES

Habiendo analizado cuidadosamente la trayectoria del Gobierno Revolucionario y las medidas adoptadas a la fecha (enero a agosto de 1959), podemos afirmar categóricamente que en Cuba no hay trazas de humanismo ni de democracia. Lo que hay es un engendro caudillista con verbo demagógico y corte totalitario.

Aprovechándose del vacío de poder que se produjo en el país a la caída de Batista, y de la histeria colectiva que supieron manipular, los dirigentes revolucionarios han establecido un régimen despótico que mutila la Constitución legítima del país y conculca los derechos ciudadanos. La libertad, la vida, la familia, la propiedad y el honor de los cubanos dependen de un Consejo de Ministros que responde a la voluntad omnímoda de Fidel Castro.

A pesar de sus aparentes zigzagueos y contradicciones, el régimen avanza con asombrosa celeridad hacia la implantación de un sistema totalitario que reúne todas las características del marxismo-leninismo o comunismo soviético: poder político absoluto; negación del principio de legalidad; lucha de clases; anulación del derecho de propiedad privada; control estatal de los medios de producción; tiranía ideológica y lavado cerebral.

No se trata, pues, de un régimen que, debido a amenazas externas o presiones radicales, está siendo desviado de su cauce democrático-populista. Se trata de un régimen que nació comunista, con fórceps comunista y dirección comunista. Y si recurre a la perfidia y al enmascaramiento, es porque teme enseñar sus cartas antes de consolidar el aparato totalitario y el apoyo soviético.

Para encubrir sus creencias comunistas con el manto de una

falsa religiosidad, los jerarcas revolucionarios bajaron de las montañas el primero de enero con barbas de profetas y rosarios de beatos. Y para hacerle ver a la opinión pública que el Partido Socialista Popular (Comunista) era una agrupación independiente y, en ocasiones, opositora del Gobierno Revolucionario, escenificaron recientemente aparentes pugnas ideológicas y luchas sindicales. El objetivo ha sido obnubilar y engañar para después sojuzgar.

Maestros del sofisma, la tergiversación y la mentira, los jefes revolucionarios han estado torciendo el significado de las palabras para tratar de consumar su gran estafa. A los fusilamientos sin garantías jurídicas les llaman «justicia revolucionaria»; a las confiscaciones indiscriminadas, «recuperación de bienes malversados»; a la colectivización forzosa, «reforma agraria»; a la ocupación de empresas, «intervención»; a los terratenientes, «latifundistas»; a los derechos adquiridos, «intereses creados»; a las elecciones, «politiquería»; a los ciudadanos escépticos, «reaccionarios»; a los disidentes, «contrarrevolucionarios o batistianos»; y a los anticomunistas, «cómplices del imperialismo, divisionistas y traidores a la Patria».

Urge perforar esta coraza de mentiras oficiales para que el pueblo despierte antes de que sea demasiado tarde. No podemos permitir que el Gobierno oculte sus rojos designios con dialéctica engañosa. Hay que denunciar los hechos, esgrimir la verdad y llamar las cosas por su nombre.

Los regímenes que aplican sistemáticamente métodos marxistas-leninistas para erigir su aparato totalitario, son comunistas aunque digan lo contrario.

Los gobernantes que siguen esas directrices y creen en esos postulados son comunistas aunque se llamen de otro modo.

En fin, los pueblos que viven agitados por la fiebre revolucionaria, desmembrados por la lucha de clases, subyugados por el despotismo político, despojados de sus propiedades, sometidos a la estatificación económica, intoxicados por el adoctrinamiento masivo y envilecidos por el miedo, son pueblos que están a punto de caer en la tiranía más asfixiante y horrenda que conoce la humanidad: el comunismo internacional.

III

EL EXILIO

BAHÍA DE COCHINOS

Lo que no dijo el Informe del Inspector de la CIA

En 1998 se dio a la publicidad el informe que en 1961 rindió Lyman B. Kirkpatrick, inspector general de la CIA, sobre la actuación de la Agencia en la preparación y ejecución de la operación de Bahía de Cochinos. Es un informe voluminoso y detallado, pero bastante tendencioso, con deplorables inexactitudes y lagunas. Esto me incitó a replicar, sin otro afán que el de contribuir a esclarecer los hechos que motivaron la acción armada y a puntualizar las fatídicas decisiones de Washington que castraron la operación e hicieron inevitable el trágico desenlace. Mi escrito vino a complementar la amplia información sobre Bahía de Cochinos aportada por Enrique Ros y otros historiadores y brigadistas.

Apoyé mi resumen no sólo en las notas que conservé sobre todo el proceso, sino también en documentos relevantes del gobierno de los Estados Unidos que habían sido «desclasificados». El Diario Las Américas, *por gentileza de su ilustre director, Horacio Aguirre, publicó íntegramente el trabajo. El formidable despliegue con fotos estuvo a cargo del gran poeta Luis Mario. Posteriormente, se hizo un folleto con el escrito.*

Distinguidos compatriotas de diversas vertientes me prodigaron generosos comentarios. José Ignacio Rasco, uno de los fundadores del Frente Revolucionario Democrático (FRD), me escribió: «Gracias por el envío de tu magnífico folleto sobre las experiencias sufridas en nuestra lucha contra el castro-comunismo desde los días iniciales del FRD donde tanto tú te distinguiste. Es bueno aclarar muchas cosas como tú bien lo haces con pulcritud, estilo y conocimiento».

Carlos Alberto Montaner comenta en su afectuosa nota: «Excelente tu resumen del episodio de Girón. Eso, exactamente, fue lo que sucedió». Ninoska Pérez Castellón, al agradecerme el envío del trabajo, agrega: «Te felicito por asumir la responsabilidad para que se conozca la verdadera historia nuestra, para abrir los ojos de quienes convenientemente han preferido ignorar la realidad, pero más aún para que futuras generaciones no sean víctimas del engaño y la desinformación».

Elio Alba Buffill emite estos juicios: «El artículo está muy bien estructurado y define muy claramente todas las etapas de cambio de planes que determinaron el fracaso de la heroica empresa... Tus trabajos iluminan no solamente nuestra historia sino la de este país». Vicente Echerri, tras considerar «sabio y oportuno» conservar el trabajo en forma de libro, añade lo siguiente: «Los cubanos –y, en particular, aquellos que, como tú, estuvieron tan cerca de los hechos y de los principales protagonistas– tenemos la tarea impostergable de esclarecer todos los episodios que condujeron al naufragio de nuestra nación... Éste, así como otros trabajos anteriores, es tu contribución a la verdad a que los cubanos de mañana tienen derecho».

El Embajador José S. Sorzano me felicita por la forma desapasionada con que aclaré las maquinaciones políticas, detrás de bambalinas, que a la postre sellaron el desastre. Y después incluye en su carta estas valoraciones: «Aunque nunca simpaticé con la manera en que Kennedy llevó este asunto, tu descripción de su pusilanimidad me ha hecho rebajarlo aún más. Por otra parte, yo no estaba bien enterado de la postura agresiva de Einsenhower ante la situación deteriorante en Cuba, pero tu evidencia ha elevado mi opinión de este líder, que, hasta ahora, me había parecido apático y desentendido en la fase final de su presidencia ('lame-duck President')».

Julio Hernández-Miyares sostiene que el trabajo «pone de manifiesto parte de la falacia en este trágico proceso nuestro. Con los datos y la espada cortante de la verdad, tú logras dejar aquí un testimonio valioso para cuando se escriba la historia definitiva de este exilio». Santiago Rey Perna alude en su mensaje congratulatorio a «la eterna política equivocada de Washington» con respecto al régimen de Castro, y se pregunta con sutil ironía: «¿Por qué no se equivocan, en alguna ocasión, a favor nuestro y de la buena causa de Cuba?»

Israel Seinuk, al felicitarme por el escrito, me exhorta a que se publique en inglés.

La poeta Martha Padilla evoca en su nota «la gesta de Bahía de Cochinos, la más dramática y auténtica de nuestras misiones». Y al recordar el fracaso, añade desolada: «Pueblo sin tierra; patria repartida; país sin rostro. Estoy triste hoy, Néstor Carbonell, y espero que pase, como otras veces». Conmovedora fue también la carta que me envió María Werlow, luchadora incansable que perdió a su padre combatiendo en las arenas de Girón. Me dice María en su misiva que la deuda de gratitud por el trabajo esclarecedor es mayor en ella por «haber sido tocada personalmente».

Entre los otros mensajes que conservo en mis archivos, figura el que me envió, desde Madrid, el ex presidente del gobierno español, D. Leopoldo Calvo Sotelo: «Muchas gracias por tu opúsculo sobre Bahía de Cochinos. Realmente un episodio trágico del que tú das claves no muy conocidas».

Transcribo a continuación el texto completo del trabajo.

Hace 37 años que se produjo el heroico desembarco, condenado al fracaso, y los cubanos continúan sufriendo las consecuencias. Hay errores políticos y estratégicos que llegan a ser desastres. Más que fiascos son tragedias; más que fallos son crímenes. Bahía de Cochinos fue uno de ellos. Se ha escrito con abundancia sobre este tema, pero es ahora, con la publicación de documentos ultraconfidenciales del gobierno de los Estados Unidos y de varias memorias privadas, que pueden despejarse muchas de las nebulosas que cubren el fatídico proceso.

Documentos reveladores

Uno de esos documentos es el informe que en 1961 rindió Lyman B. Kirkpatrick, inspector general de la CIA, sobre la actuación de la Agencia en la preparación y ejecución de Bahía de Cochinos. El voluminoso documento contiene datos valiosos que ponen de manifiesto numerosos errores de planificación, serias deficiencias logísticas y falta de coordinación entre los servicios de inteligencia, el Pentágono y la Casa Blanca. Asimismo, el informe reprocha a la Agencia el trato humillante a los dirigentes cubanos en el exilio, marginados mientras se gestaba la operación e incomunicados durante el desembarco.

Hay mucho de cierto y revelador en el informe de Kirkpatrick, pero también hay mucho de miope y mezquino en sus alegatos. El inspector crucifica únicamente a la CIA, exculpando la negligencia por omisión del Pentágono y la gravísima responsabilidad del Presidente Kennedy por haber micromanejado, alterado y emasculado a última hora el plan recomendado.

¿A qué se debe estas lagunas de Kirkpatrick? Todo parece indicar que el inspector general de la CIA quería congraciarse con la Casa Blanca para llegar a ser director de la Agencia (a pesar de la parálisis que le produjo la poliomielitis). Por eso no entrevistó a los jefes de la CIA a cargo de Bahía de Cochinos, ni siquiera les envió una copia del informe. Fue John McCone, el nuevo director que sustituyó a Allen Dulles a fines de 1961, quien le ordenó a Kirkpatrick que les entregara una copia del informe y que incluyera en el expediente los descargos que formularon.

Acusado por McCone de haber sido tendencioso y superficial en su informe, Kirkpatrick reconoció en carta al director de la CIA de fecha 1o. de diciembre de 1961 que el fracaso de Bahía de Cochinos se debió fundamentalmente a estos tres factores:

a. «Subestimación general por parte del gobierno de E.U. de la magnitud de la operación requerida para derrocar al régimen de Fidel Castro.

b. Fallo del gobierno de E.U. por no prever todas las contingencias..., incluyendo la necesidad de utilizar fuerzas militares de E.U. si los exiliados cubanos no pudiesen acometer la tarea ellos mismos.

c. Fallo del gobierno de E.U. por no estar dispuesto a comprometer los recursos necesarios para el éxito de la operación planeada y ejecutada».

Otro de los recientes documentos iluminadores es el libro *Reflections of a Cold Warrior* de Richard M. Bissell, quien como subdirector de la CIA a cargo de planes (léase operaciones encubiertas) fue la figura señera durante todo el proceso que culminó en Bahía de Cochinos. Dotado de un talento privilegiado (cultivado en Groton y Yale) y de una prepotencia persuasiva, Bissell ingresó en la CIA en 1954 e inició una verdadera revolución tecnológica. Bajo su dirección, la Agencia alcanzó altos niveles de innovación y eficiencia en la captación de inteligencia militar con el avión U-2, el SR-71 Blackbird, y el satélite de espionaje Corona.

En su libro, escrito con perspectiva y serena contrición en la antesala de la muerte, Bissell hace un recuento de su actuación en el caso de Cuba, explicando sus decisiones y confesando sus errores. El tono no es tan mordaz y defensivo como el que matizó su respuesta a Kirkpatrick en 1961. Rechaza acusaciones injustas, pero reconoce, entre sus yerros, dos que fueron críticos:

1) no cederle al Estado Mayor Conjunto la responsabilidad primaria de la expedición cuando ésta dejo de ser, a fines de 1960, una operación paramilitar de infiltración y guerrilla; y

2) no decirle claramente al Presidente Kennedy que la operación de Bahía de Cochinos no era factible con los cambios y limitaciones impuestos por él.

De todos los libros sobre Bahía de Cochinos que han salido a la luz en los últimos meses, el más importante y completo es, sin duda, el Volumen X sobre Cuba (1961-1962) publicado por el

Departamento de Estado como parte de la colección de Foreign Relations of the United States (FRUS). Este tomo de más de 1000 páginas es fascinante, no ya por los hechos que eslabona, sino por los documentos, hasta ahora secretos, que transcribe.

Para profundizar en el tema de Bahía de Cochinos, ya no hay que hurgar en el informe del General Maxwell D. Taylor, ni en los archivos de los Presidentes Eisenhower, Kennedy y Nixon, ni en las memorias de los otros personajes que intervinieron en el infausto episodio. Esta nueva fuente de información, junto con el Volumen VI del Departamento de Estado correspondiente al período 1958-1960, contienen muchos de los datos esenciales del proceso, rigurosamente clasificados y cronológicamente ordenados.

Teniendo a mano éstos y otros testimonios, trataré de señalar y comentar lo que aportan de novedoso y significativo, así como lo que omiten y tergiversan, para arrojar más luz sobre ese tracto imborrable de la historia que lleva el nombre de Bahía de Cochinos.

Eisenhower y los antecedentes de Bahía de Cochinos

Durante la lucha contra Batista, el Presidente Eisenhower se mantuvo bastante alejado del caso de Cuba. Dada la grave enfermedad del Secretario de Estado, John Foster Dulles, la política hacia Cuba fue dirigida principalmente desde el cuarto piso del Departamento de Estado por dos «expertos» en Latinoamérica: Roy Rubottom y William A. Wieland.

Aunque estos funcionarios abogaron oficialmente por una política de estricta neutralidad en la contienda cubana, sus simpatías los inclinaron a Castro. Así se explican estos hechos: el embargo militar contra Batista; los embarques clandestinos de armas a Castro desde E.U.; la subestimación del peligro comunista; la prohibición de todo intento de mediación en Cuba bajo los auspicios del Embajador Earl Smith, y el ultimátum que, por conducto de éste, le envió Washington a Batista el 14 de diciembre de 1958. Este ultimátum consistió en un escueto mensaje trasladado por Smith: «Es mi desagradable deber informarle al Presidente de la República que Estados Unidos no continuará apoyando al gobierno de Cuba, y que mi gobierno considera que el Presidente está perdiendo el control efectivo». (FRUS, VI, 299). Esto precipitó la caída ansiada de la dictadura, pero creó un vacío de poder que llenó Castro con sus cofrades comunistas.

El 23 de diciembre de 1958 es cuando se le comunica al Presidente Eisenhower que la situación del gobierno de Batista era crítica y que «los comunistas parecen haber penetrado el movimiento de Castro...» Según la minuta de la Junta del Consejo Nacional de Seguridad de dicha fecha (FRUS, VI, 302-303), el Presidente se molesta por no haber sido informado antes de esta situación y pregunta «si el Departamento de Estado había solicitado al Departamento de Defensa que estudiase una acción militar que podría ser necesaria en Cuba». El Secretario Herter contestó que las conversaciones se habían centrado únicamente en la posibilidad de una evacuación. El Presidente afirmó después que «estaba convencido de que una tercera fuerza [contraria a Batista y a Castro] con influencia y pujanza podría surgir si la organizase un hombre capaz provisto de dinero y de armas». Se acordó entonces elaborar un plan para crear o respaldar esa tercera fuerza, pero fue demasiado tarde.

A partir de su llegada al poder en enero de 1959, Castro no ceja en su campaña vilipendiosa contra Estados Unidos. Apoyado en su poder hipnótico y en el terror difundido por sus arrestos, fusilamientos y confiscaciones a granel, el líder cubano va sentando progresivamente las bases de su sistema totalitario comunista. No conforme con subvertir a Cuba, organiza en su primer año expediciones armadas contra Panamá, Nicaragua, República Dominicana y Haití.

Washington no sabe realmente lo que hacer. Intenta en múltiples oportunidades negociar con Castro, pero sin éxito. No reacciona ante sus afrentas y provocaciones para que no se tilde a E.U. de Goliat abusador, sin darse cuenta de que no hay nada que ridiculice más a un gigante que ser pateado impunemente. El grande, ultrajado, no es ni popular ni respetado. El poderoso, zaherido, deleita a los resentidos.

La estéril política de paciencia y tolerancia, personificada por el Embajador de E.U. en Cuba, Philip Bonsal, fue sustituida a fines de 1959 por una política más proactiva, «enderezada a estimular dentro de Cuba y en otras partes de Latinoamérica la oposición al régimen extremista y antiamericano de Castro». (FRUS, VI, 656) Según Bissell, el Grupo Especial (Comité #5412) que se ocupaba del caso de Cuba acordó el 13 de enero de 1960 elaborar los planes necesarios para derrocar la tiranía. Dicho plan, llamado «Programa de Acción Encubierta Contra el Régimen de Castro», fue aprobado por Eisenhower el 17 de marzo de 1960, y consistió en lo siguiente:

a) Constitución en el exilio de un frente de oposición a Castro, responsable, atractivo y unido.

b) Inicio de una fuerte campaña de propaganda, a través de Radio Swan, dirigida al pueblo de Cuba.

c) Creación en Cuba de una red clandestina de inteligencia y acción.

d) Creación fuera de Cuba de una fuerza paramilitar con apoyo logístico, naval y aéreo, para infiltrar en Cuba agentes entrenados que pudiesen intensificar la resistencia interna. (FRUS, VI, 850-851)

Este esquema de acción paramilitar se basó en el modelo de Guatemala (golpe de estado dirigido por la CIA en 1954 contra el gobierno procomunista de Arbenz). Error craso, por tratarse de situaciones disímiles. Castro disolvió el ejército profesional, creó su propia fuerza y avanzó con mayor celeridad y destreza que Arbenz hacia la consolidación de un estado policíaco. El modelo de Guatemala no era aplicable al caso de Cuba, por lo que fue posteriormente modificado, pero no totalmente desechado. Subsistieron enfoques erróneos y faltó, en el minuto crítico, la experiencia y el carácter resuelto de un Eisenhower. Éste dijo al autorizar la operación en Guatemala: «Estoy dispuesto a tomar los pasos que sean necesarios para que tenga éxito. Si triunfa, será el pueblo de Guatemala que arrojó el yugo comunista. Si fracasa, será la bandera de Estados Unidos la que fracasó».[49]

Adversidades del Exilio

Fueron muchas las adversidades de los dirigentes cubanos del exilio que constituyeron el Frente Revolucionario Democrático (FRD) en mayo de 1960. Sin recursos propios para enfrentarse al régimen de Castro, fortificado en alarmante crescendo por el

---

[49] Peter Wyden, *Bay of Pigs*, 21.

bloque soviético, los líderes del FRD recabaron una alianza abierta con Washington, pero sólo obtuvieron un arreglo oculto con la CIA. Solicitaron un empréstito para operar con autonomía y dignidad, pero sólo recibieron mesadas para luchar con restricciones por la libertad.

Sin embargo, nos enteramos ahora que el programa de acción encubierta autorizado por Eisenhower contemplaba una emisión de bonos del FRD (como obligación del futuro gobierno de Cuba) para levantar fondos adicionales. (Informe de Kirkpatrick, Anexo A, 5). Esta emisión, lamentablemente, nunca pudo efectuarse, por lo que prevaleció el poder de la bolsa de la CIA. Parafraseando el célebre «Vae victis» de Breno en el sitio de Roma, cabe decir aquí: ¡Ay de los desterrados!

Impaciencia del Presidente

El 17 de febrero de 1960, aun antes de aprobar el programa encubierto antes referido, el Presidente Eisenhower se mostró partidario de tomar acciones más enérgicas, y hasta drásticas, en el caso de Cuba. La palabra drástica incluyó iniciativas fallidas para inutilizar o eliminar a Castro antes del desembarco. Esto se desprende de los comentarios sibilinos de Eisenhower al cuestionar algunas propuestas ineficaces y plantear la necesidad de «identificar agentes (assets) para cosas de todo tipo (across the board), y hasta para cosas que pudieran ser drásticas».[50]

En la junta que Eisenhower celebró con sus asesores el 18 de agosto de 1960, Allen Dulles rindió un informe detallado sobre la implementación del programa de acción encubierta contra Castro.

---

[50] FRUS VI, 789.

Habló de los esfuerzos para unificar a la oposición cubana en el exilio, de las transmisiones radiales a Cuba, y del entrenamiento en la zona del Canal de Panamá, que iba a ser trasladado a Guatemala y ampliado para acomodar a 500 reclutas.

En el curso de la discusión, se planteó la necesidad de tener una fuerza de reserva, que pudiese incluir oficiales y soldados norteamericanos. Este punto quedó pendiente, pero se consideró extender el marco de la operación más allá de infiltraciones y guerrillas, y tomar, con el apoyo de la aviación, Isla de Pinos u otra pequeña isla como base trampolín.

Al final de la exposición, Eisenhower afirmó que «estaba dispuesto a seguir adelante si el Estado Mayor Conjunto, los Departamentos de Estado y Defensa, y la CIA consideraban que había buenas posibilidades de éxito». A él no le importaba mucho el costo [financiero]; es más, dijo que «defendería este tipo de acción frente a cualquiera que viniese, y que si tuviera la seguridad de liberar a los cubanos de este demonio (incubus), bien poco sería el precio que habría que pagar».[51]

De Guerra de Guerrillas a Guerra Convencional

En la sesión del Consejo de Seguridad Nacional de fecha 20 de octubre de 1960, Allen Dulles informó que la ayuda militar del bloque soviético a Cuba continuaba; que habían llegado tres embarques y que un cuarto estaba en camino. Asimismo, indicó que pilotos cubanos estaban siendo entrenados en Checoslovaquia. Se estimaba que Cuba recibiría dos escuadrones de MIGs a principios de 1961.

---

[51] FRUS, VI, 1057-1060.

Reunidos con sus asesores el 29 de noviembre, Eisenhower consideró necesario designar a alguien que coordinara e impulsara, al más alto nivel, los planes con respecto a Cuba. (Para desempeñar esta función fueron seleccionados posteriormente Whiting Willauer por el Departamento de Estado y Tracy Barnes por la CIA). Por otra parte, el Presidente preguntó «si en vez de 500 reclutas entrenándose, no debíamos tener por lo menos 2000». Aunque no consideraba factible en esos momentos el entrenamiento en territorio norteamericano ni la constitución de un gobierno cubano en el exilio, Eisenhower afirmó que «debíamos estar preparados para tomar más riesgos y ser más agresivos».[52]

El plan paramilitar escalonado de infiltración se precipita y transforma en desembarco o invasión con apoyo aéreo por dos razones fundamentales. Primero, porque el tiempo conspiraba en contra de la liberación, ya que le permitía a Castro, con la ayuda militar creciente del bloque soviético, fortalecer su aparato de defensa y represión. Y segundo, porque los grupos de insurrectos en las montañas, carentes de apoyo adecuado del exterior, estaban siendo exterminados por las fuerzas del régimen. Esto se debió, en parte, a las condiciones precarias en que se efectuaban los embarques desde Guatemala –condiciones impuestas por la CIA para ocultar el apoyo norteamericano.

Considerando estos hechos, el Grupo Especial se reunió el 8 de diciembre de 1960 para discutir un «nuevo concepto», que consistía en una expedición armada a Cuba de unos 600 a 750 exiliados, precedida de ataques aéreos que continuarían después del desembarco. Esta operación anfibia, que incluiría la infiltración de núcleos guerrilleros, no fue aprobada formalmente, pero la CIA

---

[52] FRUS, VI, 1126-1131.

recibió señales inequívocas de seguir adelante.⁵³

Cambio de poderes

Kennedy ganó las elecciones presidenciales en noviembre de 1960, y a las pocas semanas Allen Dulles y Bissell lo pusieron al corriente de los planes paramilitares contra Castro. Durante el período de transición, el Presidente Eisenhower se vio forzado a romper relaciones con el régimen cubano. Según Bissell, en la junta que se celebró en la Casa Blanca el 3 de enero de 1961, Eisenhower estaba dispuesto a ir más allá de la ruptura diplomática... «con una buena excusa» proporcionada por Castro. Se habló hasta de «fabricar» una provocación, escenificando un ataque a Guantánamo. No se llegó a ninguna conclusión sobre este particular, pero se discutió el aumento de la fuerza invasora a 1500 reclutas, por lo menos.⁵⁴

Por su parte, Whiting Willauer, como coordinador general de la operación, recomendó complementar la brigada de exiliados cubanos con un contingente de 5,000 a 10,000 reclutas latinoamericanos. Asimismo, señaló que era aconsejable utilizar jets desde bases aéreas de E.U. para proteger a los vulnerables bombarderos B-26 de la brigada.⁵⁵

Dos días antes de la inauguración del Presidente Kennedy, Willauer, en su carta al Subsecretario de Estado, Livingston Merchant, indicó que era imperativo resolver estos puntos: uso de bases aéreas en territorio norteamericano; reconocimiento de un

---

[53] FRUS, VI, 1175.

[54] Bissell, *Reflections of a Cold Warrior*, 161.

[55] Taylor, *Operation Zapata*, 15, 100.

gobierno provisional cubano; garantía a dicho gobierno de apoyo militar abierto (overt) de los Estados Unidos. Iba por buen camino Willauer al plantear estas cuestiones, y acaso con su insistencia en garantizar a toda costa el éxito de la operación hubiese podido evitar el trágico desenlace. Desgraciadamente, no fue escuchado y cesó en sus funciones al asumir Kennedy la presidencia.

El Plan Trinidad

Con anterioridad a la presentación de este plan, Kennedy les pidió a los Jefes del Estado Mayor Conjunto que lo evaluaran. Estos emitieron su informe el 3 de febrero de 1961, señalando graves deficiencias, tales como falta de apoyo logístico adecuado en caso de resistencia durante el desembarco. A pesar de sus reservas, los jerarcas del Pentágono concluyeron que el plan tenía bastante buenas probabilidades (fair chance) de éxito final.

El 11 de marzo, los directores de la CIA le presentaron al Presidente el llamado Plan Trinidad, así como otras opciones menos viables. El plan recomendado consistía en el desembarco de la fuerza expedicionaria por Trinidad (puerto de Casilda), con apoyo aéreo simultáneo, a fin de capturar una cabeza de playa e instalar un gobierno cubano provisional que pudiese ser reconocido y apoyado en un plano logístico. En caso de que este asalto no estimulase las esperadas sediciones o revueltas contra Castro, la brigada podría internarse en las montañas del Escambray y operar como guerrillas.[56]

Kennedy rechazó este plan por considerarlo demasiado ruidoso y obvio en cuanto a la participación de E.U., y pidió que le some-

---

[56] FRUS, X, 143.

tieran en unos pocos días otro plan más discreto. Cabe señalar que el objetivo de la «negación plausible» o «no atribución» de ayuda norteamericana era imposible de alcanzar dada la magnitud de la empresa y la publicidad que ya habían recibido los campamentos en Guatemala. De modo que por mantener políticamente una ficción, se le fue restando efectividad militar a la operación.

Operación Zapata (Bahía de Cochinos)

Siguiendo las instrucciones presidenciales, la CIA y el Pentágono se dieron a la tarea de elaborar, en cuatro días, otro plan menos espectacular que tuviese la apariencia de una infiltración, y no de una invasión. De las diversas alternativas que le presentaron a Kennedy el 15 de marzo, la que le recomendaron fue la Operación Zapata (Bahía de Cochinos), por estar ubicada en una zona resguardada (con pocas vías de acceso) y por disponer de un aeropuerto apropiado para aviones B-26. A fin de complacer a Kennedy, se acordó que el desembarco fuese de noche (proeza sólo lograda una vez en la segunda guerra mundial), y se aceptó que no hubiese cobertura aérea hasta que los aviones de la brigada pudiesen operar desde el aeropuerto cercano a Bahía de Cochinos. (Esta insólita condición fue modificada posteriormente, previéndose ataques aéreos a objetivos militares en D-2 y en D-D.) Asimismo, se planeó, para despistar, otro desembarco de menor escala al norte de Oriente, dos días antes de la invasión.

Como plan de contingencia, por si fracasase la operación, los estrategas contemplaron la posibilidad de que la brigada operase en la Ciénaga de Zapata por ser ésta, según ellos, zona propicia y tradicional de guerra de guerrillas. Esto es falso, ya que el Generalísimo Máximo Gómez, en la guerra de independencia, siempre esquivó esta área cenagosa por considerarla una trampa militar. Sería injusto condenar a los estrategas norteamericanos por desconocer la historia, mas sería irresponsable exonerarlos por ignorar la geografía.

La CIA y el Pentágono reiteraron que preferían el Plan Trinidad, pero no se opusieron a la Operación Zapata, aun con las limitaciones impuestas por Kennedy. Es más, consideraron que ésta también tenía buenas probabilidades de éxito. El Presidente, por su parte, pidió que se siguiera trabajando en la Operación Zapata, disminuyendo aun más su «ruido», pero se reservó el derecho de cancelarla.[57]

---

[57] FRUS, X, 145-159.

Manuel Antonio («Tony») de Varona pasando revista a la Brigada en Guatemala – febrero, 1961 (UPI/ Bettmann).

Dirigentes del Consejo Revolucionario de Cuba y otras personalidades exponiendo su ideario democrático unos días antes del desembarco en Bahía de Cochinos. De izquierda a derecha, Manuel Antonio («Tony») de Varona, José Miró Cardona, Manuel Ray, Felipe Pazos y Raúl Chibás. (UPI / Bettmann)

La Postura de Varona y de Miró Cardona

En la lucha por la libertad de Cuba, los líderes del exilio tuvieron que sobrellevar intrigas y frustraciones, exacerbadas por el divisionismo y las ambiciones. Y tuvieron también que domeñar el orgullo en sus relaciones con la CIA. Confiando en la honorabilidad del aliado y en sus promesas de apoyo decisivo, aceptaron una situación enojosa de dependencia económica y militar. Los dirigentes que prefirieron operar por la libre, sin ataduras norteamericanas, no corrieron mejor suerte.

Tony Varona, como coordinador general del Frente Revolucionario Democrático (FRD), señaló claramente las expectativas del exilio. En la reunión que celebró en Washington con funcionarios del Departamento de Estado el 29 de noviembre de 1960, Varona planteó la necesidad de reclutar 2000 o 3000 exiliados para desembarcar en Cuba y constituir un gobierno en armas. Cuando se le preguntó si ese gobierno solicitaría el apoyo militar de E.U., Varona contestó enfáticamente que sí, aclarando que el apoyo tendría que incluir tropas y equipos.[58]

A principios de 1961, Varona visitó los campamentos en Guatemala para apaciguar los ánimos exaltados. Preocupado por el número exiguo de reclutas que allí se encontraban, se dirigió al jefe de la base, Coronel Frank Egan. «No se preocupe, Dr. Varona –le dijo el Coronel– nosotros protegeremos la invasión con una sombrilla [cobertura aérea]. El aire será nuestro. Ni un sólo vehículo [de Castro] podrá transitar sin ser bombardeado...»[59]

El Coronel fue más explícito con Miró Cardona cuando éste asumió la presidencia del Consejo Revolucionario (sucesor del

---

[58] FRUS X, 1132-1140.

[59] Peter Wyden, *Bay of Pigs*, 56-57.

FRD) y visitó los campamentos a principios de abril, dos semanas antes de la invasión. Según las memorias de Miró, el Coronel le dijo que «la brigada se completará con 250 hombres más; habrá tropas adicionales cuyo número asciende a 30,000; tendremos el control del aire, y hay tres naciones envueltas en el conflicto».

No satisfecho con estas promesas, Miró voló a Washington, y el 6 de abril se entrevistó con Adolf A. Berle, coordinador civil del Task Force designado por Kennedy para ocuparse del caso de Cuba. Durante la reunión en casa de Berle, bien documentada en los archivos de Miró, Berle le dijo que «el problema militar marchaba muy bien y que podía contar con 15,000 hombres adicionales». Miró preguntó: «¿Por qué 15,000 si en Guatemala se me dijo 30,000?» «Son suficientes», respondió Berle; «ustedes tendrán el control del aire..».

Cuando el Presidente Kennedy declaró sorpresivamente el 12 de abril que «no habría, bajo ninguna circunstancia, intervención en Cuba de las fuerzas armadas de los Estados Unidos» y que esta posición era «entendida y compartida por los exiliados anticastristas en este país», Miró solicitó con urgencia otra entrevista con Berle. Ésta se celebró al día siguiente en el Century Club de New York en presencia del asistente presidencial Arthur Schlesinger y del profesor John Plank.

Según Schlesinger, se le dijo a Miró que «los llevaremos a la playa y una vez que se constituya un gobierno provisional, les ofreceremos todo tipo de ayuda, menos tropas de los Estados Unidos». Miró contestó, de acuerdo con la versión de Schlesinger, que «si las cosas iban mal, él pediría la ayuda de todas las naciones del hemisferio, incluyendo los Estados Unidos. Y la ayuda deberá venir».

Lo que no reveló Schlesinger (pero sí consta en las notas de Miró) fue lo que Berle agregó para tranquilizar al líder del exilio: «Así como usted dice que la revolución (invasión) es cubana, el Presidente se ve obligado a declarar que no prestará ayuda, pero nuestros pactos quedan en pie».

La ambivalencia de Kennedy

Como se ha visto, el Presidente vetó el Plan Trinidad y tronchó la Operación Zapata por considerarlos demasiado espectaculares, pero en vez de cancelar la invasión *in toto* por no tener la convicción y el ánimo para asegurar el triunfo, lo que hizo fue castrarla, haciendo inevitable el fracaso.

A pesar de haber mantenido una línea dura contra Castro en los debates presidenciales (hecho que contribuyó decisivamente a su victoria electoral), al Presidente le flaquearon las fuerzas cuando tuvo que traducir la retórica en acción. Tratando de evadir los retos que todo estadista tiene que encarar a la hora de la verdad, Kennedy tomó en definitiva el peor de los riesgos: el camino tortuoso del deshonor y la pusilanimidad.

¿Qué motivó esta conducta que nos llevó al desastre? La inexperiencia de Kennedy –apenas tres meses y medio en la presidencia– obviamente influyó, así como el temor que tenía de provocar represalias soviéticas. Algunos de sus asesores también lo ofuscaron y amedrentaron. Entre ellos sobresalió el Senador William Fullbright con su tesis coexistencialista, apoyada en la falaz premisa de que Cuba era «una espina en el costado y no una daga en el corazón». El historiador y consejero presidencial, Arthur Schlesinger, fue otro que se opuso tenazmente a la invasión citando principios jurídicos y morales, y evocando el espectro de los infantes de marina de los Estados Unidos en suelo cubano. No pudiendo evitar que se llevara a cabo la operación, Schlesinger y altos funcionarios como el Secretario de Estado, Dean Rusk, consiguieron limitar su alcance y menguar su efectividad.

Hasta el último momento estuvo el Presidente dubitativo y vacilante. Lo que a la postre determinó que diera la luz verde, según testimonio del propio Schlesinger, fue el tener que desmantelar los campamentos en Guatemala y no saber qué hacer con la Brigada. A este dilema se le llamó, con clínica frialdad, «the disposal problem». Preocupado por el escándalo que produciría la desbandada de los brigadistas, Kennedy afirmó crudamente: «Si tuviésemos que deshacernos de estos ochocientos hombres, sería mejor arrojarlos en Cuba [dump them in Cuba] que en los Estados Unidos, especialmente si es allí donde quieren ir».[60]

---

[60] Schlesinger, *A Thousand Days*, 241.

Portaviones USS Essex, parte de la flotilla norteamericana cerca de Bahía de Cochinos que, por decisión del presidente Kennedy, no apoyó a la Brigada en el momento decisivo. (Departamento de Defensa de los Estados Unidos)

Prisioneros de Bahía de Cochinos esperando ser interrogados.

Decisiones fatídicas

Para concluir, veamos las decisiones fatídicas de Kennedy que condenaron la invasión al fracaso:

1) El Presidente se opuso a última hora al desembarco en Trinidad-Casilda. Esto forzó a la CIA y al Pentágono a elaborar en forma festinada la alternativa de Bahía de Cochinos, la cual fue menguada sustancialmente por el Presidente.

2) Kennedy, *motu proprio*, insistió en que el desembarco fuera de noche, aumentando los riesgos de esta operación, ya de por sí azarosa y difícil.

3) Para aminorar el «ruido» y la posible repulsa internacional, el Presidente rechazó el plan de bombardeo masivo la madrugada del desembarco recomendado por la CIA y el Pentágono. Sólo autorizó ataques aéreos limitados a las bases militares en Cuba dos días previos a la invasión y en la mañana del desembarco.

4) Unos minutos antes del primer bombardeo (D-2), Kennedy ordenó reducir drásticamente el número de aviones que iban a participar en la operación (de 16 a 8). Esto le permitió a Castro salvar la mitad de su aviación, alertar a sus tropas y arrestar a más de 250,000 personas, incluyendo miembros destacados de la resistencia que iban a apoyar la invasión. (Esta redada masiva reflejó la vulnerabilidad del régimen, que pudo haber caído si los ataques hubiesen sido contundentes, coordinados y sostenidos).

5) Bajo presión de Adlai Stevenson, Embajador de los Estados

Unidos ante la ONU, Kennedy canceló el segundo ataque aéreo previsto para destruir el resto de la aviación del régimen. Esta malhadada decisión (no impugnada con suficiente energía por la CIA y el Pentágono), hizo posible que los jets de Castro derribaran el 17 de abril cinco de los indefensos B-26 de la brigada, hundieran o encallaran dos de sus barcos y forzaran la retirada de otros tres con equipos y municiones. La falta de estos suministros vitales impidió que la brigada prolongara su fiera batalla después de haberle causado más de 1500 bajas al enemigo.

6) Por último, el Presidente rechazó las insistentes demandas de Bissell y del Almirante Arleigh Burke de escoltar a los barcos que no habían podido desembarcar y de permitir que algunos aviones de guerra de Estados Unidos protegieran a los B-26 de la brigada frente al ataque implacable de los T-33 de Castro. Esta cobertura, a tiempo, hubiera permitido contrarrestar la ofensiva de las huestes del régimen, constituir un gobierno en armas y facilitar la llegada de refuerzos.

Los Estados Unidos estaban debidamente preparados para terciar en la contienda. Aparte de las fuerzas norteamericanas en estado de alerta en Guantánamo, la isla de Vieques y la Florida, el Almirante Burke contaba con una flotilla armada en las inmediaciones de Bahía de Cochinos. Fuerzas no faltaban para apoyar a la brigada en el momento crítico. Lo que faltó en Washington fue el coraje y la dignidad que desplegaron los patriotas en las arenas de Girón. Rubricada con sangre quedó allí grabada la altiva respuesta del jefe de la brigada, José Pérez San Román: «¡No seremos evacuados! ¡Lucharemos hasta el final!»

¿Por qué Kennedy decretó el abandono que selló la derrota de la invasión? Veamos la explicación que el propio Presidente les dio a los líderes de la brigada en su residencia de Palm Beach, el 27 de diciembre de 1962, a los cuatro días de haberse efectuado el canje de los prisioneros.

Según el testimonio de José Pérez San Román, confirmado por su segundo en mando, Erneido Oliva, el Presidente les reveló en privado que al producirse el primer bombardeo aéreo el 15 de abril, el gobierno soviético amenazó con atacar a Berlín Occidental si Estados Unidos continuaba apoyando a la fuerza invasora. En esas circunstancias, explicó Kennedy, tuvo él que enfrentarse a esta disyuntiva: defender a la brigada y arriesgar una confrontación con la Unión Soviética en Berlín que pudiese desatar un conflicto armado de grandes proporciones, o preservar la paz mundial y arriesgar a los 1500 combatientes. Teniendo que escoger entre estas dos terribles alternativas, Kennedy concluyó que era preferible sacrificar a la brigada que arriesgar en Berlín una posible tercera guerra mundial.

¿Es válida esta explicación del Presidente? Nos remitimos a la opinión emitida por el General Eisenhower cuando, a los pocos días del desastre de Bahía de Cochinos, Kennedy le confesó en la Casa Blanca que no había apoyado a la brigada por temor a una represalia soviética en Berlín. Eisenhower le contestó: «Eso es todo lo contrario a lo que realmente sucedería. Los soviéticos siguen sus propios planes, y si ven que nosotros mostramos alguna debilidad, es entonces que arremeten con más fuerza... El fracaso de Bahía de Cochinos incitará a los soviéticos a hacer algo que en otras circunstancias no harían».[61]

Palabras premonitorias. A los pocos meses de Bahía de Cochinos, envalentonado por la falta de liderazgo de los Estados Uni-

---

[61] Michael Beschloss, *The Crisis Years*, 144-145.

dos, Kruschov apabulló a Kennedy en la conferencia de Viena, erigió el Muro de Berlín, provocó la Crisis de los Cohetes, y convirtió a la Cuba cautiva de Castro en una base intocable para subvertir a tres continentes. Sí, trágico fue el desenlace de Bahía de Cochinos. Pero esta operación no debe ser vista únicamente como una derrota para la democracia. El ejemplo de los que allí murieron por la justicia y la verdad es semilla de nobleza que engendrará la libertad.

LA CRISIS DE LOS COHETES

Cómo Castro y la Unión Soviética se quedaron con Cuba

Al abordar el tema de la llamada Crisis de los Cohetes (Octubre 16-29, 1962) casi todos los historiadores norteamericanos, especialmente los panegiristas del Presidente Kennedy, se concentraron en los 13 días electrizantes que encuadraron la confrontación nuclear. Poco espacio le dedicaron a los antecedentes de la crisis y a su desenlace.

Incompleto y sesgado es ese enfoque, porque para precisar si la crisis pudo haber sido evitada o abortada antes del emplazamiento de los misiles en Cuba, es menester analizar las acciones y omisiones de Washington y Moscú en los meses que precedieron a la «sorpresa» de octubre. Y para determinar si el pacto Kennedy-Kruschov que supuestamente le puso fin a la crisis fue beneficioso para el Mundo Libre, es necesario sopesar sus consecuencias dentro y fuera de Cuba.

A fin de dilucidar estas interrogantes con perspectiva histórica, extraje de documentos oficiales recientemente «desclasificados» en Washington y Moscú los siguientes datos relevantes que arrojan luz sobre el proceso que culminó en la Crisis de los Cohetes.

19 de abril, 1961. Dando por liquidada la operación de Bahía de Cochinos, sin ningún serio intento de apoyarla o rescatarla, el Secretario de Justicia, Bobby Kennedy, le propone al Presidente en un memorándum de esa fecha elaborar un nuevo plan para liberar a Cuba. Bobby señala tres posibles alternativas: invasión norteamericana (rechazada previamente por el Presidente), bloqueo militar de la isla, o acción conjunta de los países de Centro y Sur América para impedir el envío de armas a Cuba (incluyendo los aviones soviéticos MIGs que habían sido ordenados). Bobby termina su misiva con esta sombría advertencia: «Si no queremos que Rusia instale bases de misiles en Cuba, tenemos que decidir ahora qué estamos dispuestos a hacer para impedirlo.»[62]

20 de abril, 1961. El Secretario de Defensa, Robert McNamara, siguiendo instrucciones del Presidente, le pide al Departamento de Defensa que elabore «un plan para derrocar el régimen de Castro con las fuerzas armadas de los Estados Unidos». Pero al final de su memorándum puntualiza que «este estudio no debía ser interpretado como una indicación de que la acción militar de los Estados Unidos contra Cuba sea probable».[63]

25 de abril, 1961. El jefe de la KGB ordena el envío de 8 expertos soviéticos adicionales a Cuba para dirigir secretamente los servicios de inteligencia en la isla. Se acuerda asimismo el aumento a 50 de los cubanos recibiendo entrenamiento de inteligencia en Moscú. Se incrementa el envío a Cuba de armamentos del bloque soviético: 80 tanques en adición a los 125 previamente recibidos; 128 piezas de artillería además de las 428 piezas ya entregadas, y

---

[62] Foreign Relations of the United States [FRUS], 1961-1963, Volume X, págs. 303-304.
[63] IDEM, págs. 306-307.

34 aviones MIGs.[64]

13 de agosto, 1961. Tras apabullar en la cumbre de junio en Viena al Presidente Kennedy –quien estuvo muy a la defensiva por la embarazosa debacle de Bahía de Cochinos– Kruschov ordena la construcción del Muro de Berlín, comenzando con una cerca de alambre.[65]

4 de septiembre, 1961. En una carta de cinco páginas, Castro le solicita a Kruschov el envío de ocho divisiones de misiles de tierra-aire –388 en total. Comienzan poco después las dilatadas negociaciones, proponiéndose que el cuarenta por ciento del embarque se efectúe sin cargo alguno para el régimen de Castro.[66]

9 de septiembre, 1961. En una reunión de José Miró Cardona con Richard Goodwin, Asistente del Presidente Kennedy para Asuntos Latinoamericanos, y varios funcionarios del Departamento de Estado, Miró plantea que él no podía alentar a jóvenes cubanoamericanos a que ingresaran en el ejército de los Estados Unidos si el entrenamiento no formaba parte de un plan de acción militar conjunta para liberar a Cuba. Para evitar la renuncia de Miró como Presidente del Consejo Revolucionario de Cuba, el Presidente Kennedy, en carta de fecha 14 de septiembre de 1961, le expresa su confianza y admiración a Miró por sus servicios en pro de una Cuba libre, lo exhorta a continuar liderando la lucha, y le asegura que cualquier problema en sus relaciones con los Estados Unidos

---

[64] Aleksandr Fursenko, Timothy Naftali, *One Hell of a Gamble*, págs. 98-99.
[65] IBID, pág. 138.
[66] IBID, págs. 139-140.

sería resuelto en un espíritu de mutua cooperación.[67]

3 de noviembre, 1961. En una reunión en la Casa Blanca, el Presidente Kennedy autoriza el desarrollo de un plan secreto («Operación Mongoose») con el objeto de socavar («undermine») el régimen de Castro mediante acciones de sabotaje y de otro tipo llevadas a cabo por cubanos. Comentó el Presidente: «No sé si tendremos éxito en derrocar a Castro, pero nada tenemos que perder a mi juicio». A fin de implementar este plan, se crea un Grupo Especial Aumentado que operaría en secreto bajo la dirección del General Edward G. Lansdale como jefe de operaciones en coordinación con la CIA, y de Bobby Kennedy, motor principal del plan y enlace con el Presidente. La CIA asigna a 400 de sus agentes para ejecutar la Operación Mongoose.[68]

25 de enero, 1962. En la reunión celebrada por el Grupo General Aumentado, el General Maxwell D. Taylor, Asesor Militar del Presidente, asevera que «no parecía factible derrocar el régimen de Castro sin la intervención militar de los Estados Unidos». (FRUS, Ob. Cit., págs. 728-730.) Nota: diversas variantes de intervención norteamericana se discutieron en los meses subsiguientes, precedidas por rebelión interna, golpe militar, tiranicidio, provocación, pero faltó la luz verde del Presidente para ejecutar los planes.

Febrero de 1962. Washington le impone un embargo comercial a Cuba, pero nada hace para impedir la progresiva militarización soviética en la isla.

---

[67] FRUS, Ob. Cit., págs. 650-652, 654.
[68] FRUS, Ob. Cit., págs. 666-667.

Marzo de 1962. Los informes de inteligencia de la KGB y de sus agentes en Washington señalan que Kennedy no arriesgaría una intervención militar en Cuba antes de las elecciones congresionales en noviembre por temor a que los republicanos la exploten en contra del Presidente.[69]

Nota: basado en estos informes, Moscú acelera su escalada militar en Cuba. Washington la tolera creyendo que el Kremlin no llegaría al extremo de arriesgar su propia seguridad desplazando misiles estratégicos y tropas a Cuba. Este error de cálculo o subestimación del peligro por parte de los servicios de inteligencia norteamericanos se refleja en el «National Intelligence Estimate» de fecha 21 de marzo de 1962 y otros informes posteriores.

10 de abril, 1962. José Miró Cardona se reúne en la Casa Blanca con el Presidente Kennedy, Bobby Kennedy y Richard Goodwin. Actúa de intérprete Ernesto Aragón, asistente de Miró. Éste enfatiza la gravedad de la situación en Cuba, le pide al Presidente acelerar los planes militares, incluyendo el entrenamiento de unidades de exiliados cubanos dentro del ejército de los Estados Unidos, y solicita que Washington formalice la alianza embrionaria con el Consejo Revolucionario como paso previo a la acción armada conjunta. Kennedy reconoce que «la solución del problema de Cuba era esencialmente militar, de seis divisiones»; le ordena a Goodwin agilizar el reclutamiento de cubanoamericanos, y le asegura a Miró que la acción sería conjunta, «no unilateral». Sin embargo, descarta la propuesta de un gobierno cubano en el exilio por no considerarla factible.[70]

---

[69] Alexsandr Fursenko, Timothy Naftali, Ob. Cit., pág. 160.

[70] Notas de la reunión tomadas por Ernesto Aragón.

12 de abril, 1962. El Kremlin autoriza el envío a Cuba de cuatro divisiones de misiles SA-2 de tierra-aire y dos divisiones de apoyo técnico (180 misiles SA-2 en total), así como cuatro lanzadoras de misiles cruise R-15 y 10 bombarderos IL-28. Asimismo, el Presidium decide enviar a la isla al General N.I. Gusen para evaluar los requerimientos militares adicionales. En ese mismo mes de abril, 1962, Kruschov le comenta por primera vez a su Ministro de Defensa, Rodión Malinosky, que sería conveniente considerar el establecimiento en Cuba de una base de misiles estratégicos de alcance intermedio para compensar la enorme ventaja nuclear que Estados Unidos tenía con sus cohetes intercontinentales.[71]

20 de mayo - 12 de junio, 1962. Kruschov le propone formalmente al Presidium el emplazamiento de misiles estratégicos en Cuba –«no para ser usados», sino para amedrentar y paralizar a los Estados Unidos y compensar la desventaja nuclear de la Unión Soviética. Tras amplio debate se acuerda el envío a Cuba de 12 unidades de cohetes SA-2 de tierra-aire, con 144 lanzadoras; 42 bombarderos IL-28; 40 misiles estratégicos (24 de alcance medio y 16 de alcance intermedio); 50.874 soldados y técnicos militares soviéticos, amén de aviones MIG-21, tanques, piezas de artillería y unidades navales. Asimismo, se decide construir en Cuba una base para submarinos con capacidad nuclear. Kruschov ordena mantener en secreto la ejecución de este plan, denominado «Anadyr». Su objetivo –dijo él– era «presentarle a Kennedy el hecho consumado inmediatamente después de las elecciones congresionales en noviembre». Castro acepta el plan y Kruschov

---

[71] Aleksandr Fursenko, Timothy Naftali, Ob. Cit., págs. 170-171.

le expresa su agrado en carta de fecha 12 de junio, 1962.[72]

30 de julio, 1962. Por conducto de George Bolshakov, agente del Kremlin que sirvió de enlace extraoficial entre Washington (Bobby Kennedy) y Moscú durante el proceso que culminó en la Crisis de los Cohetes, Kruschov le pide al Presidente Kennedy que parase los vuelos de reconocimiento de barcos soviético rumbo a Cuba en alta mar, porque eso entrañaba «hostigamiento». Kennedy ordena parar esos vuelos y le pide a Kruschov que, a cambio, coloque el diferendo de Berlín en el congelador –«on ice». Berlín, no Cuba, era la máxima preocupación de la Casa Blanca.[73]

Julio - Agosto, 1962. A partir de julio, el promedio de barcos soviéticos que atracaban en Cuba aumenta de quince por mes durante la primera mitad del año a treinta y siete. Los desembarcos se efectúan de noche, con sigilo y protección, por un creciente número de jóvenes soviéticos que operan disciplinadamente en formación militar. A pesar de ello, los analistas de los servicios de inteligencia de los Estados Unidos siguen insistiendo en que ese personal soviético no constituía una fuerza militar significativa.[74]

20 de agosto, 1962. José Miró Cardona, a nombre del Consejo Revolucionario de Cuba, denuncia el 20 de agosto la llegada a Cuba de varios buques con más de 5,000 soldados soviéticos y armas estratégicas, «invadiendo la isla cuya estratégica posición geográfica la convierte en la llave del continente americano».

---

[72] IBID, págs. 179-189.

[73] IBID, pág. 194.

[74] «The Cuban Military Buildups», Interim Report by the Preparedness Investigating Subcommittee of the Armed Services Committee of the U.S. Senate, 1963, pág. 6.

Denuncias similares fueron formuladas por Manolo Reyes, Salvador Lew, Luis Manrara, Fernando García Chacón, a nombre del Directorio Revolucionario Estudiantil, y otros distinguidos compatriotas. Nuestras denuncias fueron desmentidas por funcionarios norteamericanos. Un vocero del Departamento de Estado dijo que las supuestas tropas soviéticas no eran más que «cuatrocientos o quinientos asesores agrícolas e industriales».[75]

Nota: Mientras Washington adoptaba esta actitud pasiva, de «dejar hacer, dejar pasar», el Kremlin aceleraba su escalada militar. El personal soviético que había desembarcado en Cuba no sólo dirigía el emplazamiento de las armas estratégicas, sino intervenía también, desde el complejo penitenciario «El Condado» a unos 20 kilómetros de Trinidad, en la operación para liquidar a los patriotas alzados en la Sierra del Escambray.[76]

21 de agosto, 1962. El Director de la CIA, John A. McCone, alarmado por la escalada militar soviética en Cuba, precursora, según él, del emplazamiento de misiles estratégicos en la isla, propone un plan de acción que incluía lo siguiente: a) alertar a Latinoamérica y a todo el Mundo Libre de los «peligros extremos creados por la actual situación cubana»; b) instar a las Naciones Unidas, la Organización de Estados Americanos y las cancillerías del Mundo Libre a hacerle frente a esta gravísima crisis; y c) movilizar inmediatamente las fuerzas armadas de los Estados Unidos que sean suficientes para ocupar la isla, derrocar el régimen, liberar el pueblo y reintegrar a Cuba en la comunidad de

---

[75] Néstor Carbonell Cortina, *Por la libertad de Cuba: Una historia inconclusa*, 1996, págs. 239-240.

[76] Ver Juan Vives, *Los amos de Cuba*, Emecé Editores, 1982, pág. 99.

estados americanos.[77]

La primera base de cohetes estratégicos fotografiada en Cuba, cerca de San Cristóbal y San Diego de los Baños, en la Hacienda Cortina.
(Foto Departamento de Defensa de los Estados Unidos, octubre de 1962).

---

[77] FRUS, Ob. Cit., pág. 956.

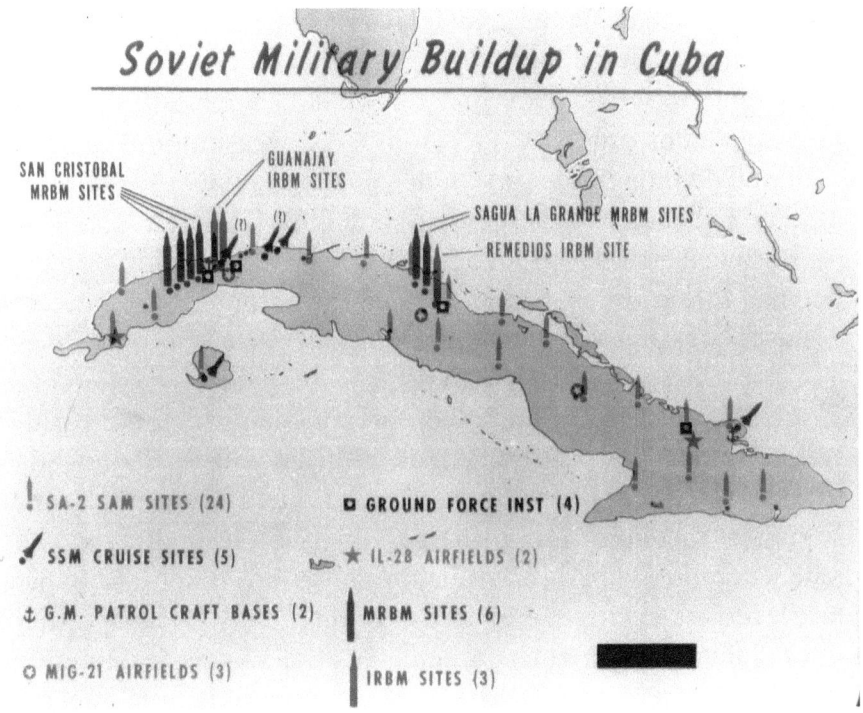

Cohetería militar estratégica empleada por la Unión Soviética en Cuba.
(Foto Departamento de Defensa de los Estados Unidos).

29 de agosto, 1962. John A. McCone, en viaje de luna de miel, es informado de que fotografías tomadas por aviones U-2 confirmaban la construcción en distintas partes de Cuba de bases de cohetes de tierra-aire. McCone reitera que el objetivo de esos cohetes no era otro que proteger la instalación de misiles estratégicos, por lo que insiste en ejecutar urgentemente el plan de acción militar que había propuesto. Los analistas de la CIA desestiman los peligros señalados por McCone. Asimismo, Washington deniega su solicitud de intensificar los vuelos de reconocimiento sobre la isla para no provocar un incidente con la Unión Soviética en Cuba o en Berlín. Kennedy, preocupado por la diseminación de las evidencias fotográficas, ordena colocarlas en una caja bien cerrada –«put it back in the box and nail it tight».[78]

30 de agosto, 1962. En una conferencia de prensa, el Presidente Kennedy asevera: «No tenemos información de la llegada de tropas [soviéticas] a Cuba..». Después justifica la intervención soviética, diciendo: «Su principal objetivo, desde luego, es asistencia debido a la mala administración de la economía cubana que ha creado malestar general, atraso económico y fracasos agrícolas –típico de los regímenes comunistas en tantas partes del mundo. Así que, a mi juicio, la situación es lo suficientemente crítica como para que ellos tenga que fortalecerla».

31 de agosto, 1962. Desde esta fecha hasta el 12 de octubre de 1962, el senador republicano por Nueva York, Kenneth B. Keating, pronuncia 10 discursos y emite 14 declaraciones públicas, aportando información alarmante sobre la escalada militar soviética en Cuba y acusando a la administración de Kennedy de negli-

---

[78] FRUS, Ob. Cit., págs. 968, 1052-1054.

gencia culposa. Keating basó sus históricas catilinarias en reportes de inteligencia que secretamente le hicieron llegar, no sólo exiliados cubanos, sino probablemente funcionarios del Pentágono, preocupados por la inacción de la Casa Blanca. El senador [demócrata en esa fecha] por Carolina del Sur, Strom Thurmond, por su parte, alzó su voz de alerta con datos bien fundamentados. Otros congresistas también se hicieron eco de los informes que les suministramos nosotros.[79]

7 de septiembre, 1962. El Presidente Kennedy le solicita al Congreso «stand-by authority» para ordenar a servicio activo a 150,000 militares de la reserva.[80]

10 de septiembre, 1962. A pesar de la gravedad de la situación en Cuba, se acuerda en una reunión en la Casa Blanca limitar los vuelos de reconocimiento sobre la isla, esquivando las áreas de mayor actividad soviética donde se hallaban cohetes de tierra-aire. El Secretario de Estado, Dean Rusk, fue quien insistió en esta medida para evitar un incidente.[81]

13 de septiembre, 1962. En una conferencia de prensa, el Presidente Kennedy sostiene que la escalada militar soviética en Cuba no había alcanzado niveles que justificaran una acción armada por parte de Estados Unidos. Pero si se estableciese en Cuba una capacidad militar ofensiva, o se pretendiese exportar la revolución

---

[79] Néstor Carbonell Cortina, Ob. Cit., pág. 248.
[80] FRUS, Ob., Cit., pág. 1055.
[81] Idem, pág. 1054.

por la fuerza o la amenaza de la fuerza, Estados Unidos «haría lo necesario para proteger su propia seguridad».[82]

14 de septiembre, 1962. Con motivo de una reunión informal de cancilleres latinoamericanos en Washington, el Consejo Revolucionario de Cuba exhorta a las repúblicas de América a aplicar los convenios defensivos regionales (Tratado de Río de Janeiro y otros) para rechazar la intervención militar soviética en Cuba. Concluye el escrito del Consejo con esta admonición: «América está en peligro. Fuerzas enemigas asaltan su territorio y siembran la miseria, el terror y la muerte. Que se unan los que estén dispuestos a afrontar este reto y a demostrar en el campo de batalla de Cuba que la esclavitud comunista no puede existir en este continente de libertad...»[83]

17 de septiembre, 1962. Alarmados por los informes que recibíamos de Cuba sobre la llegada de numerosos militares soviéticos y misiles, y conturbados por la pasividad de la Casa Blanca, Manuel Antonio de Varona y yo, a nombre del Consejo Revolucionario, decidimos cabildear en el Congreso. El objetivo que perseguimos era lograr una resolución conjunta que obligase al Ejecutivo (Kennedy) a rechazar militarmente, con el concurso de otros países de América, la intervención soviética en nuestra isla y «asegurarle al pueblo de Cuba su derecho inalienable a la libre autodeterminación». Con el apoyo bipartita que nos dieron los congresistas George Smathers, Bourke B. Hickenlooper, Strom Thurmond y William Miller, la idea de la resolución conjunta cobró impulso. Tras amplio debate en la sesión del 17 de septiembre convocada

---

[82] Idem, Ob. Cit., págs. 1065-1066.

[83] Néstor Carbonell Cortina, Ob. Cit., págs. 244-245.

por los comités senatoriales de relaciones exteriores y de las fuerzas armadas, el pleno del Congreso aprobó una resolución conjunta que recogió la esencia de nuestra minuta. Dicha resolución fue firmada por el Presidente, con fuerza de ley, el 3 de octubre de 1962-76 Stat. 697.[84]

19 de septiembre, 1962. El Estimado Special de la Inteligencia Nacional («Special National Intelligencia Estimate») reitera que el propósito de la escalada militar soviética en Cuba es puramente defensivo –para proteger al régimen de Castro –, y no entraña una política radicalmente nueva respecto a Cuba. Asimismo, el informe señala que no se anticipa el establecimiento en Cuba de bases de misiles estratégicos o de submarinos por ser incompatibles con prácticas soviéticas.[85]

21 de septiembre, 1962. Los servicios de inteligencia de los Estados Unidos reciben informes fidedignos de Cuba sobre un convoy soviético que llevaba lo que parecían misiles de 65 a 70 pies de largo rumbo a la provincia occidental de Pinar del Río. Todos los detalles, ciudadosamente analizados del 23 al 28 de septiembre, indicaban que se trataba de misiles estratégicos de alcance medio.[86]

4 de octubre, 1962. Llega al puerto de Mariel, a bordo del buque de carga soviético Indigirka, el primer cargamento de ojivas y bombas nucleares para misiles y aviones IL-28: 45 ojivas nucleares SS4 y SS5, 36 ojivas FKR y todas las ojivas para los Luna e

---

[84] IDEM, págs. 248-251.
[85] FRUS, Ob. Cit., págs. 1070-1080.
[86] FRUS, Ob. Cit., págs. 1083-1084.

IL-28. Se desembarcó el equivalente de 45,500 kilotones de TNT, es decir, 25 veces el poder explosivo lanzado en Alemania por bombarderos aliados durante toda la Segunda Guerra Mundial.[87] Ese mismo día, 4 de octubre, en una reunión celebrada con el Grupo Especial a cargo del Plan Mongoose, Bobby Kennedy se queja airadamente de que no se habían puesto en práctica los planes de sabotaje en Cuba. El director de la CIA, John A. McCone, contesta que solamente se había implementado la fase inicial de inteligencia porque la Administración no había autorizado los sabotajes. Agrega McCone: «La falta de acción se ha debido principalmente a la vacilación del gobierno, renuente a promover actividades que pudieran involucrar a los Estados Unidos». Bobby Kennedy rechaza esa explicación y ordena considerar un aumento de los vuelos de reconocimiento sobre Cuba –que habían sido restringidos–, así como planes para dinamitar algunos puertos en la isla.[88]

5 de octubre. 1962. McCone se reúne con McGeorge Bundy, Asistente Especial para la Seguridad Nacional, a fin de examinar la situación en Cuba. Bundy le dice que no le preocupaba la restricción de los vuelos de reconocimiento sobre Cuba porque consideraba que la Unión Soviética no se arriesgaría a establecer en Cuba una fuerza militar con capacidad ofensiva. Asimismo asevera que Estados Unidos tenía que escoger entre «tomar a Cuba militarmente (opción intolerable a juicio de Bundy), o aprender a vivir con Castro y su Cuba, ajustando nuestra política de conformi-

---

[87] Aleksander Fursenko, Timothy Naftali, Ob. Cit., pág. 217.
[88] CIA Documents on the Cuban Missile Crisis, 1992, págs. 111-112.

dad».[89]

11 de octubre, 1962. John A. McCone le enseña al Presidente Kennedy fotografías de embalajes que a todas luces contenían bombarderos soviéticos IL 28. «El Presidente pide que dicha información sea guardada por lo menos hasta después de las elecciones [en noviembre], porque si caía en manos de la prensa crearía una nueva y violenta controversia sobre Cuba en la campaña, y eso afectaría seriamente su independencia de acción».[90]

14 de octubre, 1962. Tras suspender los vuelos de reconocimiento sobre Cuba del 5 al 26 de septiembre para evitar incidentes, y en los primeros días de octubre por mal tiempo, Washington reanuda dichos vuelos el 14 de ese mes. La misión consistió en fotografiar una zona de la provincia de Pinar del Río en la que, desde mediados de septiembre, los soviéticos estaban construyendo sigilosamente lo que parecía ser, según informes locales, una base de misiles estratégicos. La zona en cuestión lindaba con los pueblos de San Cristóbal, San Diego de los Baños, Consolación del Norte y Las Pozas, y estaba ubicada en la finca «La Güira» del Dr. José Manuel Cortina. Las fotografías tomadas sobre esa finca por un avión U-2 de los Estados Unidos fueron las primeras en confirmar la existencia en Cuba de las bases de misiles ofensivos de alcance medio e intermedio que desencadenaron la Crisis de los Cohetes.[91] Ese mismo día, el Asistente Especial para la Seguridad Nacional, McGeorge Bundy, formula en el programa de televisión «Issues and Answers» lo siguiente:

---

[89] IDEM, págs. 115-116.
[90] IDEM, pág. 123.
[91] IDEM, págs. 103-104.

«...Yo sé que no hay actualmente ninguna evidencia y creo que no hay probabilidad de que... el gobierno cubano y el gobierno soviético traten en combinación de instalar una gran capacidad ofensiva... Hasta ahora, todo lo que le han entregado a Cuba cae dentro de la categoría de ayuda que la Unión Soviética le ha suministrado, por ejemplo, a estados neutrales como Egipto e Indonesia, y no me sorprendería ver más asistencia militar de este tipo. Esto no va a convertir a una isla de seis millones de habitantes, con cinco o seis mil técnicos y especialistas soviéticos, en una amenaza mayor para los Estados Unidos..».

16 de octubre, 1962. El Presidente se reúne en la Casa Blanca con los integrantes de lo que se llamaría el «Ex-Comm» –Comité Ejecutivo del Consejo de Seguridad nacional. El Presidente graba la discusión sin que los demás se enteren (con excepción de su hermano Bobby). Allí se presentaron las pruebas fotográficas indubitables de bases de cohetes estratégicos en Cuba, con potencia nuclear, capaces de obliterar grandes ciudades en los Estados Unidos y otros países del hemisferio.

Inicialmente, el Presidente parece no darle mayor significación a esos emplazamientos. «Pudiera decirse que no hay ninguna diferencia entre ser arrasado por un ICMB (cohete intercontinental) o por uno a noventa millas de distancia» –opinó Kennedy. «La geografía no importa tanto».

El General Maxwell Taylor le explica al Presidente lo que significaba, desde un punto de vista estratégico-militar, la proximidad de cohetes nucleares rusos apuntando a la sien. Otros funcionarios, como el Secretario Adjunto de Estado, Edwin Martin, y el Secretario de Hacienda, Douglas Dillion, hacen hincapié en los efectos psicológicos que producirían dichos emplazamientos si fuesen tolerados por los Estados Unidos. A juicio de ellos, la pasividad de Washington sería interpretada como miedo.

En el curso zigzagueante de la discusión se formularon ideas descabelladas, como la expuesta por el Secretario de Estado Dean Rusk de avisarle a Castro, por conducto del Embajador de Canadá en La Habana, que «Cuba está siendo sacrificada, y que los soviéticos se están preparando para destruirla o traicionarla..».

El Presidente reconoce que se habían equivocado respecto a las pretensiones de Kruschov en Cuba. «Si –acota McGeorge Bundy–, con excepción de McCone». Después agrega Kennedy: «Quizás nuestro error fue no haberles dicho [a los rusos] antes del verano, si ustedes hacen eso, nosotros actuaremos de esta forma. Acaso no habrían llegado tan lejos».

Tras varias horas de deliberación, el Presidente se convence de que había que desmantelar o destruir las bases de cohetes estratégicos, y le pide al Ex-Comm que le presentara opciones para lograr ese objetivo.[92]

18 de octubre, 1962. El Ministro de Relaciones Exteriores de la Unión Soviética, Andrei Gromyko, se reúne con Kennedy en la Casa Blanca y le ratifica que la ayuda militar rusa a Cuba era puramente defensiva para protegerla de nuevos intentos de agresión. El Presidente le dice a Gromyko que en su reunión con Kruschov, él [Kennedy] reconoció que la invasión del 17 de abril de 1961 [Bahía de Cochinos] había sido un error, y si Kruschov, en vez de enviar armas a Cuba le hubiese pedido una garantía de no invasión por parte de los refugiados o de Estados Unidos, él (Kennedy) se la hubiera dado. El Presidente no habló de las pruebas fotográficas de los misiles estratégicos descubiertos en Cuba,

---

[92] Kennedy Library, President's Office Files, Presidential Recordings, Transcripts.

pero reiteró la advertencia contenida en su declaración del 4 de septiembre.[93]

16 al 22 de octubre, 1962. Fotografías e informes de inteligencia adicionales permitieron discernir con mayor precisión las implicaciones de la escalada soviética. Teniendo en Cuba 24 plataformas de lanzamiento de cohetes MRBM y 16 de IRBM, con bases en San Cristóbal, Guanajay, Sagua la Grande y Remedios, la Unión Soviética podía neutralizar el sistema defensivo nuclear de Estados Unidos (que requería de una alerta de por lo menos 15 minutos), y aumentar en un ochenta por ciento su capacidad para asestar el primer golpe nuclear («nuclear first strike capability»).

Las diversas opciones debatidas por el OF-COMM para hacerle frente a la crisis se redujeron a dos. Una de ellas contemplaba ataques aéreos masivos para destruir las bases con anterioridad a una posible invasión (opción apoyada por los jefes militares, McCone, el ex-Secretario de Estado Dean Acheson, y dos influyentes senadores consultados, Richard Russell y William Fullbright). La otra opción, recomendada por la mayoría de los asesores civiles de Kennedy, incluyendo a su hermano Bobby a quien le atormentaba el recuerdo de Pearl Harbor, consistía en un bloqueo naval de la isla.

El Presidente se decidió por el bloqueo naval, llamado «cuarentena», a fin de darle una salida airosa a Kruschov, pero sin excluir una acción militar.[94]

---

[93] Foreign Relations of the United States [FRUS] 1961-1963, Volume XI, 1996, págs. 110-114.

[94] IDEM, págs. 94-161.

22-27 de octubre, 1962. El 22, el Presidente Kennedy se dirige a la nación y al mundo. Su alocución fue electrizante. Describe con dramática claridad la crisis creada por los emplazamientos secretos de misiles soviéticos en Cuba. Anuncia el bloqueo naval de la isla a punto de ser implementado. Previene a Moscú de las posibles consecuencias si persistía en su curso suicida, y lo hace directamente responsable de cualquier ataque nuclear que provenga de Cuba. Y concluye su mensaje con esta tersa admonición: «El precio de la libertad es siempre alto, pero los americanos siempre lo han pagado. Y hay un camino que jamás tomaremos, y es el camino de la rendición o el sometimiento». Avalan las palabras del Presidente la movilización terrestre, aérea y naval –convencional y nuclear– más gigantesca desde la invasión a Normandía a la fecha. En los días subsiguientes, Adlai Stevenson despliega dramáticamente en la ONU las pruebas fotográficas de las bases de misiles soviéticos en Cuba, y Estados Unidos recibe el respaldo unánime de los miembros de la OEA y de la OTAN.

Cuando Kennedy anuncia el bloqueo naval, 30 barcos del bloque soviético se dirigían a Cuba. Éstos incluían 4 submarinos Foxtrot, 4 barcos con misiles de alcance intermedio (IRBM), y el buque Aleksandrovsk, que llevaba 24 ojivas nucleares para los misiles IRBM y 44 para los misiles «cruise». Estas embarcaciones llegaron a la isla antes de la fecha efectiva del bloqueo (24 de octubre). Algunos de los otros barcos regresaron a sus puertos de origen. Castro, por su parte, coloca a Cuba en pie de guerra y moviliza a 350,000 soldados y milicianos. Raúl Castro se hace cargo de la provincia de Oriente y el Che Guevara de la provincia de Pinar del Río. Éste último establece su cuartel general en la cueva Los Portales de la finca La Güira.

Kennedy por fin autoriza vuelos de reconocimiento sobre Cuba a baja altura. Éstos confirman que todos los misiles de alcance medio (MRBM) ya estaban emplazados y muy pronto podían ser operables. Con tal motivo, Washington acelera los preparativos para bombardear las bases de los misiles y para invadir la isla, si fuese necesario. Asimismo, Adam Yarmolinski, Asistente Especial del Secretario de Defensa, y oficiales del Pentágono ultiman los planes de contingencia discutidos con Miró Cardona, Manuel Antonio de Varona y Ernesto Despaigne, asesor militar del Consejo Revolucionario de Cuba. Estos planes incluían la movilización de las unidades cubanas que estaban siendo entrenadas en Fort Knox, el reclutamiento adicional de exiliados, la incorporación de médicos cubanos disponibles, y el traslado a Cuba, junto con las fuerzas expedicionarias, de los miembros del Consejo Revolucionario y demás figuras del exilio seleccionadas por Miró para integrar el gobierno provisional.

En una de las juntas celebradas en Washington en esos días, el director de la CIA, John McCone, al abogar por la invasión a Cuba, insiste en que la meta de las acciones de Estados Unidos debía ser el derrocamiento de Castro. El Presidente no está de acuerdo y puntualiza: «El objetivo principal no es remover a Castro, sino eliminar la amenaza de los misiles soviéticos». Y después añade Kennedy: «Sacaremos los misiles estratégicos invadiendo a Cuba o negociando ('trading')».

Paralelamente a los preparativos de guerra, Washington y Moscú exploran una solución negociada mediante cartas (a veces contradictorias las de Nikita Kruschov), conversaciones entre Bobby Kennedy y el embajador soviético en Washington, Anatoly Dobrynin, gestiones mediadoras del secretario general la ONU, U Thant, y mensajes de emisarios o «periodistas»: George Bolshakov, Alekander Feklisov, Charles Bartlett, Frank Holeman y John

Scali. Entre los puntos negociables que fueron esbozados figuran: desmantelamiento de los misiles estratégicos bajo la supervisión de la ONU; compromiso de no introducir de nuevo armas ofensivas en Cuba; garantía por parte de los Estados Unidos de no invadir a Cuba, y desmantelamiento de los misiles 'Jupiter' en Turquía.[95]

27 de octubre, 1962. En este día se produce un hecho que a poco descarrila las negociaciones y precipita la acción militar de los Estados Unidos. El teniente general Grechko, segundo en mando en Cuba a cargo de la cohetería soviética, creyendo que la invasión norteamericana era inminente, autoriza derribar un avión U-2 que volaba sobre Guantánamo. Cae el avión y muere el piloto Rudolf Anderson.

Unas horas antes, Fidel Castro le dirige una carta a Kruschov en la que le pide que lance el primer ataque nuclear contra Estados Unidos, en legítima defensa, si Washington ordena invadir a Cuba. (Tres días después, Kruschov le contesta a Castro: «Nosotros no estamos luchando contra el imperialismo para morir...»...)

Al enterarse del derribo del avión U-2, los asesores militares de Kennedy aconsejan contra-atacar de inmediato. El Presidente decide esperar un poco. Ello no obstante, los militares avanzan con los preparativos. En Miami, Miró Cardona es llamado a una reunión urgente con el «Cuban Task Force» designado por Kennedy. Se le comunica a Miró que la invasión, precedida de ataques aéreos a las bases de cohetes, parecía inevitable. Miró plantea, a nombre del Consejo Revolucionario, tres condiciones: 1) desem-

---

[95] FRUS, Volumen XI, Ob. Cit., págs. 162-251; Aleksandr Fursenko y Timothy Naftali, Ob. Cit., págs. 241-271; Néstor Carbonell Cortina, Ob. Cit., págs. 256-257.

barco del Consejo con unidades cubanas incorporadas a las fuerzas expedicionarias; 2) reconocimiento inmediato de un gobierno cubano en armas; y 3) proclama de Miró difundida por radio al pueblo de Cuba al momento del desembarco. A su regreso de esa junta, Miró me pide que redacte la proclama al pueblo de Cuba –misión que cumplo encerrado en un cuarto de su casa.[96]

28 de octubre - 20 de noviembre, 1962. Kennedy decide no actuar militarmente tras recibir confirmación de Kruschov de que estaba dispuesto a desmantelar las bases de misiles estratégicos. Como contrapartida, Kennedy renuncia a la inspección «in situ». Sólo se efectuó el destape de los misiles en alta mar mediante una operación que algunos calificaron ingeniosamente de «striptease». No se pudo, pues, inspeccionar las cuevas y túneles, previamente acondicionados, donde se sospechaba que quedaban cohetes de diverso tipo.

Kennedy también acordó secretamente (sin notificar a los aliados), desmantelar los misiles «Jupiter» en Turquía. Asimismo, otorgó una garantía de que Estados Unidos no invadiría a Cuba ni permitiría ningún ataque contra Cuba, desde su territorio o desde el territorio de cualquiera otra nación en este hemisferio.
El pacto Kennedy-Kruschov no incluyó la retirada de los 40,000 soldados y técnicos militares rusos que se encontraban en la isla. Esto le permitió al Kremlin rotarlos y retirarlos paulatinamente, dejando en la isla durante varias décadas una brigada mecanizada de combate y varios miles de técnicos militares.
El pacto tampoco incluyó una clara definición de las llamadas

---

[96] FRUS, Volumen XI, Ob. Cit., pág. 267; Néstor Carbonell Cortina, Ob. Cit., pág. 260-262.

armas y bases «ofensivas» que estarían vedadas en Cuba. Esto hizo posible que Moscú, tras retrasar la retirada de los IL-28, desplazara posteriormente a la isla submarinos atómicos, bombarderos TU-95 que rastreaban toda la costa occidental de los Estados Unidos, y equipos de espionaje electrónico de la más alta tecnología. Estos equipos fueron instalados en una base cerca de La Habana operada hasta la década de los 90 por los rusos.[97]

A los ojos de casi todo el mundo, Kennedy había evitado una guerra nuclear y logrado a la vez que los soviéticos capitularan en Cuba. Hazaña aparentemente gigantesca del Presidente que muchos consideraron «su hora más brillante». Pero a la luz de los antecedentes de la crisis a que he hecho referencia, apoyado en documentos oficiales recientemente desclasificados, y tomando en cuenta las consecuencias de su desenlace, el Presidente y su administración no salen bien parados. Veamos.

Primero. Concentrados en Berlín y convencidos de que la Unión Soviética no se atrevería a emplazar misiles estratégicos en Cuba, Kennedy y casi todos sus asesores les negaron validez y significación a las reiteradas advertencias del director de la CIA, John McCone, a las denuncias certeras de Kenneth Keating y otros senadores, a los informes de inteligencia remitidos por personal especializado de embajadas europeas en Cuba, y a los datos alarmantes de la escalada militar soviética que el Consejo Revolucionario y otras organizaciones y personalidades del exilio les proporcionaron.

---

[97] FRUS, Volumen XI, Ob. Cit., págs. 293-564; Aleksandr Fursenko, Timothy Naftali, Ob. Cit., págs. 15-17; Néstor Carbonell Cortina, Ob. Cit., págs. 269-273.

Segundo. Kennedy y sus asesores restringieron y a veces suspendieron por largos períodos vuelos de reconocimiento sobre Cuba, lo que vino a dilatar peligrosamente la obtención de las pruebas fotográficas de los misiles.

Tercero. Múltiples planes de acción militar de todo tipo fueron elaborados en Washington antes de que estallara la crisis –desde sabotaje hasta tiranicidio, desde apoyo a los exiliados y a los opositores en Cuba hasta la intervención armada de los Estados Unidos. Mas estos planes («Mongoose» y otros) nunca fueron plenamente implementados por temor de la Casa Blanca a repercusiones en Berlín y otros países. Esto le permitió a la Unión Soviética llevar a cabo su escalada militar en Cuba sin mayor interferencia y prestarle la ayuda necesaria al régimen de Castro para acorralar y liquidar a los alzados en el Escambray y otras áreas de Cuba.

Cuarto. Cuando McCone le presenta a Kennedy pruebas convincentes de bombarderos y otras armas estratégicas en Cuba, el Presidente le pide que las guarde hasta después de las elecciones en noviembre. Es decir, Kennedy antepuso el interés electoral a la seguridad nacional.

Quinto. El acuerdo de Kennedy de retirar los misiles «Júpiter» de Turquía, sin notificar a los otros miembros de la OTAN, y su garantía de no invadir a Cuba decepcionó a los aliados que lo apoyaron sin valición durante la crisis, especialmente Charles de Gaulle. Según el respetado periodista norteamericano, C. L. Sulzberger, el presidente de Francia razonó de esta forma: «Si los americanos no están dispuestos a pelear por Cuba a 90 millas de los Estados Unidos, tampoco pelearán por Europa a 3,500 millas de distancia». Como bien apuntó Sulzberger, esta conclusión llevó a de Gaulle a desvincular parcialmente a Francia de la OTAN y a desarrollar su propia fuerza nuclear.[98]

Sexto. A pesar de la enorme superioridad militar de los Estados Unidos durante la Crisis de los Cohetes, Kennedy ni siquiera logró en su negociación el «statu quo ante». La Unión Soviética y Castro se quedaron con una Cuba que, aún sin misiles estratégicos, contaba con muchas más armas, soldados y técnicos militares rusos que los que había en la isla antes de la crisis. Una Cuba sovietizada y protegida por una garantía norteamericana de no invasión, extensiva a los exiliados, que de hecho les otorgaba a Castro y al Kremlin una patente de corso para la subversión impune.

Séptimo. Las consecuencias del pacto Kennedy-Kruschov fueron funestas para nuestra causa y el Mundo Libre. Los exiliados quedaron maniatados y sus operaciones de comando llegaron a prohibirse. Se disolvió el Consejo Revolucionario, y el apoyo norteamericano a la resistencia en Cuba se fue reduciendo progresivamente hasta eliminarse. Castro, enfadado inicialmente por la retirada de los misiles soviéticos, fue recibido al año siguiente como héroe en Moscú y su régimen pudo consolidarse con la ingente ayuda económica, técnica y militar de la Unión Soviética.

Octavo. Protegida por la coraza soviética y el protectorado norteamericano, Cuba pasó a ser una base intocable para promover actividades militares y subversivas de los comunistas en diversas partes del mundo –desde el Cuerno de África hasta la Cuenca del

---

[98] C. L. Sulzberger, *International Herald Tribune*, 3 de marzo de 1986.

Caribe, desde el Río Grande hasta la Patagonia. El pacto Kennedy-Kruschov, justo es decirlo, no fue carta de triunfo de Washington, sino de miope claudicación. No fue fórmula de paz, sino de apaciguamiento. No le puso fin a la verdadera crisis (permanencia en Cuba de un régimen agresivo comunista apoyado por Moscú), sino permitió que dicho régimen se consolidara y convulsionara todo el continente, barrenando las democracias y sembrando por doquier odio, violencia y destrucción. Por todas estas razones, cabe decir que el pacto Kennedy-Kruschov fue, a la luz de su infausta secuela, el Münich de América.

John A. McCone, director de la CIA, alarmado por la escalada militar soviética en Cuba, trató infructuosamente de impedirla.

El Presidente John F. Kennedy, quien ordenó no divulgar los informes de inteligencia sobre los misiles en Cuba, ni tomar medidas preventivas.

Secuela de la Crisis de los Cohetes y del Pacto K-K

Avión soviético TU-95 Tupolev Bear, basado en Cuba, penetrando el área defensiva de los Estados Unidos cerca de Virginia. Lo intercepta (arriba) un F-4 Phanton II norteamericano.

Submarino soviético Foxtrot operando desde Cuba.

En 1963, tras la Crisis de los Cohetes, Kruschov le rinde tributo a Fidel Castro, como héroe, en la Plaza Roja de Moscú. Allí Castro exclamó: «¡Gracias, Lenin!». (AP / Wide World Photos).

Castro disfrutando de su largo recorrido por la Unión Soviética en 1963.

(Fotos de *Paris Match*)

EL RÉGIMEN DE CASTRO ANTE LA OEA
Cómo se le expulsó del Sistema Interamericano

A principios de 1975, soplaban vientos de apaciguamiento y contemporización con Castro en diversas capitales de América. Concluida la guerra en Vietnam, se empezaba a hablar, prematura e ingenuamente, del fin de la Guerra Fría. Washington desarrollaba una política de «benign neglect" (descuido benigno) hacia Latinoamérica, y la Cuba de Castro parecía no constituir una amenaza hemisférica para algunos asesores ciegos o ilusos.

Esto dio pie para que varias cancillerías que coqueteaban con Castro lanzaran el globo del «pluralismo ideológico» para tratar de justificar el regreso a la O.E.A. del régimen marxista-leninista de Cuba.

La urgente movilización de figuras representativas del exilio pudo evitar que esto ocurriera. Mi contribución a la exitosa campaña librada fue un ensayo, publicado en serie en el Diario Las Américas, que le dio perspectiva histórica al tema candente que se debatía. He aquí el texto completo del escrito.

La Organización de Estados Americanos, al reconsiderar próximamente el caso de Cuba, decidirá si subsiste como alianza regional –la más antigua del Mundo Libre– o si desaparece bajo el influjo disolvente del llamado pluralismo ideológico, invocado como subterfugio para consagrar la permanencia y expansión del régimen comunista de Cuba, negación de todos los principios y convenios en que se funda el sistema interamericano.

Levantamiento de sanciones

Se alega para justificar el levantamiento de las sanciones colectivas impuestas al régimen de Castro que éstas no han sido eficaces. Si por eficacia se entendiese únicamente el derrocamiento del régimen cubano, dicho alegato tendría fundamento. Aunque interesa destacar que nunca se pensó que el aislamiento parcial, por sí solo, fuese suficiente para erradicar un sistema totalitario que se asienta en el terror y en el apoyo masivo del mundo comunista.

Las sanciones, sin embargo, han tenido cierto valor como dique de contención y evidencia tangible de condenación moral. Plantear ahora el levantamiento de las sanciones impuestas al régimen transgresor de Castro porque no han sido plenamente eficaces, sería tan absurdo como liberar y perdonar a delincuentes reincidentes por carecer de medios efectivos para reprimir sus crímenes.

Ilusiones engañosas

Pero es que se afirma que la Guerra Fría ha terminado; que los enfrentamientos ideológicos no tienen sentido en esta era pragmática de balanza de poderes; que la Unión Soviética y sus satélites, incluyendo a Cuba, han renunciado a sus afanes agresivos y expansionistas, y ansían hoy la coexistencia pacífica.

Esas son ilusiones engañosas de quienes aplauden la paz negociada en el Oriente sin escuchar el cañoneo implacable de los comunistas, que continúan sembrando muerte y destrucción en los campos y ciudades de Vietnam del Sur y de Cambodia.

Mas, no es en las trincheras abiertas del enfrentamiento bélico donde realmente se manifiesta la peligrosidad de los comunistas, sino en los frentes oscuros de la lucha clandestina, el espionaje, el terrorismo y la infiltración política. El régimen de Castro, por su propia naturaleza, no abandonaría esos frentes, aunque temporalmente encubra o limite su apoyo directo a las guerrillas y hasta modere su lenguaje. Le bastaría, por el momento, la labor subrepticia de agentes subversivos entrenados y armados en Cuba, y la penetración comunista en los sindicatos, universidades y gobiernos latinoamericanos, que sería dirigida desde las mismas embajadas.

Negociaciones con Castro

Queda finalmente el argumento de que Castro es hoy una realidad en América, y no pudiendo derribarlo mediante una acción colectiva debido a las implicaciones internacionales de un choque con la Unión Soviética, sólo procede reconocer su permanencia y negociar con él.

Si lo que se desea es un enfoque realista de la situación cubana, digamos toda la verdad, aunque nos duela. Y la verdad es que en múltiples oportunidades el gobierno de Estados Unidos, acompañado a veces por gobiernos latinoamericanos, ha tratado de negociar con el régimen castrista, directamente o a través de los rusos. Y Washington ha tomado más en serio los intentos privados de negociación que los propósitos ostensibles de liberación.

Así se concibe que los demócratas cubanos hayan carecido de los recursos bélicos necesarios para triunfar. Así se comprende por qué algunos gobiernos de América no encontraron en Washington el firme respaldo que esperaban para la acción colectiva y el reconocimiento de la beligerancia de los cubanos. Así se explica que la Unión Soviética, maestra en el arte de la perfidia y el engaño, haya podido establecer un formidable bastión comunista dentro del perímetro defensivo de los Estados Unidos y aspire hoy a que se le otorguen las prerrogativas del reconocimiento diplomático y los dólares de una nueva Alianza para el Progreso.

La negociación con el régimen de Castro no es, pues, un fenómeno nuevo. Sólo que una negociación en la actualidad, después de innumerables acuerdos regionales que declaran la incompatibilidad del comunismo con el sistema interamericano y de compromisos solemnes contraídos por Washington de apoyar a los cubanos amantes de la libertad, le permitiría a Castro emerger fortalecido del ostracismo hemisférico y presentarse como el héroe que derrotó a Estados Unidos, soslayó a la O.E.A., rompió el cerco del aislamiento impuesto por el «imperialismo», y convirtió en realidad el mito contagioso de la inevitabilidad del triunfo comunista.

Y esto sucedería en un continente que dispone de una coraza de tratados y convenios para rechazar la intervención del comunismo internacional. De un continente que llegó a dictar la máxima sentencia condenatoria contra el régimen agresor de Castro, pero que le faltó la visión o el valor para ejecutarla en nombre de la libertad y de los principios más elementales de seguridad y legítima defensa.

Verdades de un proceso

Analicemos ahora el proceso reciente de la O.E.A. y los acuerdos regionales adoptados en relación con el caso de Cuba; un proceso de gran interés en esta hora sombría de claudicaciones.

Durante gran parte de esta etapa diplomática, nos correspondió el altísimo honor de asumir la representación de la Cuba cautiva, pero insumisa, en unión de compatriotas muy distinguidos. Por la propia índole de las gestiones diplomáticas, nuestra labor se desarrolló casi siempre en forma callada y discreta. Hoy, en vísperas de la Conferencia de Cancilleres más transcedental de estos últimos tiempos, no podemos permanecer en silencio. Apoyados en amplia documentación que obra en nuestros archivos, procederemos al relato de los hechos, sin otro afán que el de difundir la verdad y sin otro compromiso que el de nuestra propia conciencia.

Conferencia de Santiago de Chile (1959)

La Quinta Reunión de Consulta de Ministros de Relaciones Exteriores se celebró en Santiago, Chile, del 12 al 18 de Agosto de 1959. El programa de la Reunión comprendió dos puntos fundamentales:
1) Consideración de la situación de tensión internacional en la región del Caribe.
2) Ejercicio efectivo de la democracia representativa y respeto de los derechos humanos.

Tensión en el Caribe

La tensión en el Caribe, durante los primeros meses de 1959, había sido originada por expediciones armadas y otros actos de intervención por parte del régimen de Castro, en Panamá (abril), Nicaragua (junio), República Dominicana (junio) y Haití (agosto).

Después de amplias deliberaciones, los cancilleres concluyeron que existía una tensión internacional, pero sin señalar responsabilidades; hicieron un llamado a los pueblos y a los gobiernos de América para que depusieran toda actitud que pudiera comprometer la paz y la seguridad; recomendaron la estricta observancia del principio de no intervención, y le encomendaron a la Comisión Interamericana de Paz que estudiara métodos y procedimientos para evitar actividades encaminadas a derrocar gobiernos constituidos o a suscitar casos de intervención o agresión.

Raúl Roa, en nombre del régimen de Castro, suscribió esta Resolución sobre la tensión en el Caribe, no sin antes señalar en su discurso que «no se consideró intervención cuando las fuerzas de Fidel Castro salieron de México para iniciar el movimiento contra el gobierno de Fulgencio Batista». Y unos días después, a su regreso a La Habana, agregó: «Los exiliados tienen derecho a combatir por la liberación de sus patrias sojuzgadas, con la consiguiente obligación de los gobiernos democráticos de ampararlos» –doctrina que Roa impugnó convenientemente cuando se produjo el desembarco de exiliados cubanos en Bahía de Cochinos.

Ejercicio de la democracia representativa

En cuanto al ejercicio efectivo de la democracia representativa, los cancilleres fueron más explícitos. Con la mirada puesta en

Trujillo, más que en Castro, suscribieron la llamada Declaración de Santiago de Chile que postula el imperio de la ley, la independencia de los poderes del Estado, la celebración periódica de elecciones libres, el respeto a los derechos humanos, la prohibición del uso sistemático de la proscripción política y la libertad de prensa e información.

Roa también firmó esta Declaración después de hacer los siguientes pronunciamientos en impúdica defensa de la democracia: «Nuestra revolución no está ni a la derecha ni a la izquierda de nadie. Está frente a todas. No es una tercera, cuarta o quinta posición. Equidista de las estructuras totalitarias y pseudo-democráticas de poder y cuya divisa, de acendrado sentido humanista, es la libertad con pan, pan sin terror». Después agregó: «Iremos a las elecciones, sí, a la mayor brevedad posible, pero cuando lo permita el afianzamiento de la revolución». Y con énfasis concluyente formuló el siguiente enunciado: «El gobierno cubano es partidario de la acción colectiva en defensa de los principios de la democracia representativa y del respeto absoluto a los derechos humanos».

Muchos de los cancilleres creyeron entonces en las palabras de Roa y las refrendaron con una ovación. Así concluyó la Conferencia de Santiago –entre aplausos e infundadas esperanzas.

Retos y amenazas

El optimismo producido por la Conferencia de Santiago de Chile se esfumó rápidamente. Lejos de respetar los derechos humanos y los principios de la democracia representativa, Castro aceleró en Cuba la regimentación de la vida humana dentro de un molde totalitario y bajo un clima de terror.

En el campo internacional, continuaron los actos de intervención que provocaron la expulsión de agentes subversivos de Castro, acreditados como embajadores o funcionarios diplomáticos, en países como Venezuela (diciembre, 1959 y julio, 1960), Guatemala (abril, 1960) y Nicaragua (junio, 1960).

Durante la exposición soviética efectuada en La Habana en febrero de 1960, el Viceprimer Ministro de la Unión Soviética, Anastas Mikoyan, viajó a Cuba y celebró con Castro un Convenio de Intercambio Comercial y un Convenio de Crédito por cien millones de dólares. Como resultado de este último Convenio, Castro contrajo el compromiso político de votar en la O.N.U. de acuerdo con la Unión Soviética. Estos fueron los dos primeros eslabones de una larga cadena de más de 72 convenios, acuerdos y protocolos celebrados en 1960 y 1961 entre el régimen de Castro y los países de la Cortina de Hierro.

En un discurso pronunciado el 28 de marzo de 1960, Fidel Castro reflejó el propósito de separar a Cuba del sistema interamericano al declarar categóricamente que la Revolución no había suscrito el Tratado Interamericano de Asistencia Recíproca y que, por consiguiente, no estaba obligada por sus estipulaciones.

Esta afirmación alarmó al continente, pero lo que vino a estremecerlo fue el reto inaudito contenido en las siguientes declaraciones formuladas por Nikita Kruschov el 9 de julio de 1960: «Los artilleros soviéticos pueden apoyar al pueblo cubano con el fuego de sus cohetes, si las fuerzas agresivas del Pentágono se atreven a iniciar una intervención contra Cuba».

«Como han demostrado las últimas pruebas de cohetes soviéticos, estos pueden dar en el área del blanco desde una distancia de 13,000 kilómetros».

«Por nuestra parte, usaremos todo para apoyar a Cuba en su justa lucha por la libertad, ganada por el pueblo cubano bajo la conducción de su héroe nacional: Fidel Castro».

Ensoberbecido por el apoyo nuclear ofrecido por la Unión Soviética, Castro declaró el 26 de julio de 1960 que convertiría a la Cordillera de los Andes en la Sierra Maestra del Continente Americano. Y agregó después: «Si nos quieren acusar de promover revoluciones en toda la América, que nos acusen».

Conferencia de San José de Costa Rica (1960)

Ante estos desafíos reiterados y sus gravísimas implicaciones para todo el hemisferio, el gobierno del Perú, previa consulta con otros gobiernos de América, solicitó la convocación a una Reunión de Consulta de Ministros de Relaciones Exteriores (la Séptima) con el objeto de «considerar las exigencias de la solidaridad continental, la defensa del sistema regional y de los principios democráticos americanos ante las amenazas que puedan afectarlos».

Se acordó celebrar la Séptima Reunión de Consulta del 22 al 29 de agosto de 1960, en San José, Costa Rica. La convocatoria no se hizo al amparo del Tratado Interamericano de Asistencia Recíproca, que es el único instrumento regional que autoriza la adopción de sanciones, sino de conformidad con los artículos 39 y 40 de la Carta de la OEA, que únicamente permiten «considerar» situaciones urgentes de interés general.

Castro se sentía seguro. Sabía de antemano que en la Reunión de Consulta no se tomarían medidas punitivas contra el régimen cubano. Por eso Roa se refirió a los convenios regionales como «puro papel mojado» y a la O.E.A. como «Ministerio de Colonias de Estados Unidos». Por eso llegó a afirmar el 7 de agosto de 1960 que «si en esa Conferencia se pudieran obtener votos suficientes para aprobar una resolución condenatoria a Cuba, evidentemente nos reiríamos de esto, porque ya antes habríamos denunciado todas las maquinaciones».

Representación del Exilio Cubano

El Frente Revolucionario Democrático, constituido en junio de 1960 para impulsar la lucha contra el régimen de Castro, envió a San José una delegación integrada por los señores José Ignacio Rasco, Eric Agüero, Alberto Muller, Enrique Llaca Orbiz, Angel de Jesús Piñera, Bernardo Maristany y el que estas líneas escribe. Nuestra misión era contrarrestar la campaña de falsedades que iba a desatar Roa en San José y tratar de influir sobre los cancilleres a fin de que, al menos, se rechazara la intervención de la Unión Soviética en este hemisferio y se condenara al régimen de Castro.

Al llegar cuatro de nosotros a San José en un vuelo de LACSA directo de Miami, las autoridades del aeropuerto no nos admitieron en el país, a pesar de tener nuestros pasaportes y visas en regla y de portar credenciales especiales expedidas por el *Diario de la Marina*, *Prensa Libre* y *Avance* (en el exilio). Se nos obligó a regresar al mismo avión que nos trajo a San José. A punto de iniciarse el despegue, don Ricardo Castro Beche, Director del periódico La Nación de Costa Rica, a petición del Dr. Alberto Inocente Álvarez, ex Canciller de Cuba, garantizó nuestra permanencia en el país y, acompañado de miembros de la fuerza pública, pudo detener el avión que ya se deslizaba por la pista. Así pudimos asistir a la Conferencia de Cancilleres y evitamos un viaje imprevisto a La Habana, ya que el vuelo de LACSA, a su regreso a Miami, hacía escala en Cuba. De esto nos enteramos después de haberse resuelto el incidente...

Representación de la Cuba del destierro en la Conferencia de Cancilleres de San José, Costa Rica, en agosto de 1960. De izquierda a derecha, Ángel de Jesús Piñera, Bernardo Maristany, Alberto Muller, Enrique Llaca Orbiz, José Ignacio Rasco, Eric Agüero Montoro, Néstor Carbonell Cortina y una persona no identificada.

Momento en que Don Ricardo Castro Beche, director del periódico *La Nación* de Costa Rica evita la expulsión de los exiliados cubanos. De izquierda a derecha, Enrique Llaca Orbiz, Néstor Carbonell Cortina, Ángel de Jesús Piñera, Don Ricardo Castro Beche y Alberto Muller (ambos de espalda).

Esfuerzos conciliatorios

Al iniciarse la Conferencia, había un ambiente de avenencia y cordialidad hacia Castro, muy distinto a la atmósfera punitiva y hostil que reinó durante la Sexta Reunión de Consulta, celebrada previamente en San José, en la que se adoptaron sanciones colectivas contra Trujillo. Fue designado presidente de la Comisión General, Julio César Turbay Ayala, Canciller de Colombia, quien subrayó el contraste entre la Sexta y la Séptima Reunión de Consulta. Dijo Turbay al asumir la presidencia: «Si en la Sexta Conferencia actuamos en nuestra condición de jueces para aplicar las normas del Tratado Interamericano de Asistencia Recíproca de Río de Janeiro y tuvimos la fortuna de presentar un frente unido..., pienso que ahora, cuando no vamos a actuar de jueces sino como amigos, tendremos la misma oportunidad para demostrar que estamos dispuestos a agotar todos los recursos de la inteligencia para encontrar soluciones que restauren plenamente la armonía».

Quien realmente dio la nota tónica en la Conferencia fue Raúl Porras Barrenechea, Canciller del Perú, país que solicitó la convocatoria de la Séptima Reunión de Consulta. Después de un preludio histórico, Porras señaló que la convocatoria se había formulado «en términos de absoluta neutralidad y propósito de conciliación». Atribuyó la tensión existente en el Caribe a «factores, no sólo políticos, sino económicos, particularmente el desequilibrio entre las premiosas necesidades de nuestros pueblos y la escasez de recursos para satisfacerlas». Habló de la necesidad de establecer «nuevas estructuras de paz que traspasen el ya trillado camino de la buena vecindad y consagren una nueva armonía continental basada en la emancipación económica de nuestros pueblos». Al referirse a las amenazas de ruptura del sistema interamericano, le dio más importancia a las «tensiones surgidas entre Cuba y los

Estados Unidos» que a lo que calificó de «intromisión del Primer Ministro del gobierno soviético».

Se expresó en términos laudatorios de los principios de la revolución cubana «que significan una honda transformación económica, la mejora de los niveles de vida y una más justa distribución de la riqueza».

Y terminó su peroración con el siguiente mensaje pastoral: «Confiemos, como en el Evangelio de San Lucas, en que podamos andar juntos sin represión y que en ese alto plano de amistad podamos convertir los corazones de los rebeldes a la prudencia de los justos, para bien de América y de la humanidad».

El Canciller de Colombia, Turbay Ayala, en su conciliador y enjundioso discurso, invitó formalmente al gobierno de Cuba a someterse a la disciplina del sistema interamericano y propuso la creación de una comisión ad-hoc que se encargaría de prestar sus buenos oficios para el arreglo de las controversias entre Cuba y Estados Unidos. Casi todos los cancilleres se hicieron eco de esta propuesta.

Por su parte, el Canciller de México, Manuel Tello, hizo un paralelo entre la revolución cubana y la mexicana, y declaró lo siguiente: «No nos dejemos guiar por la impaciencia, como estuvieron a punto de hacerlo con México las repúblicas americanas en 1915».

El Ministro de Venezuela, Luis Ignacio Arcaya, el más conspicuo de los abogados de Castro en la Conferencia, proclamó su «repulsa a toda eventualidad de imponer o recomendar medidas que puedan traducirse en límites a las libertades democráticas, so pretexto de combatir el comunismo». Y refiriéndose evidentemente a Estados Unidos, afirmó con enfática indignación que «el imperialismo intracontinental merece de nuestros pueblos la condenación más absoluta a nombre de los mismos principios y por obra de las mismas realidades que llevaron a estas naciones a liberarse de los yugos coloniales de los antiguos imperios de conquista».

Denuncia de la Cuba democrática

Casi todos los cancilleres se refirieron en las sesiones iniciales a las proyecciones justicieras de la revolución cubana y dieron la impresión de que la llamada tensión en el Caribe se reducía a una controversia económica entre Estados Unidos y Cuba, complicada por las amenazas perturbadoras de la Unión Soviética.

Era necesario hacer llegar a todos los cancilleres el mensaje descarnado y veraz de la Cuba democrática. A ese efecto, los delegados del Frente Revolucionario Democrático publicamos en planas completas de los periódicos locales más de seis documentos. Transcribimos a continuación los párrafos más sobresalientes de la Carta Abierta a los Cancilleres publicada el día de la inauguración de la Conferencia.

«Hoy comienza la Séptima Reunión de Consulta de los Cancilleres de las Repúblicas Americanas. Lamentablemente, el pueblo cubano no estará representado en esta histórica reunión. La tribuna de Cuba será ocupada por el agente de un movimiento extracontiental que se ha apoderado violentamente de nuestra Patria, sometiéndola a la más odiosa esclavitud: el comunismo internacional».

«Este agente se presentará ante ustedes bajo el palio de una supuesta revolución nacionalista y de progreso social. Dirá que su régimen cuenta con el respaldo mayoritario de la nación. Expresará que este respaldo es consecuencia de los beneficios que el pueblo cubano ha derivado de las llamadas reformas sociales realizadas por el régimen de Castro. Tratará de reducir la honda crisis cubana a una pugna de tipo económico entre los intereses norteamericanos y el pueblo de Cuba. Afirmará, finalmente, que la total identificación que hoy existe entre el régimen de Castro y la Unión Soviética es consecuencia de las agresiones intracontinentales de que supuestamente ha sido víctima el pueblo de Cuba, así como de una política de autodeterminación que persigue la independencia económica del país».

«Una tras otra, serán repetidas en esta Conferencia las mismas mentiras con que Fidel Castro ha tratado de desfigurar las realidades cubanas y de confundir a la opinión pública continental. Una vez más, se procurará levantar una cortina de falsedades para ocultar los verdaderos designios del régimen de Castro».

«Carente de legítima representación en esta Conferencia, el pueblo cubano viene por conducto del Frente Revolucionario Democrático a denunciar la conjura que desde Moscú y Pekín se urde contra América, utilizando a Cuba como instrumento. Venimos, al propio tiempo, a desenmascarar al castrismo y a destruir sus mitos».

Inmediatamente después, se relacionaron los hechos que sirvieron de base a las siguientes aseveraciones destacadas en el documento:

«1) El régimen de Castro no cuenta con el apoyo mayoritario de la nación cubana. Cuenta, sin embargo, con el apoyo del terror, del soborno, del engaño y del paredón de fusilamiento».

«2) Las clases humildes de Cuba no han recibido el más mínimo beneficio del régimen de Castro. Los beneficios que pudieran derivarse del programa de Castro los ha recibido exclusivamente el estado».

«3) Las controversias de tipo económico entre los intereses norteamericanos y el régimen de Castro no son la causa de la actual crisis que ha puesto en peligro la seguridad hemisférica y la paz mundial».

«4) No es independencia económica lo que persigue el régimen de Castro, sino sumisión política, económica y militar al imperialismo chino-soviético».

Y terminó el documento con esta advertencia que, desafortunadamente, mantiene hoy plena vigencia:

«Esten alertas, señores Cancilleres. No permitan que el sofisma, el escándalo y la mentira dobleguen vuestra voluntad y confundan vuestras mentes. Un pueblo, que hoy lucha solo contra las poderosas fuerzas del comunismo internacional, espera vuestra decisión. Un continente, amenazado de muerte, aguarda vuestro fallo».

Admoniciones de Christian Herter

Los documentos del Frente Revolucionario Democrático produjeron bastante impacto. Contribuyeron a crear la conciencia de que Castro no era Cuba y de que la crisis planteada no consistía en una mera controversia bilateral entre La Habana y Washington. La Cuba democrática y beligerante había hablado, y lo había hecho con un lenguaje respetuoso, pero libre de reticencias y ambages diplomáticos. Le correspondía el turno ahora al Canciller de los Estados Unidos de América, Christian A. Herter.

En medio de una gran expectación, Herter comenzó su discurso con tono admonitorio: «Los dirigentes de la Unión Soviética y de la China Comunista han indicado, con claridad meridiana, su empeño de explotar la situación de Cuba como un medio de intervenir en los asuntos interamericanos. Tienen como fin romper los lazos de solidaridad interamericana, sembrar la desconfianza y el temor entre los pueblos del Hemisferio Americano, preparando de esta manera el camino para el dominio político del Nuevo Mundo».

Apoyado en pruebas contenidas en los documentos de 125 páginas presentados por Estados Unidos ante la Comisión Interamericana de Paz, Herter acusó al régimen de Castro de haber colocado a Cuba bajo el control del bloque chino-soviético; de haber violado los siete principios de la Declaración de Santiago de Chile, que había sido suscrita sin reservas por el Canciller Roa, y de usar el territorio cubano para la exportación del comunismo internacional a otras repúblicas americanas.

Despues de formular su pliego de cargos, Herter afirmó enfáticamente lo siguiente: «La intervención del bloque chino-soviético y su amenaza de ataque armado, basado en la aseveración ficticia de que existe actualmente el peligro de una agresión militar contra Cuba; la exportación del comunismo de Cuba hacia otros países de este hemisferio y la cuestión de la falta de democracia representativa en Cuba, relacionada con lo anterior, no son, y quiero dejarlo claramente sentado, no son cuestiones bilaterales entre los Estados Unidos y Cuba, sino cuestiones que afectan la propia médula de la solidaridad interamericana y que amenazan nuestra paz y seguridad».

Estas palabras impresionaron considerablemente a la mayoría de los cancilleres. Pero no por mucho tiempo. Le faltó a Herter señalar un programa concreto para la defensa hemisférica acorde con la gravedad de las amenazas denunciadas. El final de su discurso fue decepcionante. Se limitó a decir: «Debemos condenar vigorosamente la intervención soviética y comunista en nuestros asuntos y expresar claramente nuestra honda preocupación por la tolerancia y el aliento prestados por Cuba a dicha intervención. También debemos hacer un llamamiento para presentar una resistencia efectiva a estos esfuerzos del bloque chino-soviético e insistir en la validez de nuestra asociación regional y de sus principios como norma e instrumento de nuestra constante cooperación».

La ofensiva de Roa

Comenzó Roa su discurso con dramático acento: «He sido yo honrado con la más alta distinción que pueda otorgarse a un ciudadano: hablar por su Patria agredida y amenazada. No es, pues, propiamente mi voz la que dejará oír sus acentos multirresonantes en esta tribuna hemisférica. Es la voz erguida y radiante de la isla ceñida de espumas y enjoyada de palmas en que tuve la dicha inmensa de nacer».

Concluido el preámbulo, tomó la ofensiva aseverando lo siguiente: «Cuba asiste a esta Reunión por derecho propio y determinación soberana. Digámoslo ya sin ambages. El Gobierno Revolucionario de Cuba no ha venido a San José de Costa Rica como reo, sino como fiscal. Está aquí para lanzar de viva voz, sin remilgos ni miedos, su 'yo acuso' implacable contra la más rica, poderosa y agresiva potencia capitalista del mundo, que en vano ha pretendido intimidarlo, rendirlo o comprarlo».

Acto seguido, Roa colocó a los Estados Unidos en el banquillo de los acusados. Apoyándose en interpretaciones tendenciosas de la historia, desde mediados del siglo pasado a la fecha, le imputó a Washington más de 50 casos específicos de agresión e intervención, que él se deleitó en recitar ante el asombro de los cancilleres.

En contestación a un comentario de Herter de que advertía influencia soviética en el lenguaje de Roa, éste le pidió sarcásticamente al Canciller norteamericano que calificara algunas citas entresacadas de Martí contrarias a ciertas tendencias expansionistas de Estados Unidos a fines del siglo pasado. Y Roa terminó cada una de las citas con el ritornelo pegajoso de: «no lo dijo Carlos Marx, lo dijo José Martí; no lo dijo Vladimir Lenín, lo dijo José Martí; no lo dijo Nikita Kruschov, lo dijo José Martí». Muchos de los cancilleres se sonrieron. La mofa había producido su impacto.

De la burla, Roa pasó a la diatriba. Al especificar por qué el gobierno revolucionario cubano había prescindido de la tradicional división de poderes y de otras «formalidades» previstas en la Declaración de Santiago de Chile, espetó lo siguiente: «En Cuba existe una forma peculiar de expresión de la democracia representativa. No es la que, precisamente, disfruta el pueblo norteamericano. La democracia revolucionaria cubana no es democracia de papel mojado. Se expresa no sólo en los textos; se afirma y arraiga en los hechos. ¿Quiérese blasfemia laica mayor que proclamar el culto a la dignidad humana y proscribir legalmente los matrimonios entre negros y blancos, tolerar los linchamientos de negros, prolongar la segregación racial u otorgarles a los negros el derecho al sufragio con criterio esclavista? Si esto es democracia representativa, ¡que resucite Lincoln y lo vea! Pero, si la democracia representativa es eso, no es democracia y es sólo representativa de intereses que deprimen la condición humana».

Posteriormente, Roa rechazó la acusación de comunista reiterando que «Cuba no es satélite ideológico o efectivo de nadie». Y para justificar la oferta soviética de los cohetes y la aceptación por parte de Castro, acusó a Washington de auspiciar incursiones de «corsarios aéreos» sobre territorio cubano, y de preparar otros actos de agresión contra la Isla inerme. En tal virtud, Roa sostuvo que no constituía intervención ni intromisión el que un Estado, como la Unión Soviética, «le preste a Cuba cualquier tipo de ayuda o declare estar dispuesto a defenderlo en el caso de que una potencia intracontinental, como Estados Unidos, inicie contra él una invasión militar».

Concluyó Roa su larga peroración reiterando la disposición del gobierno revolucionario de Cuba «de dirimir, por vía bilateral, en pie de igualdad y con agenda libre, sus graves diferencias con el gobierno de Estados Unidos», pero sin perjuicio de su decisión irrevocable de resistir «a quienes osen desembarcar en nuestras costas en son de conquistadores».

La Declaración de San José

Era evidente el propósito de Roa de utilizar a la Conferencia de Cancilleres como tribuna continental para atacar y desacreditar a los Estados Unidos y a la organización regional. Jamás pensó Roa que los proyectos de resoluciones presentados por él iban a ser aprobados. Pero sí trató hasta el último instante de dividir a la O.E.A. y de introducir, con el respaldo del Canciller de Venezuela, Luis Ignacio Arcaya, conceptos que inferían una condenación a Estados Unidos.

En efecto, Arcaya propuso insistentemente una declaración en el sentido de que la O.E.A. «movilizará y utilizará inmediatamente todos sus recursos morales y materiales en defensa de cualquier Estado miembro que sea objeto de una agresión extra o intracontinental».

Y haciéndose eco de las acusaciones formuladas por Roa en relación con el llamado «tajo predatorio» de la cuota azucarera cubana por parte del congreso norteamericano, pidió que se reiterara que «ningún Estado podrá aplicar o estimular medidas coercitivas de carácter económico y político para forzar la voluntad soberana de otro Estado y obtener de éste ventajas de cualquier naturaleza».

La defensa vehemente de estas enmiendas por parte del Canciller Arcaya estaba creando una peligrosa escisión dentro de la Conferencia, así como serias dudas sobre la política exterior del Gobierno de Venezuela. El siguiente cable del Presidente Rómulo Betancourt vino a despejar el horizonte: «He designado al doctor Marcos Falcón Briceño, Embajador de Venezuela ante la O.E.A. y miembro principal de la Delegación de Venezuela ante esa Conferencia, para que firme en nombre de mi Gobierno, sin reservas, el Acta Final y la Resolución aprobada hoy por la Séptima Reunión de Consulta de Cancilleres». Arcaya cesó en su cargo y no firmó el Acta Final de la Conferencia. Tampoco lo hizo Raúl Porras Barrenechea, Canciller del Perú, nada menos que el país que solicitó la convocatoria de la Conferencia. Porras fue sustituido por el Embajador Juan Bautista de Lavalle, quien suscribió el Acta en nombre del Perú.

Al darse cuenta de que se había quedado solo, Roa pidió la palabra para una cuestión de orden: «La Delegación de Cuba, que me honro en presidir, ha decidido retirarse de esta Reunión de Consulta de Cancilleres Americanos».

Después de alegar que Cuba no había recibido apoyo de la O.E.A. contra las agresiones de que era objeto, terminó diciendo: «Me voy con mi pueblo, y con mi pueblo se van también de aquí los pueblos hispanoamericanos». Cuando Roa y los miembros de su delegación se retiraban de la Conferencia profiriendo insultos, retumbaron tres gritos que provenían de un palco del segundo piso: ¡Abajo el comunismo! ¡Fuera los traidores! ¡Viva Cuba libre! Eran los miembros del Frente Revolucionario Democrático que apostrofaban a los agentes castristas a la vez que desplegaban una bandera de la Patria esclavizada.

Concluidos los debates, se logró la aprobación de la Declaración de San José que, entre otras cosas, condena la intervención o amenaza de intervención de una potencia extracontinental en asuntos de las repúblicas americanas; declara que la aceptación de dicha amenaza por un Estado americano pone en peligro la solidaridad y la seguridad americanas, por lo que obliga a la O.E.A. a rechazarla; reafirma que el sistema interamericano es incompatible con toda forma de totalitarismo, y proclama que todos los Estados miembros de la organización regional tienen la obligación de someterse a la disciplina del sistema interamericano.

Se pudo así preservar la solidaridad hemisférica, pero al precio de una Declaración vaga y tímida que únicamente sirvió para ser destruida por Castro en abierto y contumaz desafío a todo el continente americano.

Repuesta desafiante

La respuesta de Castro a la O.E.A. no tiene precedentes en los anales de la Organización. Hizo mofa y escarnio de la Declaración de San José, emitiendo la llamada Declaración de La Habana en la que ratifica la aceptación de la ayuda militar ofrecida por la Unión Soviética. Repudió nuevamente los tratados interamericanos vigentes, llegando a romper, en asamblea pública convocada al efecto, los instrumentos suscritos por anteriores gobiernos de Cuba. Injurió y humilló, en consonancia con otros representantes del régimen, a casi todos los Cancilleres y Jefes de Estado de América, llamándoles «títeres vendidos al Imperialismo Yankee», «alcahuetes», «concreción viscosa de todas las excrecencias humanas». Y después de su escandalosa intervención en las Naciones Unidas, se entregó en los brazos de Kruschov, sellando simbólicamente la venta de la soberanía de Cuba al imperialismo soviético. Representantes de noventa y nueve países presenciaron, asombrados, este insólito desafío al Mundo Occidental.

Asimismo, Castro intensificó las actividades subversivas en los países latinoamericanos, provocando la expulsión de los representantes castristas involucrados o la ruptura de relaciones diplomáticas: Septiembre, 1960 –Colombia exigió la retirada del Embajador de Cuba; Octubre, 1960 –Brasil expulsó a un Auxiliar del Servicio Exterior de Cuba; Noviembre, 1960 –Venezuela pidió el retiro del Embajador de Cuba y expulsó a un miembro del G-2; Diciembre, 1960 –Perú rompió relaciones diplomáticas con Cuba y Paraguay expulsó al embajador de Cuba; Enero, 1961 –Bolivia, Panamá y Uruguay expulsaron a los respectivos Embajadores de Cuba; Marzo, 1961 –El Salvador expulsó al Encargado de Negocios de Cuba y Honduras ordenó el cierre del Consulado de Cuba en Puerto Cortés.

El aliado que falló

El 3 de enero de 1961, Castro anunció públicamente que le había dado 48 horas a casi todo el personal de la embajada de los Estados Unidos para que saliera de Cuba. Y agregó: «Si todos se quieren ir, que se vayan». Ante esta nueva humillación, el gobierno norteamericano rompió relaciones diplomáticas con el régimen de Castro.

Washington decidió entonces acelerar el entrenamiento en Guatemala de los exiliados cubanos que iban a integrar la Brigada de Asalto 2506. Era un secreto a voces que se preparaba una expedición, coordinada con un levantamiento interno, para derrocar al régimen de Castro. Muchos de los gobiernos latinoamericanos, incluyendo aquellos que por razones políticas internas parecían indecisos o neutrales, apoyaron en privado la acción que se gestaba con tal de que fuese rápida y exitosa. Washington tenía el camino allanado para ofrecerle a los demócratas cubanos el respaldo necesario para la victoria.

Pero cuando se produjo el desembarco en Bahía de Cochinos la madrugada del 17 de abril de 1961, la Brigada 2506 no contó con la cobertura aérea requerida para contrarrestar el bombardeo continuado de los aviones de Castro. La fortuna no acompañó al heroismo de los patriotas cubanos. El aliado poderoso, cuyo prestigio y honor estaban comprometidos en la acción, falló en el momento decisivo. El mundo, atónito, se resistió a creer lo sucedido. La democracia había sido derrotada en Bahía de Cochinos, y con ella, los Estados Unidos de América. Es una de las páginas más negras de la historia de la gran nación norteamericana. Y uno de los episodios más tristes en los anales de las luchas por la libertad. Podrá haber dudas respecto a las causas del desastre, pero no sobre sus consecuencias. Nada en los últimos años ha quebrantado tanto las alianzas defensivas del Mundo Libre y la fe en el liderazgo norteamericano, como la fatídica derrota sufrida el 17 de abril de 1961.

Alianza para el Progreso

Después de los pronunciamientos altisonantes de Kennedy en torno a Bahía de Cochinos, los Estados Unidos decidieron prestar atención preferente a los problemas económicos y sociales existentes en Latinoamerica. Surgió así la Alianza para el Progreso como fórmula salvadora de un continente en erupción.

Washington no escuchó las advertencias de que la Alianza para el Progreso no tendría éxito a menos que se extirpara previamente el cáncer comunista de Cuba; que la crisis del sistema interamericano, originada por la total impunidad con que el comunismo internacional venía operando en América, no podría conjurarse con programas a largo plazo de carácter económico; que era necesario una acción policíaca para restablecer el orden quebrantado; que las reformas propugnadas por la Alianza, si se realizaban bajo gobiernos azotados por la subversión, podrían frenar las inversiones, agravar la fuga de capitales y hasta desencadenar revoluciones sociales, caldo de cultivo de nuevos regímenes comunistas.

Con grandes esperanzas acudió Washington a la Conferencia Económica que se celebró en Punta del Este del 5 al 17 de agosto de 1961. No descartó la posibilidad de atraer al régimen de Castro con los incentivos de la Alianza para el Progreso. Las instrucciones recibidas por el Secretario del Tesoro de Estados Unidos, Douglas Dillon, eran de no establecer condiciones que pudieran ser usadas como armas políticas contra Castro. Por eso se opuso, conjuntamente con los representantes de Brasil y México, a insertar en el documento final una referencia a la democracia representativa y elecciones libres propuesta por el Primer Ministro del Perú, Pedro Beltrán. Por eso permitió que se incluyera la afirmación de que las naciones trabajarían juntas por el desarrollo económico «respetando las peculiaridades nacionales».

Fue tal la euforia del Che Guevara, representante de Castro en la Conferencia, que llegó a decir que el documento reconocía «la existencia de una nación americana con características diferentes del resto» –preludio del llamado pluralismo ideológico que hoy se proclama para justificar el regreso de Castro a la O.E.A. Ante tal aseveración, que provocó un gran desconcierto entre los Ministros, Dillon se vio precisado a decir que Guevara estaba tratando de inferir que «Estados Unidos reconocía la permanencia del régimen actual de Cuba. Y esto no es así, ni nunca lo sería; porque hacerlo sería traicionar a miles de patriotas cubanos que todavía aguardan y luchan por la libertad de su país». La multitud que se encontraba de pie en el gran salón de la Conferencia estalló en una espontánea y prolongada ovación. Fue como un plebiscito de América, cansada de tanta claudicación y ansiosa de liderazgo.

Intentos de mediación

Las palabras categóricas de Dillon, sin embargo, no interrumpieron las negociaciones para llegar a un entendimiento con Castro. Durante la Conferencia Económica, el Che Guevara sostuvo una entrevista privada en la residencia del delegado brasileño ante el Mercado Común Suramericano con Richard Goodwin, asesor especial de la Casa Blanca y uno de los principales arquitectos de la Alianza para el Progreso. A Goodwin lo acompañó Horacio Rodríguez Larreta, miembro de la delegación argentina. Al trascender la noticia de dicha entrevista, el Ministro de Relaciones Exteriores de la Argentina, Adolfo Mujica, interpretó la conversación como evidencia de que Estados Unidos y Cuba deseaban arreglar sus diferencias y trató de justificar la entrevista secreta que a su vez sostuvo con Guevara el Presidente argentino, Arturo Frondizi.

Por su parte, el Presidente de Brasil, Janio Quadros, condecoró en Brasilia al Che Guevara con la Gran Cruz del Crucero del Sur. Ese mismo día, Carlos Lacerda, Gobernador del Estado de Guanabara, entregó las llaves de la ciudad al Dr. Manuel Antonio de

Varona en desagravio de la ofensa inferida por Quadros a los exiliados cubanos y a la América democrática. Poco después, el Presidente Quadros presentó su renuncia y lo sustituyó en el cargo el Vicepresidente Joao Goulart, quien en esos momentos se encontraba en gira por la China Comunista.

Por otra parte, el Canciller de Colombia, Julio César Turbay Ayala, llegó sorpresivamente a Cuba a bordo de un avión secuestrado. Turbay había visitado anteriormente doce capitales latinoamericanas con el objeto de recabar apoyo para su plan diplomático, que consistía en invitar a Castro a que se reincorporara plenamente al sistema interamericano, olvidando el pasado de transgresiones. El principio de autodeterminación sería interpretado flexiblemente para reconocer la permanencia del régimen comunista de Cuba con tal de que rompiera sus vínculos ostensibles con la Unión Soviética y no interviniera en los asuntos internos de las demás repúblicas americanas. Turbay contaba con el apoyo en principio del ABC (Argentina, Brasil y Chile) y de México. Estados Unidos, por conducto del Embajador Adlai Stevenson, quien se había reunido con Turbay en Brasil, también había dado su asentimiento.

Durante la cena de cuatro horas que Castro le ofreció en La Habana, Turbay conversó largamente con él sobre el plan diplomático que se estaba desarrollando. El Canciller colombiano salió muy optimista de la reunión. En declaraciones recogidas por la UPI el 12 de agosto de 1961, Turbay manifestó su impresión de que, «en una forma algo curiosa, las relaciones internacionales con Cuba han mejorado. El Dr. Castro es un hombre muy sincero, tranquilo y atento. Me habló, no tonterías soviéticas, sino como un hombre a otro, muy francamente, muy cortésmente».

Aparentemente, el Canciller Turbay Ayala se había extralimitado, si no en sus funciones, al menos en su lenguaje. El entusiasmo mediacionista que había exteriorizado colocó al Gobierno del Presidente Lleras Camargo en una situación embarazosa. Poco tiempo después de su regreso a Bogotá, el Canciller Turbay Ayala presentó su renuncia y lo sustituyó en el cargo el distinguido jurista, Dr. Joaquín Caicedo Castilla, quien le daría un nuevo giro a la política exterior colombiana.

Digna postura del Presidente Prado

El 18 de Septiembre de 1961, llegó a Miami el Presidente del Perú, Dr. Manuel Prado. Se dirigía a Washington invitado oficialmente por el Presidente Kennedy. Prominentes exiliados cubanos, entre los cuales se encontraban los doctores Carlos Prío Socarrás, Manuel Antonio de Varona, Carlos Márquez Sterling y Guillermo Belt, exhortaron a Prado a que gestionara en Washington la acción colectiva contra Castro y el reconocimiento de la beligerancia de los demócratas cubanos.

En nombre del Frente Revolucionario Democrático, el Dr. Varona y el que suscribe le entregaron al Presidente Prado en Miami una carta privada en la que se hace mención a los grandes servicios que sus ilustres antepasados le prestaron a Cuba durante la guerra de independencia y se destaca la postura diáfana y altiva mantenida por él ahora. Decíamos en la carta: «En medio de la indiferencia y posible complicidad de algunos gobernantes, que pretenden contemporizar con el comunismo que esclaviza a nuestra Patria, sobresale hoy usted como un amigo leal de los cubanos y un gallardo defensor de la democracia en este continente».

Adjunto a la carta iba un memorándum sobre la crisis de Cuba, sus repercusiones hemisféricas y posibles soluciones, cuyos párrafos más sobresalientes se transcriben a continuación:

«**Urgencia de una acción armada contra Castro.** –No debe dilatarse el derrocamiento de la tiranía de Castro, porque ello le permitiría al comunismo internacional consolidar en Cuba una poderosa base militar y extender aun más su red de espionaje, agitación, propaganda y subversión en todo el continente. La acción armada contra Castro, organizada y dirigida desde el exterior, es urgente y esencial. El aislamiento diplomático y económico no provocan, por sí solos, el desplome de un gobierno totalitario sostenido por las potencias comunistas».

«**La OEA en crisis:** La Organización de Estados Americanos está destinada a desaparecer a menos que sus integrantes cumplan y hagan cumplir los convenios de seguridad y asistencia recíproca que han suscrito».

«**Convocatoria urgente a una Reunión de Consulta:** Habiendo violado el régimen de Castro el Tratado de Río de Janeiro, la Carta de Bogotá, la Declaración de Caracas y los pronunciamientos de Santiago de Chile y San José de Costa Rica, las repúblicas de América están obligadas a convocar inmediatamente a una Reunión de Consulta a fin de aplicarle a dicho régimen las sanciones colectivas establecidas en el artículo 8 del Tratado de Río de Janeiro».

«**Liderazgo de Estados Unidos y Perú:** Los Estados Unidos y Perú, secundados por otras naciones leales a la causa de la democracia, deberían preparar y dirigir la Reunión de Consulta a fin de lograr lo siguiente: a) la condenación del régimen comunista de Castro; b) la ruptura de relaciones diplomáticas con dicho régimen; c) la adopción de otras sanciones, si fuere posible».

«**Acción colectiva sin subterfugios ni dilaciones:** No es necesario requerir al régimen de Castro para que rompa sus vínculos políticos y militares con el bloque comunista. Este requerimiento fue hecho el año pasado al aprobarse la «Declaración de

San José». Toda fórmula que excluya la adopción de sanciones contra la tiranía de Castro viola el Tratado de Río de Janeiro y la Declaración de Caracas, y conduce indefectiblemente a la coexistencia basada en la impunidad».

«**Alianza militar:** Una vez que se le hayan retirado al régimen de Castro las garantías y prerrogativas que le confiere la Organización de los Estados Americanos, los Estados Unidos, Perú y otras naciones amigas podrían reconocer un gobierno cubano en el exilio o en armas y ofrecerle la ayuda militar necesaria para liberar a Cuba del comunismo internacional. Ello no impide que dichas naciones lleven a cabo una acción militar conjunta contra Castro, ejerciendo el derecho inmanente de legítima defensa».

El Presidente Prado marchó a Washington dispuesto a tomar los pasos que le dictaba su propia conciencia y que esperaban de él los demócratas cubanos. Con respecto al reconocimiento de un gobierno cubano en el exilio, no recibió ningún calor en Washington. Es más, se le insinuó diplomáticamente que sería considerado como un acto inamistoso hacia Estados Unidos. En cuanto a la acción colectiva contra Castro, se le aconsejó prudencia y moderación a fin de no resquebrajar la organización regional.

A pesar del ambiente contradictorio que encontró en Washington, el Presidente Prado declaró en conferencia de prensa que «sería partidario de reconocer a un gobierno cubano en el exilio, con la condición de que éste fuese un organismo verdaderamente unido, que representase a todos los exiliados cubanos». Y agregó que si se lograse establecer tal gobierno en el exilio y lo solicitase éste, estaría dispuesto a permitirle establecerse en el Perú. (La presión norteamericana en contra de este proyecto fue tan fuerte, que nunca se materializó. Por algo el Presidente Prado nos dijo unos meses después en Lima que «para impulsar la liberación de Cuba solamente faltaba un voto: el de los Estados Unidos».)

El Presidente Prado no se limitó a conferenciar en privado con el Presidente Kennedy. Compareció ante las dos cámaras del Congreso de Estados Unidos, reunidos en sesión conjunta, y dijo enfáticamente: «El momento es de suma gravedad. Los momentos graves requieren decisiones graves –acción atrevida, valor y fe». Y para que se conociera su firme postura frente al desafío comunista, afirmó lo siguiente: «Mi posición ideológica desde el momento en que ocupé por primera vez la presidencia es positiva, clara y decididamente anticomunista. Me he opuesto y ahora me opongo a este concepto del mundo que degrada al hombre, lo despoja de su libertad, lo somete a la esclavitud del Estado, le priva de un salario justo, lo condena a lo común y a lo anónimo, controla sus pensamientos, dirige su cultura y lo separa de Dios. El comunismo es la negación de América, de sus tradiciones y de su misión para el futuro. ¡Debe ser expulsado de las Américas!».

Convocatoria de la O.E.A.

Menos de un mes después de su memorable discurso ante el Congreso de Estados Unidos, el Presidente Prado, por medio de su ilustre Embajador ante la O.E.A., Juan Bautista Lavalle, solicitó que ésta, al amparo del Tratado de Río de Janeiro, se constituyera provisionalmente como Órgano de Consulta y designara una comisión investigadora para examinar los actos de intervención y las violaciones de los derechos humanos por parte del régimen de Castro, con miras a una ulterior acción colectiva.

El Embajador Lavalle hizo su exposición en la sesión extraordinaria celebrada por el Consejo de la O.E.A. el 16 de octubre de 1961. Con una evocación histórica comenzó su elocuente discurso: «Cuando se conoció en América el Manifiesto de Carlos Manuel de Céspedes, y los patriotas cubanos iniciaron el 10 de Octubre de 1868 la lucha por la libertad, el Perú, como otros pueblos americanos, apoyó con fervorosa decisión el movimiento independentista cubano. Su colaboración está escrita en el historial de ese movimiento. De 1868 a 1895, a través de tres guerras violentas, en las ciudades y los campos, de uno a otro extremo de América, el grito de 'Cuba libre' acompañó sus aspiraciones, luchas y heroísmos».

«En el ideario contenido en el 'Manifiesto de la Junta Revolucionaria de la Isla de Cuba', suscrito en Manzanillo el 10 de Octubre de 1868, están escritas estas nobles palabras: 'Cuba aspira a ser una nación grande y civilizada para tender un brazo amigo y un corazón fraternal a todos los demás pueblos...»..

«Nosotros consagramos estos dos venerables principios: nosotros creemos que todos los hombres somos hermanos; amamos la tolerancia, el orden y la justicia en todas las materias; respetamos las vidas y propiedades de los ciudadanos pacíficos aunque sean los mismos españoles residentes en este territorio; admiramos el sufragio universal que asegura la soberanía del pueblo; deseamos la emancipación gradual y bajo indemnización de la esclavitud; el libre cambio con las naciones amigas que usen la reciprocidad; la representación nacional para decretar las leyes e impuestos y, en general, demandamos la religiosa observancia de los derechos imprescriptibles del hombre, constituyéndonos en nación independiente porque así cumple a la grandeza de nuestro futuro destino..»..

El Embajador Lavalle demostró después con hechos cómo ese ideario independentista había sido falsificado y mancillado por el régimen que ahogó en sangre las libertades en Cuba, entregó su soberanía al imperialismo soviético y fomenta hoy la subversión comunista en todo el hemisferio.

Y concluyó su discurso con la fuerza de esta oración: «Ante la pavorosa situación que agobia a esa patria de nuestra raza, nuestra fe y nuestro amor, con la angustia transida del dolor que sufren tantos hombres libres de América, termino estas palabras con la patética interrogación de la catilinaria ciceroniana: 'Quosque tandem Catilina abutare patientia nostra'. ¿Hasta cuando Catilina abusarás de nuestra paciencia?»

Tácticas dilatorias

La propuesta del Perú por poco naufraga entre evasivas y tácticas dilatorias empleadas por representantes de gobiernos empeñados en negociar con Castro. Después de aplazar la votación, se acordó remitir la propuesta a la Comisión General para que la estudiara.

No se había tomado aún una decisión sobre la petición peruana, cuando Colombia solicitó la convocación a una Reunión de Ministros de Relaciones Exteriores, de acuerdo con el Tratado Interamericano de Asistencia Recíproca, para considerar las amenazas a la paz que puedan surgir de la intervención de potencias extracontinentales y determinar las medidas que convenga tomar para el mantenimiento de la paz y de la seguridad del continente.

Se acentuaba la división dentro de la O.E.A. y se hacía muy difícil la acción colectiva contra Castro. La propuesta peruana corría el riesgo de ser engavetada por falta de un apoyo vertebrado. La fórmula colombiana contaba con más votos, pero era vaga y peligrosa por cuanto se refería a amenazas que «puedan surgir», con lo cual daba a entender que no existían ya hechos o situaciones reales que ponían en peligro la paz y la seguridad del hemisferio. Por otra parte, Argentina, Brasil, Chile, México, Uruguay y

Ecuador abogaban por aplazar la Conferencia de Cancilleres o, en su defecto, por convocarla de acuerdo con la Carta de la O.E.A., que no autoriza la adopción de medidas defensivas o sanciones. Este último plan tomó cuerpo después de la entrevista que sostuvieron el Presidente Frondizi y el Embajador Adlai Stevenson a fines de noviembre de 1961, en la isla de Trinidad.

Gestiones de los exiliados cubanos

Ante la posible convocatoria a una Conferencia de Cancilleres, el Consejo Revolucionario de Cuba, presidido por el Dr. José Miró Cardona, nos confirió el alto honor de designarnos Representante Especial ante la O.E.A. Nuestra misión era impulsar la acción colectiva contra Castro. Igual propósito perseguían distinguidos exiliados que radicaban o convergían en Washington, como Herminio Portell Vilá, Guillermo Belt, Pablo Lavín, Claudio Benedí, Manuel Giberga, Enrique Hurtado, Francisco García Amador y Fernando García Chacón. No surgieron fricciones ni puntos de divergencia entre nosotros. Nos unía el amor a Cuba y el afán de reconquistar su libertad.

Después de conferenciar con todos los Embajadores, excluyendo al representante de Castro, Carlos Lechuga, nos dimos a la tarea de fortalecer al bloque anti-castrista que se encontraba desorientado y disperso. A ese efecto, le rogamos al distinguido Embajador de Nicaragua, Guillermo Sevilla Sacasa, que celebrara una junta privada con los Embajadores de Centroamérica y Panamá para trazar una estrategia común. La junta se celebró en casa del Dr. Guillermo Sevilla Sacasa y allí se constituyó el bloque de Centroamérica y Panamá («CAP»), que acordó apoyar la propuesta colombiana siempre que se incorporara el informe solicitado por el Perú respecto a las actividades subversivas del régimen de Castro, sus violaciones de los derechos humanos y sus nexos con la Unión Soviética y demás países comunistas.

Dicho informe, que sería como un pliego de cargos contra Castro, impediría que la fórmula colombiana fuese utilizada para invitar al régimen de Castro a que se sometiera al sistema interamericano, amnistiando transgresiones pasadas y corriendo el peligro de un tremendo engaño. El Embajador Lavalle del Perú, quien nos honró con su confianza, estuvo totalmente de acuerdo con esta estrategia.

El otro objetivo era que la Comisión Interamericana de Paz, que iba a rendir el informe sobre Cuba solicitado por el Perú, recibiera el testimonio de dirigentes cubanos en el exilio. El Embajador de El Salvador, Dr. Francisco Lima, quien presidía dicha Comisión, accedió a nuestra petición en gesto que mucho lo enaltece. Ello permitió que el Dr. Miró Cardona y el que suscribe comparecieran el 26 de diciembre de 1961 ante el pleno de la Comisión Interamericana de Paz y presentaran un documento detallado de 80 páginas respaldando la acusación del Perú contra el régimen de Castro.

Por otra parte, teníamos que obtener el apoyo decidido de Venezuela. Éste fue ofrecido por el Embajador José Antonio Mayobre y ratificado en el histórico cable de fecha 24 de noviembre de 1961, que le dirigió el Presidente Rómulo Betancourt al Dr. Miró Cardona: «He leído con satisfacción de gobernante de un país libre el mensaje que usted me ha enviado con motivo de la ruptura de relaciones diplomáticas y consulares con el gobierno dictatorial de Cuba. Porque los gobernantes de Venezuela profesamos indeclinable respeto a la vida del hombre, no habíamos tomado antes tal decisión. Estimamos la vida de centenar de asilados que nuestra bandera debió proteger hasta el momento mismo en que otro país amigo se responsabilizara de salvaguardar su seguridad. Cuando México lo hizo, actuamos.

«Reitero a usted las palabras finales de mi alocución: 'Abrigo la segura confianza, porque en mis días de exiliado conviví con el pueblo cubano y aprecié su insobornable pasión de libertad, en que esta ruptura de relaciones diplomáticas no será de larga duración. El pueblo de José Martí recuperará la rectoría de su propio destino y terminará por darse un gobierno representativo, nacido del sufragio, respetuoso de los derechos civiles y políticos. En ese día fausto, será para los venezolanos y para su gobierno momento de honda significación el restablecimiento de las normales relaciones diplomáticas con el régimen democrático que el pueblo de Cuba, sin interferencias extrañas, intra o extracontinentales, se haya dado por su propia y soberana voluntad. Su amigo, Presidente Betancourt».

Finalmente, era necesario obtener el respaldo del distinguido Embajador del Uruguay, Carlos A. Clulow, quien ejercía una gran influencia sobre los demás embajadores y parecía ser uno de los promotores de las tácticas dilatorias. Las apariencias no se ajustaban a la realidad. Cuando visité a Clulow, me dijo que me recibía como «representante legítimo del pueblo de Cuba», no obstante el hecho de que su gobierno todavía mantenía relaciones diplomáticas con el régimen de Castro, y que me demostraría su devoción por la causa de la libertad de Cuba. No sólo me extendió cartas personales que me abrieron posteriormente las puertas de la Cancillería en Montevideo y de la Conferencia en Punta del Este, sino que votó en Washington a favor de la convocatoria colombiana, contraviniendo instrucciones de su gobierno de que se abstuviera. Votó de acuerdo con sus convicciones y después renunció.

Una sesión memorable

La sesión de la O.E.A. del 4 de diciembre de 1961 se celebró con el objeto de tomar una decisión sobre la convocatoria a una Conferencia de Cancilleres solicitada por el Gobierno de Colombia. La urgencia de la misma se había acentuado días antes cuando Fidel Castro proclamó ante el mundo que era marxista-leninista y que continuaría siéndolo hasta el último día de su vida.

El Embajador de Colombia, Dr. Alberto Zuleta Ángel, defendió la convocatoria de acuerdo con el Tratado de Río de Janeiro con fuertes argumentos jurídicos. Lo secundó el Embajador de Estados Unidos, de Lesseps Morrison, quien había recibido instrucciones de apoyar la solicitud colombiana y de no acceder a los deseos de la Argentina de buscar una nueva fórmula que lograse lo que a todas luces era imposible: la unanimidad. El Embajado de México, Lic. Vicente Sánchez Gavito, trató sin éxito de remitir la solicitud a la Comisión General y aplazar así la votación. Y el Embajador de Guatemala, Dr. Carlos Urrutia Aparicio, quien se había distinguido como acérrimo impugnador del régimen de Castro, terminó su discurso con esta dramática apelación: «Urge que el mundo diplomático se ponga de pie y se de cuenta de que el peligro que le amenaza es mortal... Castro ha colocado el comunismo en los umbrales de nuestro continente: ¡Kruschov ad portas!»

El representante de Castro, Carlos Lechuga, sabía que existían los votos necesarios para la convocatoria, por lo que alegó lo siguiente: «Quizás podrá funcionar aquí una mayoría mecánica, pero la razón y la ley seguirán de nuestra parte y ninguna adulteración de los textos jurídicos, por abultada que sea o por bien perfilada que se presente, podrá poseer más fuerza que la moral que nos asiste».

Pero Lechuga no podía renunciar a la invectiva y en una subsiguiente intervención se refirió en términos despreciativos a la «dinastía de Somoza». El Embajador Sevilla Sacasa, con el índice acusador y la voz ronca por la ira, lo fulminó con esta respuesta: «De una vez por todas le manifiesto al señor Representante de Cuba que no me interesa la opinión que su Gobierno tenga del mío... El Gobierno de Cuba carece de responsabilidad moral desde el momento mismo en que traicionó a América, entregándose vulgarmente en brazos del imperialismo chino-soviético. No la tiene para hacerse representar en este Consejo. ¿Cómo podía tenerla? Todavía es tiempo para que el Embajador Lechuga dé la media vuelta que de seguro su conciencia le está aconsejando; la honradora media vuelta que de él esperan los pocos amigos que le van quedando».

«Me pregunto: ¿Para quienes el Gobierno de Nicaragua es lo que cree o piensa el Representante de Cuba? Lo es para ciertos plumíferos de mala ley, gacetilleros de mal agüero, cotorritas que de vez en cuando abren el pico pidiendo masa. Pero a mi Gobierno qué le importa lo que esas cotorritas digan o vociferen... ¿Para quiénes el Gobierno de Nicaragua es lo que cree o piensa el representante de Cuba? Lo es para los demagogos, los ilustres demagogos, Señor Presidente, tan farsante como charlatanes y tan charlatanes como corrompidos...»..

Y concluyó el Embajador Sevilla Sacasa con la resonancia de estas palabras: «El asiento que usted ha venido ocupando en este Consejo, Embajador Lechuga, le pertenece más bien a los millares de cubanos asesinados por la tiranía comunista que impera hoy en su Patria; le pertenece más bien a los millares de aguerridos cubanos que trajinan a lo largo del continente, buscando los caminos de la libertad perdida. A ellos pertenece el asiento que usted ocupa, Embajador Lechuga. Cuanto dice, por eso mismo, a nadie convence».

Sometido a votación el proyecto de resolución de Colombia, fue aprobado con 14 votos a favor, dos en contra (México y Cuba) y cinco abstenciones (Argentina, Bolivia, Brasil, Chile y Ecuador).

Se había logrado la convocatoria deseada a una Conferencia de Cancilleres (Octava Reunión de Consulta), que se celebraría en Punta del Este, Uruguay, del 22 al 31 de enero de 1962. Pero quedaba algo por hacer. Existía la preocupación, compartida por algunos diplomáticos, de que la presencia en Punta del Este de los asesores especiales de la Casa Blanca, Goodwin y Schlesinger, podría inclinar la balanza de Estados Unidos hacia los gobiernos neutralistas o de la llamada línea suave con Castro. Había que tratar de contrarrestar esa influencia con congresistas norteamericanos amigos que asistieran como veedores a la Conferencia. El ex Embajador de Cuba en Washington, Dr. Guillermo Belt, influyó en la decisión de Armistead Selden, representante demócrata y miembro prominente del Comité de Relaciones Exteriores, de asistir a la Reunión de Punta del Este. Nosotros hicimos lo mismo cerca del senador republicano, Burke B. Hickenlooper. La jornada en Washington había terminado. Se abría ahora el capítulo de Punta del Este.

Rumbo a Punta del Este

A mediados de enero de 1962, nos dirigimos al Uruguay para asistir a la Conferencia de Cancilleres en representación del Consejo Revolucionario de Cuba. Llevamos cartas de presentación dirigidas por el Embajador del Uruguay, don Carlos A. Clulow, al Ministro de Relaciones Exteriores de su país, Teniente de Navío, don Homero Martínez Montero, y a otras distinguidas personalidades. Asimismo, fuimos portadores del documento oficial dirigido por el Consejo Revolucionario a los Cancilleres de América, cuya redacción nos fue encomendada por el Dr. Miró Cardona.

El voto decisivo del Uruguay

Poco después de nuestra llegada a Montevideo, pudimos confirmar que el voto del Uruguay era indispensable para la acción colectiva contra Castro. Sin ese voto, no contábamos con la mayoría de dos tercios (14 votos) requerida por el Tratado de Río de Janeiro para adoptar sanciones.

A fin de ejercer presión sobre el Gobierno uruguayo, que mantenía una posición vacilante con respecto al caso de Cuba, se celebró un acto público en el Ateneo de Montevideo. Los oradores que ocuparon la tribuna prestigiosa del Ateneo no defraudaron las esperanzas de la multitud que allí se congregó. El senador e ilustre internacionalista, Eduardo Rodríguez Larreta, comenzó su vibrante discurso diciendo: «Asistimos asombrados al bochornoso espectáculo de naciones que han nacido bajo el signo de la libertad y que quieren eludir la responsabilidad que les toca en esta hora de defensa de la democracia. Y cabe preguntarse: ¿Es posible que haya un tercio de países americanos a quienes no les importe que un pueblo de América se pudra?»

Refiriéndose al Uruguay, comentó que a cuarenta y ocho horas del inicio de la Conferencia, el Gobierno no sabía lo que iba a hacer: «Todo son deliberaciones –dijo– conciliábulos. No se sabe si el Ministro renunciará... Estamos viviendo en la era de los equilibristas, de los que quieren estar bien con todos sin asumir responsabilidades viriles».

Y terminó su discurso con la siguiente arenga que recogió la prensa: «Es necesario que el pueblo se ponga en marcha para decir a los demás pueblos de América que Uruguay no es un país de componendas, de transacciones. Habrá que ir a combatir al tirano. Y si nadie se atreve, Uruguay debe ser la vanguardia en esa lucha». La multitud, de pie, aplaudió delirantemente al orador.

Le siguió el Consejero Nacional, don César Battle Pacheco, quien afirmó que «estamos ante una invasión rusa a Cuba. Ante ese hecho concreto, no caben aplazamientos, porque los aplazamientos de la decisión sólo sirven para que se apaguen las voces de protesta, y para dar tiempo a que se siga fusilando hasta mujeres y adolescentes». Señaló que le preocupaba que la Conferencia de la O.E.A. fuese «una amable reunión de amigos donde mucho se hable y nada se haga». Y concluyó fijando valientemente su posición: «En Cuba debe haber intervención de los demás pueblos de América. Porque donde hay un tirano debe intervenirse para que el crimen no continúe y para que las voces que claman por la libertad no acaben por extinguirse».

Después del cierre del acto, el público le pidió al Dr. Luis Conte Agüero que pronunciara unas palabras en nombre de los exiliados cubanos. Entre vivas y aplausos Conte Agüero declaró lo siguiente: «La neutralidad es cobardía y complicidad, y América no acepta gobiernos Pilatos que se lavan las manos con la sangre cubana. Porque sépanlo bien quienes vacilen: esta batalla se gana en Cuba o se pierde en el Continente».

El acto del Ateneo tuvo una gran resonancia. Al día siguiente, uno de los principales periódicos del país salió con este titular a cinco columnas: «EN UNA VIBRANTE JORNADA DEMOCRÁTICA PIDIÓ NUESTRO PUEBLO ROMPER CON EL CASTRISMO». Se había logrado el impacto deseado.

En plena efervescencia popular, solicitamos una entrevista con el Canciller del Uruguay, don Homero Martínez Montero, con el objeto de entregarle el documento oficial del Consejo Revolucionario de Cuba y de conocer su posición ante la Conferencia de Cancilleres. La entrevista con el Ministro fue cordial, pero brevísima. Nos dijo que había presentado su renuncia y que, por consiguiente, no sabía si iba a presidir la delegación uruguaya. En caso de superarse la crisis planteada, prometió reunirse nuevamente con nosotros para discutir a fondo el caso de Cuba.

Cumplió su palabra. El Ministro prefirió celebrar la reunión en nuestra habitación en el Hotel Lancaster de Montevideo. Allí lo esperamos el Dr. Miró Cardona y el que estas líneas escribe. Para nuestra gran sorpresa, el Canciller no sólo trajo el documento del Consejo Revolucionario de Cuba, sino que en presencia nuestra analizó detenidamente los párrafos más sobresalientes del mismo.

Por razones políticas, quiso saber si habían planes concretos para liberar a Cuba. El Dr. Miró Cardona contestó afirmativamente, pero le dijo que, como paso previo, era necesario condenar al régimen de Castro y privarle de los derechos y garantías del sistema interamericano.

El Canciller Homero Martínez, en lo personal, estuvo de acuerdo en apoyar la acción colectiva contra Castro, pero nos advirtió que era necesario convencer a Don Eduardo V. Haedo, quien presidía el Consejo de Gobierno. Solicitada la entrevista, Haedo nos recibió en su residencia veraniega de Punta del Este, conocida como «La Azotea». Asistieron con nosotros a la reunión los doctores José Ignacio Rasco y Ernesto Aragón, entre otros. Después de un breve preámbulo, el Dr. Miró Cardona solicitó el apoyo de don Eduardo Haedo a fin de integrar la mayoría necesaria para sancionar a Castro. Con su proverbial ironía, Haedo contestó que el Gobierno de su país era colegiado y que él únicamente representaba un voto. Por otra parte, manifestó que él era una persona muy polémica, muy controversial. Y ante el asombro de todos, agregó: «la mitad de los uruguayos mienta a mi progenitor, y la otra mitad, a mi progenitora». Finalmente, manifestó que la acción colectiva contra Castro no era más que un expediente para legalizar la intervención de Estados Unidos, por lo que se oponía a ella.

Le contesté al Sr. Haedo en los siguientes términos: «Los cubanos han demostrado a través de la historia que no quieren ni aceptan la dominación o tutelaje extranjero. Resueltos a conquistar su independencia o a morir en la demanda, los cubanos el siglo pasado se enfrentaron a España, que había volcado sobre la Isla sus mejores soldados en un vano intento por conservar la joya más preciada de su corona. Posteriormente, se opusieron al apéndice constitucional de la Enmienda Platt que mediatizaba la soberanía de Cuba. Y hoy luchan, aislados y solos, contra las fuerzas satánicas del comunismo internacional. Y precisamente porque quieren evitar que la Isla se convierta en un peón de la Guerra Fría, sujeta a las pugnas, negociaciones e intereses de las grandes potencias, es que los cubanos piden, reclaman, la acción colectiva de América en estricto cumplimiento del Tratado Interamericano de Asistencia Recíproca».

Como buen esgrimista dialéctico, Haedo se sonrió al escuchar nuestra exposición y nos dijo: «Es un argumento». Había sentido la estocada y se tornó más afable y receptivo. Al final de la reunión, le recomendó al Dr. Miró Cardona que regresara urgentemente a Montevideo para tratar de obtener el apoyo decisivo del Consejero Echegoyen. Así lo hizo Miró, con resultados positivos. Se había logrado el voto clave de la República Oriental del Uruguay.

La expulsión de Castro de la O.E.A.

A petición del Gobierno del Perú, la Comisión Interamericana de Paz rindió un informe a la Octava Reunión de Consulta en el que se formulan los siguientes cargos contra Castro:

1) «La identificación del Gobierno de Cuba con la ideología marxista-leninista y el socialismo de tipo soviético... supone posiciones esencialmente antagónicas al principio consagrado en la Carta de la O.E.A. (referente al ejercicio efectivo de la democracia representativa)..»..

2) «La grave y sistemática violación de los derechos humanos por el Gobierno de Cuba no sólo constituye una de las causas principales de las tensiones internacionales que actualmente afectan a la paz continental, sino que está en abierta contradicción con varios instrumentos del sistema interamericano y, en particular, con la Carta de la Organización..»..

3) «Las actuales vinculaciones del Gobierno de Cuba con los países del bloque chino-soviético son ostensiblemente incompatibles con los principios y normas que rigen el sistema regional, y en especial el de seguridad colectiva establecido por la Carta de la O.E.A. y el Tratado Interamericano de Asistencia Recíproca..»..

4) «En lo concerniente a la intensa acción subversiva en que están empeñados los países del bloque chino-soviético en América y a las actividades del Gobierno de Cuba señaladas en este Informe, es evidente que constituirían actos que, dentro del sistema para la defensa política del Continente, han sido califi-

cados por instrumentos interamericanos como de 'agresión política' o de 'agresión de carácter no militar'. Tales actos configuran atentados a la paz y a la seguridad interamericana, así como a la soberanía e independencia política de los Estados americanos y, por lo tanto, una grave violación de principios fundamentales del sistema interamericano...»..

En vista de la gravedad de los hechos denunciados por la Comisión Interamericana de Paz y de la presión ejercida por el CAP (Centro-América y Panamá), el Perú y Venezuela, el Canciller de Colombia, Dr. Caicedo Castilla, retiró una de sus propuestas que consistía en ofrecerle a Castro una nueva oportunidad para decidir si quería permanecer dentro del sistema interamericano. En su lugar, defendió la ruptura de relaciones diplomáticas y económicas con el régimen cubano y propuso que se excluyera a dicho régimen de toda participación en el sistema interamericano.

Con precisión jurídica, Caicedo hizo una distinción entre «intervención multilateral» –resultante de una acción arbitraria en perjuicio de uno o más Estados – y «acción colectiva», que implica la adopción de medidas previstas en el Tratado Interamericano de Asistencia Recíproca para defender la soberanía, la independencia política o la integridad territorial de uno o más Estados, o para garantizar o restaurar la paz en determinada zona.

Apoyándose en el texto categórico de los instrumentos regionales y en la interpretación correcta de los mismos, el Dr. Caicedo Castilla asumió en la Conferencia de Cancilleres el liderazgo de los países partidarios de la acción colectiva contra Castro.

Se opusieron a todo acuerdo punitivo Argentina, Brasil, Chile, Bolivia, México, Ecuador, (aparte de Cuba). Aunque los cancilleres de estos países reconocieron que el régimen marxista-leninista de Cuba era incompatible con el sistema interamericano, esgrimieron sofismas legales para evadir el fondo de la cuestión y oponerse a las sanciones.

La tesis más peligrosa fue la expuesta por el Canciller Dantas del Brasil. Sostuvo éste que «si en ese momento se adoptaran medidas que condujeran al país (Cuba) a un aislamiento sin alternativas, su gravitación hacia el mundo soviético no podría menos que hacerse inevitable». Después de admitir que el régimen cubano se apartaba de los principios y objetivos del sistema regional, el Canciller Dantas abogó por la creación de un Estatuto especial que reconociera esas diferencias y regulara las relaciones entre el régimen y el resto del hemisferio. (Ese proyecto, disfrazado indistintamente de «titoísmo», «finlandización» o «neutralismo», reaparece hoy bajo el rótulo ampuloso de «pluralismo ideológico»).

Deslindados los campos y separados los bandos, le tocó hablar al Canciller norteamericano, Dean Rusk. La primera parte de su discurso fue una loa a la Alianza para el Progreso, presentada como fórmula efectiva para «romper las cadenas del hambre, la pobreza y la ignorancia». Al referirse al caso de Cuba, no apoyó la propuesta colombiana de ruptura de relaciones con Castro. Planteó la incompatibilidad del régimen con el sistema interamericano. En cuanto a su exclusión de los organismos regionales, se mostró partidario de referir la decisión que al respecto se tomara al Consejo de la O.E.A. a fin de que éste determinara la mejor manera de darle cumplimiento.

Ante la postura irresoluta del Canciller norteamericano, el Jefe de la Delegación de Castro, Osvaldo Dorticós, moderó sus acusaciones y dosificó cuidadosamente sus diatribas. Confiaba en que no se lograrían los votos necesarios para sancionar o expulsar al régimen castrista. La única controversia que realmente suscitó su discurso fue cuando manifestó irónicamente que creía que se violaban las libertades cuando un Gobierno como el de Guatemala recurría a la suspención de las garantías constitucionales para reprimir manifestaciones populares, como supuestamente acababa de suceder. No tardó en escucharse la ingeniosa respuesta del representante García Bauer de Guatemala: «Se dice que en el día de hoy se suspendieron las garantías constitucionales en Guatemala. Es cierto, señores Cancilleres, se suspenden las garantías sólo en un país donde las garantías existen..»..

Concluidos los discursos, comenzaron las deliberaciones a puertas cerradas. De inmediato se puso de manifiesto el deseo de la delegación norteamericana de suavizar los proyectos de resoluciones a fin de lograr, si no la unanimidad, al menos una amplia mayoría que incluyese uno de los votos del ABC (Argentina, Brasil o Chile).

A pesar de la insistencia de los países de la «línea dura», Dean Rusk rechazó el proyecto de ruptura de relaciones con Castro. Y no conforme con esto, trató de que el procedimiento para la expulsión del régimen castrista de la O.E.A. estuviese sujeto a lo que el Consejo acordase posteriormente sobre el particular. Los Cancilleres de Centroamérica y Panamá, encabezados por el de Guatemala, se opusieron enérgicamente y amenazaron inclusive con retirarse de la Conferencia si persistían esos propósitos.

Pero quien individualmente descolló en la defensa de la acción colectiva fue el Canciller de Colombia, Dr. Caicedo Castilla. Este recibió todo género de presiones para que adoptase una postura más flexible, incluyendo llamadas de su propio Gobierno a petición de Washington. Consideró presentar su renuncia antes que abjurar de sus principios. A la salida de uno de los conciliábulos, nos dijo en el pasillo mientras miraba de lejos a Dean Rusk: «Me dejan solo; me dejan solo... Pero yo soy de hierro». Y gracias en gran parte a ese «Canciller de Hierro» (como fue llamado en Punta del Este), se logró la expulsión del régimen de Castro de la O.E.A. con 14 votos a favor, 6 abstenciones y 1 en contra.

Después de la votación, se retiró la Delegación de Castro y entró en el salón de la Conferencia, con autorización del Secretario General de la O.E.A., don José A. Mora, el Presidente del Consejo Revolucionario de Cuba, Dr. Miró Cardona. Al recibirlo efusivamente y de pie, los Cancilleres de América le rindieron un homenaje de respeto y simpatía al infortunado pueblo de Cuba.

Durante la Conferencia de Cancilleres en Punta del Este, Miró Cardona le agradeció al Embajador de Venezuela, José Antonio Mayobre, la firmeza contra Castro del gobierno de Rómulo Betancourt. De izquierda a derecha, Ernesto Aragón, José Antonio Mayobre, José Miró Cardona y Néstor Carbonell Cortina.

José Miró Cardona en compañía de Néstor Carbonell Cortina y Eddy Leal, felicita a Joaquín Caicedo Castilla, el «Canciller de Hierro» de Colombia por la expulsión del régimen de Castro de la OEA.

Entrevista en la Casa Blanca

Los acuerdos adoptados en Punta del Este tenían una gran trascendencia. Los cancilleres habían declarado que el régimen comunista de Castro era incompatible con el sistema interamericano y lo habían expulsado de la O.E.A. La ejecución de esta máxima sentencia condenatoria, que requería la eliminación de dicho régimen, no podía aplazarse sin grave riesgo para la paz y la seguridad del hemisferio.

Consciente de la necesidad de acelerar la acción militar contra Castro, el Dr. Miró Cardona se entrevistó con el Presidente Kennedy el 10 de abril de 1962, unos seis meses antes de la Crisis de los Cohetes. A esa reunión asistieron también los señores Robert Kennedy, Secretario de Justicia, Richard Goodwin, consejero especial de la Casa Blanca, y Ernesto Aragón, Asesor del Dr. Miró Cardona. Los planteamientos que formuló Miró en esa junta aparecen desarrollados en un memorándum que discutimos en el Hotel Manger Annapolis de Washington, unos días antes.

En el curso de esta histórica entrevista en la Casa Blanca, que duró una hora, el Presidente Kennedy le manifestó a Miró que el problema era esencialmente militar, de seis divisiones, y que el Consejo debía contribuir con el mayor contingente posible de combatientes. A ese efecto, le dio instrucciones a Goodwin para que agilizara el reclutamiento de los cubanos, eliminando requisitos exagerados de condiciones físicas y edad. Asimismo, Kennedy aclaró que la acción militar no sería unilateral y reiteró su apoyo al Consejo. No precisó, sin embargo, las bases de la alianza.

Es evidente que el Dr. Miró Cardona había avanzado bastante en la entrevista, pero no lo suficiente para despejar el fundado escepticismo que reinaba en el exilio. El Dr. Manuel Antonio de Varona, miembro prominente del Consejo Revolucionario, optó por acudir al Congreso de los Estados Unidos, acompañado por el autor de estas líneas. Interesa señalar que Miró conoció de nuestras actividades congresionales y no se opuso a ellas. Comenzaron así las gestiones privadas que culminaron con la Resolución Conjunta del 3 de octubre de 1962.

El Frente Congresional

En distintas etapas de este proceso, distinguidos compatriotas, entre los cuales se encuentran los doctores Carlos Prío Socarrás, Guillermo Alonso Pujol, Carlos Márquez Sterling, Emilio Núñez Portuondo, Guillermo Belt, Eduardo Suárez Rivas, Lincoln Rodón, Claudio Benedí, Enrique Huertas, Luis Conte Agüero, Manolo Reyes, Luis Manrara y los miembros del Directorio Estudiantil, representados por Fernando García Chacón, se han acercado a congresistas norteamericanos en procura de reconocimiento y respaldo a la beligerancia de los demócratas cubanos. Recordaron, sin duda, las gestiones patrióticas que durante la gesta emancipadora de 1895 efectuaron en Washington don Tomás Estrada Palma, Gonzalo de Quesada y el prominente abogado, Horatio Rubens, entre otros. El ex Primer Ministro de Cuba, Dr. Jorge García Montes, en un discurso pronunciado el 16 de agosto de 1967, aportó datos muy interesantes sobre dichas gestiones, que cristalizaron en la Resolución Conjunta adoptada en 1898 por el Congreso de los Estados Unidos, en contra de los deseos del Presidente McKinley.

Nuestras actividades congresionales en 1962 perseguían objetivos similares a los que animaron a la Delegación de Cuba en 1898: a) obtener el reconocimiento de un gobierno cubano «de facto» beligerante, y b) lograr que se adoptara una Resolución

Conjunta que obligara al Presidente de los Estados Unidos a rechazar la intervención comunista en Cuba y a ayudar a los demócratas cubanos a rescatar su autodeterminación.

La Crisis de los Cohetes y la Conferencia de Washington

Ante la inminencia de una crisis que iba a tener repercusiones mundiales, los Cancilleres de América celebraron una reunión informal en Washington el 6 de octubre de 1962. En el documento confidencial entregado a los Cancilleres, el Consejo Revolucionario de Cuba pidió que se adoptaran inmediatamente medidas de legítima defensa, incluyendo el bloqueo aéreo y naval de Cuba, y que se reconociera un gobierno cubano beligerante.

A los pocos días, el 22 de octubre, el Presidente Kennedy electrizó al mundo al confirmar en su mensaje televisado que los rusos estaban emplazando en Cuba cohetes nucleares de alcance medio e intermedio capaces de llegar a Washington, D.C., Cabo Cañaveral, México, el Canal de Panamá y cualquier ciudad del sureste de Estados Unidos, de Centroamerica o del área del Caribe. Asimismo, anunció que había movilizado a las fuerzas armadas de su país y había ordenado el bloqueo de Cuba, advirtiendo que éste únicamente sería levantado cuando los rusos desmantelaran y retiraran todos los cohetes bajo la supervisión de observadores de la O.N.U.

Kennedy concluyó su histórico mensaje con estas palabras: «El precio de la libertad es siempre alto, pero los americanos lo han pagado siempre. Y un camino que nunca tomaremos es el camino de la entrega o la sumisión. Nuestra meta no es la victoria de la fuerza, sino la vindicación del derecho –no la paz a costa de la libertad, sino la paz con libertad –aquí en este hemisferio y, esperamos, alrededor del mundo. Con la ayuda de Dios, esa meta será alcanzada».

El Organo de Consulta de la O.E.A. se reunió al día siguiente, a petición de los Estados Unidos, y aprobó por unanimidad las medidas ordenadas por el Presidente Kennedy.

Al concluir la llamada Crisis de los Cohetes, el Presidente Kennedy afirmó que habría «paz en el Caribe». Esta no duró mucho tiempo. En el informe del 3 de julio de 1963 de la Comisión Especial para Estudiar las Resoluciones II y VIII de la Octava Reunión de Consulta, se dijo lo siguiente: «Es indudable que Cuba constituye actualmente el centro regional de la acción subversiva del comunismo internacional en América. Ello es cierto, no sólo por lo que respecta a la propagación de la ideología comunista, sino también –lo que es más peligroso– porque constituye un centro muy cercano de adiestramiento para los agentes de todo orden que tienen a su cargo el desarrollo de la subversión en los países americanos». Y previendo los hechos ocurridos a fines de 1963, agregó el informe: «No cabe duda de que el régimen de Castro ha elegido a Venezuela como su principal objetivo..»..

En la sesión extraordinaria del Consejo de la O.E.A. celebrada el 3 de diciembre de 1963, el Embajador de Venezuela denunció «actos de intervención y agresión del Gobierno de Cuba que afectan la integridad territorial y la soberanía de Venezuela, así como la vigencia de sus instituciones democráticas», y solicitó que el Consejo se constituyera y actuara provisionalmente como Órgano de Consulta de acuerdo con el Tratado de Río de Janeiro para considerar las medidas que deban adoptarse.

El Consejo de la O.E.A. designó una comisión especial para que investigara los hechos denunciados. El informe de 112 páginas que dicha comisión rindió al Consejo el 24 de febrero de 1964 incluyó numerosos documentos que corroboraron la acusación venezolana, así como una serie de fotografías de las armas cubanas encontradas en una playa de Venezuela.

Ante las pruebas concluyentes, la Novena Reunión de Consulta celebrada en Washington, D.C. del 21 al 26 de julio de 1964, acordó la ruptura de relaciones diplomáticas, consulares y económicas con el régimen de Castro, de acuerdo con el artículo 8 del Tratado de Río de Janeiro. Todas las repúblicas americanas acataron el acuerdo, con excepción de México.

El apaciguamiento suicida

Han pasado los años, y el régimen de Castro ha continuado fomentando la subversión, el espionaje, el terrorismo y las guerrillas en todo el continente. Sólo que ahora la intervención castrista se realiza a través de agentes de los países agredidos –entrenados, adoctrinados y equipados en Cuba.

A pesar de estos hechos alarmantes, soplan vientos de apaciguamiento suicida en el continente. En noviembre del año pasado los cancilleres se reunieron en Quito para considerar el levantamiento de las sanciones impuestas al régimen de Castro. No se logró, sin embargo, la mayoría de dos tercios requerida por el Tratado de Río de Janeiro para dejar sin efecto dichas sanciones.

Próximamente se reunirán los Cancilleres en Washington para tratar otra vez el caso de Cuba. ¿Qué decir ante este nuevo intento de consagrar la permanencia de un régimen que sigue siendo peligro y afrenta para todo el Hemisferio? Nada más elocuente que el discurso pronunciado en la O.E.A. por el Canciller de Costa Rica, Gonzalo Facio, el 3 de diciembre de 1963. Dijo entonces el Canciller Facio:

«Comprendemos que el caso de Cuba ha dejado de ser un

problema de orden local o de orden puramente interamericano. Representa el traslado de la guerra fría al corazón de las Américas, y por ello tiene un ámbito mundial. Sin embargo, sin perder de vista los problemas de estrategia global que plantea la Guerra Fría, mi Gobierno ha sostenido siempre que una política de mera contención frente a la agresión subversiva comunista que nos viene de Cuba, no puede ser suficiente. Como americanos nos negamos a cerrar los ojos frente a la tragedia del hermano pueblo de Cuba. Solo, aislado, este bravo pueblo no puede liberarse de un régimen como el de Fidel Castro que además de haber recurrido a los más crueles métodos del Estado policial, cuenta para mantenerse en el poder con el apoyo de fuerzas militares de potencias extranjeras».

«Es ya tradición americana, que se remonta a las luchas por la independencia, que ninguna guerra de liberación se lleve a cabo sin que el pueblo oprimido reciba ayuda exterior. Ese sentimiento de solidaridad americana se justifica ahora más que nunca en el caso de Cuba, porque la intervención chino-soviética, condenada expresamente por todos los Estados americanos, tiende a consolidar un régimen extraño y antagónico a la tradición histórica del Nuevo Mundo, que además constituye fuente de agresión subversiva contra todas las naciones del Hemisferio».

«No se violaría la soberanía cubana si se diera apoyo al pueblo de Cuba –dentro y fuera de la Isla– en su guerra de liberación nacional. Porque, como he tenido oportunidad de repetirlo muchas veces, la soberanía reside en el pueblo, y cuando un dictador la usurpa, sobre todo para ponerla al servicio de una potencia extranjera, ninguna forma de lucha contra el tirano viola la soberanía nacional sino que, por el contrario, tiende a devolvérsela al pueblo a quien el dictador se la ha usurpado. La autodeterminación popular, que no es otra cosa que el ejercicio de la soberanía, no puede ejercerse en Cuba mientras exista el régimen tiránico del Fidel Castro».

¿Pueden los cancilleres de América olvidar estas palabras que tienen plena vigencia por cuanto están inspiradas en los más altos principios, tradiciones e ideales del mundo americano? ¿Pueden los Ministros de Relaciones Exteriores extender prerrogativas diplomáticas y ayuda económica a un régimen que los desprecia y que está empeñado en destruir las libertades en este Hemisferio? ¿Pueden, en fin, los señores cancilleres ignorar al pueblo de Cuba y pactar con sus verdugos?

No. A menos que el Tratado de Seguridad y Asistencia Recíproca sea una burla; que la Organización de los Estados Americanos sea una farsa; que la Declaración de los Derechos Humanos sea una estafa, y que la amistad de los pueblos sea una traición.

Sea cual fuere la decisión de la O.E.A., el pueblo indomable de Cuba no abandonará la contienda. Está en juego no sólo su libertad, sino su propia supervivencia. No se doblegará ni aunque la próxima Conferencia de Cancilleres capitule y lo traicione. Firme y erguido continuará la lucha y evocará «La Esperanza» que cantara el poeta José Agustín Quintero después de un fallido intento de liberar a la Patria opresa:

«Si hoy en la negra oscuridad desierta
te oprime del dolor el yugo impío,
y triste lloras la esperanza muerta
de un destino fatídico y sombrío,
tal vez mañana ha de brillar luciente,
ceñida de laurel, tu noble frente».

                                        Abril de 1975

¡CANCELAD LA CUMBRE EN CUBA!
Mensaje dirigido a los Jefes de Estado de Iberoamérica y a S. M. el Rey de España

Los regímenes totalitarios como el de Cuba se sostienen en el poder no sólo por su técnica de yugulación interna, sino también por su habilidad para granjearse la legitimación externa. La Cumbre de Iberoamérica le confirió a Castro esa legitimación, invintándolo a formar parte de la Cumbre sin abdicar el totalitarismo y permitiéndole servir de anfitrión en suelo esclavo.

Interpretando el sentir de muchos de mis compatriotas, le dirigí el siguiente mensaje a los Jefes de Estado de Iberoamérica y a S. M. El Rey de España.

A vosotros me dirijo con el respeto que me merecen vuestras altas investiduras, legitimadas por el sufragio bajo un estado de derecho y avaladas por un clima de amplias libertades.

Cuando más se valoran y aprecian estos atributos de la democracia es cuando se pierden, como ocurrió en mi desdichada patria cubana. El amanecer del 1º de enero de 1959, que muchos saludaron con alborozo y esperanza, no fue más que el preludio de la más horrenda y larga de las noches de despotismo que han descendido sobre las Américas en este siglo. El despotismo de Castro, de raíz y molde estalinista, nació disfrazado de humanismo y justicia social, pero ninguna de sus máscaras puede ya ocultar la vil estafa. A la vista de todos los que quieran ver, yacen los escombros de un país en ruinas, atrapado entre las mallas de un régimen brutal.

En los anales de esta era en el mundo colombino, no hay estadística o índice de barbarie que el régimen de Castro no haya batido con creces. Si contamos el número de fusilados o ultimados en Cuba en los últimos cuarenta años, o los presos políticos y los exiliados, o las familias ahogadas tratando de escapar del infierno comunista, o las propiedades robadas y las riquezas nacionales destruidas, Castro ocupa el primer lugar en la galería hemisférica de la infamia. Y si añadimos las intervenciones en los asuntos internos de otros países, promoviendo agitación, terrorismo y guerra de guerrillas, y las amenazas a la paz mundial, cabe concluir, sin temor a hipérbole, que no hay precedente en las Américas que llegue a acercarse al récord de delincuencia internacional impune alcanzado por Fidel Castro.

Con estos antecedentes, no acertamos a comprender cómo y por qué le habéis dado cabida en la Cumbre de Iberoamérica al tirano de Cuba. Y de cara a las nuevas medidas draconianas impuestas por él, que penalizan con hasta veinte años de prisión a todo el que se atreva a emitir noticias sin censura, y a la insólita condena de cuatro líderes de la disidencia pacífica, nos preguntamos: ¿Vais a condonar la tiranía celebrando la próxima Cumbre de Iberoamérica en la isla aherrojada por vuestro anfitrión?

Bien sabemos que el propósito que os anima es convencer a Castro de que flexibilice su dura intransigencia e inicie un proceso de apertura en Cuba. El objetivo es noble, pero el procedimiento es errado. Y es errado, no sólo porque el tirano por nada y por nadie cede su poder omnímodo, sino porque se aprovecha de cualquier oportunidad para oxigenar y prolongar su régimen, confundiendo a los incautos, manipulando a los tímidos, y engañando a los ilusos. Por eso suscribió recientemente los postulados de la Cumbre sobre democracia representativa, a sabiendas de que no los cumpliría, como tampoco ha cumplido ninguna de sus múltiples promesas. Para un falseador consuetudinario como él, la mentira no es una aberración; es un instrumento de trabajo.

Recibió el tirano a Su Santidad Juan Pablo II, no porque sintiese necesidad de arrepentimiento o contrición, sino para granjearse simpatía sin cambio ni rectificación. Se retrató a la vera del Santo Padre, no para recibir su bendición, sino para mejorar su imagen decrépita y convalidar su cruel traición. Le ofreció a la Iglesia apacible pulgadas de espacio para su misión, pero le negó la educación religiosa y todas las vías de comunicación. Se aprovechó del viaje del Papa y de su dramática exhortación: el mundo se abrió a Cuba, pero Cuba siguió encerrada en las tinieblas de su prisión.

No debe extrañarnos esta conducta de perfidia y falsedad; es la trayectoria de 40 años del tiranoególatra y mendaz. ¿Cómo aceptar su aparatosa y perversa hospitalidad? ¿Cómo celebrar entre barrotes la Cumbre de la libertad? Aunque eliminéis festejos rumbosos, mostraréis insensibilidad. Os hospedaréis en hoteles vedados a los cubanos todos de allá. Visitaréis playas bloqueadas a los nativos sin potestad. Si criticáis su satrapía, no tendréis sonoridad. El tirano sólo difunde lo que consagra su iniquidad. Aunque suelte algunos presos para ganar complicidad, Cuba seguirá esclava bajo la férula de su maldad.

Quizás algunos de vosotros les interese celebrar la Cumbre en Cuba para promover o salvaguardar las inversiones de vuestros conciudadanos. Es un interés razonable en circunstancias normales, mas no en el caso de Cuba. Los que ocupan en la isla propiedades confiscadas y esquilman la fuerza laboral en connivencia con el régimen, no son propiamente inversores; son especuladores que saquean a Cuba y lucran con sus despojos. Ellos no se merecen la protección de vuestros gobiernos, sino el oprobio que se deprende de estos versos contundentes del inmenso José María Heredia:

> «Bajo el peso del vicio insolente
> la virtud desfallece oprimida,
> y a los crímenes y oro vendida
> de las leyes la fuerza se ve.
> Y mil necios, que grandes se juzgan
> con honores al peso comprados,
> al tirano idolatran, postrados,
> de su trono sacrílego al pie».

Manifestáis vosotros, para justificar la Cumbre con Castro, que no debemos aislar a Cuba. Mas Castro no es Cuba. No confundáis al pueblo cautivo con su carcelero. Cuba es la que desafía amordazada. Cuba es la que sufre aprisionada. Cuba es la que lucha desterrada. No ofendáis la causa de los justos dignificando a Castro con vuestra Cumbre. Como sentenciara Martí: «Visitar la casa del opresor es sancionar la opresión».

Si como hombres de bien, al honor ceñidos, canceláis la Cumbre en Cuba, no permanezcáis apáticos y callados. Debéis alzar vuestra enérgica protesta contra el tirano y ofrecerles a sus cívicos opositores, dentro y fuera de la isla, la misma solidaridad que recibieron los Sakharovs de Rusia, los Havels de Checoslovaquia y los Walesas de Polonia en su lucha contra la dominación comunista. La historia demuestra que los regímenes totalitarios no caen ni se transforman con zalemas protocolarias ni con juegos de béisbol, sino con fuertes y continuadas presiones, internas y externas. Que se materialice al fin la solidaridad iberoamericana para que pronto pueda celebrarse en la patria de Martí la única Cumbre digna de respeto –la que salude el reingreso de una Cuba libre y soberana en el concierto de naciones democráticas del mundo.

EL ARRESTO QUE FALTA
Doble standard con Pinochet y Castro

A raíz del arresto de Pinochet, publiqué este artículo en varios periódicos, incluyendo el Diario las Américas, *el* ABC *de España y el* Nuevo Día *de Puerto Rico. Mi propósito fue denunciar el flagrante doble standard entre el arresto de Pinochet y la impunidad de Castro. Implacables con la diestra y serviles con la siniestra.*

El derecho internacional, que tiene más de política que de derecho, suele estar cuajado de inconsistencias y contradicciones. Éstas no se derivan de los postulados de su doctrina, sino de las paradojas de su práctica. Paradojas que alcanzan niveles inauditos en el caso de Fidel Castro –protegido por quienes han sido agredidos; aupado por quienes han sido ultrajados.

Ningún tirano de esta era ha prolongado más que él su despotismo, ni ha exportado más que él su violencia, ni ha difundido más que él sus mentiras. Y, sin embargo, la ONU que consagra los derechos humanos, libra de cargos a este sátrapa pagano. La OEA que se funda en la libertad y la democracia, considera readmitirlo con toda su autocracia. La Iglesia que condiciona el favor de la indulgencia, parece perdonarlo sin confesión ni penitencia. La Cumbre de Iberoamérica que proclama la hermandad, abraza al fratricida que encarna la indignidad. Y Europa que a Pinochet le niega inmunidad, a Castro le concede la más amplia impunidad.

Nada de lo anterior debe sorprendernos, porque todavía hay quienes consideran a Castro como una víctima incomprendida, que puede ser reformada. Atribuyen el trágico impasse en Cuba, no al terco absolutismo del tirano, sino al embargo estadounidense y a la intransigencia del exilio cubano. Siempre hay una excusa o pretexto para justificar a Castro. Ante su récord de crímenes y desafueros, los jueces se inhiben, la memoria se nubla y la crítica se apaga. Exento de obligaciones y reglas, parece ser acreedor a un doble standard.

Miles de cubanos –jóvenes, niños y ancianos– han muerto en el Golfo ahogados tratando de escapar del infierno comunista. Otros, en misión aérea de rescate, fueron derribados por el régimen terrorista. Y esto no estremece ni perturba a un mundo ruin, que sí se conmovió con los 400 alemanes que cayeron escalando el Muro de Berlín.

Más de 10,000 cubanos han sido fusilados o ultimados por los jenízaros de Castro, y cerca de un millón y medio han sido hostigados y forzados a expatriarse. Y, sin embargo, a Pinochet se le acusa de genocida, y a Castro se le exonera y se le da la bienvenida.

El «apartheid» en Sudáfrica provocó la repulsa y el embargo de la comunidad internacional. En cambio, el «apartheid» en Cuba, que les niega a los nativos los derechos y privilegios que les otorga a los extranjeros, no frena a los turistas, ni indigna a los moralistas, ni calla a los alabarderos.

Los bancos que en Suiza se apropiaron de los depósitos de las víctimas del nazismo, tendrán que indemnizar a sus herederos y expiar el vandalismo. Sin embargo, los extranjeros que en Cuba se apoderan de las propiedades robadas a las víctimas del castrocomunismo, continúan su saqueo con impúdico cinismo. Y en contubernio con Castro, y sin censura internacional, estos explotadores permiten que se les confisque a sus obreros cubanos cerca del noventa porciento de los sueldos en dólares que retiene el régimen inhumano.

Las Américas, con el apoyo de la OEA, le dieron un ultimátum a Somoza para que abandonara el gobierno. Y las Américas, bajo la égida de la ONU, destituyeron a Cedras para que cesara su averno. Pero con Castro no hay impaciencia, y se le trata con deferencia. ¿Ultimátum? –sólo el que *él* da a los bravos de la disidencia. La única invasión a Cuba que hoy existe, tan repulsiva como triste, es la de los que profanan la isla sin sonrojo, en busca de sexo y de despojos.

¿A qué se debe la pusilanimidad con Castro? ¿Qué motiva este doble standard? ¿Será que la justicia se endurece con los dictadores de la diestra y se pliega complaciente con los de la siniestra? ¿Será que las mentiras de Castro, maquilladas y repetidas, pueden más que las verdades de sus opositores, deformadas y preteridas? ¿Será la envidia o el odio al Goliat norteamericano lo que sella el maridaje internacional con el tirano? ¿Será la demagogia, el oportunismo o el miedo a la subversión lo que incita a algunos líderes a pactar con el felón?

Son muchas y variadas las causas que explican la impunidad del malvado. Pero consecuencias sólo hay una: la agonía del pueblo secuestrado. Ésta, sin embargo, tendrá terminación; el tirano es de carne y hueso, y no tiene perdurable sucesión. Cuba, que luchó por medio siglo para lograr su emancipación, romperá tarde o temprano el dogal de esta humillación.

Poco podrá esperarse del derecho internacional, porque a Castro se le exime del proceso judicial. La solución no la dará ni el magistrado ni el fiscal; la darán los propios cubanos con un ímpetu final.

Y cuando caiga estrepitoso el régimen opresor, ¿qué dirán los que hoy resguardan al pérfido dictador? Dirán quizás que se ofuscaron, creyendo en el impostor. Pero no podrán negar que traicionaron la justicia y el honor.

¿QUO VADIS, VENEZUELA?

La alianza funesta Castro-Chávez

En septiembre de 1999 publiqué en el Diario las Américas *el siguiente artículo comparando el advenimiento del comunismo en Cuba bajo Castro con el rumbo totalitario que yo detectaba en Venezuela bajo Chávez. Unos ocho años después, los hechos lamentablemente han venido a confirmar mis premoniciones.*

El rumbo que atisbé fue el preludio de la implantación progresiva de un modelo de corte leninista a la venezolana –metástasis del cáncer comunista cubano. Quiera Dios que él noble pueblo de Venezuela, vigorizado en la vanguardia por una juventud democrática y rebelde, reaccione antes de que llegue a consumarse el estrangulamiento totalitario.

A los ocho meses de haber llegado Fidel Castro al poder, en la cresta del paroxismo popular, terminé un trabajo titulado «¿Hacia dónde vamos?» El preámbulo de ese ensayo lee así:

«Hace aproximadamente ocho meses que la nación cubana se halla como en el vórtice de un huracán. No ha habido, en este período, ni un solo instante de tranquilidad y sosiego.

Todo ha sido transformación, vértigo y constante movimiento».

«¿Qué alcance tienen las medidas revolucionarias? ¿Qué fin persiguen? ¿Son el producto de la improvisación –inevitable a veces en épocas convulsas– o responden, por el contrario, a un plan preconcebido y rigurosamente estructurado? Dicho de otro modo: ¿Vamos a la deriva, dando bandazos, a merced de los caprichos y de las pasiones de los jerarcas revolucionarios, o vamos con intención aviesa, pulso firme y rumbo definido, proa al totalitarismo?»

El hecho de haber acertado, desgraciadamente, en mi pronóstico sombrío en Cuba, no me da derecho a pontificar ahora, con tono magisterial, sobre lo que podría acontecer en Venezuela. Aunque viví con mi familia dos años en la patria de Bolívar, y algo sé de su historia colonial y contemporánea, no me las doy de zahorí, ni de gurú, ni de experto en cuestiones venezolanas.

Por otra parte, la génesis y desarrollo inicial del proceso revolucionario cubano bajo Castro y del venezolano bajo Chávez no son iguales. Las circunstancias que originan o caldean los movimientos históricos nunca se repiten con rigurosa exactitud. Castro luchó contra una dictadura para restaurar la democracia, pero trocó el sufragio libre por su omnímoda voluntad. Chávez trató de derribar a un gobierno democrático, pero canjeó el fusil artero por un baño de legitimidad. Castro prometió restablecer la Constitución legítima de Cuba, pero la mutiló por decreto hasta lograr su extinción. Chávez juró sepultar la Constitución «moribunda» de Venezuela, y convocó para hacerlo una Constituyente sin verdadera oposición. Castro no tuvo que liquidar instituciones ni ejércitos, ya que todos se desplomaron increíblemente a sus pies. Chávez sí tiene que lidiar con organismos diversos, pero ellos, por su descrédito, no le crearán insuperable revés. Castro implantó el paredón de fusilamiento como ley señera de su revolución. Chávez no ha recurrido todavía a represalias violentas, pero azuza a las turbas para esparcir intimidación.

Sí, hay factores o matices que diferencian los dos procesos, pero hay también tendencias afines que colocan a la revolución venezolana al borde del absolutismo frenético que atrapó a Cuba. La prédica taladrante y masiva que hoy emana de Caracas, (similar a la de Castro al escalar el poder), parte de la premisa de que todo lo hecho antes de la revolución es malo; de que todo lo que proviene del «establishment» pasado es corrupto. No creo que haya muchos venezolanos que nieguen la existencia de graves lacras y desigualdades sociales que hay que corregir. Pero martillar incesantemente consignas inflamatorias que exageran los males y condenan el pasado en bloque, sin atenuantes ni distinciones, es una manera de condicionar los reflejos de la población a lo Pavlov para hacer tabla rasa de la República y sus tradiciones. Es justificar todo género de experimentos de ingeniería social, sin debate ni confrontación. Es paralizar a los recalcitrantes, reales o sospechosos, con la amenaza de ser acusados de cómplices de un pasado aborrecible y corrupto.

Mas esta campaña no se queda en palabras. De las consignas a los hechos no hay más que un trecho. En Venezuela, bajo la hermética cúpula del poder, se elaboran listas secretas para remover de sus puestos y encausar, por incompetentes y corruptos, a cientos de jueces, oficiales y empleados públicos de todos los niveles. No es objetable, claro está, la formulación de cargos contra funcionarios venales, con las debidas garantías procesales. Pero destituciones en masa, basadas en úkases fulminantes de comités de salud pública o de otra denominación suelen ser la antesala de purgas revolucionarias para sembrar el terror y tiranizar el mando.

Opinan algunos que la revolución venezolana cuenta con amplio mandato popular para desarrollar sus objetivos radicales. Lo cierto es que sólo recibió una pluralidad de votos, es decir, menos de la mayoría de los electores. Esto basta, en algunos casos, para formar gobierno, pero no para suplantar todo el pacto social consagrado en la Constitución y rediseñar la República. Ni aún con pleno respaldo mayoritario puede una Constituyente democrática usurpar los poderes del Estado, anulando la judicatura y suprimiendo el Congreso. Las elecciones son fuentes de derecho, pero no son patentes de despotismo. Las democracias se rigen por los dictados de las mayorías, pero con el debido respeto a los derechos de las minorías. Las revoluciones populares, aún aquellas que se someten al veredicto del sufragio, pierden su autoridad cuando cercenan el pluralismo y violentan las leyes dignificantes de la naturaleza humana.

Decía el patricio cubano Manuel Sanguily que «impunemente no se violan jamás las leyes naturales, que son más altas, mejores y más fuertes que todas esas leyes humanas, erróneas o pasajeras, esculpidas por el estado en sus tablas de bronce, que pesan a menudo sobre los pueblos como inmensa lápida mortuoria de un inmenso sepulcro de vivientes».

Si la revolución venezolana, que alboreó para muchos como áurea esperanza, no rectifica su inclinación totalitaria y respeta las leyes naturales de que hablara Sanguily, me temo que se plantearían pavorosas interrogantes. ¿Atizaría la revolución, en su demagogia, el resentimiento social y las bajas pasiones que generan la lucha de clases? ¿Se sometería el sistema de propiedad privada y de libre empresa a las intervenciones arbitrarias de un Estado colectivista? ¿Se coartaría, directa o indirectamente, la libertad de asociación y de prensa so pretexto de mantener el orden público y defender la soberanía nacional? ¿Se completaría la militarización rigurosa de la política y la politización dogmática de los militares? ¿Se abrirían en el país esos surcos de odio y de sangre que desembocan indefectiblemente en la cárcel, el exilio o el cementerio? En fin, llegaría la revolución, en su desenfreno, a desbordarse más allá de sus límites territoriales, formando un triángulo subversivo de acero con el sátrapa del Caribe y los colombianos guerrilleros?

Quiera Dios que nada de esto acontezca: que sea sólo una pesadilla de insomnes alarmistas. Roguemos por que la revolución venezolana encuentre su cauce democrático para promover la cordura y el desarrollo económico y social bajo un estado de derecho anclado en la libertad. Y esperemos que el joven líder revolucionario, que aspira a ser bolivariano, recapacite y siga los consejos del Libertador al deponer sus poderes dictatoriales ante el Congreso de Lima en 1825: «Proscribid para siempre, os ruego, tan tremenda autoridad. ¡Esta autoridad que fue el sepulcro de Roma! Fue laudable, sin duda, que el Congreso, para franquear abismos horrorosos y arrostrar furiosas tempestades, clavase sus leyes en las bayonetas del ejército libertador. Pero ya que la nación ha obtenido la paz doméstica y la libertad política, no debe permitir que manden sino las leyes».

He ahí el dilema de la revolución venezolana en su hora estelar: abrazar la libertad con el desprendimiento de Bolívar, o caer en la opresión con la bajeza de Castro.

LA HORA CERO DE LA VERDAD
Las Torres Gemelas y el terrorismo internacional

Poco después del ataque artero a las Torres Gemelas escribí este artículo. Sostuve –y sostengo– la necesidad de encarar el reto mortal del terrorismo sin fronteras. Espero que de los errores cometidos en la estrategia y conducción de la guerra en Iraq se extraigan las rectificaciones necesarias para prevalecer en la lucha global por la supervivencia de nuestros valores y sistema de vida.

Las ruinas humeantes de las Torres Gemelas y los cuerpos calcinados por la explosión son testimonios de lo peor y de lo mejor de la especie humana. Allí convergieron la vileza de los que cometieron el horrendo crimen, y el altruismo de los que cayeron devorados por las llamas tratando de salvar vidas.

No es novedad el terror como método brutal de violencia indiscriminada para intimidar, sojuzgar y exterminar. Atila lo aplicó al asolar las Galias; Robespierre lo consagró en su Comité de Salvación Pública; los nihilistas del siglo XIX lo elevaron a la categoría de sistema, y los regímenes totalitarios en Europa, Asia y en nuestro propio patio lo perfeccionaron como técnica de dominación.

Lo que tiene de novedoso y espeluznante el terrorismo contemporáneo es que sus tentáculos y fuentes de financiación, entrelazados a veces con el narcotráfico, son globales; su engranaje conspiratorio-militar es amorfo, evasivo y difuso; sus bases de operación, resguardadas por Estados cómplices, son multicontinentales, y su potencial de destrucción, magnificado por la tecnología y por contingentes de suicidas, es cataclísmico.

¿Qué es lo que engendra el terrorismo actual? ¿Qué mueve, por ejemplo, a los militantes de Al Qaeda, Hamas, Hezbollah, ETA, IRA y a los narcoguerrilleros comunistas de la FARC? Hay diversidad de factores étnicos y querellas históricas que galvanizan a cada grupo. Pero por encima de las diferencias que tipifican su fanatismo ideológico, político o religioso, hay un común denominador de resentimiento social, de envidia y de odio implacable a los valores de Occidente y a la superpotencia que, con sus virtudes y defectos, los simboliza. Este sombrío y elástico maridaje de conveniencia, inflamado por el antiyanquismo, se nutre también del combustible subversivo que emana del movimiento contra la globalización y de sus corrientes tributarias como el Foro de Sao Paulo.

Pero lo que le ha dado mayor ímpetu al terrorismo contemporáneo, más que el odio que lo procrea, ha sido la impunidad que lo estimula. Es decir, la posibilidad de amenazar, aterrar y atacar reiteradamente sin que la reacción sea lo suficientemente fuerte y efectiva para eliminar o anular los elementos de agresión. Son bien conocidas las consecuencias funestas del apaciguamiento a Hitler. Y todavía se está pagando, con sangre, dolor y convulsión, la interminable impunidad de Castro –máximo líder del terrorismo y la subversión en tres continentes.

Estados Unidos, blanco principal de casi todos los movimientos terroristas internacionales, subestimó el peligro que éstos representan. Habiendo emergido victorioso de la Guerra Fría, y confiando excesivamente en su supremacía económica, técnica y militar, Washington consideró que el terrorismo era un fenómeno preocupante, pero no una amenaza directa al país. Por eso no suprimió ni atemperó las restricciones que maniataron a sus servicios de inteligencia e inmigración y les restaron efectividad operacional. Por eso no tomó las medidas adecuadas para fortalecer la seguridad interna contra el terrorismo foráneo.

Este gran país no le prestó mucha atención al peligro de la llamada guerra asimétrica de los terroristas, ni aun después que la secta Aum Shinrikyo lanzó gases venenosos en cinco trenes subterráneos en Tokío, matando a doce personas e intoxicando a más de cinco mil. Esta miopía llevó al Pentágono a afirmar, bajo la influencia de una espía de Castro, que el régimen cubano, poseedor de la tecnología e instalaciones necesarias para el bioterrorismo y la guerra electrónica, no constituía una amenaza estratégica para Estados Unidos.

De cara al Oriente Medio, el error más grave de Washington y sus aliados fue haber detenido en la primera guerra contra Iraq el avance arrollador de sus tropas sin antes acabar con la Guardia Republicana que sostiene a Saddam Hussein. En lenguaje taurino, se rejoneó al miura sin liquidarlo. La impunidad del tirano de Bagdad, en su continuo desafío a Estados Unidos y a la O.N.U., incitó a Osama Bin Laden y a sus cohortes y padrinos a llevar a cabo diversos actos terroristas, incluyendo los ataques dinamiteros a las embajadas norteamericanas en Kenia y Tanzania, al World Trade Center (primer atentado), y al barco USS Cole, con un saldo de más de 250 muertos. Tibia y teatral fue la reacción del gobierno de Clinton, dando a entender que, frente a esos hechos barbáricos, Estados Unidos sólo lanzaría algunos misiles, pero no comprometería ninguno de sus soldados.

Tras la hecatombe del 11 de septiembre y el trágico despertar de este noble y valeroso pueblo, mucho ha cambiado. Se irguió el coloso, transido de dolor y presto a combatir, como aconteció al producirse el ataque artero a Pearl Harbor. El Presidente Bush, con plenos poderes, respaldo mundial e impresionante despliegue de fuerzas, inició una campaña multidimensional para capturar a los culpables y eliminar los centros de incubación, suministro y exportación del terrorismo. Quiera Dios que esta campaña, cuyo primer frente es Afganistán, no se frustre con arreglos transitorios u operaciones a medias. Para lograr el objetivo final, hay que llegar a erradicar, con el apoyo de elementos nativos, las madrigueras letales del terrorismo y la subversión, incluyendo las que anidan los regímenes criminales de Bagdad y La Habana.

Ha llegado la hora de la acción coordinada, sostenida y resuelta. No se trata de revancha, sino de legítima defensa. No se ansía vengar a los muertos, sino evitar nuevas víctimas. Es deplorable la guerra, pero no habrá paz sin luchar. Es riesgosa la defensa de la libertad, pero más lo es la agresión de quienes la hieren con total impunidad.

¿RECONCILIACIÓN O RESISTENCIA?
El dilema de la Iglesia en Cuba

Con motivo de la publicación del siguiente artículo en el Diario Las Américas, poco antes del viaje del Papa a Cuba, el Cardenal de Nueva York, John O'Connor, me extendió una gentil invitación para que lo visitara. Me hizo llegar el mensaje Mario J. Paredes, Director Ejecutivo del Centro Hispánico de Nueva York. Mis distinguidos compatriotas y amigos, Otto Reich y Frank Calzón, me acompañaron.

Como hube de revelar en la semblanza que le dediqué a O'Connor en mi libro La Cuba Eterna: Ayer, Hoy y Mañana, el Cardenal pareció compartir nuestra preocupación de que Castro trataría de explotar el viaje. ¿Qué hacer para tratar de minimizar ese riesgo?, nos preguntó, mientras tomaba notas en un papel que sacó de su bolsillo? Le dijimos, entre otras cosas: insistir en la cobertura nacional televisada de las homilías del Papa; proclamar reiteradamente el derecho inalienable a la libertad y el respeto a los derechos humanos; levantar el ánimo de nuestro pueblo, sumido bajo el terror en el conformismo, repitiendo la frase de Cristo que galvanizó a Polonia: «No tengáis miedo».

En cuanto al punto neurálgico del embargo, opinamos que la Iglesia no debía continuar condenando el embargo externo norteamericano sin siquiera hacer mención al bloqueo interno impuesto al pueblo cubano por el régimen de Castro. La ansiada apertura, sostuvimos, debía ser de doble vía.

El Cardenal nos indicó que todos los viajes papales, incluyendo las homilías, se preparaban con meses de anti-

cipación, pero que trataría de que nuestras sugerencias fuesen tomadas en cuenta. Como pude comprobar personalmente en una visita posterior al Vaticano, el Cardenal y otros de la «línea dura» hicieron todo lo posible por reforzar a última hora los mensajes del Papa en Cuba. Pero sólo prevalecieron parcialmente, porque otros en el Vaticano, así como el episcopado en Cuba, (con honrosas excepciones), insistieron en no endurecer el mensaje para «ganar espacios». Es decir, quisieron contemporizar con el régimen para obtener lo que en realidad han sido minúsculas y revocables concesiones.

La Cuba democrática tiene una deuda de gratitud con el Cardenal O'Connor. Lo que tuvieron de explícitas y vibrantes las homilías del Papa en la isla al abogar por la libertad, por la apertura de Cuba hacia el mundo y del mundo hacia Cuba, y por el ejercicio sin miedo de los derechos naturales, se debió en gran medida a la intervención del Cardenal.

A continuación, el texto del artículo.

El Cardenal de Nueva York, John O'Connor, partidario de una postura de la Iglesia más enérgica frente al régimen comunista cubano.

Con motivo del próximo viaje a Cuba de Su Santidad Juan Pablo II, se ha suscitado un encrespado debate sobre el objetivo de su visita y la posición de la Iglesia con respecto al régimen de Castro.

¿Cuál debe ser el mensaje central de Su Santidad en Cuba? ¿Un llamado pastoral a su rebaño para la reconciliación entre todos los cubanos, como parecen sugerir los dignatarios eclesiásticos en La Habana? ¿O una reafirmación vigorosa de los principios cristianos, encabezada por el derecho inalienable a la libertad, como la que lanzara el Papa en su histórico viaje a Polonia en 1979?

Estas alternativas no son, en teoría, incompatibles, pero sí son, en la práctica, excluyentes. Con el régimen de Castro no se puede nadar entre dos aguas. Se está con la revolución o contra ella; por la reconciliación bajo la tiranía o por la libertad sin ella.

Si para congraciarse con el régimen la Iglesia optase por la alternativa de la reconciliación en las actuales circunstancias, podría quizás obtener algunas concesiones adicionales (siempre revocables, desde luego, por Fidel Castro). Pero esta postura equívoca desmoralizaría a la oposición creciente en la isla y debilitaría a la propia Iglesia. La razón es obvia. Abogar bajo un régimen tiránico por la reconciliación y la paz, sin que haya habido por parte de los tiranos ni rectificación ni arrepentimiento, implicaría aceptación del *statu quo* o sometimiento.

La otra alternativa, la de centrar la prédica en la libertad como condición esencial de la dignidad humana, es más confrontadora y riesgosa, pero es a la vez más noble y cristianamente religiosa. Digo esto, porque los seguidores de Cristo no pueden condonar, por abstención o silencio, a los que en Cuba ejercen la tiranía. Tienen que apoyar, con todo su fervor y ejemplo, a los que en la isla impugnan la villanía. Cuando la sola paz que reina en un país es la del terror, y la sola quietud que existe es la del sepulcro, la única vía honrosa y piadosa que queda es la resistencia. Y ésta, reconocida universalmente como derecho imprescriptible del ciudadano, puede ser pasiva o activa según las circunstancias.

Frente al atropello entronizado y la injusticia encallecida en el mundo, un personaje latinoamericano aconsejaba lo siguiente: «Endurezcamos la bondad, amigos pusilánimes de ojos aguados y palabras blandas... Los buenos serán los que más pronto se liberten de esta mentira pavorosa y sepan decir su bondad endurecida contra todo aquel que se la merezca... Bondad que no soba ni lame, sino que desentraña y pelea porque es el arma misma de la vida».

¿Sabéis quien dijo esas palabras duras? No un desalmado terrorista, sino un poeta humanista: Pablo Neruda. Pero no hay que depender de luminarias marxistas para sustentar la tesis de la resistencia adecuada. Félix Varela, quien fuera padre beatífico de la Iglesia y uno de los fundadores de la nacionalidad cubana, se irguió gallardo e irreductible en el destierro el siglo pasado para luchar contra la dominación colonial. Y en su apostolado sin odio en pro de la independencia y de la libertad de Cuba, fustigó la «indolencia insensible de algunos y la execrable perfidia de otros», y rechazó con firmeza «la prudencia de los débiles».

En mayo de 1960, cuando muchos dentro y fuera de Cuba no se percataban del peligro comunista o no se atrevían a denunciarlo, otro insigne prelado, Monseñor Enrique Pérez Serantes, dignificó la posición de la Iglesia al afirmar en una de sus pastorales: «Empecemos diciendo que los campos están ya deslindados entre la Iglesia y sus enemigos... No puede decirse que el enemigo está en las puertas, porque en realidad está dentro... No en vano algunos más avisados... andaban hace ya algún tiempo... disponiéndose a luchar contra los que tratan de imponer... el pesado yugo de la nueva esclavitud, porque el genuino cristiano, a fuerza de tal, no sabe ni quiere vivir sin libertad».

Han pasado ya casi cuarenta años después de la filípica de Pérez Serantes y de la expulsión de la isla de cientos de monjas y sacerdotes. Muchas cosas han acaecido en el mundo, pero en Cuba, a pesar de una aparente distensión antes de la visita de Su Santidad, siguen deslindados los campos entre la Iglesia y sus enemigos, entre las víctimas de la tiranía y sus victimarios. ¿Qué hacer para romper el impasse y acelerar el amanecer de libertad?

La visita del Papa pudiera servir de tónico para la lucha cívica, si el Santo Padre reiterase su mensaje a la VII Cumbre Iberoamericana, rechazando categóricamente toda forma «de sometimiento del hombre por el hombre y, por tanto, de toda forma de tiranía, absolutismo o totalitarismo». Este mensaje definitorio del Vicario de Cristo es consecuente con su postura valiente frente a la dominación comunista en Polonia y en el resto del bloque soviético. En su primer gran sermón después de la investidura papal, repitió tres veces las palabras de Jesús a sus apóstoles durante una tormenta en el Mar de Galilea: «*Nolite timere* –¡no tengáis miedo!»

Y sin miedo, y con mucha fe, fue el Papa a Polonia en junio de 1979 para esgrimir la verdad y galvanizar la resistencia interna. Consciente del estado de sumisión enervante que se produce bajo el sistema totalitario, les dijo a sus compatriotas: «...El futuro de Polonia depende de cuántas personas sean lo suficientemente maduras para ser no conformistas». Y después les advirtió a los estudiantes en Lublín: «El verdadero peligro... radica en el hombre que no toma un riesgo y encara un reto, que no escucha sus más hondas convicciones, su verdad interior, sino que sólo quiere acomodarse de alguna manera y flotar en el conformismo».

Y para que no hubiese ninguna duda sobre la posición de la

Iglesia de cara a la tiranía imperante, recalcó en el Palacio Belvedere en Varsovia que sólo podría lograrse la paz sobre la base del respeto a los derechos humanos fundamentales, que incluyen el derecho de la nación a su libertad.

Estos aldabonazos de Juan Pablo II no derribaron, por sí solos, el comunismo en Polonia, pero sí sirvieron para infundirles fuerza a los débiles, convicción a los tímidos y esperanza a los desamparados. Por encima de todo, su prédica valerosa y sostenida le dio impulso al movimiento de Solidaridad, que, con ayuda de afuera, pudo afrontar persecuciones y ataques durante la década de los 80, y alcanzar a la postre la ansiada libertad.

Ya se sabe que las circunstancias en Cuba son algún tanto distintas; que Castro no es Jaruzelski; que la Iglesia de Cuba no es la de Polonia; que el Papa fatigado de hoy no es el mismo vigoroso de ayer, y que la patria sufrida de Martí no es el terruño natal de Wojtyla. Así y todo, hay motivos fundados para confiar. Hay en el subsuelo cubano un hervor latente que la razón no ve, pero que la fe presiente. Y hay en el Vaticano un guía eminente con plena conciencia de su misión urgente.

Levantemos el corazón y roguemos por que el Santo Padre, en su viaje a Cuba, le lleve a la nación cautiva el estímulo necesario para el no conformismo y la solidaridad alentadora para la resistencia a la opresión. Y cuando en su prédica de amor y de esperanza bendiga el derecho natural de los cubanos a la libertad, quiera Dios que grabe en sus conciencias las palabras de Jesús a los apóstoles en la tormenta del Mar de Galilea: ¡*Nolite timere* –No tengáis miedo!»

¿VALIÓ LA HABANA UNA MISA?
El impacto de la visita papal

Justo es reconocer que el Papa hizo un gran esfuerzo en su viaje a Cuba. Pero Cuba no es Polonia, ni Castro es Jaruzelski, ni el Papa añoso y debilitado que peregrinó en nuestra isla fue el Sumo Pontífice atlético y vigoroso que sacudió a su patria.

Ello no obstante, el saldo de su viaje fue positivo. Aunque no todo lo que vimos y escuchamos desde el exilio fue de nuestro agrado, aunque hubiéramos deseado una reunión del Santo Padre con representantes de la oposición en Cuba, su magnética personalidad y la tónica esperanzadora de sus homilías tuvieron un impacto beneficioso en gran parte de nuestro pueblo sediento de fe. Lástima que la alta jerarquía eclesiástica en Cuba, exceptuando algunos distinguidos prelados, no le dio seguimiento a la agenda militante del Papa y permitió que el tirano desvirtuara la significación del histórico peregrinaje.

Transcribo a continuación el artículo que publiqué, poco después de la visita papal, con el título de «¿Valió La Habana una misa?»

Imágenes de la visita papal a Cuba en 1998.

Visita privada de Néstor Carbonell Cortina a Su Santidad Juan Pablo II en su residencia veraniega de Castel Gandolfo en 1998, unos meses después de su peregrinación a Cuba.

Luces y sombras de Cuba

Al parafrasear a Enrique IV, para quien París bien valió una misa, no pretendo trazar ningún paralelo histórico con el reciente viaje del Papa a Cuba. Sólo invoco la frase célebre para preguntarme si el peregrinaje del Santo Padre, emotivo y memorable, logró frustrar la trama de Castro, sinuosa y execrable.

No es ningún secreto lo que Castro persiguió con la visita del Papa: remozar su imagen ajada y sombría; legitimar su régimen con simulaciones impías; culpar a los yankees de su fracaso amargo, y romper, apoyado, el cerco del embargo. ¿Se saldrá Castro con la suya?

Previendo que Castro trataría de explotar supuestas afinidades o convergencias, Su Santidad, en su vuelo a Cuba, deslinda los campos. Se declara revolucionario, pero hace esta distinción: «A diferencia de la revolución preconizada por Castro o Lenin, la revolución de Cristo es de amor. La otra es de odio, venganza y víctimas». Después define su misión en Cuba en estos términos: «Está claro que los derechos humanos son el fundamento de toda civilización... Eso lo dije en la confrontación de Polonia con la Unión Soviética, con el sistema totalitario comunista... y no se puede esperar que diga otra cosa [en Cuba]».

El Santo Padre se apresta a cumplir su cometido, pero antes tiene que soportar el «show» de Castro en el aeropuerto de La Habana. Allí, vestido de civil y con gestos estudiados, el Máximo Líder se inclina ante el Vicario de Cristo y proyecta en las pantallas una imagen compungida de monaguillo alelado. Castro interrumpe su trance para acusar a España y a la Iglesia de haber exterminado en América a 70 millones de indígenas y a 12 millones de africanos. A pesar de esta insólita bienvenida, calificada eufemísticamente de no protocolar, algunos cubanólogos opinan que se ha producido el advenimiento de un nuevo Castro –tolerante, respetuoso, aperturista y contrito.

El Santo Padre, sin embargo, no se deja llevar por vacuas promesas o gestos fingidos. Como mensajero de la verdad y la esperanza, el «huracán Wojtyla» sacude los cimientos del régimen totalitario con homilías consideradas en Cuba subversivas. «Un Estado moderno no puede hacer del ateísmo... un ordenamiento político» –sentencia el Papa–, y después pide «que Cuba eduque a sus jóvenes en la virtud y en la libertad». Reclama asimismo una sociedad de derecho, pluripartidista, y evocando a San Lucas, declara: «El Espíritu del Señor me ha enviado para anunciar a los cautivos la libertad, para dar libertad a los oprimidos».

Como esos imponentes pájaros de acero que, con el nombre de Concordia, surcan los cielos, el Santo Padre rompe la barrera del sonido en Cuba; y rompe también la barrera del miedo. Amordazado y escarnecido durante casi 40 años, el pueblo cautivo responde a la exhortación del Papa –«No temáis» – coreando con euforia: «El Papa, libre, nos quiere a todos libres». No faltó la agudeza de los criollos, condensada en este sutil estribillo: «El Papa, amigo, llévatelo contigo».

Con los aldabonazos del Santo Padre, centrados en la justicia y la libertad, Cuba no se alza en armas, pero sí se levanta en almas. Este resurgimiento espiritual, o rearme moral, es indispensable para la conquista de la libertad. Los tiranos quiebran la resistencia cuando apagan la fe. Los pueblos se libertan cuando recobran la esperanza.

Inspirado en el mensaje del Papa, monseñor Pedro Meurice Estíu, arzobispo de Santiago de Cuba, dice en una de las misas inolvidables: «Le presento, Santo Padre, el alma de una nación que anhela reconstruir la fraternidad a base de libertad y solidaridad». Acto seguido, censura a los que «han confundido la patria con un partido... y la cultura con una ideología». Fustiga después al «marxismo-leninismo estatalmente inducido», y exhorta al pueblo a «desmitificar los falsos mesianismos».

La única referencia del Papa en Cuba a las sanciones económicas fue desnaturalizada por algunos analistas. Lo cierto es que el Santo Padre es contrario a todos los embargos –tanto los internos como los externos. Por eso su leitmotiv fue «que Cuba se abra al mundo y que el mundo se abra a Cuba». La correlación es esencial. Hay que desencadenar el espíritu empresarial de los cubanos para que la ayuda foránea fructifique en beneficio de la nación que sufre y no de la tiranía que oprime.

Castro espera que, con el apoyo de la Iglesia y la liberación de algunos presos políticos, la corriente a favor del levantamiento del embargo sea incontenible. No ofrece, sin embargo, una verdadera apertura democrática, sino gestos efectistas y concesiones revocables. No busca realmente alimentos y medicinas para el pueblo, sino financiamiento para el régimen. En sus maquinaciones para lograr su objetivo, valiéndose de la visita del Papa, Castro calcula sus riesgos, mas no anticipa otros sucesos magnéticos que desvían la atención e interfieren con sus planes: el escándalo Clinton-Lewinsky y la confrontación con Saddam Hussein.

Pero el futuro de Cuba no gira en torno a esas u otras circunstancias fortuitas. Depende fundamentalmente de lo que, con estímulo de afuera, hagan los cubanos para avivar la llama votiva que prendió Su Santidad. Si se sacuden el conformismo que engendra pasividad; si toman nuevos espacios con firmeza y voluntad; si esgrimen justos derechos y desafían la iniquidad; si encienden la fe apagada con vergüenza y dignidad... entonces, no ha de dudarse, recobrarán la libertad, y gracias darán al Papa por la esperanza y la verdad.

REFLEXIONES SOBRE LA IGLESIA EN CUBA

En julio del año 2000, Monseñor Octavio Cisneros tuvo la amabilidad de invitarme a pronunciar una conferencia sobre la Iglesia en Cuba ante una selecta representación eclesiástica reunida en Nueva York. Entre los prelados presentes se encontraban Monseñor Eduardo Boza Masvidal, Monseñor Agustín Román y un miembro prominente del obispado en Cuba.

Honrosa fue la encomienda que me confió Monseñor Cisneros, pero también espinosa y delicada. Porque la postura del episcopado en la isla y del Vaticano, de cara al régimen comunista, ha sido muy controvertida, al menos en el exilio. Para algunos, en un extremo, todo lo dicho y hecho por la jerarquía eclesiástica bajo la actual tiranía es censurable o cuestionable; para otros, en el extremo opuesto, todo es loable o justificable. Sin erigirme en juez o fiscal, traté de impartirles a mis palabras balance y perspectiva.

Por una parte, reconocí la digna conducta y los valientes pronunciamientos de algunos de nuestros obispos y sacerdotes en la patria cautiva y en el exilio militante. Señalé los aspectos positivos de la peregrinación del Santo Padre a Cuba. Asimismo, aplaudí la obra humanitaria que, en condiciones sumamente difíciles, realiza la Iglesia en muchas partes de la isla. Y como quiera que el término Iglesia abarca también a los feligreses, evoqué con orgullo y emoción a nuestros mártires cristianos, a los que, antes de ser fusilados por oponerse al comunismo materialista y ateo, lanzaron el grito desafiante y enaltecedor de ¡Viva

Cristo Rey!

Por otra parte, me referí a ciertas posturas y comentarios desafortunados de la cúpula eclesiástica en Cuba y de algunos nuncios apostólicos y emisarios del Vaticano que han desfilado por la isla. Pero mi crítica no fue mordaz, sino respetuosa y constructiva; no fue personal, sino estratégica y filosófica. Reconociendo el propósito plausible de la Iglesia de sobrevivir como institución bajo el régimen comunista, expuse mis ideas de cómo hacerlo sin ser o parecer colaboracionista; sin renunciar a la noble misión de abogar en favor de la libertad.

Esta misión no implica transformar a la Iglesia en un partido político, como se ha dicho para justificar la inacción. La libertad no es un objetivo partidista, ni una cuestión política; es un derecho natural del ser humano. Defender ese derecho cuando es brutalmente conculcado no rebaja o enturbia el apostolado de la Iglesia: lo dignifica.

Claro que el desempeño de esa misión conlleva riesgos en un estado policíaco como el que impera en Cuba, y no es lógico pensar, ni justo exigir, que todo cardenal sea un Wojtyla, un Wyszynski, o un Mindszenty. Pero del heroísmo a la claudicación hay un gran trecho. Antes que formular declaraciones o comentarios que a veces parecen situar al episcopado en Cuba más cerca del régimen comunista que de sus opositores y víctimas, ha de preferirse la discreción del silencio.

El representante del obispado en Cuba que asistió a mi conferencia consideró que fui demasiado severo en mis juicios sobre la actuación de la jerarquía eclesiástica en la isla. Sin embargo, Monseñor Bosa Masvidal, que también estuvo presente, me escribió después: «Ojalá nuestra Igle-

sia, dentro y fuera de Cuba, escuche sus recomendaciones finales. Fue un estudio magnífico que usted hizo de nuestra situación en este doloroso período». Monseñor Agustín Román opinó lo siguiente en su amable carta: «Mucho agradecimos a Mons. Cisneros que fuera usted quien hiciera la presentación... Gustó mucho a todos y nos sirvió de reflexión en la tarde».

Otros ilustres prelados del exilio, al recibir el folleto que contenía mi conferencia, se expresaron también encomiásticamente. Monseñor Emilio Vallina elogió «su alto contenido religioso, patriótico y social, [que] nos ha de servir a todos para estar conscientes de la triste situación de la Patria...». El padre Amando Llorente la consideró «magnífica» y agregó esta generosa apostilla: «Esperamos y pedimos a Dios que hombres como Néstor Carbonell puedan devolver a Cuba el alma que el marxismo ha tratado de matar sin lograrlo». Y el padre Juan M. Dorta-Duque opinó que el trabajo «ayudará a entender mejor la situación de la Iglesia y su modo de actuar en estas circunstancias históricas, largas y penosas de nuestra existencia».

Carlos Alberto Montaner calificó la conferencia de «excelente». Rogelio de la Torre, al acusar recibo del texto, me manifestó: «Lo he leído con fruición, y he disfrutado tanto la belleza y precisión del lenguaje como la seriedad y profundidad de las ideas». Luis Mario expresó estos conceptos: «He disfrutado esas reflexiones tuyas, tan llenas de sabiduría y equilibrio conceptual... El tema es peliagudo, difícil y sensible, pero cogiste el toro por los cuernos, como se dice, y saliste airoso». Elio Alba Buffill, al felicitarme por el trabajo, agregó: «Es un estudio acucioso, objetivo, esclarecedor y respetuoso. Creo sinceramente que es lo mejor que he leído sobre el agónico proceso que está atravesando nuestra Iglesia en la patria».

José Manuel Hernández, quien ha estudiado a fondo todo el tema eclesiástico, leyó con gran interés el folleto recibido y me comentó: «Estoy de acuerdo con casi todo, que es mucho decir en el mundo de hoy». Santiago Rey Perna, generoso e hiperbólico en el elogio, calificó el trabajo de «brillante pieza... que hace con la palabra y el concepto orfebrería renacentista». Pero fue más crítico que yo en el enjuiciamiento de la postura de la jerarquía eclesiástica en Cuba y del viaje del Papa. Similares salvedades emitió Guillermo Cabrera Leiva en su bien fundamentada y deferente carta.

Entre los otros compatriotas y amigos que me honraron con sus estimulantes y lúcidos comentarios figuran: Juan Manuel Salvat, Julio Hernández Miyares, Mario Llerena, Guillermo Belt Martínez, Miguel Uría, Antonio A. Acosta, Sylvia Iriondo, María Werlau, Emilio Ichikawa, Gastón Fernández de la Torriente, Luis Fernández Cepero, Ted Briggs, Félix Cruz Álvarez, Armando Cobelo, Antonio Alonso Ávila, Francisco Escobar Torres, y Mario Paredes.

Decida el lector si los juicios que emití en la conferencia sobre Iglesia en Cuba, que a continuación transcribo, son atinados y justos.

Mucho me honra vuestra invitación a participar en este coloquio informal para intercambiar opiniones y experiencias con distinguidos representantes de nuestra Iglesia en la diáspora y del episcopado en Cuba.

Antes de entrar en materia, permitid que os haga una pregunta.

¿A qué oráculo sibilino habéis consultado para seleccionar esta fecha: 26 de julio? Los romanos se hubieran abstenido de toda actividad por ser éste un día «nefastus...» Sí, en verdad, ha sido «nefastus» para los cubanos, pero ya que estamos aquí reunidos, manos a la obra sin más preámbulo.

Se me ha pedido que os hable sobre la Iglesia Católica en Cuba y sus relaciones con el Estado cubano, antes, durante y después del régimen de Castro. El tema es fascinante pero delicado, y excede mis limitaciones por no ser yo un experto en cuestiones eclesiásticas.

Quizás lo que yo pueda aportar sea la perspectiva laica de un católico que aboga por Cuba y su libertad; de un católico que desea fervientemente que la Iglesia salga de toda esta lucha más fuerte y prestigiosa que como emergió de nuestras guerras de independencia.

Para ello es menester que la Iglesia no comprometa su autonomía y dignidad, sometiéndose pasivamente a un régimen tiránico que la margina y desdeña. Este régimen pasará a la ignominia como un aborto monstruoso de nuestra historia, y la Iglesia podría resurgir con plena autoridad moral y nuevos bríos, si en el proceso se mantuviese firme, y sin equívocos, al lado de la verdad, y no de quienes la falsifican; al lado de la libertad, y no de quienes la conculcan; al lado del pueblo cubano, y no de quienes lo oprimen.

El ejemplo de Varela

La situación exige posturas meridianas, sin sombras ni titubeos. Ejemplo definitorio de valentía y grandeza nos legó el padre Félix Varela. Frente al silencio cómplice en la era colonial, se irguió el ínclito presbítero con la verdad rebelde, diciendo: «Debo a mi patria la manifestacion de estas verdades, y acaso no es el menor sacrificio que puedo hacer por ella el hablar cuando todos callan, unos por temor y otros porque creen que el silencio puede, si no curar los males, por lo menos disimularlos...»

En defensa de los derechos naturales, aplastados por gobiernos absolutistas sin escrúpulos, Varela aseveró: «Tenemos derecho por la naturaleza y lo exige el orden eterno de la justicia...; si, tenemos derecho para mejorar nuestro estado físico, político y moral; queremos que nuestro país sea todo lo que pueda ser, y no lo que quieren que sea unos amos tiranos que no pueden conservarlo sino mientras puedan oprimirlo...» Y al condenar a los que apoyaban la tiranía, se expresó sin tapujos, con los más duros calificativos: «Traidores son a la patria, traidores a la humanidad, traidores a las luchas, traidores a su misma conciencia los auxiliadores de los déspotas y opresores de los pueblos».[99]

De cara a la situación actual en Cuba, monseñor Jean-Louis Tauran, Secretario del Vaticano para las Relaciones con los Estados, dictó una conferencia en La Habana, el 1º de diciembre pasado, sobre las «Relaciones Estado-Iglesia en la Sociedad Moderna» en la cual enmarcó, con precisión y lucidez, los principios que, a juicio de la Iglesia, deben orientar esas relaciones. Pero para que éstas existan y se desenvuelvan normalmente, hace falta reciprocidad –condición imposible cuando el Estado se arroga todos los derechos, como acontece hoy en Cuba.

Una cosa es enunciar principios sobre las relaciones Estado-Iglesia, y otra es aplicarlos según las circunstancias, que pueden ser propicias o adversas. Ese es el campo de la alta estrategia, que necesariamente tiene que tomar en cuenta, entre otros factores, el

---

[99] Rafael B. Abislaimán, *Félix Varela: Frases de Sabiduría*; Ediciones Universal 2000; páginas 95, 108.

tipo de gobierno que rija en el país: democrático-pluralista o autoritario-dictatorial o totalitario, o cualesquiera de sus variantes.

La moral cristiana en la Constituyente de 1940

Antes de adentrarnos en los retos del presente y los que nos depara el futuro, interesa repasar muy someramente las relaciones históricas entre el Estado y la Iglesia en Cuba, partiendo de las bases establecidas en la Constitución de 1940, Carta Magna de la República, que, como vosotros recordaréis, fue el leitmotiv de la lucha contra Batista. Todos los líderes de la oposición, incluyendo a Castro, se comprometieron a restablecerla.

Pues bien, en el seno de la Convención Constituyente de 1940, en donde estuvieron representados todos los partidos y sectores del país, desde los más conservadores hasta los más radicales, se suscitaron debates memorables en torno a las tradiciones cristianas de nuestro pueblo y a las relaciones entre la Iglesia y el Estado.

A fin de no abusar de vuestra paciencia, sólo voy a citar algunos párrafos relevantes de uno de esos debates para que se vea qué es lo que desde entonces tenían en mente los líderes comunistas (los mismos, por cierto, que redactaron o inspiraron la Constitución de Castro de 1976), y cómo fueron derrotados en el foro democrático de la Constituyente del 40.

El debate a que voy a hacer referencia se originó al discutirse el artículo 35 de la Constitución, que dispone que la Iglesia estará separada del Estado, y declara que «es libre la profesión de todas las religiones, así como el ejercicio de todos los cultos, sin otra limitación que el respeto a la moral cristiana y al orden público».

Los delegados del partido comunista presentaron una enmienda sustitutiva que eliminaba toda referencia a la moral cristiana y, de hecho, oficializaba el ateísmo al establecer que «ningún funcionario público ni sus representantes podrán como tales participar oficialmente en ceremonias religiosas».

Objeta el destacado internacionalista Emilio Núñez Portuondo diciendo que, con esa enmienda, los comunistas tratan de «...dividir a la sociedad cubana, de crear problemas religiosos que nunca han existido... [Según]...los señores que pertenecen al partido comunista... [al] Estado ateo corresponde la suprema autoridad... Yo lo considero sumamente peligroso para la estabilidad nacional».

En su defensa, el líder comunista Blas Roca plantea lo siguiente sobre la moral cristiana: «[Si ponemos en la Constitución] una limitación de orden religioso –porque la cristiandad es una religión...–, estamos impidiendo a los adeptos de otras religiones a profesar su culto, aun cuando... se haga de acuerdo con la Constitución y las leyes de la República...»

Aclara el ilustre escritor Jorge Mañach: «Yo creo que [el Sr. Roca le está] dando a la frase moral cristiana un contenido religioso, un sentido confesional y dogmático [que no tiene]. Lo que estamos tratando de establecer en la Constitución es la necesidad de que los cultos religiosos que en el país haya sean normados por un sentido moral. Pero la palabra moral es muy vaga, tiene un sentido muy lato. Hay muchas morales. Tenemos que elegir alguna, y la moral que elegimos es la moral tradicional cubana, la que informa nuestras costumbres».

... «Esa moral está representada por la figura de Jesucristo. Y hasta aquellos autores que, como Renán, Strauss o Papini, han escrito los libros más negativos acerca de Cristo, como divinidad, no han podido menos que ponderar y situar en su lugar histórico la significación moral, la alta ejemplaridad moral de Cristo».

«Ahí están los preceptos cristianos: 'Amaos los unos a los

otros'; 'No hagas a otro lo que no quieras que te hagan a ti'. Son normas de convivencia social que en todas partes pueden ser aceptadas...»

Contraataca el dirigente comunista Salvador García Agüero diciendo que... «han pasado veinte siglos... afirmándose que los infelices, los menesterosos, tendrán consolación infinita más allá de la vida terrena... Se pretende [así] garantizar la sumisión del humilde [con] resignación cristiana..., [y perpetuar] las prebendas de quienes predican esa doctrina... [para mantener] una ventaja inhumana y vituperable».

«... La otra afirmación de que [nuestra enmienda] es peligrosa por su origen y [porque]... pretende desatar una guerra religiosa, parece no tener otro interés que el señalar al comunismo... como una peligrosísima tendencia política del Estado... El partido comunista no se detendrá jamás... en perseguir religiones de ninguna especie, porque sabe demasiado bien de dónde proceden las religiones, qué razones les han dado vigencia..., y en qué momento de la evolución económico-política del mundo desaparecerán de una vez. Lo saben muy bien los hombres de este partido.. También saben... que perseguir una religión, hostilizarla, es la mejor manera de crearle adeptos y fanáticos...»

El tribuno José Manuel Cortina, al explicar su voto a favor de la moral cristiana, interpretó el sentir de la mayoría de los convencionales:

«... La moral de Cristo, separada de todo fanatismo religioso..., fue una ola de espiritualismo trascendente que impulsó toda la civilización europea, de la cual somos, los americanos, una representación».

«... La moral cristiana... levanta el espíritu humano sobre la bestia, refrena los apetitos inferiores, impulsa la fraternidad, la piedad y el perdón, y constituye una defensa permanente contra los venenos que segrega el egoísmo humano...»

«Por eso, al mantenerla nosotros en la Constitución como norma de las religiones que puedan vivir entre nosotros, ponemos un guardián de suprema aristocracia espiritual para que cuide las evoluciones de la conciencia moral cubana a través de los siglos».

«La moral cristiana, en lo que tiene de fundamental para ennoblecer la conducta de los hombres, es inexpugnable a toda crítica. La civilización contemporánea, que tiene aún tanta oscuridad, abismos y retrocesos, quedará herida de muerte el día que esos principios espirituales sean abandonados para siempre y caigamos en un materialismo infecundo, que hace de la vida una tragedia de apetitos rudamente materiales, extinguidos en la tumba».

Los comunistas fueron derrotados en éste y otros debates de la Constituyente de 1940. Mas la derrota que allí sufrieron devino en victoria para ellos en 1959. Contribuyó desgraciadamente a ese rojo amanecer el desquiciamiento constitucional que produjo el golpe militar de Batista el 10 de marzo de 1952.

Batista y la mediación de la Iglesia

En lo que respecta a las relaciones Estado-Iglesia durante el gobierno de Batista, caben estas observaciones. El mensaje enviado por el cardenal Arteaga a Batista a raíz del cuartelazo, presentándole sus respetos en pro del orden, la justicia y la paz, lo justificaron algunos como acto protocolario de reconocimiento, no de apoyo, al nuevo gobierno. Otros lo criticaron fuertemente por entender que el mensaje, por el tono y la festinación con que fue emitido, implicaba una condonación del golpe militar.

En cuanto a los derechos de la Iglesia, como tales, justo es reconocer que no fueron mermados. Pero considerando los desafueros de Batista, la intransigencia de la oposición radical, y las pugnas sangrientas que se desencadenaron, la Iglesia no podía permanecer indiferente diciendo «al César lo que es del César y a Dios lo que es de Dios». El país se había convulsionado, y militantes católicos y sacerdotes, en número creciente, cooperaban con el movimiento insurreccional.

Ante esa crisis alarmante, el episcopado decidió actuar como mediador a principios de 1958 y trató infructuosamente de propiciar una solución democrática y pacífica. Posturas irreductibles impidieron una feliz avenencia. Podrá decirse que el fallido intento del episcopado fue tardío, pero no puede negarse que la iniciativa fue noble y que el esfuerzo, aunque vano, fue sincero.

La comunización de Cuba

Una confluencia de factores produjo el desenlace de 1959: la fuga de Batista, precipitada por el ultimátum de Washington; la rendición incondicional de un ejército acéfalo y desmoralizado; la abdicación miope de las organizaciones cívicas y de casi todos los partidos de oposición; la impresionabilidad de un pueblo proclive al mesianismo político, y la monumental estafa de un diabólico simulador.

Tras magno desfile portando escapularios y barbas de profeta, Castro inició su revolución con el apoyo entusiasta del pueblo y de la Iglesia. Uno de sus más altos prelados afirmó, con lenguaje hiperbólico: la Divina Providencia «ha escrito en el cielo de Cuba la palabra TRIUNFO». La Iglesia estimó que el programa revolucionario que comenzaba a implementarse seguía los lineamientos cristianos. Los obispos reconocieron públicamente el derecho del gobierno a decretar la pena de muerte, pero hicieron un llamado a la clemencia. Estimaron, algunos de ellos, que la reforma agraria se inspiraba en los principios de la justicia social cristiana, mas anotaron los posibles peligros de una «excesiva dependencia del Estado».

En los primeros meses de la revolución, los representantes de la Iglesia creyeron, en su mayoría, que las extralimitaciones o abusos de poder eran el producto de la improvización y no de un plan avieso; y que el radicalismo que se manifestaba en los decretos revolucionarios no provenía de Castro, sino de algunos de sus asesores. La tesis parecía plausible, pero se fundaba en el «ojalá» y no en la dura realidad.

Como traté de demostrar en un trabajo titulado «Hacia dónde vamos», que circuló clandestinamente en La Habana a mediados de 1959, y que fue recogido parcialmente por el «Diario de la Marina» en su heroica campaña de viva alerta y orientación, no estábamos frente a un gobierno revolucionario con meras infiltraciones o tendencias comunistas.

Estábamos en presencia de un régimen de corte totalitario que aplicaba sistemáticamente las medidas recomendadas por Marx y Lenin para sojuzgar a un país: captura del poder político absoluto y rechazo del pluralismo; negación del principio de legalidad para cercenar todo vínculo con el pasado; lucha de clases para dividir a la población y vencer la resistencia; anulación del derecho de propiedad privada so pretexto de eliminar el latifundio; control progresivo de los medios de producción; tiranía ideológica mediante el lavado cerebral de las masas, e intimidación y cierre posterior de los medios independientes de comunicación y los centros de enseñanza privada.

En un entorno de histeria colectiva y terror difuso, se celebró el 28 de noviembre de 1959, en la Plaza Cívica de La Habana, el Primer Congreso Nacional Católico. Los organizadores trataron de restarle matiz político al homenaje a la Virgen de la Caridad del Cobre, pero resultó imposible. Cerca de un millón de personas de todas las capas sociales y regiones del país, ávidas de dirección y de fe, allí se congregaron para reafirmar sus tradiciones cristianas frente al avance comunista que ya comenzaba a palparse. El grito a coro de ¡Caridad! ¡Caridad! no fue más que un repudio masivo de la consigna revolucionaria de ¡Paredón! ¡Paredón!

Al día siguiente, en la Asamblea del Apostolado Seglar, el obispo de Matanzas, Msgr. Alberto Martín Villaverde, planteó la siguiente disyuntiva:

«Que escojan, pues, los pueblos: o el reino de Dios y ser hermanos en justicia y amor, o el reino del materialismo y unos contra otros en la ley del más fuerte. O con Dios en el amor, o contra Dios en el odio. No hay término medio... Hay que definirse totalmente».[100]

Así lo hizo la Iglesia a los pocos meses. No había otra alternativa digna. Según la advertencia del líder comunista Juan Marinello, la Iglesia, para no ser molestada por el régimen, tenía que «permanecer dentro de los templos adorando sus imágenes». La humillante postración intramuros implicaba no oír, no ver, no sentir lo que afuera acontecía. Esto era moralmente inaceptable. La Iglesia no sólo es la liturgia de una misa; la Iglesia es también un cuerpo vivo de creyentes.

---

[100] Pablo Alfonso, *Cuba, Castro y los Católicos*, Ediciones Hispamerican Books, 1985, pág. 66.

La internacionalización de la lucha

Polarizado el país por la visita de Mikoyan a La Habana en febrero de 1960, la protesta de los estudiantes católicos, y la clausura posterior de la prensa independiente, el gobierno acelera el proceso de comunización e intensifica los actos de provocación y hostigamiento contra los miembros del clero y las organizaciones del apostolado seglar en todo el país.

Msgr. Pérez Serantes denuncia en una pastoral que el enemigo no está en las puertas, porque en realidad está dentro. Y le sigue el episcopado con su circular colectiva de 6 de agosto de 1960, en la que confirma el creciente avance del comunismo en Cuba y se sitúa al lado de la mayoría del pueblo, «que es católico y que sólo por el engaño o la coacción podría ser conducido a un régimen comunista».

La suerte estaba echada. Comienza la llegada a Cuba de armas y de técnicos del bloque soviético. Castro coloca su primer pedido de aviones Migs y acuerda un programa de entrenamiento para sus pilotos en Checoslovaquia. Kruschov anuncia que protegería a Cuba con sus misiles en caso de ataque. Estados Unidos, por su parte, alienta la resistencia interna, que va cobrando gran fuerza, y organiza y entrena una brigada de asalto de cubanos anticomunistas en Guatemala.

Lo que vino después, si no fue un crimen, fue una infamia. La Casa Blanca, no queriendo respaldar la operación de Bahía de Cochinos con cobertura aérea, en lugar de cancelarla, la emasculó, condenándola de antemano al fracaso. Mueren en la contienda valerosos brigadistas, promesas esfumadas de un futuro brillante. Los alzados en el Escambray son acorralados y exterminados. Y los líderes de la resistencia, casi todos católicos militantes, son fusilados. Con sus gritos de ¡Viva Cristo Rey! y ¡Viva Cuba

Libre!, murieron abrazados a los dos símbolos de la Cuba eterna: la cruz y la bandera.

Uno de esos líderes, Manuel Puig Miyar, fue capturado con su esposa, mi prima-hermana Ofelia Arango Cortina. Cuando es condenado a muerte en la Cabaña, le dice a su esposa desolada: «No te preocupes, Ofelia, que morir no es nada. Todo el mundo se muere algún día. Yo por lo menos sé por lo que muero».

Castro, envalentonado por los acontecimientos, se quita la careta. Le restriega a los norteamericanos que está haciendo en sus narices una revolución socialista, y declara posteriormente que ha sido, es, y será siempre marxista-leninista. Para consolidar su poder omnímodo, sólo quedaba neutralizar y purgar a la única organización independiente que, aunque debilitada, quedaba en pie: La Iglesia Católica. Incita el tirano a las turbas amaestradas para hostigar y agredir al clero y a los feligreses; fuerza el asilo del cardenal Arteaga en la embajada de la Argentina; provoca la violenta confrontación durante la procesión de la Caridad el 8 de septiembre de 1961, y ordena la expulsión de 131 sacerdotes en el «Covadonga», encabezados por un ilustre prelado que honra a la Iglesia y a la Cuba democrática del destierro: Msgr. Eduardo Boza Masvidal.

La Iglesia del silencio y la política de Zacchi

La Iglesia se sumerge en el silencio, y Castro y sus aliados comunistas se recuperan de su aparente derrota en la Crisis de los Misiles. Digo aparente porque, aunque tuvieron que desmantelar las bases de los cohetes, recibieron a cambio una patente de corso, que les permitió utilizar a Cuba como plataforma intocable para subvertir a tres continentes.

La expansión galopante del imperialismo soviético en la década de los 60 y 70 le dio ímpetu y arraigo al mito de la inevitabilidad del triunfo comunista. Washington y sus aliados trataron de aplacar a Moscú con una política de coexistencia pacífica, distensión y acomodo. Y la Iglesia, después del Concilio Vaticano II, aconsejó insertarse en el contexto social de los pueblos en desarrollo, evitando la marginación y las divisiones dañinas. A raíz de las Conferencias Episcopales Latinoamericanas de Medellín y de Puebla, cobran auge los abanderados de la llamada teología de la liberación, así somo los partidarios de encontrar puntos de coincidencia con el marxismo.

En Cuba, Msgr. César Zacchi, Encargado de Negocios de la Nunciatura Apóstolica, auspicia y promueve el diálogo con el régimen, logrando varias concesiones: liberación de algunos presos; permisos para que entrara en el país un grupo limitado de sacerdotes, e importación de biblias. Pero estas exiguas concesiones tuvieron un alto precio: la convergencia con el régimen, que a veces se tradujo en connivencia.

Msgr. Zacchi, en una entrevista concedida al diario «Excelsior» de México y citada por el P.Ismael Testé en su libro *Historia Eclesiástica de Cuba*, declara que por su situación diplomática se había transformado «en una especie de voz de la Iglesia ante el gobierno». Después añade que, debido a «los gusanos que vivían en Cuba», el clero tenía «una visión deformada de los procesos revolucionarios». Asimismo, puntualiza que el partido comunista en Cuba y sus cuadros «desempeñan una función importante en las tareas concretas del campo social».

«No veo inconveniente –agrega Zacchi– en que un católico adopte la teoría económica marxista, a los efectos prácticos de una conducta, como cuadro de una revolución». Y con respecto a Castro, afirma Msgr. Zacchi que «ideológicamente se ha declarado marxista-leninista; pero yo lo considero éticamente cristiano».

Esta política de contemporización que preconizó Zacchi no impidió que el régimen de Castro creara las Unidades Militares de Ayuda a la Producción (UMAP) –verdaderos campos de concentración en los que rindieron jornadas de trabajo forzoso un número considerable de homosexuales, intelectuales disidentes, Testigos de Jehová, y destacados sacerdotes. Tampoco el diálogo y la convergencia evitaron la concentración de miles de refugiados en la embajada del Perú, el éxodo conmovedor del Mariel, y la intensificación de las actividades militares y subversivas del régimen de Castro –desde el Cuerno de Africa hasta la Cuenca del Caribe.

La contraofensiva de Reagan y de Juan Pablo II

En el campo de la geopolítica, el apaciguamiento del comunismo cesa con la llegada a Washington en 1981 de un presidente de principios firmes y de carácter resuelto: Ronald Reagan. Este presidente revive la fe de su país, desmoralizado tras la derrota en Viet Nam, el escándalo de Nixon, y la ineptitud de Carter, e impulsa el rearme material y moral de Estados Unidos para hacerle frente a lo que él llamó «el imperio del mal».

Convencido de la vulnerabilidad del sistema comunista, Reagan decide estimular las fuerzas latentes de cambio en los países satélites para que dieran al traste con la Cortina de Hierro. A ese efecto, descarta la tradicional política de «contención», que le dejaba la iniciativa a Moscú, y toma la ofensiva con una estrategia multidimensional respecto al bloque soviético, que incluía presiones económicas y comerciales, cese de ayuda tecnológica, guerra psicológica, carrera armamentista y, en el caso de Polonia, desestabilización del régimen y ayuda clandestina al movimiento de Solidaridad.

Coincide, en parte, esta estrategia con la cruzada de Su Santidad Juan Pablo II. Tras recibir su sagrada investidura en 1978, hace suya la consigna de Cristo «No tengáis miedo», y se apresta a liderar la lucha contra el comunismo en Europa del Este. No acepta, como inevitable, la perpetuación de la arbitraria división territorial acordada en Yalta, que cubrió de sombras a los países que cayeron en la zona de influencia de Moscú. ¡Los recios paladines no se resignan a los determinismos históricos: los soslayan o los vencen!

Consciente de que el totalitarismo es un sistema brutal de vasallaje y que la libertad es consustancial a la dignidad humana, el Santo Padre decide emprender su jornada liberadora. Se concentra inicialmente en Polonia, su país de origen y el eslabón más vulnerable de la cadena soviética. Estremece al país durante su peregrinaje en junio de 1979. A los gobernantes les advierte en el Palacio Belvedere que la paz sólo puede edificarse sobre la base del respeto a los derechos humanos fundamentales, que incluye el derecho de la nación a ser libre y a crear su propia cultura.

Cruzada en Polonia contra el conformismo

Sabía el Santo Padre que, sin una fuerte y sostenida presión popular, no se producirían los cambios necesarios. Había, pues, que sacudir y vencer el conformismo reinante en el pueblo con la terapia de la verdad y el electroshock espiritual de la fe.

Los regímenes totalitarios, al controlarlo todo con férrea coerción, incluyendo las fuentes de empleo, alimento, educación y noticias, crean en el pueblo un estado de dependencia absoluta, de sumisión al statu quo, que, con el tiempo, pasa a ser rutinaria. Este es el clima soporífero del conformismo, que es más nocivo que el miedo, porque el miedo es una reacción defensiva que paraliza temporalmente, pero no derrumba. Mientras que el conformismo, que se traduce en inercia y profunda depresión, es la atonía del espíritu y el desplome de la voluntad.

Las tiranías totalitarias se sostienen mientras los pueblos cautivos se creen impotentes para rescatar su libertad, y caen cuando los pueblos despiertan de su letargo, se sobreponen a la apatía, y recobran la fe en su capacidad para regir su propio destino.

Inyección de fe fue la que el Santo Padre les impartió a sus compatriotas. En la plaza principal de Varsovia proclamó que Cristo no puede ser excluido de la historia de Polonia, y el pueblo lo interrumpió coreando: «¡Queremos a Dios; queremos a Dios!» Y a los jóvenes en Lublín les dijo: «El mayor peligro...es el hombre que no toma un riesgo y no acepta un reto; que no escucha sus más hondas convicciones, su verdad interior, sino que sólo desea acomodarse, flotar en el conformismo, moviéndose a la izquierda o a la derecha según sople el viento».[101]

Esa prédica vivificante, reafirmada y sostenida por el episcopado en Polonia, galvanizó el movimiento de Solidaridad y lo transformó en una fuerza catalizadora que sobrevivió las persecuciones e hizo posible la transición democrática en el país. La prédica papal llegó también a los disidentes en los demás pueblos de Europa del Este. Para Havel y otros en Praga, ella fue un acicate moral para deslindar los campos entre la mentira comunista y la verdad que engendró pasión de libertad.

Estas corrientes revitalizadoras impregnaron las conciencias en Rusia cuando Gorbachov, tratando de reformar el sistema comu-

---

[101] George Weigel, *The Final Revolution*, Oxford University Press, 1992, pág. 132.

nista para remozarlo con ayuda económica de Occidente, toleró con su «glasnost» cierta apertura política. El andamiaje estatal carcomido no pudo resistir la explosión de las ansias populares por tanto tiempo reprimidas, y Gorbachov, de reformador del comunismo en el bloque soviético, pasó a ser artífice involuntario de su desintegración.

La intrasigencia de Castro y la reacción de la Iglesia

En Cuba, las esperanzas de una apertura fueron prontamente tronchadas por Castro. Para él, la máxima prioridad es el absolutismo político a costa del sufrimiento y la miseria de su pueblo. Y no queriendo ceder o arriesgar ni un ápice de su poder, rechazó todo intento de liberalización y pluralismo. A pesar de ello, los obispos cubanos dicidieron romper el silencio mantenido durante casi 25 años, y publicaron en septiembre de 1993 su carta pastoral «El Amor Todo lo Espera».

En dicha carta, los prelados expusieron los graves problemas que confronta el país: pérdida de los valores morales y familiares; deterioro económico progresivo; sistema político unipartidista y excluyente que no tolera el disentimiento; crisis cismática de la nación, agudizada por el éxodo continuo. Ante ese cuadro pavoroso, los obispos pidieron que se buscasen «caminos nuevos» para que, mediante un diálogo amplio con espíritu de reconciliación, Cuba pudiese «entrar al tercer milenio como una sociedad justa, libre, próspera y fraterna».

A pesar del tono mesurado y constructivo de la carta pastoral, las tensiones aumentaron entre la Iglesia y el régimen cubano. Castro no sólo fustigó al episcopado y rechazó el diálogo propuesto, sino que desató uno nueva ola de represión que culminó en el acoso y encarcelamiento de disidentes, incluyendo los autores de

«La Patria es de Todos», y en los crímenes atroces del remolcador «13 de marzo» y de los pilotos-mártires de Hermanos al Rescate.

El peregrinaje del Papa a Cuba

El Santo Padre no desistió de su empeño de ir a Cuba. Sabía que Castro trataría de aprovechar la visita papal para legitimar su régimen desacreditado y aumentar la presión contra el embargo norteamericano. Pero Su Santidad decidió encarar el reto con el prestigio de su investidura, el temple de su carácter y el magnetismo de su mensaje. Tras largas y arduas negociaciones, el viaje se produjo en enero de 1998.

Durante el vuelo a La Habana, el Santo Padre señaló inequívocamente las hondas diferencias que separaban a la Iglesia del régimen comunista de Castro. Dijo a los periodistas que lo acompañaban: «La revolución de Cristo es la del amor. La revolución marxista es la revolución del odio, las venganzas y las víctimas».

A fin de precisar que la Iglesia estaba en contra de todos los embargos, tanto del interno como del externo, Su Santidad pidió que Cuba se abriera al mundo y que el mundo se abriera a Cuba. Asimismo, abogó por la reunificación de la familia, la defensa de la vida, el derecho de los padres a la educación de los hijos, la conservación de las raíces cristianas, la solidaridad con los que sufren, y la reconciliación entre todos los cubanos.

Pero lo que tuvo mayor resonancia en su prédica, lo que más conmovió a las almas henchidas, fue su defensa, sin miedo, de la verdad, y su clamor ardiente de libertad. Secundando al Santo Padre, con vigorosa elocuencia, el arzobispo de Santiago de Cuba, Pedro Meurice, condenó los «falsos mesianismos» que han «confundido la Patria con su partido», y pidió la unión de los cubanos de la isla y del destierro, no como resultado de una regimentada uniformidad, sino como fruto de la más amplia y democrática diversidad.

El recorrido apoteósico del Papa fue más que un memorable peregrinaje pastoral. Fue, para el pueblo cautivo y desesperanzado de Cuba, una epifanía de fe y un apostolado de dignidad. Este apostolado quedó resumido en la vibrante exhortación del Santo Padre a los jóvenes en Camagüey: «... Fuertes por dentro, grandes de alma, ricos en los mejores sentimientos, [seáis vosotros] valientes en la verdad, audaces en la libertad, constantes en la responsabilidad, generosos en el amor, invencibles en la esperanza».

Apoteosis del Papa en Cuba

Falta de seguimiento

A los pocos días de su regreso al Vaticano, el Santo Padre les envió el siguiente mensaje a los cubanos: «Les deseo a mis hermanos y hermanas de aquella bella isla que los frutos de esta peregrinación sean similares a los frutos de la peregrinación... a Polonia». No desconocía el Papa las diferencias innegables entre las dos peregrinaciones y los dos pueblos. Lo que quiso decir, pienso yo, fue que el objetivo era el mismo: ganar espacios, no sólo para que la Iglesia pudiese cumplir su misión pastoral, sino también para que el pueblo cubano pudiese despertar y asumir su protagonismo en la lucha por la libertad.

Contrariado por la falta de progreso sustancial y de seguimiento por parte del episcopado luego de su visita a Cuba, el Papa convocó a todos los obispos cubanos a varias reuniones en el Vaticano a principios de junio de 1998. Se supo después que el Santo Padre los exhortó a «seguir presionando» para transformar a Cuba, evangelizando a los cubanos. Dada la intransigencia obcecada de Castro, opuesto a toda apertura, la exhortación papal presupone tomar posiciones, y no esperar concesiones.

Sin minimizar las tremendas dificultades que se interponen en el camino de la Iglesia y del pueblo de Cuba, permitidme concluir con algunos observaciones y sugerencias estratégicas.

Terapia de Fe

En primer término, considero que la situación en Cuba está madura para una terapia intensiva de aliento en pro de la libertad. El régimen de Castro está hoy vacío de ideología, de mística y de credibilidad. Ya nadie toma en serio sus promesas incumplidas ni sus consignas manidas. Respecto al lema de «Socialismo o Muerte», muchos se preguntan, ¿cuál es la diferencia? El régimen se apoya únicamente en el poder intimidatorio de un tirano implacable y en el desaliento inerte de un pueblo exangüe, que piensa acaso, en su mayoría, que nada puede hacerse como no sea sobrevivir o escapar.

La Iglesia, con su prédica de fe, puede y debe contribuir a contrarrestar este fatalismo enervante para ir creando la conciencia de una sociedad civil que reclame sus derechos y no se someta, pasivamente, a los úkases del Estado. El Santo Padre demostró que el pueblo de Cuba responde bien a una terapéutica estimulante. Es preciso impartirla como se pueda: en las homilías, en los conciliábulos o seminarios privados, o través de la «internet», o de publicaciones conceptuosas como «Vitral», o de libros que exalten las virtudes cardinales y los valores patrios.

A manera de ejemplo, voy a referirme al impacto que está produciendo en Cuba la circulación del libro *Próceres* de mi tío-abuelo Néstor Carbonell Rivero. Según el artículo que el mes pasado envió desde La Habana a «El Nuevo Herald» el periodista independiente Raúl Rivero: «Está circulando ahora en Cuba, subterráneo, enmascarado y en silencio, un libro fundamental, un espléndido fogonazo de luz sobre la historia. Es una edición facsimilar de *Próceres* de Néstor Carbonell Rivero».

«¿Cuál es el contenido de esa obra, que obliga a la discreción y al camuflaje?... Son 36 ensayos biográficos sobre los creadores de la nación... Lo que puede tener de subversivo en la Cuba actual es la honestidad, la anchura y el desenfado con que se abordan figuras que, en las últimas décadas, han sido sepultadas bajo una montaña de manuales de marxismo...»

Y concluye Riviero diciendo: «Con *Próceres* me sentí más libre y cercano a mi país». Eso es precisamente lo que debemos tratar de lograr en Cuba con la pluma, la palabra y el ejemplo: que el cubano, apocado, se sienta más digno; que el cubano, aherrojado, se sienta más libre.

Rebatiendo los mitos

La segunda observación que quisiera hacer es que es imperativo rebatir los mitos y falacias del régimen de Castro y difundir la verdad, sin la cual la libertad no puede resurgir ni perdurar. Por eso nos asombra y preocupa que el episcopado en Cuba se haga eco en sus pastorales de los supuestos logros del régimen de Castro en el campo de la educación y la salud pública.

Conviene recordar que la revolución heredó un nivel de alfabetización en el país de cerca de un 80%, el más alto en Latinoamérica después de la Argentina y el Uruguay. Si en efecto ese nivel ha sido elevado en 40 años a un 95 o 98%, ¿se justifica por ello una tiranía horrenda que deforma, adoctrina, corrompe y envilece a nuestra juventud? Rusia prácticamente no tiene analfabetos. ¿Debemos por tanto darle las gracias a Stalin?

No creo que merezca reconocimiento y encomio el sistema educativo degradante y ateo implantado por Castro, quien nos ofreciera recientemente, en las llamadas marchas combatientes en apoyo a Elián, el espectáculo deprimente de miles de niños escolares coreando la consigna «¡Pioneros por el comunismo, seremos como el Che!»

En cuanto al sistema de salud pública, ¿puede hablarse de logros en un país que es hoy un lodazal de gérmenes e infecciones, y donde faltan hasta las aspirinas? Cierto que la escasez no es general: ésta no afecta a los hospitales destinados a los funcionarios agraciados y a los turistas dolarizados. Pero el pueblo llano, que está sometido a un «apartheid» inicuo y humillante, sufre, clama y espera.

La jerarquía eclesiástica en Cuba, para acrecentar su prestigio y autoridad moral, ha de ser muy precisa en lo que dice y cómo lo dice. Por ejemplo, cuando trate el tema espinoso de la patria potestad, usurpada en Cuba por el régimen de Castro, si no quiere o puede describir la dura realidad como lo hicieron magistralmente monseñor Bosa Masvidal y monseñor Román, entre otros, es preferible que guarde silencio.

Y cuando aborde el tema de la apertura hacia Cuba, en el contexto del levantamiento del embargo norteamericano, haría bien el episcopado en repetir claramente, y sin ambages, lo insertado en la pastoral de 5 de junio de 1998, en el sentido de que la apertura externa «debe ir normalmente precedida y acompañada de una apertura interna de la sociedad cubana».

Las voces fuertes

Sabemos todos que, en materia de comunicaciones, la Iglesia tiene establecidas ciertas reglas y disciplinas. Pero éstas no deberían silenciar o desalentar voces fuertes como la del padre José Conrado Rodríguez y su valiente carta abierta a Fidel Castro; o como la del reverendo Patrick Sullivan y sus enérgicas homilías; o como las de los presbíteros de Oriente y su formidable documento de trabajo, o como la de Dagoberto Valdés y sus artículos edificantes publicados en «Vitral».

Los aldabonazos de estos denodados representantes de la Iglesia habrán quizás creado tensiones y violado algunos reglamentos o instrucciones del episcopado. Mas no siempre el cumplimiento de las formalidades es lo más justo y apropiado. Bajo el yugo del despotismo, las faltas de disciplina o protocolo suelen ser aciertos de la dignidad.

Reconciliación y paz, pero con libertad

Mi tercera observación es que el objetivo de la reconciliación y la paz es loable como noble aspiración cristiana. Pero debe ser articulado con mucho tino para no hacerle el juego a los que oprimen al país sin enmienda ni arrepentimiento. Mientras persista la tiranía, puede y debe haber reconciliación entre las sufridas víctimas, dentro y fuera de Cuba, pero no con los impenitentes victimarios. Eso sería convalidar el crimen y estimular la opresión.

La verdadera y amplia reconciliación es la que vendrá después de Castro, en una patria libre, y deberá afincarse en la justicia, templada por la caridad, a fin de evitar los extremos nefastos de la vendetta y de la impunidad.

Pero el anhelo de una solución pacífica, es decir, sin derramamiento de sangre, no debe llevarnos abyectamente al pacifismo. Porque hoy en Cuba no hay paz, como no sea la paz del terror o del cementerio. Lo que hay es un régimen totalitario, que, aparte de sus constantes agresiones y represalias, violenta sistemáticamente la dignidad y los derechos fundamentales del cubano. Es un régimen «contra natura», que es como decir, la violencia institucionalizada. Ejercer presiones o resistir para que cese ese régimen de oprobio y de fuerza no implica, pues, alterar la paz, sino restablecerla bajo un estado de derecho.

Como sentenciara Su Santidad Juan Pablo II en 1984, «la paz no es auténtica si no es fruto de la justicia... Y una sociedad no es justa ni humana si no respeta los derechos fundamentales de la persona...» Y agrega el Santo Padre: «... Por muy paradójico que parezca, el que desea profundamente la paz rechaza toda forma de pacifismo que se reduzca a cobardía o simple mantenimiento de la tranquilidad. Efectivamente, los que están tentados de imponer su dominio, encontrarán siempre la resistencia de hombres y mujeres inteligentes y valientes, dispuestos a defender la libertad para promover la justicia».

Solidaridad y no aislamiento

Finalmente, quisiera tocar el tema fundamental de la solidaridad con los que protestan y desafían las arbitrariedades del régimen, con los presos políticos que languidecen en las cárceles, y con todos los que padecen, por su oposición o disidencia, el hostigamiento del régimen.

Cuando la disyuntiva trágica en un país es el totalitarismo o la libertad, la Iglesia no puede mantenerse marginada ni adoptar una postura neutral. Su misión en esos casos ha de ser socorrer a los desvalidos y alentar y apoyar a los que se sacuden el conformismo y luchan en pro de los derechos humanos y de la democracia con tesón y dignidad.

Tras la caída estrepitosa del comunismo en Europa del Este, el Santo Padre afirmó lo siguiente en el discurso que pronunció en las Naciones Unidas el 5 de octubre de 1995: «Un factor decisivo del éxito de esas revoluciones no violentas fue la experiencia de la solidaridad social de cara a regímenes que se apoyaban en el poder de la propaganda y el terror. Esa solidaridad fue el sostén moral de los indefensos, un faro de esperanza y un constante recordatorio de que, en la jornada histórica del hombre, es posible seguir un camino consistente con las aspiraciones más altas del espíritu humano».

Esa solidaridad de que hablara el Santo Padre es la que necesitan hoy en Cuba los abanderados de los derechos humanos, los periodistas independientes, y en general todos los opositores y disidentes que hablan por la mayoría callada. Y esa solidaridad es la que muchos esperan de la Iglesia apartada.

Un paso de avance lo dio el cardenal Ortega hace unos pocos días celebrando en La Habana una misa por el jubileo carcelario a la que asistieron varios cientos de disidentes, ex presos políticos y familiares. En su homilía, dijo el cardenal que era su intención poder ir a las prisiones a dar misa. Y en el punto culminante de la ceremonia religiosa, una blanca paloma echó a volar, y, respondiendo al simbolismo, retumbaron en la iglesia gritos de ¡Libertad!.

Ese es el liderazgo moral que el pueblo ansía de su cardenal. Y esa es la palabra que debe resonar, más y más, en las misas, en los actos, y en todas las evocaciones de la visita papal: ¡Libertad! Claro que esto entraña riesgos, pero la prudencia sin riesgos conduce indefectiblemente al inmovilismo o a la pusilanimidad.

Sin subestimar los peligros de represalias, considero que en la actualidad hay una coyuntura más propicia a la osadía calculada. Castro está tratando por todos los medios posibles de obtener sueros financieros para revitalizar su régimen, y no le conviene una confrontación violenta con la Iglesia que pueda destruir o ajar su imagen maquillada de dictador benigno y otoñal. Es el momento, pues, para estimular, por ósmosis o contagio, la resistencia cívica y la demanda de libertad.

La responsabilidad histórica de la Iglesia

Mucho ha hecho la Iglesia, con la ayuda de Cáritas, por aliviar las carencias materiales y espirituales de los más necesitados. Pero por ser la única organización independiente que hoy existe en la patria subyugada, su responsabilidad histórica es mucho mayor. De ahí la necesidad de que la Iglesia, con el acicate de la fe, contribuya a movilizar las reservas patrióticas latentes del pueblo cubano para ponerle fin a la tiranía, instaurar un estado de derecho y de plena democracia, promover la reconciliación anclada en la justicia y la caridad, y emprender la gran tarea de la reconstrucción económica y de la regeneración moral.

Ante la agonía del pueblo cubano y la destrucción progresiva del país, sería un crimen sentarse a esperar que Castro desaparezca de la escena. Romper el presente impasse es tarea ingente, pero no imposible. La historia tiene sus imponderables, y los regímenes totalitarios como el de Castro, cuando llegan a la fase crítica de la insolvencia y el descrédito, no son tan fuertes como parecen. Sus cimientos son endebles y se derrumban al primer soplo de aire fresco. Por eso les temen tanto a las grietas.

Levantemos el ánimo, y evocando el recuerdo imborrable del padre Félix Varela e impetrando la gracia de nuestra Virgen de la Caridad, cumplamos nuestro deber como lo quiso el Santo Padre: «valientes en la verdad, audaces en la libertad, constantes en la responsabilidad, generosos en el amor, invencibles en la esperanza».

DEBATE EPISTOLAR SOBRE CASTRO CON DAVID ROCKEFELLER

David Rockefeller, figura cumbre del «Establishment» norteamericano

En octubre de 1995, al enterarme por la prensa de que David Rockefeller se proponía ofrecerle a Fidel Castro una recepción en su casa de campo en Pocantico, N.Y., le dirigí una carta expresándole asombro y decepción. Mi desacuerdo no se circunscribía a la recepción, por lo que aproveché esa coyuntura para ampliar el debate sobre la política más apropiada hacia el régimen de Castro.

En nuestro intercambio epistolar, David Rockefeller se mostró partidario de un «constructive engagement» con Castro, que para muchos en Estados Unidos implica diálogo, trato diplomático y comercial, incentivos de variada índole. Mi respuesta fue respetuosa pero directa. De cara

a un tirano de más de tres décadas (en esa fecha), que no cree en diálogos sino en monólogos (los suyos), y que no acepta más trato que concesiones que afiancen su totalitario poder, la política más apropiada –le dije– es la resistencia.

La recepción a Castro no se llevó a cabo en la casa de campo de Rockefeller, pero fue cortejado en otras localidades y residencias por la flor y nata de Nueva York. Resultado: remozó su imagen, practicó su inglés y siguió su rumbo.

A continuación, las tres cartas cruzadas en inglés y su versión en español.

Carta de Néstor Carbonell Cortina a David Rockefeller

October 17, 1995

Mr. David Rockefeller
30 Rockefeller Plaza
Room 560
New York, New York 10112

Dear David:

I am deeply disappointed and saddened to learn that you and your daughter are planning to host a private reception in honor of Fidel Castro.

Given your high profile and prestige, the reception is bound to have negative repercussions. Castro, desperately searching for supporters, would be emboldened by your gracious hospitality, while freedom-loving Cubans would feel rebuffed by the perceived insensitivity.

David, you don't need this controversy. As a friend, please reconsider your decision.

Sincerely,

Néstor Carbonell

NC:as

17 de octubre de 1995

Estimado David:

Estoy profundamente decepcionado y entristecido con la noticia de que tú y tu hija piensan ofrecer un recepción en honor de Fidel Castro.

Teniendo en cuenta tu alto perfil y prestigio, esta recepción podría tener repercusiones negativas. Castro, en la búsqueda desesperada de defensores, se sentiría envalentonado con tu gentil hospitalidad, mientras que los cubanos amantes de la libertad se sentirían ofendidos por tu aparente insensibilidad.

David, tú no necesitas esta controversia. Como amigo, te ruego que reconsideres tu decisión.

       Atentamente,

       NCC

El Exilio

Respuesta de David Rockefeller a Néstor Carbonell Cortina

_RECEIVED OCT 2 7 1995

NESTOR CARBONELL

(212) 649-5600

30 ROCKEFELLER PLAZA
NEW YORK. N.Y. 10112

ROOM 5600

October 19, 1995

Dear Nestor:

I am writing in response to your letter of October 17, in which you express concern that my daughter, Peggy Dulany, was hosting a private reception for Fidel Castro, which I would attend. At this writing, there is no meeting planned with President Castro. It is possible, however, that my daughter and some of those she invited will meet with President Castro at some neutral location, not - as had been reported - at our family property in Pocantico.

While I share many of the concerns expressed by you and others who urged me not to go forward with this meeting, over the course of my lifetime I have met with many foreign leaders in widely separated parts of the world, who have represented the whole political spectrum. My abhorrence for extremist regimes has never changed. However, there are a number of instances where dictators have come to recognize that their policies were not working and were against the best interests of their people. This has happened in some of those cases, not because of dialogues they have had with me but because they have been open to similar conversations with others, conversations which have led to peaceful change in their countries.

It is because of my belief that there exists a similar opportunity with Castro today that I clearly supported my daughter Peggy's initiative to make possible an opportunity for Castro to meet with a number of serious and influential American leaders. I still believe that this kind of dialogue is in the best interest of the United States, as well as of the people of Cuba. Building bridges to people, including those whose leaders are not democratically elected, is necessary and desirable. In that vein, such a meeting with Castro does not mean that we condone his policies or behavior; rather it gives us the opportunity to express - more directly than has been possible our strongly felt views and concern about the current situation in Cuba and our hopes for the improved life of its citizens. Sometimes private conversations of this kind can lead to fruitful negotiations at the government level.

Because of our friendship, Nestor, I wanted you to hear my thoughts and understand my point of view about this very difficult situation.

With warm regards,

Sincerely,

David Rockefeller

Mr. Nestor Carbonell
Senior vice President
Worldwide Public Affairs
PepsiCo Foods & Beverages International 700 Anderson Hill Road
Purchase, New York 10577-1444

Estimado Néstor:

Te escribo estas líneas en respuesta a tu carta de fecha 17 de octubre, en la que expresas preocupación por una recepción privada que mi hija, Peggy Dulany, supuestamente le ofrecerá a Fidel Castro, y a la cual yo asistiría. A esta fecha, no se ha planeado ninguna reunión con el Presidente Castro. Es posible, sin embargo, que mi hija y algunos de sus invitados se reúnan con el Presidente Castro en un local neutral, no –como se ha publicado– en la propiedad de nuestra familia en Pocantico.

Aun cuando comparto muchas de las preocupaciones expresadas por ti y otros que me han pedido que no proceda con esta reunión, [te participo] que en el curso de mi vida me he reunido en apartadas regiones del mundo con muchos líderes extranjeros, que han representado la gama completa del espectro político. Mi aversión a todos los regímenes extremistas nunca ha cambiado. Sin embargo, ha habido ocasiones en que los dictadores se han convencido de que sus políticas no funcionan y son contrarias a los más altos intereses de sus pueblos. Esto ha ocurrido en algunos de esos casos, no por haber dialogado conmigo, sino por haber estado dispuestos a sostener conversaciones con otros –conversaciones que han dado lugar a cambios pacíficos en sus países.

Es porque creo que existe hay una oportunidad similar con Castro que yo he apoyado resueltamente la iniciativa de mi hija Peggy de hacer lo posible para que Castro se reúna con serios e influyentes líderes americanos. Sigo creyendo que este tipo de diálogo es de interés para los Estados Unidos, así como para el pueblo de Cuba. Erigir puentes [que acerquen] a los pueblos, incluyendo aquellos cuyos líderes no han sido electos democráticamente, es necesario y deseable. Ahora bien, el celebrar tal reunión con Castro no significa que condonemos sus políticas y su conducta, pero nos ofrece una oportunidad de expresar –más explícitamente que hasta ahora– nuestros muy sentidos puntos de vista y preocupaciones sobre la situación actual en Cuba y nuestras esperanzas de una vida mejor para sus ciudadanos. A veces las conversaciones privadas de este tipo pueden facilitar negociaciones fructíferas a nivel gubernamental.

Considerando nuestra amistad, he querido que supieras mis ideas y comprendieras mis puntos de vista sobre esta situación tan difícil.

Con mis mejores deseos,

    David

Carta de Néstor Carbonell Cortina a David Rockefeller

November 3, 1995

Mr. David Rockefeller
30 Rockefeller Plaza
Room 560
New York, New York 10112

Dear David:

Many thanks for your letter of October 19. It was very kind of you to share your thoughts with me.

Let me say at the outset that your Cuban-American friends hold you in high esteem, and do not cast doubt on your good intentions. We only questioned the advisability of hosting Castro at your Pocantico property or at some neutral location. And for good reason.

As an exemplary leader –an inspiration to free-market champions the world over– you embody the very values that Castro disdains. So why lend your prestige to a failed, self-serving dictator who perpetuates his reign not only by wielding force within Cuba, but by deceiving world opinion makers?

I wish that the dialogue you favor could help the Cuban situation. But, David, with Castro there is more monologue than dialogue, a fact he demonstrated, yet again, during his well-orchestrated PR blitz in New York.

Castro is no Franco, and he certainly is no Gorbachev. He's not even Pinochet. He repudiates the slightest political opening. As for the economic reforms he has begun to initiate in Cuba, they stem, regrettably, not from diplomatic parleys, but from sustained and painful pressure.

How to end this tragic situation? David, I firmly believe that the answer lies not in bolstering Castro with state-controlled investments or financing, but in stimulating the forces for peaceful, democratic change that exist within Cuba. What the U.S. did so generously and effectively to strengthen Solidarity in Poland is a good example.

Thank you again, David, for the opportunity to exchange our views on this most delicate matter. Despite our differences, let me assure you that I respect your position and value your friendship.

With best wishes,

    Sincerely,

        Néstor Carbonell

3 de noviembre de 1995

Estimado David:

Muchas gracias por tu carta de fecha 19 de octubre. Muy amable de tu parte el haber compartido tus ideas conmigo.

Te participo de entrada que tus amigos cubanoamericanos te tienen en alta estima y no ponen en duda tus buenas intenciones. Lo único que hemos cuestionado, y con razón, es si es aconsejable ofrecerle una recepción a Castro en tu propiedad en Pocantico o en un local neutral.

Como líder ejemplar –símbolo del mercado libre en el mundo entero– tú encarnas los mismos valores que Castro desprecia. Así que, ¿por qué prestarle tu prestigio a un dictador manipulador y fracasado que se perpetúa en el poder no sólo ejerciendo la fuerza en Cuba, sino también engañando a los forjadores internacionales de opinión pública?

Mucho desearía que el diálogo que tú propones ayudara la situación en Cuba. Pero, David, con Castro hay más monólogo que diálogo, como demostró, una vez más, durante su bien orquestado blitz publicitario en Nueva York.

Castro no es Franco, y ciertamente no es Gorbachev. Ni siquiera es Pinochet. Él repudia la más mínima apertura política. En cuanto a las reformas económicas que ha iniciado en Cuba, éstas no se deben, desgraciadamente, a diálogos diplomáticos, sino a presiones sostenidas y dolorosas.

¿Cómo ponerle fin a esta trágica situación? David, creo firmemente que la respuesta no es reforzando a Castro con financiamiento o inversiones que serían controladas por el estado, sino estimulando a los que en Cuba aspiran a un cambio democrático y pacífico. Lo que Estados Unidos hizo con tanta generosidad y efectividad para apoyar a Solidaridad en Polonia, es un buen ejemplo.

Gracias de nuevo, David, por la oportunidad de intercambiar opiniones sobre este asunto tan delicado. A pesar de nuestras diferencias, te aseguro que respeto su posición y valoro nuestra amistad.

Con mis mejores deseos,

Néstor

DEBATE EPISTOLAR SOBRE EL CHE GUEVARA CON LA REVISTA *TIME*

En la edición especial de la revista Time *de fecha 14 de junio de 1999, dedicada a «Héroes e Íconos», se incluye una reseña sobre el Che Guevara escrita por el profesor Ariel Dorfman.*

Como suscriptor de Time *ejercí el derecho a expresar mi desacuerdo por haber incluído a Guevara entre los Héroes e Íconos y por haberle dedicado un ensalzamiento hiperbólico que deforma la realidad.*

Mi carta mereció una respuesta, pero no su publicación. En la misiva que me dirigió una de las editoras de la revista se repiten los mitos que se han diseminado por el mundo sobre el Che Guevara. Asimismo, se observa el relativismo en boga, que no aplica en las valoraciones personales criterios de moralidad, sino de notoriedad. Por eso la revista Time *califica a Guevara de héroe, «para bien o para mal». Al parecer, no hay diferencia entre la fama y la infamia.*

Publico a continuación las cartas cruzadas en inglés y su versión en español.

TIME 100

THE GUERRILLA
CHE GUEVARA

Though communism may have lost its fire, he remains the potent symbol of rebellion and the alluring zeal of revolution

By ARIEL DORFMAN

By the time Ernesto Guevara, known to us as Che, was murdered in the jungles of Bolivia in October 1967, he was already a legend to my generation, not only in Latin America but also around the world.

Like so many epics, the story of the obscure Argentine doctor who abandoned his profession and his native land to pursue the emancipation of the poor of the earth began with a voyage. In 1956, along with Fidel Castro and a handful of others, he had crossed the Caribbean in the rickety yacht *Granma* on the mad mission of invading Cuba and overthrowing the dictator Fulgencio Batista. Landing in a hostile swamp, losing most of their contingent, the survivors fought their way to the Sierra Maestra. A bit over two years later, after a guerrilla campaign in which Guevara displayed such outrageous bravery and skill that he was named comandante, the insurgents entered Havana and launched what was to become the first and only victorious socialist revolution in the Americas. The images were thereafter invariably gigantic. Che the titan standing up to the *Yanquis*, the world's dominant power. Che the moral guru proclaiming that a New Man, no ego and all ferocious love for the other, had to be forcibly created out of the ruins of the old one. Che the romantic mysteriously leaving the revolution to continue,

WHILE CASTRO, RIGHT, REMAINED TO RULE IN CUBA AFTER THE REVOLUTION, CHE, LEFT, IN 1960, WOULD SOON DEPART TO CHASE OTHER DREAMS

sick though he might be with asthma, the struggle against oppression and tyranny.

His execution in Vallegrande at the age of 39 only enhanced Guevara's mythical stature. That Christ-like figure laid out on a bed of death with his uncanny eyes almost about to open; those fearless last words ("Shoot, coward, you're only going to kill a man") that somebody invented or reported; the anonymous burial and the hacked-off hands, as if his killers feared him more after he was dead than when he had been alive: all of it is scalded into the mind and memory of those defiant times. He would resurrect, young people shouted in the late '60s; I can remember fervently proclaiming it in the streets of Santiago, Chile, while similar vows exploded across Latin America. *¡No lo vamos a olvidar!* We won't let him be forgotten.

More than 30 years have passed, and the dead hero has indeed persisted in collective memory, but not exactly in the way the majority of us would have anticipated. Che has become ubiquitous: his figure stares out at us from coffee mugs and posters, jingles at the end of key rings and jewelry, pops up in rock songs and operas and art shows. This apotheosis of his image has been accompanied by a parallel disappearance of the real man, swallowed by the myth. Most of those who idolize the incendiary guerrilla with the star on his beret were born long after his demise and have only the sketchiest knowledge of his goals or his life. Gone is the generous Che who tended wounded enemy soldiers, gone is the vulnerable warrior who wanted to curtail his love of life lest it make him less effective in combat and gone also is the darker, more turbulent Che who signed orders to execute prisoners in Cuban jails without a fair trial.

This erasure of complexity is the normal fate of any icon. More paradoxical is that the humanity that worships Che has by and large turned away from just about everything he believed in. The future he pre

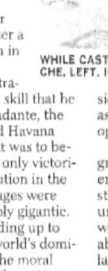

BORN Ernesto Guevara de la Serna, June 14, 1928, in Rosario, Argentina
1956 Joins Castro in Mexico and sails with his forces to Cuba
1958 Leads guerrillas in decisive battle
1959 Becomes part of new Cuban regime
1965 Leaves government to lead insurrections in Latin America and Africa
1966 Attempts guerrilla revolution in Bolivia
EXECUTED Oct. 9, 1967, after his capture by the Bolivian army

CHE TRAVELED IN DISGUISE AS "ADOLFO MENA" WITH HIS FAKED URUGUAYAN PASSPORT

210   TIME, JUNE 14, 1999

Artículo publicado en la revista *Time* glorificando al Che Guevara

June 14, 1999

Editor
TIME Magazine Letters
Time & Life Building
Rockefeller Center
New York, NY 10020

Dear Sir:

I was astonished to see Che Guevara included among your *Heroes & Icons of the 20th Century* (June 14, 1999 special issue). One could only justify this induction into your «hall of greatness» by fictionalizing Guevara's life, as professor Ariel Dorfman did in his surreal write-up.

Guevara's true legacy (shared with Castro) could be summarized as follows. He lied to the Cuban people by promising to restore freedom while laying the foundations of Stalinist totalitarianism. As czar of the Cuban economy, he destroyed the resources of a country that ranked third in standard of living in Latin America, only to distribute misery to a population that barely survives today off a ration card. And he ordered the execution of hundreds of political prisoners without fair trial, while impassively watching many of them being put to death from his office at La Cabaña fortress in Havana.

Is this despotic adventurer a «dreamer of total liberation», an «emancipator of the poor», a «moral guru», as described in the article? Does his record of ruthlessness and destruction merit beatification by professor Dorfman and consecration by *Time*?

Sincerely,

Néstor Carbonell

Carta de Néstor Carbonell Cortina a la Revista *Time*

14 de junio de 1999

Señores:

Vi con asombro que el Che Guevara figuró entre los «Héroes e Íconos del Siglo XX» que aparecen en la edición especial de *Time* de fecha 14 de junio de 1999. Sólo puede justificarse su inclusión en «la galería de los grandes» haciendo ficción de la vida de Guevara, como lo hizo el profesor Ariel Dorfman en su reseña surrealista.

El verdadero legado de Guevara (compartido con Castro) podría resumirse como sigue: le mintió al pueblo cubano prometiendo restaurar la libertad mientras establecía las bases de un totalitarismo estaliniano. Como zar de la economía en Cuba, destruyó las riquezas de un país que ocupaba el tercer lugar en nivel de vida en la América Latina, tan sólo para distribuir miseria a una población que apenas puede subsistir con la tarjeta de racionamiento. Y ordenó la ejecución de cientos de prisioneros políticos sin justo proceso judicial, mientras presenciaba impasible muchos de los fusilamientos desde su oficina en la fortaleza de La Cabaña en La Habana.

¿Es este despótico aventurero un «soñador de una total liberación», un «emancipador de los pobres», un «gurú moral», como es descrito en el artículo? Considerando su récord de maldad y

destrucción, ¿merece acaso ser beatificado por el profesor Dorfman y consagrado por *Time*?
    Atentamente,

        NCC

Respuesta de la Revista *Time* a Néstor Carbonell Cortina

Gloria Hammond
Editorial Offices

Time Inc.

Time
Time & life Building Rockefeller Center
New York, NY 10020-1393
212-522-1212

July 15, 1999

Dear Mr. Carbonell:

The inclusion of Che Guevara in our June 14 TIME 100 *Heroes & Icons* was not by way of "beatification," as you suggest. Rather, he was, to borrow a phrase from To Our Readers, in the same issue, "another kind of exemplar: the icon, the embodiment of an ideal that affects the way we live or act, for better or worse." And that surely could be said of Guevara, who left his native Argentina to fulfill his dream of liberating Cuba from dictator Fulgencio Batista. "For better or worse," he became a legend in his own lifetime, and remains the symbol of rebellion and the icon of the socialist revolution in Cuba.

Thank you for writing, and best wishes.

Sincerely,

Gloria Hammond

Mr. Nestor Carbonell
25 Stoney Wilde Lane
Greenwich, CT 06830

GH:sf

A Time Worner Company

21 de julio de 1999

Estimado Sr. Carbonell:

La inclusión del Che Guevara entre los 100 «Héroes e Íconos» de la edición de *Time* de fecha 14 de junio no fue con fines de «beatificación», como usted sugiere. Fue más bien, repitiendo una frase que aparece en la sección Al Lector de esa edición, por ser él «otro tipo de ejemplar: un ícono, la encarnación de un ideal que impacta la manera en que vivimos o actuamos, para bien o para mal». Y eso seguramente puede decirse de Guevara, quien partió de su Argentina natal para realizar su sueño de liberar a Cuba del dictador Fulgencio Batista. «Para bien o para mal», el devino en leyenda durante su propia vida, y continúa siendo símbolo de redención e ícono de la revolución socialista en Cuba.

Gracias por escribirnos. Con nuestros mejores deseos,

Atentamente,
Gloria Hammond
Time, Oficina Editorial

July 21, 1999

Ms. Gloria Hammond
Editorial Offices
Time Inc.
Time & Life Building
Rockefeller Center
New York, NY 10020-1393

Dear Ms. Hammond:

Thank you for your letter of July 15. I do appreciate your taking the time to reply to my letter of June 14, although, frankly, I am disappointed that you did not publish it.

I do not normally follow up on letters to the editors, but in this case the importance of the subject matter and the high esteem I have for *Time* magazine warrant an exception.

Time might not have beatified Che Guevara by presenting him as a Hero & Icon, «for better or worse», as you contend, but I am afraid that it did glorify him, perhaps unwittingly, by publishing a biased biographical sketch that exudes hyperbolic praise. If you read Professor Dorfman's elegy carefully, you will see that there is only one brief reference to «the darker, more turbulent Che», and that is, that he signed orders to execute prisoners in Cuban jails without a fair trial. Period. No reference to the class hatred that he sowed, to the destruction that he caused, and to the tyranny that he spawned.

You mentioned that Guevara «left his native Argentina to fulfill his dream of liberating Cuba from Dictator Fulgencio Batista». Not quite. He left his country to embark on an adventurous journey that took him to Guatemala, where he supported the Marxist-leaning government of Arbenz. He fled Guatemala upon the overthrow of that government and landed in Mexico. It was then and there that he met Castro and decided to join the embryonic Cuban revolution.

What was Guevara's true dream? This is what he wrote to his comrade «Daniel» on December 14, 1957: «I belong, given my ideological background, to those who believe that the solution to the problems of the world lies behind the so-called Iron Curtain, and I pursue this movement as one of many triggered by the desire of the bourgeoisie to liberate itself from the economic chains of [Yankee] imperialism».

I do not think that this was precisely the «dream of liberating Cuba» you were referring to. It certainly was not what we, who opposed Batista, were expecting.

Thank you for your attention, and best wishes.

    Sincerely,

    Néstor Carbonell

NC:ag

Carta de Néstor Carbonell Cortina a la Revista *Time*

21 de julio de 1999

Estimada Srta. Hammond:

Gracias por su carta de fecha 15 de julio. Aprecio que se haya tomado el tiempo para contestar mi carta del 14 de junio, aunque lamento que no la haya publicado.

No tengo por costumbre darles seguimientos a las cartas de los editores, pero en este caso la importancia del asunto en cuestión y la alta estimación que siento por la revista *Time* merecen que haga una excepción.

Time quizás no haya beatificado al Che Guevara como Héroe e ícono «para bien o para mal», como usted sostiene, pero me temo que sí lo glorificó, quizás inconscientemente, al publicar un sketch biográfico que lo ensalza hiperbólicamente. Si usted lee cuidadosamente la elegía que el profesor Darfman le dedicó, podrá observar que sólo hay una breve referencia al «más tenebroso y turbulento Che» por haber ordenado la ejecución de prisioneros cubanos sin un juicio equitativo. Punto. Ninguna referencia se hace a la lucha de clases que fomentó, a la destrucción que causó, y a la tiranía que implantó.

Usted afirmó que Guevara «se fue de su Argentina natal para realizar su sueño de liberar a Cuba del dictador Fulgencio Batista». No precisamente. Él partió de su país en una jornada aventurera que lo llevó a Guatemala, donde apoyó al gobierno marxistoide de Arbenz. Cuando ese gobierno fue derrocado, se fugó de Guatemala y aterrizó en México. Fue allí y entonces que conoció a Castro y decidió formar parte de la embrionaria revolución cubana.

¿Cuál fue el verdadero sueño de Guevara? Esto fue lo que le escribió a su camarada «Daniel» el 14 de diciembre de 1957: «Pertenezco, dada mi formación ideológica, a los que creen que la solución de los problemas en el mundo está detrás de la llamada Cortina de Hierro, y sigo este movimiento como uno de tantos originados por el deseo de la burguesía de liberarse de las cadenas económicas del imperialismo [Yanqui]».

No creo que éste sea precisamente «el sueño de liberar a Cuba» a que usted se refería. No fue, ciertamente, lo que esperábamos los que nos opusimos a Batista.

Gracias por su atención. Con mis mejores deseos,

    Atentamente,
        NCC

LA GRAN BATALLA DEL EXILIO

Concluyo la sección correspondiente al Exilio con este artículo, publicado hace varios años, en el que esbozo los grandes retos que confrontamos en la lucha interminable por el rescate de la Patria cautiva.

Fueron los romanos quienes le dieron nombre al exilio («exsilium»), y fueron ellos quienes, para evitar el olvido de la patria, solían llevar consigo, como perenne recordatorio, un puñado del terruño amado donde yacían las cenizas de sus antepasados.

Como los romanos de la Antigüedad, los exiliados cubanos nos hemos aferrado al simbolismo de los recuerdos para que no perezcan nuestras tradiciones ni decaiga nuestra rebeldía. En ese noble empeño, hemos a veces atizado discordias e incurrido en lamentables excesos. Pero en toda lucha por la libertad es preferible que se avive la militancia entre olas encrespadas de pasiones, a que se apague lentamente en el mar muerto de la indiferencia.

Casi todo el mundo reconoce y admira los éxitos de los desterrados cubanos en el campo profesional y empresarial, así como en el artístico, literario, científico y académico. Pero no son muchos los que aplauden y apoyan su lucha denodada contra un régimen totalitario que ostenta estos dos récords: la más larga e implacable tiranía que ha padecido las Américas (más de 40 años sin tregua), y la que ha provocado el éxodo del mayor número de exiliados políticos. Con sus descendientes directos, los exiliados de origen cubano suman hoy casi dos millones, o sea, cerca del veinte por ciento de la población insular.

Para nuestra sorpresa y desgracia, la geopolítica ha entorpecido la lucha del exilio. Por más de treinta años, el caso de Cuba quedó enquistado en la Guerra Fría. A fin de no provocar otra confrontación después de Bahía de Cochinos y de la Crisis de los Cohetes, las dos superpotencias coincidieron en mantener el «statu quo» en la isla. Bajo ese virtual protectorado, Washington únicamente alentó o toleró, por un tiempo, alfilerazos al régimen de Castro para tratar de frenar sus desafueros, pero no permitió ningún esfuerzo serio para desestabilizarlo o derrocarlo. El exilio cubano quedó prácticamente maniatado.

Esta situación no ha cambiado sustancialmente, aun después del desplome de la Unión Soviética. Washington sigue renuente a hacer o a permitir nada que pueda precipitar el cambio en Cuba. Aplica, con desgano, la terapia a fuego lento de un embargo cada vez más poroso, que no excluye conversaciones paralelas sobre un posible entendimiento con Castro.

Por otra parte, Europa, Iberoamérica y el Vaticano abogan por un mayor intercambio diplomático y comercial con Cuba para que Castro, libre de presiones externas, acceda a una apertura. Olvidan que los únicos tratos que acepta el tirano son de una sola vía: la que le traiga beneficios al régimen, sin limitar su poder omnímodo. Su técnica de negociación sigue el patrón de los soviéticos de antaño: lo mío es mío, y lo tuyo es negociable. Y mientras gana tiempo tomándole el pelo hasta el más pintado, contempla impasible, a lo Nerón, cómo el país se desintegra, se prostituye y se derrumba.

Ante este cuadro pavoroso, el exilio cubano no puede sentarse a esperar que surjan imponderables o que llegue el coágulo terminal. Tiene que sobreponerse al abatimiento, aguzar la inteligencia y tomar la iniciativa. Tiene que librar como pueda la batalla definitiva: la que acelere el fin de la agonía del pueblo cubano e impida que se frustre o mediatice su plena libertad.

Conscientes de este reto, las fuerzas dispersas del exilio militante tratan de coligarse y de encontrar puntos de convergencia en los principios. Loables son estos esfuerzos, aunque la unificación sea incompleta y aunque las tácticas sean disímiles. Lo importante es definir el objetivo central de la lucha, que no es sólo contra los hermanos que aherrojan a Cuba, sino contra todo intento de continuar la tiranía con reformas cosméticas, piñata nicaragüense, y equipo marxista-oportunista de relevo.

Afirman con acierto los líderes del destierro que para establecer un Estado de Derecho en Cuba hay que desmantelar el aparato totalitario y dejar sin efecto la Constitución comunista. Pero no dicen (algunos) qué Constitución debe regir durante la provisionalidad. ¿Será la que imponga por decreto la junta que emerja después de Castro? Si se desea ponerle fin a la usurpación y evitar nuevos descalabros, hay que restablecer las partes aplicables de la Carta Magna legítima de los cubanos –la de 1940– que no ha sido abrogada por el pueblo, sino suspendida por la fuerza. Tiempo habrá después para actualizarla o reformarla por los canales apropiados.

Pero no bastan principios y estructuras para unificar y galvanizar al exilio. Se requiere un programa de acción muy definido que complemente todo lo bueno que, aisladamente, se esté haciendo en los distintos frentes.

En el campo de la publicidad, no sólo hay que seguir denunciando la supresión de los derechos humanos en Cuba y demandando la libertad de todos los presos políticos. Precisa rebatir con hechos y estadísticas el mito de los grandes logros revolucionarios en la educación y la salud pública. Hay que recabar la tecnología adecuada (avión C-130) para impedir que Castro continúe bloqueando las transmisiones a Cuba de Radio y TV Martí, logro estelar debido principalmente al gallardo líder del destierro, Jorge Mas Canosa. Urge publicar en los principales periódicos de Europa y América una advertencia de los riesgos que corren los que, en contubernio con la tiranía en Cuba, trafican con propiedades robadas y explotan condiciones inhumanas de trabajo. Y hay que lograr que personajes de relieve internacional se manifiesten en contra de todo entente con el régimen de Castro y a favor de la libertad de Cuba.

En el frente congresional, interesa ampliar el respaldo al formidable trío cubanoamericano en Washington, [actualmente sexteto], no sólo para impedir que se revitalice la tiranía con transfusiones financieras, sino también para lograr que se le otorgue a la oposición en Cuba la misma ayuda que recibió el movimiento de Solidaridad en Polonia. Y en el frente diplomático, es imperativo elevar el perfil del destierro en el Vaticano, las cancillerías, los organismos internacionales y la Cumbre de Iberoamérica para evitar que se convalide la tiranía con el silencio cómplice o el abrazo infame.

De cara al futuro, hace bien el destierro en preparse para participar en la renovación política, económica y moral de Cuba, estudiando los aciertos y errores de Europa del Este, y movilizando los recursos técnicos, financieros y humanos que se requieran. Pero no debe el exilio soslayar su deber primario en estos momentos, que es estimular y apoyar la resistencia cívica dentro de Cuba, y obtener el concurso de los que, estando en posiciones de influencia y de mando, pudieran inclinar la balanza en favor del cambio.

A ese fin, hay que contrarrestar el temor al exilio que les ha infundido Castro con el espectro de la revancha y el espanto del desalojo. Con sinceridad y urgencia, precisa revivir la fe y la confianza del pueblo secuestrado. Hay que reiterarle que los exiliados no regresarán a Cuba con ánimo de venganza, sino con sed de justicia. Su obsesión no será recobrar, sino emprender, reconstruir y sanar. Dígase una y mil veces que a los cubanos de las dos orillas podrá separarlos el mar, pero los une un hermoso cielo, que no es de nadie sino de todos los que ansían vivir sin odio, sin miedo y con libertad.

LÍDERES CUBANOAMERICANOS EN WASHINGTON

Senador
Mel Martínez

Representante
Ileana Ros-Lehtinen

Representante
Lincoln Díaz Balart

Carlos Gutiérrez
Secretario de Comercio

Senador
Bob Menéndez

Representante
Mario Díaz Balart

Representante
Albio Sires

IV

LA AÑORADA LIBERTAD

LA REPÚBLICA QUE PERDIMOS...
Y QUE RESCATAREMOS

Con motivo del centenario del advenimiento de nuestra República, escribí este artículo con un doble propósito. Primero, para vindicar sus logros y aciertos, sin por ello soslayar sus errores y fallos. Y segundo, para revivir nuestra fe en el rescate de la República, como pudieron hacerlo otros países que también sufrieron enormes descalabros.

Es importante justipreciar el saldo positivo de la República, porque el régimen de Castro, en su afán de cercenar todo nexo con el pasado, silenció o vilipendió lo bueno y exageró lo malo. ¿Cuál fue su objetivo? Que no quedara ningún ejemplo que emular, ninguna institución que respetar, ninguna ley que cumplir. Hacer tabla rasa del patrimonio nacional para erigir, sobre los escombros, su monstruosa tiranía.

Asimismo, es necesario examinar la actual tragedia de Cuba con perspectiva histórica a fin de no caer en el derrotismo. Como explico en el trabajo que a continuación transcribo, hasta los países de añosa civilización, como Francia, Inglaterra, Alemania, Italia, España, y aun los Estados Unidos, padecieron en su desarrollo dolorosas hecatombes, quiebras del sistema, eclipses de libertad. Pero a la postre pudieron superar sus desgracias y consolidar la democracia. Y Cuba también lo logrará.

Hace casi cien años, despuntó en Cuba el alba de la libertad. La intervención de los Estados Unidos, en la fase final de la contienda, inclinó la balanza en favor de los mambises.

Éstos hubieran podido prevalecer por sí solos en su lucha denodada contra las fuerzas españolas, pero a un costo mucho mayor en vidas y en un plazo más dilatado. El apoyo decisivo de Washington aceleró la victoria, aunque con mengua temporal de la soberanía.

La llamada Enmienda Platt –base del tutelaje norteamericano que subsistió en Cuba hasta 1934– fue el precio que hubo que pagar para que cesara el período de ocupación militar (1898-1902). Sanguily y otros ilustres convencionales cubanos de 1901 llegaron a la amarga conclusión de que era preferible una república con enmienda a una enmienda sin república.

La injerencia o tutela ocasional del poderoso vecino del Norte (que llegaron a solicitar o añorar algunos gobernantes cubanos), frenó la maduración política del país. Pero no conculcó la libertad ni impidió el desarrollo económico y social acelerado de la nación. En sus 57 años de existencia, antes de ser arrasada por el implacable huracán castro-comunista, la república cubana alcanzó uno de los niveles de vida más altos en Latinoamérica, amén de numerosos éxitos culturales, artísticos, jurídicos e institucionales.

Lacras hubo, así como malhadadas dictaduras, mas la república iba superando las crisis y avanzando, hasta que por una confluencia de factores, nativos y foráneos, se enseñoreó de Cuba el totalitarismo disfrazado de redención. Como suelen hacer los tiranos con delirio de grandeza, Castro no sólo aniquiló la libertad, sino falseó la historia para tratar de justificar su villanía. Volcó sobre el pasado republicano el lodo de sus más bajos denuestos, y erigió sobre la picota revolucionaria un enjambre de mentiras.

Estas mentiras, a fuerza de repetición, han adquirido en muchas partes visos de verdad. Hasta Washington y el Vaticano hablan de los logros educacionales del régimen de Castro, como si el alto grado de alfabetización del pueblo cubano (que ya en 1958 era de casi un 80%) justificase el adoctrinamiento comunista y el despotismo envilecedor. Rusia prácticamente no tiene analfabetos, pero ¿debemos por ello encumbrar a Stalin?

También se habla de los avances del régimen de Castro en el campo de la salud pública y de los servicios médicos y hospitalarios. ¡Qué cruel sarcasmo este aserto que se repite de soslayo con sonsonete de papagayo! En 1958, la tasa cubana de 128 médicos y dentistas por mil habitantes era una de las más altas en el mundo, y la tasa de mortalidad infantil (32 por mil nacidos vivos), una de las más bajas. Hoy la isla infortunada es un semillero de infecciones, y sus hospitales no tienen ni aspirina, a no ser aquellos destinados a turistas con divisas o a jerarcas sin vergüenza.

Pero no debe sorprendernos que hasta personas bien intencionadas se hagan eco de las consignas capciosas de Castro y de sus jactancias ridículas. ¿Acaso no se alabó a Mussolini por haber logrado que los trenes en Italia llegasen a tiempo? La propaganda insidiosa logra resultados increíbles cuando no se le contraponen datos veraces y argumentos plausibles.

Por eso debemos reconocer y encomiar el esfuerzo de divulgación que hacen en el exilio los historiadores y ensayistas cubanos, encabezados por su honorífico decano: Octavio Costa. Este eminente hombre de letras, con su claridad azoriniana, su vasta cultura y su capacidad de síntesis, acaba de publicar una historia de la república de Cuba que ofrece un balance justo de su trayectoria a la luz de las circunstancias. Sin distorsiones prejuiciadas ni densidades pedantescas, Costa narra el proceso republicano con sus yerros y aciertos, y concluye su obra haciendo una radiografía de la sociedad cubana y de sus notables realizaciones antes de Castro.

Mucho se puede aprender analizando la historia objetivamente. Lo importante es mantener balance y perspectiva, y no flagelar la fe con complejos denigrantes. Las vicisitudes de la joven república de Cuba, antes del secuestro comunista, fueron a veces deplorables, pero no aberrantes. Todos los pueblos, incluyendo aquellos de añeja civilización, sufren colapsos y descalabros en su desarrollo democrático. Veamos algunos ejemplos.

Francia, a partir de la revolución de 1789, tuvo que soportar etapas de terror y dictadura, dos imperios, dos restauraciones monárquicas, y hoy va por la quinta república. Alemania, cuya primera república (la de Weimer) fue aplastada bajo la bota nazi, sólo logró que renaciera después de la segunda guerra mundial. Italia padeció la dictadura fascista de Mussolini y los estragos de la guerra antes de poder constituir la república en 1946. España, cuya primera república en 1873 duró sólo once meses, afrontó después restauraciones monárquicas, un golpe de estado, la segunda república, la guerra civil y el régimen de Franco, antes de llegar a instaurar su actual monarquía constitucional en 1975.

La madre del parlamentarismo, Gran Bretaña, tras la revolución de 1648, estrenó su fugaz república decapitando a Carlos I, y cayó en la dictadura puritana de Cromwell antes de poder restaurar y liberalizar la monarquía. Y Estados Unidos, la única de las grandes democracias en el mundo que nunca ha naufragado, tuvo sin embargo que sortear el cisma sangriento de una espantosa guerra civil y sobreponerse al shock de varios magnicidios.

En cuanto a los pueblos subyugados por el comunismo, el surgimiento democrático es arduo y penoso, pero no imposible. Rusia y los países de Europa del Este, que durante décadas fueron tiranizados por el imperialismo soviético, lograron a la postre quebrar las cadenas y regir sus destinos. Su ejemplo confirma que no hay sistema de opresión, ni muro de contención, que pueda detener el oleaje de la verdad cuando se rompe la barrera del miedo y se le abren boquetes a la airada dignidad.

Sirvan estas reflexiones de aliento y esperanza para el pueblo cautivo pero insumiso de Cuba en el triste centenario de su independencia. La historia demuestra que los regímenes totalitarios, aunque parezcan invencibles, son vulnerables; que los eclipses de las democracias, por largos y dolorosos que sean, no son permanentes, y que las repúblicas que caen en el despotismo pueden después levantarse cuando tienen detrás a un pueblo, como el cubano, que no se resigna a vivir indefinidamente sin justicia, sin decoro y sin libertad.

¡NO PREVALECERÁN!

Mucho se ha hablado y escrito sobre la posible aplicación en Cuba, post-Castro, del modelo chino instaurado por Den Xiaoping. Pero poca atención se le ha dado a la Nueva Politica Económica implantada por Lenin en Rusia para remozar la revolución en quiebra con capitales extranjeros, atraídos por el señuelo de aparentes reformas que fueron más tarde revocadas.

El trabajo que sobre este tema publiqué para alertar a mis compatriotas, dentro y fuera de Cuba, tuvo una amplia difusión. Luis Mario, con su habitual gentileza, me escribió: «Me gustó tanto, que hice una noticia con él y se transmitió varias veces a Cuba por Radio Martí*». Enrique M. Padrón le dedicó un artículo en* La Voz Libre *de Los Ángeles. Y desde la isla cautiva me llegó este mensaje de uno de los opositores frontales del régimen: «Leí su artículo 'No Prevalecerán,' y me pareció sumamente ilustrativo. Muchas gracias y felicidades por su posición a favor de la libertad, sin condiciones, de Cuba. Nosotros acá pensamos y actuaremos como usted».*

A continuación, el trabajo titulado «¡No Prevalecerán!»

Lo que se viene observando últimamente en Cuba, so pretexto de atacar la corrupción, el mercado negro y los nuevos ricos, es un mayor apretón del torniquete estatal para reducir al máximo los espacios privados tolerados e impedir, con camisa de fuerza, que el malestar creciente de la ciudadanía estalle en protestas o abierta rebeldía. Tras haber militarizado parte de la economía, se anuncia ahora un plan draconiano de control de recursos y servicios, que incluye el cierre de restaurantes caseros y agromercados, aumento de las tarifas eléctricas amortiguado con ajuste de salarios y pensiones, manipulación del sistema de cambio monetario, y posible eliminación de la asignación mensual de alimentos subsidiados (libreta de racionamiento).   El objetivo no es dinamizar la economía (imposible sin el libre impulso empresarial del sector privado), sino apuntalar el férreo y carcomido aparato totalitario, esperando reducir el déficit existente con un incremento del maná Chavista-venezolano.

Esto es lo que se ve, se palpa y se sufre actualmente en Cuba. Pero hay algo, no manifiesto, que paralelamente se urde en la isla con miras a una etapa posterior. Se trata de un plan secreto para reciclar el régimen tras la incapacitación o muerte de Fidel Castro. Un plan de sucesión, que con algunos cambios más efectistas que reales, le asegure el poder a una cúpula cívico-militar (presidida inicialmente por Raúl Castro, si sobrevive), y abra las compuertas de la ayuda financiera, técnica y económica.

Este plan contingente se inspira, con variantes adaptadas a las circunstancias cubanas, en el viraje táctico que Lenin efectuó en 1921, bajo el rótulo inocuo de Nueva Política Económica, con el fin de salvaguardar su revolución en quiebra y remozar el sistema imperante. En ese año, la Rusia Soviética estaba bordeando el colapso. La economía en ruina; los campesinos protestando en Siberia y a lo largo del Volga; movimientos nacionalistas en Ucrania, Georgia, Armenia y Asia Central proclamando el separatismo, y los marinos de la base naval de Kronstadt alzados. En el exterior, los intentos de revolución comunista no llegaron a cristalizar en Alemania, Polonia y Hungría, y el mundo occidental continuaba negándole a la Rusia Soviética el reconocimiento y la amplia ayuda económica que urgentemente requería.

En esas circunstancias, Lenin dio un viraje para oxigenar el régimen exangüe sin eliminarlo, lograr apoyo extranjero mediante concesiones revocables, y crear el espejismo de una apertura democrática con «opositores» amañados o fácilmente domeñables. Las medidas adoptadas incluyeron la liberalización parcial de la economía, racionalización del sistema monetario, tratos preferenciales a industriales extranjeros, relajamiento de restricciones para viajar dentro y fuera del país, y amnistía selectiva de presos políticos, disidentes y exiliados.

Estas medidas fueron acompañadas de una ofensiva de ablandamiento, chantaje, soborno y desinformación dirigida por Feliks Dzierzhinski, jefe del servicio secreto del Partido Comunista. Los agentes de esta ofensiva o «trust» utilizaron principalmente una organización de fachada anti-soviética, Alianza Monarquista de Rusia Central, para penetrar y controlar muchos de los grupos de disidentes y exiliados. Asimismo, les hicieron creer a los servicios de inteligencia extranjeros que la Rusia de Lenin ya no representaba ninguna amenaza y había que ayudarla a entrar gradualmente en la órbita capitalista. Lenin, por su parte, tranquilizó en privado a los jerarcas del Partido, diciéndoles: «Esta nueva política no entraña la paz con el capitalismo, sino la guerra en un nuevo plano».

Lenin logró gran parte de lo que deseaba. Con la asistencia del «American Relief Administration», durante la presidencia de Herbert Hoover, Rusia pudo mitigar el impacto de las desastrosas cosechas en 1921 y 1922. Casi todos los países de Europa la reconocieron y le levantaron el embargo. Inglaterra le otorgó importantes concesiones mediante un tratado comercial, y Alemania suscribió con ella convenios secretos en Rapallo, que hicieron posible el rearme del ejército rojo con tecnología alemana. No faltó ni la complicidad de inversionistas extranjeros, seducidos por el Politburó con oportunidades para lucrar, ni el servilismo de intelectuales dúctiles o apantallados.

La artimaña de Lenin no fue más que un desvío temporal para tonificar y consolidar el régimen, con ayuda extranjera, y liquidar eventualmente la oposición orquestada. Tras la revitalización del país y la muerte de Lenin, Stalin cerró en 1929 el intervalo de la Nueva Política Económica e implantó su brutal satrapía. Gorbachov, en 1989, trató a su manera de imitar a Lenin, pero fue demasiado lejos con su «glasnost» y no pudo controlar la situación. La China, en cambio, liberalizó parte de la economía, comenzando en la zona costera, para atraer un enorme flujo de capital extranjero, que ha alcanzado la cifra anual de 60 billones de dólares. Y esto lo ha logrado sin democratizar el país ni respetar los derechos humanos.

¿Cuáles son las modalidades del plan secreto que se fragua en Cuba para reciclar el régimen tras la incapacitación o muerte de Fidel Castro? Es evidente que las condiciones en la isla y en el mundo circundante no son las mismas que las que afrontó Lenin en 1921 y Den Xiaoping en 1977. Pero los objetivos son similares: el continuismo con reformas parciales (pero revocables) para atraer capital y tecnología del extranjero, manteniendo virtualmente intactos los resortes principales del sistema de yugulación política.

Sería insensato negar a priori que esto pudiera acontecer en Cuba, al menos por un tiempo, ya que hay elementos que quizás coadyuven, consciente o inconscientemente, al empeño continuista disfrazado de pacífica transición. La mayoría de los gobiernos en Europa y América Latina saludaría con beneplácito al equipo de relevo de Fidel Castro, sobre todo si libera algunos presos políticos, permite el regreso selectivo de exiliados, e inicia un diálogo con los escogidos. Washington insistiría en una amplia y sostenida apertura democrática para levantar el embargo, pero ante el espectro de un vacío de poder en Cuba, luchas intestinas y éxodo masivo, acaso se incline a aceptar una fórmula pragmática de transición lastrada a la Nicaragua. Peligro éste que habría que evitar.

Diversos empresarios y especuladores estarían dispuestos a invertir en la isla, en sociedad o connivencia con la «nomenclatura», si se les abriese la economía estatal. Los agentes infiltrados en la disidencia y el exilio, así como los compañeros de viaje y los seudolíderes con avidez de poder a cualquier precio, entrarían en la componenda. No así los opositores genuinos, quienes en su gran mayoría seguirían luchando hasta que se desmantele completamente el aparato totalitario. Porque la reconciliación y la paz no se lograrán mediatizando la libertad, con o sin simulacros electorales, sino instaurándola plenamente bajo un estado de derecho con garantías para todos. Libertad diferida o frustrada es violencia provocada.

¿Prevalecerán en definitiva los sucesores de Castro en su plan continuista? Pese a las corrientes de coexistencia en boga, pienso que no. Primero, porque complot descubierto no sorprende ni engaña. Prevista su asechanza, puede ser abortado. Segundo, la alianza sucesora que se forme para compartir el poder después de Fidel Castro, engendrará seguramente rivalidades y pugnas internas que resquebrajarán la estructura monolítica del régimen. Tercero, cuando se produzcan las fisuras y se pierda el miedo en la isla, la ciudadanía emergente no se conformará con pequeñas dosis de libertad. Exigirá todo lo que le ha sido negado durante medio siglo de esclavitud. Y, llegado ese momento, el ejército no podrá ahogar el clamor de un pueblo erguido, esgrimiendo sus derechos para poder vivir sin penuria y con dignidad.

Así, pues, con la guardia en alto y la fe en ristre, sin odio revanchista pero con firmeza irreductible, los militantes de la democracia plena les decimos a los conjurados del continuismo inicuo: «¡LAS PUERTAS DEL INFIERNO NO PREVALECERÁN!»

EL PELIGRO DE LOS REFERÉNDUMS AMAÑADOS

Los referéndums, plebiscitos y elecciones son intrumentos, que, bien empleados por una democracia con transparencia, garantías y pluralidad de partidos políticos, sirven para captar la voluntad mayoritaria del pueblo y encauzar su gobierno. Pero en manos de un régimen totalitario o dictatorial, estos instrumentos son empleados, casi siempre, para pervertir la voluntad nacional y crear una apariencia engañosa de democracia. El resultado es nefasto, porque una tiranía barnizada de legitimidad suele ser más difícil de impugnar y erradicar que una tiranía sin máscaras y espejismos.

Este es el mensaje que contiene el siguiente trabajo, dirigido principalmente a los que promueven la celebración de un referéndum en Cuba sin antes desmantelar el aparato totalitario y sentar las bases para unos comicios con pluralidad de partidos y plenas garantías. Mensaje apoyado en antecedentes históricos, que incluyen los plebiscitos cesáreos en Roma, los napoleónicos en Francia, los hitlerianos en Alemania, los estalinianos en el Báltico, así como el referéndum amañado de Chávez en Venezuela.

El referéndum efectuado recientemente en Venezuela bajo el gobierno autoritario de Chávez, y el que algunos de los líderes de la disidencia en Cuba proponen que se celebre bajo el régimen totalitario de Castro (o sus sucesores), deben ser objeto, a mi juicio, de sereno análisis con perspectiva histórica.

Se entiende por referéndum o plebiscito (términos que por lo general se emplean indistintamente), todo procedimiento de consulta directa al electorado respecto de una ley, medida o propuesta concreta de trascendencia colectiva. Este procedimiento, aunque esté previsto en una Constitución, no garantiza necesariamente un resultado veraz. Todo depende de qué forma y bajo qué condiciones se lleve a cabo el plebiscito o referéndum.

Así, pues, en Suiza y en parte de los Estados Unidos los referéndums sirven para fortalecer la democracia, consultando regularmente a la opinión pública sobre cuestiones («issues») de importancia. En cambio, los referéndums amañados, como el de Venezuela, sólo sirven para dar apariencias de legitimidad a un despotismo en cierne y facilitar su permanencia en el poder, sin frenos ni ataduras.

La Coordinadora Democrática de Venezuela, que tan gallardas batallas ha librado movilizando a la sociedad civil en la plaza pública, apostó de buena fe por un referéndum revocatorio. Pero al hacerlo, parece haber subestimado la tortuosidad y el dominio abarcador del gobierno chavista. Un gobierno que controla los poderes legislativo, ejecutivo y judicial, que tiene en sus manos dos tercios de la economía nacional, que dispone de petrodólares inagotables para sobornar y de elementos armados para agredir y amedrentar, y que no cree en más verdad que su mentira, ni en más regla que su conveniencia.

Bajo esas condiciones, ¿puede realmente sorprender que el gobierno haya fraguado un triunfo virtual que excedió en 20 puntos los cómputos efectuados a boca de urna por expertos electorales independientes? ¿Puede rechazarse de plano la alta probabilidad de una manipulación electrónica en el «software», como lo hicieron con olímpico desplante los señores Carter y Gaviria?

Lo irregular no sólo fue el desenlace final. Todo la ruta trazada por el chavismo para llegar al referéndum estuvo cubierta de obstáculos, triquiñuelas y engaños. Ejemplos: la anulación de cientos de miles de firmas de los solicitantes del referéndum para forzar una segunda votación; el otorgamiento a granel de pasaportes venezolanos a inmigrantes ilegales para ganar adeptos, y el chorreo de unos mil seiscientos millones de dólares en supuestas obras sociales para captar el voto de los sectores favorecidos.

Si a esto agregamos un clima de arbitrariedades, intimidaciones y violencias, se ve claramente que el gobierno estaba decidido a no perder, es decir, a ganar a cualquier precio. Lástima que los líderes de la Coordinadora no lo hayan visto a tiempo y se hayan prestado a participar en un simulacro de consulta popular que ha fortificado el autoritarismo de Chávez y desmoralizado a la oposición.

La aparente victoria ofici1iasta, barnizada de legitimidad a pesar de las protestas de la Coordinadora, le permitirá al envalentonado ex golpista Presidente «profundizar» la revolución castrochavista totalitaria en Venezuela y financiar su expansión subversiva a otros países del hemisferio.

No es la primera vez que un referéndum o plebiscito amañado produce consecuencias nefastas. En la antigua República Romana, que originó los plebiscitos, éstos degeneraron sin la intervención estabilizadora del Senado y sirvieron para que la plebe inconscientemente le diera entrada al despotismo. José Ortega y Gasset describió cómo los plebiscitos en Roma mediatizaron otras formas de elección popular y permitieron que resonara «en el suelo de mármol las rápidas sandalias de César, que llega».

Napoleón Bonaparte utilizó hábilmente el plebiscito para revestir de seudolegitimidad sus desenfrenadas ansias de dominio absoluto, primero como Cónsul vitalicio en 1802, y después como Emperador en 1804. En este último caso, su poderosa maquinaria coactiva, incubadora de fraudes, logró que el plebiscito arrojara 3,572,329 votos a favor del Imperio y 2,759 en contra. Napoleón III se valió de la misma artimaña plebiscitaria para asumir facultades omnímodas bajo el Segundo Imperio creado en 1852.

Hitler se consolidó en el poder en Alemania efectuando cinco plebiscitos o referéndums en 1933, 1934, 1935, 1936 y 1938. Valiéndose del aparato escénico de su régimen, de la propaganda condicionante, de la mentira falsificadora y del terror difuso, Hitler logró votaciones aprobatorias aplastantes.

Stalin, tras ocupar militarmente las repúblicas del Báltico, efectuó allí unos plebiscitos en 1940 para demostrarle al mundo que dichos pueblos habían acordado unánimemente someterse a la hegomonía absorbente de la Unión Soviética. Y el discípulo de Stalin que tiraniza a Cuba bajo un sistema totalitario de partido único, ha orquestado diversos referéndums, incluyendo el que se celebró en 1976 para lograr que el 96% de los electores aprobaran esa estafa jurídica que llaman Constitución.

Éstos y otros precedentes históricos, incluyendo el reciente caso de Venezuela, demuestran que es muy peligroso participar en referéndums, plebiscitos o elecciones manipulados por regímenes dictatoriales o totalitarios, establecidos o en vías de consolidación. Corre uno el riesgo de ser comparsa de maniobras fraudulentas; de convalidar el mismo régimen que uno quisiera deponer o abolir.

Hago votos por que la sociedad civil de Venezuela recobre pronto su fuerza y, con estrategias realistas y líderes democráticos vigorosos y clarividentes, emprenda la cruzada necesaria para salvar al país del vasallaje totalitario, que sólo dejaría a su paso sangre, miseria y esclavitud.

En cuanto a Cuba, mi patria infortunada, espero que recapaciten los líderes de la disidencia que abogan por un referéndum bajo la actual Constitución estalinista y el régimen opresivo imperante (con o sin Castro). Dicha Constitución no otorga derechos individuales, porque según su artículo 62 ninguna de las libertades reconocidas puede ir contra el socialismo y el comunismo, es decir, contra las facultades omnímodas de la cúpula del poder.

Asimismo, participar en un referéndum, plebiscito o cualquier otra consulta electoral bajo el sistema actual que lo controla todo, sin garantías constitucionales («Bill of Rights»), sin pluralidad de partidos políticos y sin independencia del poder judicial, tendría consecuencias más graves que las de perder. Porque le daría a la tiranía visos de legitimidad, santificada por los propios oposicionistas concurrentes.

Frente a un régimen como el que subyuga a Cuba, que ha institucionalizado la mentira y la fuerza para perpetuarse en el poder, sólo cabe ejercer, hasta que se produzca una verdadera apertura democrática, el supremo derecho consagrado en la Declaración Francesa de los Derechos del Hombre y del Ciudadano y ratificado en la Carta Magna de 1940: LA RESISTENCIA ADECUADA.

EL PRECIO DE LA LIBERTAD

Casi todos lo que abogan en favor de un cambio democrático en Cuba desean que se produzca sin derramamiento de sangre. Pero este caro anhelo no significa que debamos mantener «la paz y estabilidad» en la isla. Porque la paz que allí rige es la de la cárcel y el cementerio. Y la estabilidad que allí existe es la de la violencia institucionalizada y el terror abrumador.

De modo que, si aspiramos a un verdadero tránsito a la democracia y no a una sucesión totalitaria, es menester desestabilizar el régimen que mantiene aprisionado al país, aprovechando cualquier resquicio o conyuntura para estimular la resistencia cívica.

Los regímenes totalitarios no abdican voluntariamente sus omnímodos poderes y privilegios. Se requiere, en la mayoría de los casos, galvanizar a la ciudadanía para que se sobreponga al conformismo y esgrima sus derechos. Ese es el precio de la añorada libertad.

En el trabajo que a continuación transcribo me refiero, a manera de ejemplo, a la resistencia cívica en Polonia y otros países de Europa Central y del Este, que vino a dar al traste con las cadenas del comunismo.

Poco después de que la CIA confirmara que Fidel Castro padecía del mal de Parkinson en una etapa bastante avanzada, funcionarios norteamericanos anunciaron, con ominoso tono, que Cuba había sido incluida en la lista de países en que se preveía inestabilidad en los próximos dos a cinco años. El anuncio pareció reflejar una honda preocupación, como si la inestabilidad fuese lo peor que pudiera suceder en la isla cautiva.

En situaciones normales, cuando reinan la libertad y el derecho, la inestabilidad suele ser un fenómeno regresivo y pernicioso que debe evitarse. Pero cuando impera, como en Cuba, el vil estrangulamiento de un pueblo, lo que más debe preocupar no es la inestabilidad precursora de la libertad, sino la estabilidad continuadora de la opresión. Es esa estabilidad, mantenida con patente de impunidad durante casi medio siglo, la que le ha permitido al régimen de Castro matar, robar, destruir y esclavizar a sus anchas dentro de la isla, y agredir, espiar, subvertir y calumniar fuera de ella, sin mayores consecuencias. Y es esa estabilidad la que aspiran a preservar los usufructuarios del poder que fraguan la sucesión, y los que piensan pactar con ellos para satisfacer ambiciones de mando o afanes de lucro.

Para que Cuba entre de nuevo en la órbita de la democracia representativa, habrá que desmantelar y liquidar el régimen que la sojuzga y degrada. Y esto sólo se logrará desestabilizándolo previamente cuando el pueblo pierda el miedo y aproveche cualquier fisura para imponer su voluntad.

Eso fue lo que aconteció en la heroica Polonia –país que, gracias al movimiento de resistencia cívica llamado Solidaridad y al apoyo del extranjero, pudo quebrar y eventualmente eliminar el yugo comunista. Y eso fue lo que, con mayor o menor grado de explosión popular, sucedió después en los otros países de Europa Central y del Este, y en la propia Unión Soviética. En ninguno de esos países el régimen totalitario abdicó el poder espontáneamente. En algunos, como Rumanía, se requirió de la violencia armada, y en los demás, el furor de la ciudadanía, harta de vasallaje, tuvo que encresparse en oleaje multitudinario para poder arrasar el inicuo despotismo.

El Muro de Berlín no cayó por sí solo; fueron manos crispadas de furia y dolor las que lo agrietaron y derribaron. Y si Georgia y Ucrania, tras sus respectivas revoluciones postcomunistas rosa y anaranjada, figuran hoy entre las democracias emergentes, fue porque sus líderes, imitando a los polacos y a los checoslovacos, incitaron a sus pueblos a que hincaran en tierra su irreductible dignidad.

Examinemos brevemente lo que aconteció en Polonia, que fue lo que provocó la reacción en cadena que dio al traste con el bloque soviético y les insufló valor y esperanza a todos los que añoraban la libertad. El 12 de diciembre de 1970, cuando el régimen comunista de Gomulka decretó un aumento significativo en el precio de los combustibles y la comida, los obreros de los astilleros de Gdansk se declararon en huelga y protestaron valientemente. Tras la brutal represión del ejército, 28 obreros murieron, 1200 fueron heridos y 3000 arrestados, sin contar las bajas en otras ciudades cercanas. Esta protesta obrera, repetida en 1976, culminó en otra mucho mayor en Gdansk en 1980, sólo que ésta contó con el apoyo adicional de los intelectuales anticomunistas y no se limitó a demandar mejores condiciones de vida. Exigió también respeto a los derechos humanos, apertura política y libertad.

De esta alianza surgió el movimiento de Solidaridad que lideró Lech Walesa. No lograron en 1980 todo lo que ansiaban; solamente el derecho a constituir sindicatos independientes. Pero aprovecharon esta coyuntura para transformar a Solidaridad, en unos doce meses, en un movimiento de resistencia cívica de carácter nacional que contó con diez millones de afiliados. Esta enorme ofensiva de la sociedad civil dio lugar a la imposición de la ley marcial en diciembre de 1981, y con ella vinieron las persecuciones implacables, los arrestos masivos y los asesinatos alevosos.

Los tanques aplastaron a Solidaridad, pero no la destruyeron. Persistió la lucha en la clandestinidad y continuaron las presiones, internas y externas, hasta que el régimen de Jaruzelski, ahogado económicamente, desmoralizado y sin la perspectiva o el deseo de una intervención militar soviética, accedió finalmente en 1989 a celebrar unas elecciones parcialmente libres. Éstas le dieron la mayoría parlamentaria a los candidatos de Solidaridad e hicieron posible la designación del católico anticomunista Tadeusz Mazowiecki como Primer Ministro de la nación –preludio del triunfo presidencial de Walesa.

¿Cuál fue la postura de la Iglesia en Polonia y del Vaticano durante este proceso? Antes del advenimiento de Su Santidad Juan Pablo II, puede decirse que primó la «ostpolitik» de la tolerancia y el acomodo para sobrevivir. Pero a partir del histórico peregrinaje del Papa a Polonia en 1979 (el primero de tres), todo cambió. El Pontífice galvanizó a sus compatriotas con la prédica del «no conformismo». Sostuvo que la paz sólo podía fundarse en el respeto a la dignidad del ser humano y en el derecho de la nación a ejercer su libertad. Les infundió fe a los apáticos y los instó a no tener miedo. Cuando los tanques trataron de liquidar a Solidaridad, la Iglesia pasó de la contemporización a la protesta y de la inhibición a la resistencia, ofreciéndoles refugio a los perseguidos, diseminando material de propaganda, y alentando a todos los feligreses. Esto le costó la vida al Padre Jerzy Popieluszke, mártir de la enhiesta cristiandad.

¿Y qué hizo la administración de Reagan? ¿Trató acaso de evitar la desestabilización de Polonia? Todo lo contrario: la estimuló y apoyó. Reagan y sus asesores consideraron que, para ganar la lucha contra el comunismo internacional, no bastaba la política reactiva de contención; había que tomar la iniciativa e intensificar las presiones para alcanzar la ansiada meta de liberación. Con ese fin, el Presidente firmó en 1982 y 1983 tres directivas de seguridad nacional muy confidenciales, que autorizaron la ejecución de medidas enderezadas a quebrar la economía de la Unión Soviética y a subvertir su imperio mediante la ayuda clandestina a los grupos internos que promovían la resistencia. Las prioridades fueron Polonia, Checoslovaquia y Afganistán.

En lo que respeta a Polonia, los Estados Unidos le ofrecieron a Solidaridad amplio apoyo financiero, logístico y de inteligencia para que pudieran reconstituir sus fuerzas, abatidas y fragmentadas bajo la ley marcial. La CIA pasó a ser, en gran medida, los ojos y oídos de Solidaridad. Por vías diplomáticas y clandestinas, llegaron a Polonia manuales de entrenamiento y fondos para fortalecer el «underground», técnicas de desinformación y guerra psicológica, imprentas, libros, y equipos electrónicos de comunicación. Éstos les permitieron a los cofrades de Lech Walesa, cuando la resistencia parecía agotada, interferir programas radiales de la tiranía con el grito esperanzador de «¡Solidaridad Vive!»

He traído a colación estos antecedentes históricos, no porque crea que el caso de Cuba sea igual al de Polonia o al de los otros países que conformaron el bloque soviético. Las condiciones internas y externas son distintas. Pero hay algunas enseñanzas que pudieran ser útiles de cara al futuro de nuestra Patria.

Para efectuar el tránsito, con justicia y libertad, a un estado de derecho en Cuba, no bastará con la muerte de Fidel Castro, ni con la supuesta sucesión pragmática y conciliadora de su hermano –mito engañoso que yo llamaría el espejismo del raulismo. Será esencial el desmantelamiento del régimen y de su aparato totalitario. Esto quizás no se logre de un golpe, por lo que habrá que aprovechar cualquier fisura, no para negociar reformas cosméticas que legitimarían y prolongarían el continuismo, sino para extender la resistencia más allá de la heroica pero limitada oposición existente hoy en la isla.

Esa tenaz resistencia la mantuvieron los polacos, aun bajo la ley marcial, hasta forzar el reconocimiento de Solidaridad como uno de varios partidos políticos, y lograr la celebración de elecciones parciales con suficientes garantías. Y esa misma resistencia la esgrimieron los checoslovacos, siguiendo el camino allanado por los polacos. En la fase final, los abanderados de la «revolución de terciopelo» movilizaron a la sociedad civil y la mantuvieron virtualmente alzada durante seis semanas en la plaza de Wenceslao, hasta llegar a expulsar del poder al tirano Husak y sus secuaces e instalar en el castillo presidencial al insigne Václav Havel.

Más difícil será, probablemente, la alborada en Cuba. Requerirá, en todo caso, de un fuerte y sostenido empujón final de la ciudadanía envalentonada, gritando a todo pulmón: ¡BASTA YA! Esperemos que, llegado ese momento, el ejército, hasta ahora sumiso, se incline del lado del pueblo; que el episcopado, bastante cohibido, con honrosas excepciones, abandone su actual pasividad y respalde la lucha, y que Washington, semiparalizado por el temor a la inestabilidad en la isla, apoye resueltamente la liberación de Cuba, sin la cual no habrá ni paz ni estabilidad en este hemisferio.

Nuestro más férvido anhelo es que la redención de nuestra Patria se logre sin más derramamiento de sangre. Pero como sentenciara el Apóstol de nuestra independencia, «la libertad cuesta muy cara, y es necesario, o resignarse a vivir sin ella, o decidirse a comprarla por su precio».

ENTRE LA MENTIRA, EL MIEDO Y LA ESPERANZA

Este trabajo analiza las dos armas yuguladoras que con gran efectividad emplean los regímenes totalitarios, como el de Cuba, para mantener y prolongar su dominio: la mentira y el miedo.

Nada ha cambiado con la llamada delegación de poderes, ni cambiará en la isla con la planeada sucesión, hasta que se perfore la coraza de la mentira y se contrarreste el efecto paralizante del miedo.

Con la tenaza de la mentira y el miedo el régimen de los hermanos Castro ha sumido a nuestro pueblo en el síndrome oscuro de la indefensión –ese estado de inercia fatalista que sólo se cura con el electrochoque de la esperanza.

Imágenes del vice-tirano, Raúl Castro, promotor del continuismo

Raúl Castro con el Che Guevara en la Sierra Maestra.
(AP/ Wide World Photos)

Raúl Castro en la Sierra Maestra iniciando los fusilamientos. (Foto de *Carta de Cuba*).

Raúl Castro en Moscú con Kruschov, a mediados de 1962, ultimando el envío a Cuba de misiles estratégicos.
(Colección de Aleksandr Fursenko)

Raúl Castro en actual función de sucesor dinástico.
(Foto de *Carta de Cuba*).

Así ha malvivido nuestro sufrido pueblo cubano durante casi medio siglo: entre la mentira y el miedo, con brotes heroicos pero inconclusos de rebeldía caldeada por la esperanza. La situación no ha cambiado desde el anuncio de la delegación de poderes y la subsiguiente reaparición maquillada del mandamás debilitado. Continúa el reino de la mentira, que incluye la desinformación, la manipulación y el hermetismo. Prevalece el miedo generado por el terror totalitario y el temor a lo desconocido, pero aletea la esperanza, presintiendo imponderables que faciliten la liberación añorada.

Examinemos serenamente lo que se trama en Cuba con la sucesión en cierne. Lo que está en marcha es un cambio sin verdadero cambio. El fraterno sub-tirano, con su equipo de relevo y el apoyo solidario de Chávez, ha iniciado sin aspaviento, no la transición a la democracia, sino la continuación de la dinástica satrapía. Las modalidades y el estilo son distintos, pero el objetivo es esencialmente el mismo: preservar, en todo lo posible, los resortes de la dominación y los privilegios concentrados en la cúpula del poder.

Ahora bien, una cosa son los planes y otra los hechos después de que expire definitivamente Fidel Castro y se lleve a cabo su entierro faraónico. ¿Cómo se desarrollará entonces la sucesión bajo el hermano menor —eficiente en el crimen, pero opaco en la escena? ¿Figurará en el libro negro del totalitarismo como Raúl el Breve, depuesto por pugnas internas, «maleconazos» incontenibles, o nuevos quebrantos de su salud alcoholizada? ¿Cómo reaccionarán eventualmente los jerarcas del ejército y la nomenclatura con el reparto de la piñata y de los cargos señeros? ¿Podrá el régimen sucesor depender indefinidamente de los petrodólares chavianos y atraer a inversionistas extranjeros con el señuelo de una parcial apertura económica –caricatura del modelo chino aplatanado?

Difícil es contestar estas interrogantes. Pero el deber del momento no es ser profetas o agoreros, ni tejedores de ilusiones, ni nuncios de lúgubres pronósticos, sino catalizadores del proceso que culmine en la redención de Cuba. Para lograrla, habrá que desenmascarar y combatir el continuismo, que, a todas luces, ya ha comenzado en Cuba. A fin de abortarlo, o limitar su duración, y de viabilizar el tránsito a un estado democrático de derecho, será necesario alertar y vigorizar a la ciudadanía, que, salvo valientes excepciones, se encuentra anquilosada y abúlica bajo los efectos enervantes de la mentira y el miedo. Estas son las dos armas que con mayor efectividad utilizan las tiranías totalitarias, como la de Cuba, para mantener en cautiverio a los pueblos que caen bajo su férula.

El poder de la mentira, sobre todo cuando es grande y taladrada por demagogos y tiranos, ofusca, castra y envilece a las masas, que pasan a ser rebaños amaestrados. Eso fue lo que hizo Castro aplicando técnicas soviéticas. Martilló la mentira de que todo lo pasado era aborrecible y tenía que ser extirpado. Tras arrasar símbolos, próceres, instituciones, leyes, riquezas, cultura y tradiciones, es decir, todo el patrimonio nacional, descarrió a Cuba haciéndola caer por oscuros despeñaderos en un infierno abismal.

Entre las grandes mentiras que han viajado por todo el mundo, subsisten la del magnífico sistema educativo (con lavado de cerebro gratuito y eliminación de la patria potestad), y la del flamante sistema médico (con múltiples hospitales sin higiene ni medicinas, salvo aquellos destinados a jerarcas del gobierno y extranjeros con divisas).

Queda también el mito de la invencibilidad de Castro, que ha servido para agigantar su figura y atizar el antiyanquismo en

Latinoamérica: el David que ha retado continuamente al Goliat norteamericano y resistido sus embates, sin doblegarse ni rendirse. Con tono triunfalista, el régimen compuso hace años este pegajoso estribillo: «Fidel, Fidel, qué tiene Fidel que los americanos no pueden con él». Lo cierto es que *sí* hubieran podido, sin intervención directa, apoyando a los patriotas cubanos abandonados en Girón y el Escambray, y no maniatándolos después con el pacto Kennedy-Kruschov de no invasión, que de hecho garantizó la permanencia de una base soviética en Cuba durante casi tres décadas.

La nueva mentira que ahora se difunde es la de Raúl el pragmático, el reformista, partidario de un acomodo. Lo que se pretende es maquillar de pragmatismo su desalmado historial para que se acepte un entendimiento con él cuando libere a algunos presos políticos y ofrezca concesiones económicas, sin desmantelar el aparato totalitario. Hay que estar muy alerta para denunciar y frustrar esta maniobra embustera. Y hay que recurrir a todos los estímulos posibles para contrarrestar el miedo paralizante en la isla, que dificulta la reconquista de la libertad.

Decía el gran psiquiatra y ensayista español, Juan José López Ibor, que «sólo hay una experiencia que aproxima al hombre a su periferia, que la reduce totalmente hasta convertirla casi en puro espacio zoológico: la del temor. El temor aniquila los demás instintos y deja al ser humano piloteado sólo por el de conservación..». En los regímenes totalitarios el temor se multiplica, no sólo por la violentación sistemática de la vida humana bajo el terror difuso, sino también por la dependencia absoluta de un estado gendarme que todo lo posee, todo lo controla y todo lo decide.

En Cuba, aparte del terror imperante, el régimen ha creado el espectro de un exilio que sólo regresaría para apoderarse de sus propiedades y desalojar a quienes las ocupan. Y en cuanto a los Estados Unidos, el régimen los tiene amedrentados con la amenaza de abrir las compuertas para que se produzca otro éxodo masivo de refugiados.

A pesar del impacto producido hasta ahora por la mentira y el miedo, no creo que la sucesión, sin el hipnótico absolutismo de Fidel Castro, dure mucho tiempo en el poder. Caerá, como han caído otras tiranías totalitarias, porque el ansia de libertad, cuando hierve, puede más que el dogal de la opresión. Caerá porque la mentira desenmascarada pierde a la postre su poder anestésico. Caerá cuando se produzca una chispa que encienda la indignación latente; cuando el valor, aherrojado pero no muerto, encuentre una grieta para erguirse con dignidad en alas de la esperanza.

El deber del exilio militante, en el que figuran luchadores que han dejado huellas indelebles de hidalguía y arrojo, dentro y fuera de Cuba, es cerrar filas para rechazar el continuismo y apoyar la resistencia en la isla por todos los medios adecuados. Ha llegado la hora de impulsar la cruzada final para que nuestro pueblo, pateado y humillado por tantos años, llegue a ser de nuevo protagonista de su destino en libertad, y no siervo lastimero de ningún déspota.

Dibujo hecho por un preso político de las celdas de la prisión de Boniato, en el Oriente de Cuba (Foto del libro Voces tras las Rejas del Instituto y Biblioteca de la Libertad, 2004).

LO QUE NOS UNE Y LO QUE NOS DIVIDE

Bastante se ha avanzado recientemente, en Cuba y en el exilio, para lograr cierta convergencia en los principios generales de lucha. Pero quedan todavía áreas de discrepancia en los objetivos, estrategias y tácticas.
En el siguiente trabajo he tratado de puntualizar lo que nos une y lo que nos divide, en la esperanza de poder contribuir a fortalecer y ampliar el consenso necesario para acelarar la liberación y reconstrucción de Cuba

Con motivo de la reciente publicación de mi libro *La Cuba Eterna: Ayer, Hoy y Mañana*, he recibido múltiples y muy generosas felicitaciones que mucho agradezco. Libre del bacilo maléfico de la vanidad, me doy cuenta de que lo que más atrae del libro es el tema: la cubanía que encarnaron nuestros próceres, que cantaron nuestros poetas, que representaron nuestros repúblicos, y que hoy dignifican los que luchan por la libertad.

Tras casi medio siglo de tiranía, los cubanos de las dos orillas necesitamos oxigenazos de fe para vencer el desaliento. Úrgenos repasar nuestra verdadera historia, no la aberración del presente, para apreciar lo que fuimos y potenciar lo que seremos cuando erradiquemos el totalitarismo y rescatemos nuestros valores y tradiciones.

Ese es el fin que persigue mi libro. Para cumplirlo cabalmente, tuve que incluir un tema escabroso: las estrategias divergentes de lucha que hoy dividen a los demócratas cubanos en ambas cuencas. Tema vital, porque si no reconocemos que existen dichas divergencias (reales o percibidas), no podremos superarlas en aras de un consenso. Y si no se examinan a fondo las diversas estrategias con serenidad y previsión, se corre el riesgo de tomar un camino errado, pavimentado quizás con buenas intenciones, pero no conducente a la libertad plena, sin lastres continuistas.

Con ánimo constructivo, profundizaré un poco en lo que nos une a los opositores y lo que nos divide. Por razones obvias, no incluiré en este análisis genérico los planteamientos de los agentes encubiertos de Castro y sus apologistas.

Nos une, en primer término, el amor a Cuba, que es más fuerte que las desavenencias y más duradero que la desgracia. Nos une la solidaridad con los que sufren en la isla persecución y cautiverio. Y nos liga el deber de denunciar y condenar el régimen totalitario, que se eterniza en el poder con la mentira y el terror.

Nos acerca también la necesidad de un cambio democrático en Cuba. Pero para algunos ese cambio consiste, al menos inicialmente, en reformar y liberalizar el sistema imperante, mientras que para otros el cambio supone erradicarlo totalmente. Aunque el régimen rara vez hace distingos al penalizar toda inconformidad, no es lo mismo disentir de los abusos y excesos del sistema totalitario que oponerse a él de raíz. Estas diferencias no son meras sutilezas semánticas. Marcan dos enfoques distintos que tienen trascendencia de cara a la transición en Cuba.

Nos une el deseo de evitar, en lo posible, derramamientos de sangre en la lucha actual contra el totalitarismo. Pero al abrazar este ideal, algunos han llegado al pacifismo, es decir, a rechazar, aun como «ultima ratio», la resistencia armada. Otros, sin embargo, no descartan el ejercicio de este derecho, si permaneciesen bloqueadas las vías pacíficas y surgiesen coyunturas favorables para la acción militar. Precisa señalar que lo que impera hoy en Cuba no es la paz, sino la violencia institucionalizada. Como sentenciara Henry David Thoreau, «una paz que depende del miedo no es más que un estado de guerra reprimido».

Nos une la necesidad de aumentar el apoyo internacional a nuestra causa. Pero para algunos las presiones norteamericanas, incluyendo el embargo y las medidas adoptadas recientemente, son contraproducentes y deben ser descontinuadas o suavizadas. Para otros, en cambio, lo que requiere la actual política es el complemento de una ofensiva más abarcadora y profunda, como la que se llevó a cabo bajo Reagan para desestabilizar el régimen de Jaruzelski en Polonia y apoyar el movimiento de Solidaridad.

Para algunos, casi todo lo que provenga de Washington, incluyendo recomendaciones para la transición, es injerencismo inaceptable. Para otros, el único injerencismo actualmente pernicioso es el de los especuladores que trafican con los despojos de Cuba y el de Chávez que subvenciona y sostiene al régimen de Castro.

Nos liga el afán de que el pueblo de Cuba recobre sus libertades, garantizadas por un estado de derecho. Pero para lograrlo, algunos proponen inicialmente un referéndum con arreglo a la Constitución estalinista de 1976/1992 y bajo el actual sistema totalitario. Otros rechazan dicha propuesta (aun sin Castro, que la ha bloqueado), porque la ilegítima Constitución que rige en Cuba es un fraude jurídico que supedita el ejercicio de todos los derechos al mantenimiento del comunismo (artículo 62).

Además, para que la consulta popular sea genuina y transparente, y no manipulada por los gobernantes de turno, habría que desmantelar previamente el aparato represivo, constituir los partidos políticos y crear un clima de legalidad y concordia que inspire confianza. En ese proceso, el único marco constitucional con legitimidad y garantías para todos sería la Carta Magna de 1940, en sus partes aplicables, y no la Constitución espuria de Castro, aunque se remiende, ni una nueva elaborada sin mandato nacional e impuesta por decreto.

Nos hermana el principio cardinal de que la nación cubana es una e indivisible, aunque parte de ella se encuentre temporalmente desterrada. Pero algunos plantean que los exiliados no deben desempeñar un papel prominente durante la transición, en condiciones similares a las de sus paisanos en la isla. Otros impugnan esa discriminación, que relegaría a los desterrados a posiciones secundarias y le restaría al país liderazgo y experiencia adicionales.

Nos liga el objetivo de impulsar en la transición la reconstrucción económica del país. Pero algunos son partidarios de mantener las propiedades robadas en manos de los usufructuarios del régimen, como en Nicaragua, y de limitar o aplazar la privatización de las empresas estatales. Otros sostienen, en cambio, que si no se reconoce el derecho de los propietarios confiscados y se autorizan restituciones, sin desalojos domiciliarios, o indemnizaciones razonables, faltará la seguridad jurídica necesaria para atraer las inversiones requeridas.

Por otra parte, si lo que sobreviene en la transición es un neosocialismo o capitalismo de estado, con su secuela de ineficiencias, arbitrariedades y corrupciones, y no la libre empresa bajo un sistema de mercado con conciencia social, Cuba no logrará levantarse del despotismo y la ruina.

Nos une, en fin, el ferviente deseo de evitar el revanchismo y propiciar la reconciliación nacional. Algunos consideran que esto requiere dialogar con los actuales jerarcas del régimen y otorgarles una amplia amnistía en paridad con los opositores en prisión. Otros sostienen, por el contrario, que la reconciliación sólo puede lograrse cuando reine la libertad, y que no puede haber equivalencia moral ni jurídica entre los que han combatido la tiranía y los que han cometido crímenes horrendos para perpetuarla. La «civilización del amor», de que hablara el Papa Juan Pablo II, debe ser nuestra meta. Pero como puntualizara el propio Santo Padre, el amor no excluye la justicia, y «el derecho es, ciertamente, el primer camino que se debe tomar para llegar a la paz».

A la luz de lo expuesto anteriormente, puede decirse que hay bastante afinidad o acercamiento en los objetivos principales, pero no en las estrategias. Esto es lamentable y peligroso, porque sólo con estrategias acertadas y compartidas podrá lograrse la libertad plena sin ataduras totalitarias.

No bastan las buenas intenciones para subsanar errores estratégicos y evitar descalabros. Recordemos el caso de Checoslovaquia. Nadie puede cuestionar la dignísima postura del paladín de la libertad, Václav Havel. Sin embargo, su decisión de no desechar totalmente la camisa de fuerza de la Constitución estalinista al asumir el poder, contribuyó grandemente al cisma y desaparición de Checoslovaquia. Como apuntara su ex Primer Ministro y actual Presidente del Senado checo, Petr Pithart, Havel «subestimó los impedimentos de la Constitución [comunista] heredada. Él pensó que el elán de la Revolución de Terciopelo obviaría el problema».

Sin ostentar la representación de ningún grupo o tendencia, y siguiendo únicamente los dictados de mi conciencia, les digo con el debido respeto a los líderes del exilio y de la oposición en Cuba: mediten bien sobre las estrategias para que no se frustre el anhelo de la libertad asentada en el derecho. Discútanlas constructivamente sin diatribas ni insultos. Traten de encontrar puntos de convergencia que no lesionen los principios democráticos. Depongan el protagonismo y aplacen las aspiraciones personales, porque como decía Martí, «cuando la patria aspira sólo es posible aspirar para ella».

CUBA DESPUÉS DE CASTRO

El tema del momento, con todo género de conjeturas, es «Cuba después de Fidel Castro», como si la desaparición del tirano fuese, por sí sola, la solución de la tragedia cubana. No lo es, pero su desaparición quizás sea el principio del fin.

Tampoco es la solución el mutis definitivo del vicetirano y sucesor designado, Raúl Castro, pero su partida será bienvenida.

La solución (en su primera fase) sólo vendrá con la erradicación del régimen comunista en Cuba y su aparato totalitario. Mas no debemos presumir que esto se producirá automáticamente con la defunción del dúo dinástico. A juzgar por otros precedentes históricos la ciudadanía tendrá que trocar su papel de espectador doliente por el de protagonista exigente.

Erradicado el sistema totalitario-comunista con sus tentáculos de represión e intimidación, podrá entonces iniciarse el tránsito a la democracia representativa. En el siguiente artículo, señalo algunos de los pasos que, a mi juicio, deberían tomarse para alcanzar ese objetivo.

Pensar que es inminente la muerte o incapacitación de Castro podría sumirnos en el culposo letargo de una pasiva espera. Pero no es descabellado anticiparse a este hecho inevitable (aunque no se sepa la fecha exacta), y prepararse para lidiar con las posibles consecuencias. La previsión –maravillosa amalgama de raciocinio e imaginación–es una de las facultades que diferencian al ser humano del animal.

Antes de adentrarnos en el tema, interesa recordar que la actual tragedia de Cuba no se debe únicamente a Castro, sino también (y sobre todo) al régimen totalitario que lo sostiene. La desaparición del tirano será, pues, una bendición, pero no una total solución; facilitará el desenlace final, pero no será necesariamente el final.

Cabe suponer que, tras los fastuosos funerales de sátrapa que en su día se le tributen al «Máximo Líder», su hermano (si lo sobrevive) y los otros miembros del equipo cívico-militar de relevo intentarán gobernar colegiadamente, manteniendo, en lo posible, los resortes del aparato totalitario. Con ese fin, procurarán impedir las manifestaciones multitudinarias que derribaron a los regímenes comunistas en Hungría y Checoslovaquia. Serán parcos en las reformas cosméticas o limitadas que prometan, y restrictivos y excluyentes en los diálogos de apertura que entablen. Y se esforzarán por evitar que afloren las anticipadas fisuras o escisiones en las estructuras de mando.

Salvo que se produzca un desbordamiento popular o un desprendimiento militar, la fase inicial después de Castro será probablemente de sucesión totalitaria más que de transición democrática. De ser así, ¿qué harán en esa coyuntura la disidencia interna y el exilio militante? Si nos atenemos a las tendencias actuales, se plantearán diversas tesis. Los que promueven la reconciliación como paso previo a la democratización, querrán ofrecerle incentivos inmediatos al gobierno sucesor para crear un clima propicio a la negociación. Los que, por el contrario, sostienen que no puede haber paz ni entendimiento sin libertad, pedirán que se mantengan o aumenten las presiones hasta que el gobierno sucesor tome pasos concretos e irreversibles hacia la democracia representativa.

Los reformistas, partidarios de la «realpolitik», se contentarán con obtener concesiones que paulatinamente liberalicen el régimen sin provocar su colapso. (En esto quizás coincidan con una fuerte corriente de opinión en Washington y otras capitales). Los plantados de la oposición interna y del exilio histórico, en cambio, no cejarán en su lucha enderezada a acelerar el desmantelamiento integral del aparato totalitario y la erradicación completa del sistema comunista.

Surgirán naturalmente posturas eclécticas, con matices varios, entre las «palomas» y los «halcones» (según la terminología en uso durante la Guerra Fría). Pero cualquiera que sea el enfoque que se adopte y el camino que se tome, es importante no perder de vista la meta final: la libertad plena, sin lastres continuistas, bajo un estado de derecho.

Como las palabras son huecas o engañosas cuando no están avaladas por los hechos, sería bueno tener a mano algunos índices que nos permitan calibrar y apoyar el proceso de democratización, si es genuino, y oponernos a él si llega a ser continuismo disfrazado o experimento peligroso. Aquí van algunos índices:

Gobierno de Unidad Nacional. Si se desea pacificar el país y encauzarlo democráticamente, debería constituirse un gobierno provisional verdaderamente representativo, que incluya a figuras prestigiosas de la oposición interna y el exilio. La presencia en él de connotados personeros del régimen de Castro involucrados en sus crímenes impediría un consenso nacional. Los miembros de ese gobierno harían bien en abstenerse de aspirar desde el poder en las siguientes elecciones.

La Constitución y los Derechos Humanos durante la Provisionalidad. La vigencia de la Constitución de Castro de 1976 o la de

1992 implicaría la continuidad de la tiranía, quizás con caras nuevas. Aun con reformas, no ofrecerían garantías, porque no hay un solo derecho que otorguen que no esté subordinado a la ideología comunista o a la omnipotencia del partido o el estado. La última Carta legítima de los cubanos, la de 1940 (en sus partes aplicables, tales como las secciones sobre los Derechos Individuales, la Familia, la Educación, y la Cultura), es la única que real y simbólicamente podría ponerle fin a la usurpación e inspirar confianza hasta que los mandatarios electos actualicen, reformen o sustituyan la Constitución. Se requeriría asimismo adecuar la legislación ordinaria a los preceptos de la Carta Magna.

Administración de Justicia. El primer acto de justicia sería la liberación incondicional de todos los presos políticos y la bienvenida a los desterrados, libre de cargos, con los mismos derechos que sus coterráneos. Habría también que eliminar del código penal las medidas de «seguridad pre-delictivas» y las disposiciones del «estado peligroso», que le han permitido al régimen cometer todo género de arbitrariedades. Habilitar a jueces competentes e imparciales sería tarea urgentísima del gobierno provisional. Y acaso la más delicada y espinosa sea evitar los extremos, tanto del péndulo sangriento de nuevas persecuciones, como de la impunidad intolerable de los que hubiesen cometido crímenes horrendos.

Despolitizar las Fuerzas Armadas y eliminar los Cuerpos Represivos. Aun antes de reestructurar y profesionalizar las fuerzas armadas, sería imperativo que se sometiesen a la autoridad civil y al nuevo orden legal establecido. Al mismo tiempo, habría que eliminar todos los organismos o resortes de que se vale actualmente el régimen para amedrentar, espiar, hostilizar, perseguir y torturar a sus opositores o sospechos. Ese sería un paso esencial para demostrar que ha cesado el estado policíaco.

Propiedad Privada y Libre Empresa. No podría revitalizarse el país, si no se renegocia la deuda externa, se estimula la iniciativa empresarial del cubano, se libera al obrero del actual vasallaje estatal, y se atraen grandes inversiones privadas sin regulaciones asfixiantes. Para lograr todo esto habría que reafirmar y respetar el derecho de propiedad privada, efectuando, cuando sea factible, la restitución condicionada de los bienes a sus legítimos dueños (como se hizo exitosamente en Alemania del Este y Checoslovaquia), pero sin dar lugar a desalojos domiciliarios inhumanos. Asimismo, habría que acometer, con una vasta red de protección social, el proceso necesario de privatización, a fin de que el actual estado hipertrófico le traspase ordenadamente al sector privado los medios de producción, comunicación, y gran parte de los servicios que actualmente controla. No habrá libertad, sino servidumbre, mientras la ciudadanía dependa del gobierno para todo.

Pluralidad de Ideas, Partidos y Elecciones. Para impulsar el proceso de democratización, se requerirá de un estado de garantías que respete y estimule la libre emisión del pensamiento, el debate público de tesis disímiles o contrapuestas, la formación de asociaciones privadas de todo tipo que fortalezcan la sociedad civil, y la organización de agrupaciones políticas que le pongan fin al régimen tiránico de partido único. Plebiscitos o referéndums sin antes desmantelar el aparato totalitario y propiciar la pluralidad de ideas y de partidos políticos sólo serviría para darle un barniz de legitimidad a la tiranía. Eso fue lo que hizo Hitler con sus cuatro plebiscitos. La culminación de la transición democrática en Cuba sería la celebración de comicios libres, con la debida legislación electoral, supervisión internacional y garantías de transparencia y equidad.

Estos son algunos de los marcadores o índices que podrían ayudarnos a precisar, sin turbaciones emocionales ni espejismos, si el o los gobiernos provisionales que surjan después de Castro conducen a Cuba hacia la democracia representativa. La desaparición del tirano no debería hacernos perder la brújula, ni bajar la guardia, ni cantar victoria prematuramente. Los sucesores de Castro pedirán de inmediato financiamiento y ayuda económica para apuntalarse en el poder y enfrentar la quiebra nacional. Pero el pueblo cautivo necesitará algo más estimulante y urgente para reavivar sus fuerzas y recobrar su dignidad; algo tan intangible y vital como el oxígeno. Ese algo se llama LIBERTAD.

MARCO CONSTITUCIONAL PARA UNA TRANSICIÓN DEMOCRÁTICA EN CUBA

Para encauzar una verdadera transición democrática, y no una sucesión totalitaria, se requirá de una Carta Fundamental que rija durante la provisionalidad hasta que los mandatarios electos del pueblo cubano adopten libremente el texto constitucional definitivo.

El siguiente trabajo, recogido en un folleto que circuló en la isla y el exilio, explica por qué la Carta de 1940 –legitimada por el sufragio y enarbolada como bandera de lucha contra Batista y contra Castro– es la que debe servir de marco constitucional durante la provisionalidad. Es evidente que no todos sus preceptos serían aplicables, pero hay una sección que, al menos, precisa retener: el Título IV que consagra los Derechos Individuales.

Esa sección (nuestro «Bill of Rights»), es la parte más importante de toda Constitución democrática. Constituye la coraza defensiva del ciudadano frente a los desafueros de los gobernantes o del estado. Es el código de garantías que habrá que reinstaurar en Cuba, en la medida de lo posible, para ponerle fin a la despótica usurpación y sentar las bases de un estado de derecho que les permita a los cubanos convivir en paz con libertad.

INTRODUCCIÓN

Un gobierno provisional post-Castro en Cuba –uno comprometido a darle entrada a una verdadera transición a la democracia representativa y no a una mera sucesión con cambios cosméticos al régimen imperante– tendrá que decidir qué marco constitucional debe adoptarse antes de que se celebren elecciones libres. Esta decisión es crucial. De ella dependerá, en gran medida, la suerte de la transición, es decir, el éxito o fracaso en crear el clima necesario para encauzar el tránsito ordenado y justo a un estado de derecho.

En términos generales, hay tres opciones básicas para la transición:

1) Reformar la actual Constitución estalinista impuesta por el régimen de Castro en 1976, y modificada en 1992 y años subsiguientes; 2) redactar una nueva Constitución, o 3) restablecer las partes aplicables de la Constitución legítima cubana de 1940.

Como se explicará más adelante en este trabajo, la opción de reformar la Constitución estalinista de Castro para «democratizarla» no es sustancialmente factible ya que el control asfixiante del estado totalitario invade todo su articulado, anulando los derechos individuales que supuestamente concede. Asimismo, dicha Constitución, aun después de una cirugía mayor, sería rechazada por la gran mayoría del pueblo cubano, una vez liberado, por ser un símbolo maléfico de engaño, miseria y opresión. Eso es exactamente lo que aconteció con la Constitución espuria de 1928 a la caída de la dictadura de Gerardo Machado, quien había autorizado esa estratagema constitucional para extender y remachar su poder.

2) La segunda opción –una nueva Constitución adoptada por un gobierno provisional al comienzo de la transición– no estaría revestida de legitimidad y sería muy peligrosa y objetable. Dicha Constitución, diseñada con premura bajo condiciones políticamente inestables, agudizadas por el desmantelamiento inevitable del aparato totalitario, habría que imponerla por decreto, sin Congreso electo ni sistema multipartidista que la respaldase. Por otra parte, esta opción sería innecesaria porque Cuba tiene una Constitución democrática, suplantada «de facto» por el régimen de Castro, pero no abrogada legalmente, que podría servir de Carta transitoria hasta que se celebren elecciones: la Constitución de 1940.

3) Esta tercera opción –el restablecimiento de los preceptos aplicables de la Constitución de 1940– es ciertamente el marco idóneo para la transición y el único que llevaría un sello de legitimidad. La Carta de 1940 fue elaborada por una Asamblea. Constituyente elegida democráticamente, en la que estuvieron representados todos los partidos políticos existentes. Bajo su égida, Cuba aceleró su desarrollo económico, político y social, colocándose a la cabeza de casi todos los países latinoamericanos. Cuando Batista dio un golpe militar en 1952, todos los líderes de la oposición, incluyendo a Castro, demandaron el pleno restablecimiento de la Constitución de 1940. Y actualmente muchas de las organizaciones anticomunista en Cuba y en el exilio enarbolan dicha Carta como símbolo histórico y marco constitucional para la democratización de la isla.

No todos los artículos de la Carta de 1940 serían aplicables durante la transición, pero los más importantes, incluyendo una sólida y abarcadora Carta de Derechos o «Bill of Rights» (Título

IV condensado en este trabajo), tendrían vigencia y ofrecerían las garantías necesarias para encauzar el tránsito pacífico a la libertad bajo el imperio de la ley.

A continuación se incluye un breve análisis de cada una de las tres opciones constitucionales.

I. Reformar la Constitución Estalinista de Castro

Esta opción tiene el atractivo seductor del pragmatismo. Propone adaptar, no descartar, el actual marco constitucional para asegurar un suave aterrizaje que conduzca a una transición pacífica. Después de todo, se argumenta, la actual Constitución por muchos años ha sido aceptada, o por lo menos tolerada, como un hecho por el pueblo cubano.

La longevidad, sin embargo, no legitima una Carta impuesta por un régimen unipartidista totalitario que extrae asentimiento del terror y no permite discrepancia. No ha de sorprendernos, pues, que la Carta reformada en 1992 haya sido «ratificada» por el 96% de los votantes.

Asimismo, esa Constitución de larga duración no le ha proporcionado al pueblo cubano ni prosperidad ni libertad. Bajo su égida, Cuba ha sido arruinada y encadenada, y ni un solo caso de violación de los derechos humanos ha sido reconocido y fallado en favor de la víctima. Todo lo contrario es lo que ha acontecido. Unas tres docenas de disidentes quienes, al amparo del artículo 88G) de la Constitución de 1992, presentaron un proyecto de reformas suscrito por más de 10,000 votantes, están hoy cumpliendo condenas de prisión que van de 15 a 20 años.

Algunos de los que reconocen que la presente Constitución, tal cual, es incompatible con un sistema democrático, plantean, sin embargo, una válida cuestión: ¿por qué no enmendarla, suprimiendo aquellos artículos que se consideren objetables? El problema con este planteamiento es que toda la Carta está plagada tanto de patentes contradicciones como de encubiertas falsedades. Los derechos y garantías que por un lado supuestamente otorga, por el otro los constriñe o anula. Veamos a continuación algunos ejemplos:

El *artículo 1ro* proclama «que Cuba es un Estado... organizado... como república unitaria y democrática para el disfrute de la libertad política...,» pero el *artículo 5to* estipula que «el Partido Comunista de Cuba..., vanguardia organizada de la nación cubana, es la [única] fuerza dirigente superior de la sociedad y del Estado».

El *artículo 12* inciso a) afirma que la República de Cuba «ratifica su aspiración de paz digna», pero en los incisos d) y g) de este mismo artículo condena el imperialismo [yankee] por «fascista, neocolonialista y racista», y se compromete a promover, por considerarlas legítimas, las luchas de liberación nacional [contra el imperialismo].

El *artículo 19* reconoce «la propiedad de los agricultores pequeños», pero coarta ese derecho prohibiéndoles «el arrendamiento, la aparcería, los préstamos hipotecarios y cualquier acto que implique gravamen o cesión...»

El *artículo 25* autoriza «la expropiación de bienes por razones de utilidad pública o interés social sujeta al pago de la debida compensación», pero el *artículo 60* legaliza «la confiscación de bienes como sanción».

El *artículo 39* c) establece que el Estado se compromete a fomentar la educación y la cultura, pero promoviendo «la formación comunista de las nuevas generaciones».

El *artículo 39* ch) estipula que la creación artística será libre, «siempre que su contenido no sea contrario a la Revolución».

El *artículo 53* les reconoce «a los ciudadanos la libertad de palabra y prensa», pero «conforme a los fines de la sociedad socialista».

El *artículo 54* garantiza «los derechos de reunión, manifestación y asociación», pero agrega que las organizaciones de masas, [que controla el gobierno], son las que disponen de las facilidades para el desenvolvimiento de dichas actividades. El engaño llega a su clímax en el *artículo 62*, que dispone que «ninguna de las libertades reconocidas a los ciudadanos puede ser ejercida contra... la existencia y fines del Estado socialista, ni contra la decisión del pueblo cubano de construir el socialismo y el comunismo. La infracción de este principio es punible».

¿Y quién determina lo que es permisible y punible? En teoría los tribunales, pero de acuerdo con el *artículo 121* de la Constitución, ellos están «subordinados jerárquicamente a la Asamblea Nacional del Poder Popular y al Consejo de Estado» –todos controlados por el politburó reinante y, particularmente, por Castro. El *artículo 126* refuerza la subordinación estipulando que los jueces «pueden ser removidos [sin especificar causa] por el órgano [estatal] que los elige».

A la luz de lo expuesto anteriormente, procede recordar el principio consagrado en el artículo 16 de la Declaración Francesa de los Derechos del Hombre y del Ciudadano: «Toda sociedad en la cual la garantía de los derechos no esté asegurada, ni determinada la separación de los poderes, carece de Constitución».

Basado en este principio democrático universalmente reconocido, Cuba hoy no tiene realmente una Constitución. Lo que allí rige es un fraude jurídico, una Carta a lo Potemkin que enmascara el crudo poder totalitario. Dada esta situación, el profesor de Harvard Jorge Domínguez ha propuesto sanear o democratizar la Carta eliminando o reemplazando los artículos objetables. Él considera que, con enmiendas apropiadas, dicha Constitución sería el mejor marco para la transición post-Castro.

El profesor Domínguez basa esta afirmación en la sorprendente premisa de que «el elemento más útil de la Constitución de 1992 para facilitar la transición política es su concentración del poder político, económico, social y militar». Asimismo él celebra como positivo que «el Tribunal Supremo no es independiente», que la Asamblea Nacional de títeres de Castro «puede enmendar la Constitución sustancialmente sin necesidad de referéndum», y que no hay banco central independiente».[102]

Es evidente que la Carta estalinista de Castro, aun después de la cirugía sugerida, no es el marco apropiado para una transición democrática. Es más bien una fórmula engañosa para lograr la perpetuación del despotismo en Cuba. Dicha Carta no aseguraría la paz, sino daría lugar a confrontaciones desestabilizadoras cuando no violentas.

Cuando Václav Havel resultó electo Presidente de Checoslovaquia, él trató al principio de gobernar con la heredada Constitución estalinista zurciéndola con enmiendas. El impasse que se creó fue uno de los factores que agudizaron la vieja pugna entre los checos y los eslovacos y que precipitaron la escisión y desaparición de Checoslovaquia. Según Peter Pithart, quien fuera Primer Ministro de Checoslovaquia de 1990 a 1992, «Havel subestimó los impedi-

---

[102] Jorge I. Domínguez, *A Constitution for Cuba's Political Transition: The Utility of Retaining (and Amending) the 1992 Constitution*. Institute for Cuban and Cuban-American Studies, University of Miami, 2003, p. ii.

mentos de la heredada Constitución [comunista]. Él pensó que el élan de la Revolución de Terciopelo obviaría el problema».[103]

Al gobierno provisional post-Castro se le crearían los mismos problemas, o peores, con la Constitución estalinista de 1992, aun con enmiendas. La mayoría del pueblo cubano, envalentonado tan pronto merme el terror, rechazaría seguramente esa Carta por ser no sólo una camisa de fuerza, sino también un símbolo detestable de tiranía y falsedad.

II. Redactar una Nueva Constitución

Los partidarios de esta opción sostienen que, al desmantelar el aparato seudolegal comunista, debe el gobierno provisional elaborar y promulgar una nueva Constitución que responda a las necesidades específicas del país durante la transición.

En teoría, esta alternativa parece ser óptima, pero en realidad está cuajada de peligros por varios motivos. En primer lugar, por las incógnitas de una Constitución diseñada con premura por un gobierno provisional recién instalado y probablemente inestable, que tendría que hacerle frente a problemas gigantescos. En segundo lugar, porque dicha Carta carecería de legitimidad, ya que habría sido redactada por funcionarios no electos e impuesta por decreto. Sin ninguna vinculación o apego a esa nueva Constitución, gran parte de la población la desconocería o desacataría.

Actualmente estamos sintiendo los encontronazos producidos por un proyecto de Constitución bosquejado por un líder disidente

---

[103] Juan J. Linz & Alfred Stepan, *Problems of Democratic Transition and Consolidation*, John Hopkins University, 1966, p. 331.

en Cuba;[104] encontronazos que lamentablemente han polarizado la disidencia en la isla y las organizaciones del exilio. Los partidarios del borrador consideran que es un buen documento de trabajo que merece consideración como un puente entre la ley totalitaria y la democrática («de la ley a la ley»).

Los oponentes, en cambio, rechazan de plano dicho proyecto de Constitución porque, según ellos, a) relega a los exiliados a un plano inferior; b) exonera a los dirigentes comunistas cubanos de todos sus crímenes y les permite quedarse con las propiedades confiscadas; c) mantiene demasiado control gubernamental sobre los medios de comunicación, las empresas estatales y la economía; y d) no establece adecuadamente las bases institucionales para la democracia representativa.

Si esta polarización ha ocurrido ahora con un simple proyecto o bosquejo constitucional, podemos anticipar lo que acontecería si un gobierno provisional, sacudido por inevitables tensiones en las fases iniciales de la transición, redactase una nueva Constitución y la impusiese sin mandato nacional.

La tarea de escribir o reescribir Constituciones no le compete a los gobiernos provisionales, sino a las asambleas constituyentes o parlamentos electos democráticamente. Y para acometer esta tarea, se requieren ciertas condiciones mínimas: estabilidad política, respeto a los derechos humanos, sistema multipartidista establecido, debate abierto y bien informado, código electoral justo, y garantías adecuadas para que las elecciones sean libres y honestas.

Considerando lo que antecede, ¿qué marco constitucional debería adoptarse para la transición en Cuba –el período de estabilización de no menos de un año entre el fin de la dominación totalitaria y el comienzo de la democracia representativa? Si,

---

[104] «Documento de Trabajo y Programa Transitorio» elaborado por Oswaldo Payá.

como se ha apuntado anteriormente, sería inapropiado e inaceptable para muchos retener la actual Constitución estalinista, aun con enmiendas, y si la elaboración de una nueva Constitución por el gobierno provisional sería antidemocrática y peligrosa, la opción más sensata y viable sería la adopción de una abreviada Carta transitoria con raíces históricas y jurídicas que dimanasen del cuerpo democrático-constitucional de Cuba. Una Carta con Derechos Individuales («Bill of Rights») bien definidos y protegidos, con disposiciones adecuadas para la transición, y con un aura de legitimidad.

El gobierno provisional no tendría que improvisar ni importar dicha Carta, porque Cuba posee una Constitución democrática, debidamente aprobada y no abrogada por mandatarios electos, que podría servir de base legítima para la Carta transitoria: la Constitución de 1940.

III. Restablecer las Partes Aplicables de la Constitución de 1940

La Constitución de 1940 fue considerada por muchos en Cuba como la obra cumbre de la joven República. Ella cerró una década de convulsiones revolucionarias y pugnas políticas, y estableció los cimientos institucionales para la democracia representativa. La Comisión Internacional de Juristas de las Naciones Unidas celebró dicha Constitución, señalando que ésta «se caracteriza por el balance poco común que establece entre los postulados republicanos, liberales y democráticos, por un lado, y las demandas de justicia social y desarrollo económico, por el otro».[105]

---

[105] International Commission of Jurists, *Cuba and the Rule of Law* (Ginebra: 1962), pág. 79.

Presentes en la Convención Constituyente se encontraban todos los partidos políticos existentes, representando la gama completa de ideologías, incluyendo a los comunistas y a los ultraconservadores. A pesar de sus hondas divergencias, los delegados encararon el reto, contuvieron su partidismo, y mostraron un alto grado de madurez política, patriotismo y flexibilidad para llegar a transacciones razonables. Los debates vigorosos e iluminadores, (el equivalente cubano oral de los «Federalist Papers» de los Estados Unidos), fueron trasmitidos por radio y electrizaron a gran parte de la población.

Esta Carta reconoció todos los derechos individuales fundamentales, incluyendo la libertad de expresión, petición, asociación y cultos, y creó un Tribunal de Garantías Constitucionales para resguardar a los ciudadanos contra los abusos del poder. Consagró la educación gratuita en las escuelas públicas y estableció un amplio sistema de seguridad social. Constitucionalizó un conjunto de prerrogativas laborales, tales como el derecho de contratación colectiva, huelga, salario mínimo, y un mes de vacaciones por año de trabajo. Garantizó plenamente la propiedad privada y la inviolabilidad de los contratos. Para frenar el poder excesivo ejercido por los presidentes cubanos, introdujo el sistema semiparlamentario con disposiciones estabilizadoras como las que posteriormente, con sus varientes, instauró Charles de Gaulle en Francia.

A pesar de sus defectos –demasiado casuística, con sesgo nacionalista y algunos excesivos derechos sociales propios de un Estado Benefactor– esta Constitución fue encomiada por la gran mayoría del pueblo cubano como una Carta altamente democrática y progresista. Bajo su égida, Cuba aceleró su desarrollo durante tres gobiernos electos, agrandó su clase media profesional y empresarial, y alcanzó la fase de despegue en su avance económico, a la cabeza de casi todas las repúblicas latinoamericanas.

La nación sufrió un descalabro con el golpe militar de Batista en 1952, que vino a descarriar el frágil proceso democrático. El pleno restablecimiento de la Constitución de 1940 fue el leitmotiv que galvanizó a todos los líderes de la oposición, incluyendo a Fidel Castro. Y cuando Batista abandonó el poder el primero de enero de 1959, y Castro violó su promesa y estableció un régimen comunista, la restauración de la Carta de 1940 figuró de nuevo como santo y seña de la oposición democrática.

Hoy, varias décadas después, Castro y su tiranía parecen estar llegando a su etapa final, y tanto la disidencia en Cuba como el exilio se encuentran desarrollando planes para una transición democrática. Como se indicó anteriormente, varias propuestas han sido elaboradas para una Carta transitoria, pero la que tiene más peso, la única que lleva en sí raíces históricas y legitimidad es la Constitución de 1940. Ella fue invocada en el notable manifiesto «La Patria es de Todos» suscrito por prominentes líderes de la oposición; fue reafirmada por destacados presos políticos como Oscar Elías Biscet, y fue exaltada en la resolución adoptada por la Asamblea del 20 de Mayo del 2005 para Promover la Societad Civil que convocaron Martha Beatriz Roque, Félix Bonne Carcassés y René Gómez Manzano. El Vicario General del Arzobispado en La Habana, Carlos Manuel de Céspedes, apoya resueltamente la Constitución de 1940, así como la mayor parte de las organizaciones cívicas, profesionales y empresariales del exilio.

Es evidente que no todos los preceptos de la Carta de 1940 serían aplicables durante la transición a la democracia representativa. No habiendo un Congreso debidamente electo, el Consejo de Ministros, asistido de un cuerpo asesor ad hoc, tendría que ejercer temporalmente funciones legislativas. A fin de facilitar la privatización de las empresas estatales, con una adecuada red de protección social para los obreros desplazados, y de allanar el camino para una economía de mercado, habría que suspender o revisar algunos de los más rígidos artículos constitucionales. Y con el objeto de estimular a los exiliados cubanos para que se establezcan de nuevo en su patria natal, habría que reconocer el derecho a la doble ciudadanía.

Según un grupo de distinguidos juristas y profesores cubanoamericanos que han estudiado la Constitución de 1940, éstos y otros ajustes podrían efectuarse mediante disposiciones transitorias, manteniendo esencialmente la integridad de las secciones constitucionales relativas a los Derechos Individuales, la Familia, la Cultura y la Educación, entre otras. La propuesta elaborada por estos juristas confirma que es viable a la vez que aconsejable basar la Carta transitoria en los artículos aplicables de la Constitución de 1940. El Congreso debidamente electo o una Asamblea Constituyente podría posteriormente ratificar o dejar sin efecto las disposiciones transitorias, actualizar la Constitución para reflejar las realidades y aspiraciones del país, o adoptar una nueva Carta.

La sección más importante de la Constitución de 1940, la que debería figurar como pieza central de la Carta de transición, es la que consagra los Derechos Individuales o «Bill of Rights» (establecidos principalmente en el Título IV de la Constitución). Estos derechos o garantías –esenciales para instaurar el imperio de la ley– fueron estipulados por la Convención Constituyente de 1940 con mayor especificidad que en casi todas las demás Constituciones democráticas porque los delegados quisieron resguardarlos contra las fluctuaciones políticas del Congreso. A continuación se condensan estos derechos fundamentales, que, con ligeros ajustes, podrían ser adecuados para la transición.

1) Igualdad ante la Ley

Todos los cubanos son iguales ante la Ley. La República no reconoce fueros ni privilegios. Se declara ilegal y punible toda discriminación por motivo de sexo, raza, color o clase, y cualquier otra lesiva a la dignidad humana (Art. 20).

2) Prohibición de la Pena de Muerte

No podrá imponerse la pena de muerte. Se exceptúan únicamente los miembros de las fuerzas armadas por delitos de carácter militar y las personas culpables de traición o espionaje en favor del enemigo en tiempo de guerra con nación extranjera (Art. 25).

3) Libertad de Locomoción

Toda persona podrá entrar y permanecer en el territorio nacional, salir de él, trasladarse de un lugar a otro y mudar de residencia, sin necesidad de carta de seguridad, pasaporte u otro requisito semejante, salvo lo que se disponga en las leyes sobre inmigración y las atribuciones de la autoridad en caso de responsabilidad criminal... Ningún cubano podrá ser expatriado ni se le prohibirá la entrada en el territorio de la República (Art. 30).

4) Derecho de Privacidad

El domicilio es inviolable y, en su consecuencia, nadie podrá entrar de noche en el ajeno sin el consentimiento de su morador, a no ser para socorrer a víctimas de delito o desastre, ni de día, sino en los casos y en la forma determinados por la Ley (Art. 34).

Es inviolable el secreto de la correspondencia y demás documentos privados, y ni aquélla ni éstos podrán ser ocupados ni examinados sino a virtud de auto fundado de juez competente... En los mismos términos se declara inviolable el secreto de la comunicación telegráfica, telefónica y cablegráfica (Art. 32).

5. Libertad de Religión y Cultos

Es libre la profesión de todas las religiones, así como el ejercicio de todos los cultos, sin otra limitación que el respeto a la moral cristiana y al orden público. La Iglesia estará separada del Estado, el cual no podrá subvencionar ningún culto (Art. 35).

6) Libertad de Opinión y Expresión

Toda persona podrá, sin sujeción a censura previa, emitir libremente su pensamiento de palabra, por escrito o por cualquier otro medio... Sólo podrá ser recogida la edición de libros, folletos, discos, películas, periódicos o publicaciones de cualquier índole cuando atenten contra la honra de las personas, el orden social o la paz pública, previa resolución fundada de autoridad judicial competente (Art. 33).

7) Derecho de Petición

Toda persona tiene derecho a dirigir peticiones a las autoridades y a que le sean atendidas y resueltas en término no mayor de 45 días... Transcurrido el plazo de la Ley..., el interesado podrá recurrir, en la forma que la Ley autorice, como si su petición hubiese sido denegada (Art. 36).

8) Debido Proceso de la Ley

Se considerará inocente a todo acusado hasta que se dicte condena contra él (Art. 26). Nadie será procesado ni condenado sino por juez o tribunal competente, en virtud de leyes anteriores al delito y con las formalidades y garantías que éstas establezcan (Art. 28).
Nadie será condenado en causa criminal sin ser oído. Tampoco se le obligará a declarar contra sí mismo, ni contra su cónyuge o parientes... (Art. 28).

9) Seguridad Personal

No se ejercerá violencia ni coacción de ninguna clase sobre las personas para forzarlas a declarar. Toda declaración obtenida con infracción de este precepto será nula... (Art. 28). A todo detenido se le comunicará la autoridad que ordenó la detención, el motivo que la produce y el lugar a donde va a ser conducido (Art. 26).

Ningún detenido o preso será incomunicado. Todo hecho contra la integridad personal, la seguridad o la honra de un detenido será imputable a sus aprehensores o guardianes, salvo que se demuestre lo contrario. Los detenidos o presos políticos se recluirán en departamentos separados del de los delincuentes comunes, y no serán sometidos a trabajo alguno (Art. 26).

10) Hábeas Corpus

Todo detenido será puesto en libertad o entregado a la autoridad judicial competente dentro de las 24 horas de su detención. Toda detención se dejará sin efecto, o se elevará a prisión, por auto judicial fundado, dentro de las 72 horas de haberse puesto el detenido a la disposición del juez competente (Art. 27).

Todo el que se encuentre detenido o preso fuera de los casos o sin las formalidades y garantías que prevean la Constitución y las leyes, será puesto en libertad... mediante un sumarísimo procedimiento de hábeas corpus (Art. 29).Cuando el detenido o preso no fuere presentado ante el Tribunal que conozca del hábeas corpus, éste decretará la detención del infractor... Los jueces o magistrados que se negaren a admitir la solicitud de mandamiento de hábeas corpus, o no cumplieren las demás disposiciones de este artículo, serán separados de sus respectivos cargos por la Sala de Gobierno del Tribunal Supremo (Art. 29).

11) Asilo Político

La República de Cuba brinda y reconoce el derecho de asilo a los perseguidos políticos... El Estado no autorizará ni intentará la extradición de reos de delitos políticos (Art. 31).

12) Inviolabilidad de la Propiedad Privada y los Contratos

Se prohíbe la confiscación de bienes. Nadie podrá ser privado de su propiedad sino por autoridad judicial competente y por causa justificada de utilidad pública o interés social y siempre previo el pago de la correspondiente indemnización en efectivo, fijada judicialmente. La falta de cumplimiento de estos requisitos determinará el derecho del expropiado a ser... reintegrado en su propiedad (Art. 24).[106] Las leyes civiles no tendrán efecto retroactivo, salvo en caso de necesidad nacional declarada por el Congreso, siempre que se cumplan las condiciones extraordinarias estipuladas y se indemnicen los daños inferidos a los derechos adquiridos legítimamente al amparo de una legislación anterior (Art. 22). Las obligaciones de carácter civil que nazcan de los contratos... no podrán ser anuladas ni alteradas... El ejercicio de las acciones que de éstas se deriven podrá ser suspendido en caso de grave crisis nacional, sujeto a las mismas condiciones extraordinarias que se aplican a la retroactividad de las leyes civiles (Art. 23).

---

[106] A este artículo habrá que hacerle algunos ajustes, mediante disposiciones transitorias, a fin de armonizar estos objetivos fundamentales: privatización ordenada y transparente de empresas estatales con una red adecuada de seguridad para los obreros y campesinos afectados; reconocimiento de los legítimos derechos de propiedad de los dueños confiscados mediante restitución, cuando sea posible, o de una razonable compensación (como en Alemania del Este y la República Checa); protección de los inquilinos para evitar desalojos domiciliarios; desarrollo de amplios programas estatales, con el concurso del sector privado, para resolver la grave escasez de vivienda y apoyar a las pequeñas empresas urbanas y rurales.

13) Derecho de Reunión y Asociación

Los habitantes de la República tienen el derecho de reunirse pacíficamente... y el de desfilar y asociarse..., conforme a las normas correspondientes y sin más limitación que la indispensable para asegurar el orden público (Art. 37). Es libre la organización de partidos y asociaciones políticas que no sean de raza, sexo o clase (Art. 102), y que no sean contrarias al régimen de gobierno representativo democrático o que atenten contra la soberanía nacional (Art. 37).

14) Participación Política

Todo ciudadano tiene derecho a votar en las elecciones y referendos..., y a desempeñar funciones y cargos públicos (Art. 10). El sufragio será universal, igualitario y secreto (Art. 97). Se declara punible todo acto por el cual se prohíba o limite al ciudadano participar en la vida pública de la nación (Art. 38).

15) Salvaguarda Constitucional (Art. 40).

Serán nulas las disposiciones legales o gubernativas que disminuyan, restrinjan o adulteren los derechos que esta Constitución garantiza. Es legítima la resistencia adecuada para la protección de los derechos individuales... La acción para perseguir las infracciones de este Título es pública sin caución ni formalidad, mediante simple denuncia... [ante el Tribunal de Garantías Constitucionales –Art. 183].

La enumeración de los derechos garantizados en este Título no excluye los demás que esta Constitución establezca, ni otros de naturaleza análoga o que se deriven del principio de la soberanía del pueblo y de la forma republicana de gobierno.[107]

---

[107] La Constitución establece el procedimiento adecuado para la suspensión temporal de las garantías en casos de grave alteración del orden público.

IV. Resumen

En conclusión, para asegurar una transición ordenada en Cuba, el gobierno provisional post-Castro requerirá de un marco constitucional, o Carta transitoria, que sirva de puente entre el totalitarismo y la democracia legitimada por elecciones libres.

La opción de tratar de reformar o «democratizar» la Constitución estalinista de Castro debe ser rechazada porque esa Carta es una camisa de fuerza con todo un articulado asfixiante y falseador. Ella es también un símbolo de tiranía sólo aceptable para los que quisieran perpetuar el régimen con cambios cosméticos.

La opción de redactar una nueva Constitución durante la transición, sin estabilidad política, sin un Congreso electo, y sin un sistema multipartidista establecido, es asimismo objetable. La adopción de una Carta en esas condiciones, sin mandato y por decreto, sería antidemocrática y polarizadora.

La alternativa más viable y aconsejable antes de que se celebren elecciones libres, la única investida de legitimidad y simbolismo democrático, es la adopción, como Carta transitoria, de los partes aplicables de la Constitución de 1940. Esta Constitución, redactada y aprobada por una Convención electa libremente, en la que estuvieron representados todos los partidos políticos y sectores de Cuba, no ha sido abrogada debidamente. Es más, su restablecimiento fue el objetivo principal de la lucha contra la dictadura de Batista, y es hoy la ferviente esperanza de la mayor parte de los líderes respetados de la disidencia en Cuba y del exilio.
Algunos artículos de la Constitución de 1940 habría que ajustarlos o suspender su aplicación mediante disposiciones transitorias. Sin embargo, su Título IV, que enmarca los derechos individuales o «Bill of Rights,» entre otras secciones, sería aplicable y les ofrece-

ría a todos los cubanos, incluyendo aquellos vinculados al régimen de Castro, las garantías necesarias para que se imparta justicia y se asegure el tránsito ordenado a la democracia representativa y a una actualización o reforma constitucional refrendada por el pueblo.

En síntesis, la Carta de 1940, en sus partes aplicables, es el único marco legítimo que le permitiría al gobierno de transición forjar el consenso necesario para acometer la ardua tarea de la reconstrucción y reconciliación bajo el imperio del derecho.

EPÍLOGO

He procurado ofrecer en este libro un sobrio balance del proceso borrascoso pero fascinante de Cuba con sus luces y sus sombras, desde el advenimiento de la República hasta estos días aciagos. El período republicano de 1902 a 1958 arroja un saldo claroscuro (más claro que oscuro), que debe ser examinado con visión de conjunto para no caer en el nihilismo que todo lo niega o condena ni en la hagiografía que todo lo exalta o justifica.

La etapa inconclusa que comenzó en 1959 con el secuestro castrocomunista de Cuba sólo tiene de bueno los esfuerzos heroicos pero infructuosos para liberarla. Precisa examinar esta etapa tenebrosa con amplia perspectiva histórica para no flagelarnos con complejo denigrante, como si nuestro pueblo hubiese sido el único en caer manipulado por la mentira y sojuzgado por el terror.

Todas las democracias, incluyendo las más añejas, han tenido que afrontar y superar eclipses de libertad, parciales o totales, en su trayectoria. Eclipses causados por sangrientas guerras civiles como en Inglaterra, Estados Unidos y España; por revoluciones traumáticas con efectos de larga duración como en Francia; por dictaduras militares y caudillistas como las que ha padecido la América Latina, y por regímenes totalitarios como los que ensombrecieron a Alemania, Italia y otros países de Europa Central y del Este, y como el que hoy subyuga a Cuba.

Estos regímenes, debido al dominio total que ejercen sobre los pueblos cautivos, son los más difíciles de erradicar cuando se consolidan. A no ser por la Segunda Guerra Mundial, el nazifascismo hubiese aherrojado a Europa por mucho más tiempo. Y si no hubiera sido por la Guerra Fría, por el apoyo decidido que Reagan y el Vaticano le prestaron a la oposición en Polonia y otros países detrás de la Cortina de Hierro, y por el experimento reformista de Gorbachov, dichos países hubiesen permanecido en cautiverio más de medio siglo.

En el caso de Cuba, las circunstancias externas (de gran importancia en todas nuestras gestas libertadoras), no nos han sido favorables. Tras el abandono en Bahía de Cochinos, la Crisis de los Cohetes y el pacto Kennedy-Kruschov, el movimiento de resistencia armada quedó herido de muerte y Cuba pasó a ser, durante varias decadas, bastión intocable de la Unión Soviética y centro de operaciones subversivas del comunismo en diversas latitudes.

Finalizada la Guerra Fría con el desplome del bloque soviético, Cuba no ha tenido ninguna verdadera y sostenida apertura –ni económica ni política. El cáncer castrocomunista que la corroe, lejos de amainar, está haciendo metástasis en Venezuela y amenaza con extenderse a otros países. A pesar de ello, casi todos los gobiernos de América Latina, Europa y el resto del mundo le confieren a la tiranía cubana tratos diplomáticos y comerciales propios de gobiernos legítimos que respetan los convenios internacionales. Y aun los Estados Unidos, que mantienen un embargo parcial sobre la isla, no desean en el fondo ningún cambio brusco en Cuba. Más parecen temerle a un éxodo masivo de refugiados que al continuismo del régimen que consideran apocado.

Ante esta situación, ¿qué hacer? Pues superar las divergencias que les restan fuerza y credibilidad a los demócratas cubanos, y evitar los extremos del pesimismo enervante y del optimismo ilusorio que conducen a la apatía o a la pasividad.

Nocivo es el extremismo pesimista que sostiene que son tan poderosos los factores adversos a un cambio democrático en Cuba, que todo esfuerzo para obviarlos sería inútil. Piensan así los que creen que los regímenes totalitarios, como el que azota a nuestra patria, son invulnerables. Lo cierto es que, sin su brutal hermetismo, se desinflan como un globo. Por eso les temen tanto a las fisuras que oxigenan a los pueblos sojuzgados y los incitan a vencer la inercia, combatir la mentira y sobreponerse al miedo. El bloque soviético, que parecía marmóreo e inexpugnable, se desintegró con las primeras ráfagas de libertad.

Igualmente nocivo es el extremismo optimista que se funda en el ojalá. En el caso de Cuba, parte del supuesto de que la muerte de Fidel Castro, por sí sola, marcará el fin del régimen y abrirá las puertas para la reconciliación nacional y el tránsito a la democracia. Los que así piensan se aprestan, en su mayoría, no a intensificar la resistencia, sino a negociar con el régimen sucesor. Olvidan acaso que los regímenes totalitarios, aun sin un magnético líder, no suelen abdicar o compartir espontáneamente el disfrute del poder. Jaruselski en Polonia, cuyo historial criminoso no se aproxima al de los hermanos Castro, se sentó a negociar con Solidaridad sólo cuando vio que la ley marcial, impuesta durante varios años, no pudo liquidar la resistencia cívica. Y el tirano Husak en Checoslovaquia abandonó el poder sólo después de que gran parte de la población se mantuvo virtualmente alzada durante seis semanas en la plaza de Wenceslao.

Creo firmemente que la explosión popular en Cuba, facilitada por el deterioro progresivo y la fragmentación eventual del régimen, llegará a producirse, aunque tal vez no a corto plazo. El actual conformismo de nuestro pueblo (exceptuando la heroica pero exigua oposición), es sólo la careta que finge y encubre para subsistir. Pero en el fuero interior laten, contenidos, hondos dolores, punzantes frustraciones, ansias de vivir sin dogal y progresar. Sólo falta la catarsis para que el pueblo levante la frente y recobre su protagonismo y libertad.

No es cierto que la tiranía totalitaria haya emasculado a nuestros compatriotas en la isla. Pero sí les ha apagado la fe. Fe en el ideal de redención; fe en el «poder de los sin poder», que diría Havel, para desafiar y minar el aparato de opresión; fe en la solidaridad del exilio militante, que aspira a coadyuvar sin perseguir ni desalojar; fe en un mañana más próspero y cordial que el presente paupérrimo y vil; fe en que la resistencia continuada no será baldía, porque a la noche del despotismo le seguirá un amanecer de libertad.

No es inyección de valor, sino terapia de fe lo que necesita nuestro pueblo, incluyendo a la Cuba del destiero. Porque el régimen comunista, habiendo sepultado todo lo noble y excelso de nuestra historia bajo una costra de mentiras, ha hecho a muchos creer que Cuba está condenada a una mediocre e indigna servidumbre.

Martí, en su día, se percató de la urgente necesidad de vencer el escepticismo que enervaba la lucha independentista. Y lo logró esparciendo su credo con toda la fuerza persuasiva de sus convicciones: «Lo que tengo que decir, antes de que se me apague la voz y mi corazón cese de latir en este mundo, es que mi patria posee todas las virtudes para la conquista y el mantenimiento de la libertad».

Hoy, como ayer, es valedera la aseveración martiana. El pueblo de Cuba, atrapado entre las mallas de hierro de una satrapía totalitaria, acabará por liberarse y demostrar que tiene las condiciones necesarias para el ejercicio continuado de la democracia. Y si sana las heridas físicas y morales inferidas por el comunismo y evita las tentaciones colectivistas que matan la iniciativa empresarial, podrá realizar su potencial de grandeza.

Para ello cuenta nuestro país con la educación y laboriosidad de sus hijos, dotados de creatividad y energía; la feracidad de su suelo, óptimo para el desarrollo agroindustrial; la benignidad de su clima subtropical marítimo, abanicado por las brisas; la riqueza de sus minerales, con grandes reservas de níquel y cobalto; la belleza de sus playas, campos y joyas coloniales, ideales para el turismo con adecuada infraestructura y esmerados servicios; la amplitud de sus puertos y bahías, propicios para el comercio internacional, y la privilegiada posición geográfica, en el epicentro de las Américas, contigua al mayor mercado del mundo.

Aprovechando sabiamente estas ventajas bajo un estado democrático de derecho y de libre empresa con conciencia social, y atrayendo capital, tecnología y experiencia gerencial para alcanzar altos niveles de eficiencia, tanto en la producción como en la informática y otros servicios, la isla de Cuba puede llegar a ser económicamente en el mañana el Hong Kong, Singapur, Taiwán o Irlanda del hemisferio occidental.

La tiranía que hoy mantiene cerrado el horizonte de Cuba no deja entrever ni alcanzar ese futuro posible –el futuro ascendente sin sombras. Hay que romper el cerco que la oprime y deprime para fundar la nueva República, innovadora en sus enfoques, progresista en su dirección, pero afincada en sus tradiciones.

Con ese fin, podemos y debemos extraer enseñanzas y aliento de las luminarias cubanas que enaltecieron las luchas independentistas y el proceso republicano, así como las que hoy dignifican la resistencia en la isla y el exilio. Muchas de esas luminarias figuran, con edificante relieve, en libros recientes como *Cubanos de acción y pensamiento* de Octavio R. Costa, *Inspiradores* de Luis Mario, *Raíces de cubanía* de Ariel Remos, *Cuba mía, hablan tus hijos* de Ninoska Pérez Castellón y Mirta Iglesias, y *Morir de Exilio* de Uva de Aragón. Y entre los artículos que destilan la más pura cubanía, sobresalen los que nos legaran en el destierro, cual patrióticos testamentos, los inolvidables Agustín Tamargo y Luis Aguilar León.

Impregnados de esa cubanía, precisa arreciar la lucha sin perder la fe. Como hemos reiterado, regímenes como el que tiraniza a Cuba duran pero no perduran. Logran aplastar la libertad pero no la aniquilan. Son prepotentes pero a la postre caen. Caen cuando se producen detonantes que perforan la barrera del miedo e inflaman la indignación colectiva. Caen cuando se agrieta la hermética cúpula del poder por desprendimientos de los que ansían reformas o buscan salida. Caen cuando dentro del ejército cunde el convencimiento de que no es posible o deseable enfrentar el clamor popular de cambio. Caen cuando líderes democráticos se yerguen vigorosos y logran contagiar a la ciudadanía con su idealismo, denuedo y fervor.

Como tantos otros cubanos, yo no dejo de añorar y abogar por el alba de la libertad en nuestra patria secuestrada. Hace 48 años que salí de Cuba, pero Cuba nunca salió de mí. He vivido mucho más tiempo fuera que dentro de la isla donde yo nací, pero los recuerdos que ella me trae no se apagan, y mi amor por ella no declina. ¿Por qué será que, a pesar de los éxitos y bienandanzas alcanzados y de las raíces hogareñas establecidas en esta tierra hospitalaria, todavía siento la nostalgia del desterrado? ¿Qué me falta que no tengo? ¿Qué me ata indisolublemente a mi Cuba natal y me compremete a continuar luchando por su liberación? ¿Será la sangre criolla que caldea, la hermosura de la isla que fascina, los hitos de su historia que cautivan, el ejemplo de mis mayores que impele, o el sacrificio de los mártires que incita?

No lo sé, y poco importa. Con la mirada fija en la patria que sufre, cumplo llanamente mi deber, y como en los versos rotundos de José Jacinto Milanés, «apoyado al timón espero el día».

¡QUIERA DIOS QUE NUESTRA BANDERA, VINDICADA Y GALANA, PRONTO ONDEE EN LA PATRIA LIBRE Y SOBERANA!

ÍNDICE ONOMÁSTICO

Abislaimán, Rafael B. 429
Acosta, Antonio A. 427
Acheson, Dean 324
Adán García, Abelardo 196
Afaya, Andrés 196
Agüero Montoro, Eric .. 344, 345
Aguilar León, Luis 552
Aguilera, Francisco Vicente ... 93
Aguirre, Horacio 11, 279
Alba Buffill, Elio   13, 71, 280, 426
Alfonso y Espada, Lutgard 86
Alfonso, Pablo 436
Alonso Ávila, Antonio 427
Alonso Pujol, Guillermo 385
Alonso, Alicia 195
Álvarez Bravo, Armando 155
Álvarez de la Vega, Aurelio .. 143, 146, 154, 159
Álvarez, Alberto Inocente 344
Alzugaray, Carlos 124
Alzugaray, Manuel 139
Amiel, Enrique Federico 218
Amoedo, Julio 178
Anderson, Rudolf 327
Andreu, José R. 143
Andrew, Christopher 199
Anfuso Víctor L. 180
Aragón, Ernesto ... 310, 376, 384
Aragón, Uva de 155, 551
Arango Cortina, Ofelia 438
Arango, Miguel 103
Arbenz, Jacobo 288, 475, 476
Arcaya, Luis Ignacio 347, 354, 355

Arteaga, Manuel 433, 438
Atila 407
Baeza Flores, Alberto 195
Barnes, Tracy 291
Bartlett, Charles 326
Bashirov, Gumer W. 190, 195, 196
Batista, Fulgencio 77-80, 141, 142, 164, 174, 177, 178, 185, 187, 188, 198, 201, 203-206, 212, 226, 232, 238, 271-273, 285, 286, 340, 430, 433, 434, 473, 475-477, 527, 529, 538, 545
Battle Pacheco, César 375
Bayo, Alberto 198
Belt Martínez, Guillermo 427
Belt, Guillermo B. .. 84, 362, 368, 373, 385
Beltrán, Pedro 359
Benedí, Claudio 368, 385
Berle, Adolf A. 298
Betancourt, Cándido 199
Betancourt, Pedro 57
Betancourt, Rómulo 355, 369, 370
Bin Laden, Osama 409
Biscet, Oscar Elías 538
Bissell, Richard M. .. 284, 287, 292, 303
Bolívar, Simón 402, 406
Bolshakov, George 312, 326
Bonaparte, Napoleón 500
Bonsal, Philip 287
Botifoll, Luis J. 83
Boza Masvidal, Eduardo 424, 438

555

Índice Onomástico

Bravo, Correoso, Antonio 117
Bravo, Flavio 197
Briggs, Ted 427
Brooke, John R. 56
Bundy, McGeorge . 320, 321, 323
Burke, Arleigh 303
Bustamante, Alberto S. ... 51, 138
Caballero, José Agustín 93
Cabot Lodge, Henry 54
Cabrera Leiva, Guillermo 154, 427
Caicedo Castilla, Joaquín 362, 379, 381
Caiñas Milanés, Armando ... 211
Calvo Sotelo, Leopoldo 282
Calzón, Frank 411
Carbó, Sergio 212
Carbonell, José Manuel . 77, 116, 117, 118
Carbonell Andricaín, Néstor .. 175
Carbonell Rivero, Néstor 447
Carcassés, Félix Bonne 538
Cárdenas, Julio de 99
Cárdenas, Lazaro 198
Cárdenas, Raúl de 79
Carlos I 166, 490
Carrerá, Manuel J. 100
Carrillo, Francisco 104
Carter, Jimmy 440
Casanova, José Manuel 143
Casero, Luis 84
Castañeda, Carlos M. ... 198, 199
Castillo, Demetrio 57, 196
Castro Beche, Ricardo .. 344, 345
Castro Ruz, Fidel ... 80, 132, 175, 177, 178, 187, 194-200, 208-211, 228, 232, 233, 246, 247, 271, 273, 283, 327, 340, 342, 343, 349, 371, 389, 390, 393, 397, 402, 414, 449, 454, 456, 457, 460, 493, 495, 496, 503, 507, 511, 514, 521, 538, 549
Castro Ruz, Raúl .. 198-200, 209, 247, 325, 493, 521
Catón, el Censor 79, 109
Ceballos, Segundo 209
César, Julio 346, 361
Céspedes, Carlos Manuel de .. 181, 366, 538
Céspedes, Carlos Miguel de 76, 130
Cienfuegos, Camilo 200, 209
Cisneros Betancourt, Salvador 113
Cisneros, Octavio 424, 426
Ciutah, Angel 209
Cleveland, Grover 54
Clulow, Carlos A. 370, 373
Cobelo, Armando 427
Conte Agüero, Luis 375, 385
Coolidge, Calvin 76, 130
Cordero, Romérico 199
Córdova, Efrén 139
Cortina, José Manuel .. 78, 90, 99, 100, 103, 111, 120, 127, 134, 143, 144, 171, 321, 432
Costa, Octavio R. ... 154, 489, 551
Coyula, Miguel 143
Cromwell, Oliver 166, 490
Crowder, Enoch 75, 110, 118
Cruz Álvarez, Félix 427
Cruz, Agustín 209
Cruz, Carlos Manuel de la ... 134
Cuervo Navarro, Pelayo 143
Chibás, Eduardo R. 79, 143
Chávez, Hugo .. 45, 401-403, 498, 500, 511, 518
Dantón, Jorge 173

de la Torre, Rogelio 139
Desmoulins, Camilo 173
Despaigne, Ernesto 326
Despaigne, Manuel 121
Desvernine, Pablo 56
Díaz Balart, Lincoln 483
Díaz Balart, Mario 483
Díaz Balart, Rafael . 180, 196, 197
Díaz Lanz, Pedro Luis .. 200, 211
Díaz Versón, Salvador .. 190, 195, 196
Dillon, Douglas 359
Disraeli, Benjamín 109
Dolz, Guillermo 57
Dolz, Ricardo 103, 134
Domínguez, Jorge I 533
Dorfman, Ariel . 466, 468-471, 474
Dorta Duque, Manuel 143
Dorta-Duque, Juan M. 426
Dorticós, Osvaldo 209, 380
Draper, Theodore 164
Duarte Oropesa, José 104
Dulany, Peggy 460
Dulles, John Foster . 201, 205, 206, 285, 289, 290
Echerri, Vicente 280
Eisenhower, Dwight D. 204, 285-292, 304
Engels, Federico ... 224, 230, 249, 250, 252
Enrique IV 421
Escalante, Aníbal 209
Escobar Torres, Francisco ... 427
Espín, Vilma 199, 209
Estrada Palma, Tomás 67, 72, 73, 99, 133, 385
Facio, Gonzalo 388

Falcón Briceño, Marcos 355
Feklisov, Alexander 326
Fernández Cepero, Luis 427
Fernández de la Torriente, Gastón 427
Fernández, Wilfredo 132
Ferrara, Orestes   99, 134, 143, 146, 154, 159, 172
Figueroa, Luis 139
Finley, Carlos 61
Franca, Porfirio 124
Franco, Francisco .. 462, 464, 490
Freyre de Andrade (hermanos) 103, 133
Frondizi, Arturo 360, 368
Fullbright, William 300, 324
Furet, Francois 186
Fursenko, Aleksander ... 201, 308, 310, 311, 320, 327, 329
García Agüero, Salvador 143, 154, 432
García Amador, Francisco ... 368
García Chacón, Fernando 313, 368, 385
García Enseñat, Ezequiel 99
García Menocal, Mario 74, 141, 171
García Montes, Jorge 385
García Vélez, Carlos 123, 124
García, Calixto 54, 57
García, Pelayo 99
Gaulle, Charles de 330, 537
Gaviria, César 499
George, Quintín 172, 173
Giberga, Eliseo 91
Giberga, Manuel 368
Gómez Manzano, René . 160, 538

Índice Onomástico

Gómez, José Miguel . . 73, 98-100, 103
Gómez, Juan Gualberto . . 81, 101, 103, 112, 113, 134
Gómez, Máximo 93, 294
Gómez, Miguel Mariano 141
González de Mendoza, Antonio 57
González Lanuza, José . 81, 90, 99
González Llorente, Pedro 58
Goodwin, Richard . 308, 310, 360, 373, 384
Gorbachov, Mijail 442, 443, 495, 548
Goulart, Joao 361
Grau San Martín, Ramón . . 77, 78, 141-144, 171, 177
Grobart, Fabio 196, 197
Gromyko, Andrei 323
Guas Inclán, Rafael 143, 146, 154, 158
Guevara, Alfredo . . 195, 197, 209
Guevara, Ernesto «Che» 46, 198-200, 209, 211, 325, 359, 360, 448, 466, 468, 470, 473, 474, 476
Guiral, Domingo 174
Guiteras, Antonio 77
Guiteras, Ramón 83, 88
Gunther, John 255, 258
Gusen, N.I. 311
Gutiérrez, Carlos 483
Gutiérrez, Gustavo 143
Gutiérrez, Viriato 134
Haedo, Eduardo V. 376, 377
Hammond, Gloria . . 473, 474, 476
Harding, Warren G. 109, 111
Havel, Václav 442, 508, 520, 533, 550
Hernández de la Barca, Alicia 143, 158
Hernández Miyares, Julio . 84, 281, 427
Hernández, Eusebio 117
Hernández, José Manuel 427
Herter, Christian . . . 204, 206, 286, 350, 351, 353
Hickenlooper, Bourke B. 318, 373
Hitler, Adolfo . 160, 165, 190, 408, 501, 525
Holeman, Frank 326
Hoover, Herbert 494
Huertas, Enrique 385
Hughes, Charles Evans 122
Hurtado, Enrique 368
Hussein, Saddam 409, 423
Ichaso, Francisco . . . 76, 132, 143, 146, 154
Ichikawa, Emilio 427
Iglesias, Mirta 551
Iriondo, Sylvia 427
Jaruzelski, Wojciech 417, 418, 506, 518
Juan Pablo II, Su Santidad . . . 394, 414, 417, 440, 441, 450, 506, 520
Justiz y del Valle, Tomás 107
Keating, Kenneth B. 316, 317, 329
Kennedy, John F. . . . 45, 179, 191, 280, 283-285, 292-295, 298-300, 302-306, 308-312, 316-318, 321-332, 358, 362, 365, 384, 386, 387, 513, 548
Kennedy, Robert («Bobby») . 307, 309, 310, 312, 320, 326, 384

Kirkpatrick, Lyman B. 279, 282-284, 289
Kruschov, Nikita (Jrushov) 45, 179, 191, 305, 306, 308, 311, 312, 323, 324, 326-328, 331, 332, 342, 353, 357, 371, 437, 513, 548
Lacerda, Carlos 360
Lansdale, Edward G. 309
Lanz, Héctor 138
Laredo Bru, Federico 125, 142, 171
Lavalle, Juan Bautista de 355, 365, 366, 369
Lavín, Pablo 368
Leal, Eddy 383
Lechuga, Carlos 368, 371-373
Leitao da Cunha, Vasco 180
Lenin, Vladimir 44, 46, 133, 190, 191, 198, 213, 217, 224, 231, 238, 240, 243-245, 247, 255-257, 270, 353, 421, 435, 492-495
Lew, Salvador 313
Lincoln, Abraham 353
Linz, Juan J. 534
Lombardo Toledano, Vicente . 198
Loynaz del Castillo, Enrique . 117
Luis XVI 186, 187
Luz y Caballero, José de la . 86, 89, 93, 128
Luzárraga, Alberto 162
Llaca Orbiz, Enrique 345
Llerena, Mario 153, 185, 186, 188, 190-192, 362, 427
Llorente, Amando 426
Maceo, Antonio 53
Maceo, José 93
Machado, Gerardo . 43, 76, 77, 83, 85, 130, 132-135, 140-142, 528

Magoon, Charles E. . . . 73, 99, 113
Malinosky, Rodión 311
Mann, Thomas 180
Manrara, Luis 313, 385
Mañach, Jorge . 76, 132, 143, 146, 154, 158, 431
Mao Tse-Tung 217
Marinello, Juan 143, 154, 436
Mario, Luis . . . 154, 279, 426, 492, 551
Maristany, Bernardo 344, 345
Márquez Sterling, Carlos . . 75, 78, 80, 83, 104, 138, 143, 144, 159, 167, 169-173, 175-182, 362, 385
Márquez Sterling, Manuel 75, 115, 117, 123, 133, 153, 167, 169
Marrero, Leví 79
Martí, José . . . 53, 66, 84, 98, 182, 353, 370, 395, 417, 520, 550
Martín Villaverde, Alberto . . . 436
Martin, Edwin 322
Martínez Márquez, Guillermo 212
Martínez, Mel 483
Martínez Montero, Homero . . 374, 376
Martínez Sáenz, Joaquín . 132, 143, 146, 154
Martínez Sánchez, Augusto . . 199
Martínez Villena, Rubén 124
Marx, Carlos 353
Mas Canosa, Jorge 481
Mas Martin, Luis 195, 197
Masó, Bartolomé 67, 72
Matos, Huber 211
Matthews, Herbert 175, 202
Mayobre, José Antonio 369
Maza y Artola, Juan José 117

Índice Onomástico

Mazowiecki, Tadeusz 506
McCone, John 283, 313, 316, 320, 321, 323, 324, 326, 329, 330
McKinley, William 54, 55, 60, 63, 385
McNamara, Robert 307
Medrano, Humberto 212
Mella, Julio Antonio 75, 125
Méndez Capote, Domingo 56
Mendieta, Carlos 100
Menéndez, Bob 483
Meurice Estíu, Pedro ... 422, 444
Mikoyan, Anastas 342, 437
Milanés, José Jacinto 552
Miller, William 318
Mindszenty, Jozsef 425
Miquel, Rafael 86
Miret, Pedro 209
Miró Cardona, José   211, 297-299, 308, 310, 312, 326-328, 368, 369, 374, 376, 377, 382, 384, 385
Mitrokhin, Vasili 199
Mola, Carlos 174
Mola, Enrique 174
Montaner, Carlos Alberto 83, 280, 426
Montori, Arturo 117
Mora, José A. 382
Morales Díaz, Modesto 100
Morales, Vidal 96
Morán Arce, Lucas 201
Morrison, de Lesseps 371
Morúa Delgado, Martin 90
Mujal, Eusebio 143, 146, 154
Muller, Alberto 344, 345
Mussolini, Benito .. 133, 190, 489, 490

Naftali, Timothy ... 201, 308, 310, 311, 320, 327, 329
Neruda, Pablo 415
Nietzsche, Federico 88
Nixon, Richard 205, 285, 440
Núñez Jiménez, Antonio   195, 209, 262
Núñez Portuondo, Emilio 67, 81,99, 103, 143, 146, 154, 159, 385, 431
Ochoa, Emilio 143
Oliva, Erneido 304
Oliveiro Hidalgo, Mario 198
Ortega y Gasset, José   88, 187, 500
Ortega, Jaime 452
Ortiz, Fernando 124
O'Connor, John 411, 412
Padilla, Martha 281
Paredes, Mario J. 411, 427
Parera Villalón, Célida 75
Pavlov, Iván 403
Paz, Octavio 185
Pena, Félix Lugerio 211
Peña, Lázaro 198
Pérez Castellón, Ninoska   280, 551
Pérez San Román, José .. 303, 304
Pérez Serantes, Enrique . 415, 416, 437
Pino Santos, Oscar 209
Pinochet, Augusto . 397, 398, 462, 464
Piñeiro y del Cueto, Carlos 85
Piñeiro, Manuel 199
Piñera, Ángel de Jesús .. 344, 345
Pipes, Richard 186
Pithart, Petr 520, 533
Plank, John 299

Platt, Orville ... 62, 63, 66, 73, 75, 77, 98, 111, 112, 115, 122, 141, 174, 377, 488
Polibio 108
Porras Barrenechea, Raúl   346, 355
Portell Vilá, Herminio ... 83, 368
Pozos Dulce, Conde de 95, 97
Prado, Manuel 362, 364, 365
Prieres, Manuel 209
Primelles, León 119
Prío Socarrás, Carlos .. 78, 79, 84, 132, 143, 146, 154, 179, 195, 362, 385
Puig Miyar, Manuel («Ñongo») . 9, 438
Quadros, Janio 360, 361
Quesada, Gonzalo de 385
Quintero, José Agustín 390
Raffy, Serge 197
Rasco, José Ignacio . 83, 155, 279, 344, 345, 376
Reagan, Ronald   440, 506, 518, 548
Recio, Lope 57
Reich, Otto 411
Remos, Ariel 154, 551
Remos, Juan J. 92, 174
Revel, Jean-Francois 186
Rey Perna, Santiago . 84, 143, 146, 154, 158, 172, 281, 427
Reyes, Manolo 313, 385
Rivero Agüero, Andrés ... 85, 178
Rivero, José Ignacio 212
Rivero, Raúl 447
Roa, Raúl 340, 341, 343, 344, 351-355
Robespierre, Maximiliano   190, 407

Roca, Blas ... 143, 154, 159, 198, 209, 431
Rockefeller, David .. 46, 454-456, 458, 462
Rochefoucauld-Liancourt, ... 186
Rodón, Lincoln 385
Rodríguez Larreta, Eduardo .. 374
Rodríguez Larreta, Horacio .. 360
Rodríguez, Carlos Rafael   199, 209
Rodríguez, José Conrado 449
Román, Agustín ... 424, 426, 449
Roosevelt, Theodore 60
Root, Elihu 63
Roque, Martha Beatriz 538
Ros, Enrique .. 129, 130, 133, 136,
Ros, Ileana 483
Rubens, Horatio 55, 385
Rubottom, Roy R. ... 201, 203, 285
Rusk, Dean   300, 317, 323, 380, 381
Russell, Bertrand 239, 324
Saco, José Antonio 179
Saladrigas Zayas, Carlos 132
Salvadori, Massimo 218
Salvat, Juan Manuel 153, 427
Sánchez-Boudy, José 139
Sánchez de Bustamante, Antonio 76
Sanguily, Manuel .. 51, 64, 66, 74, 81, 113, 114, 117, 118, 174, 404, 405, 488
Sanguinetty, Jorge . 161, 163, 164
Sardiña, Ricardo Rafael 211
Scali, John 327
Schama, Simon 186
Schlesinger, Arthur . 299, 300, 373
Seinuk, Israel 281
Selden, Armistead 373
Sergeyevich, Nikolaí 198

Índice Onomástico

Sevilla Sacasa, Guillermo   368, 372
Shafter, William R.   54
Sires, Albio   483
Smathers, George 180, 318
Smith, Earl E, T. . . .   203, 204, 286
Somoza, Anastasio 372, 399
Sorzano, José S.   280
Soto, Leonel   197
Stalin, José . . .   217, 240, 242-244,
253, 448, 489, 495, 501
Stepan, Aldred   534
Stevenson, Adlai . . .   302, 325, 361, 368
Suárez Fernández, Miguel   143, 146
Suárez Rivas, Eduardo   385
Sulzberger, C. L. 330, 331
Sullivan, Patrick   449
Szulc, Tad   209
Taft, William Howard   74
Talbott, Strobe   72
Tamargo, Agustín   552
Tamayo, Eudaldo   117
Tauran, Jean-Louis   429
Taylor, Maxwell D. 285, 292, 309, 322
Tello, Manuel   347
Thomas, Hugh   186
Thoreau, Henry David   518
Thurmond, Strom 317, 318
Torre, Carlos de la 81, 134
Torre, Rogelio de la   426
Torriente, Cosme de la 76, 79, 123, 134
Trejo, Rafael   133
Turbay Ayala, Julio César . . .   346, 347, 361, 362
U Thant   326

Uría, Miguel 209, 427
Urrutia Aparicio, Carlos   371
Urrutia Lleó, Manuel . . .   211, 234
Valdés, Dagoberto   449
Valdés, Ramiro   209
Vallina, Emilio   426
Van Horne, William   62
Varela, Félix . .   415, 428, 429, 453
Vargas Vila, José María   85
Varona, Enrique José . .   60, 81, 97, 99, 102, 103
Varona, Manuel Antonio de . .   132, 180, 211, 297, 318, 326, 361, 362, 384
Vázquez Bello, Clemente   133
Vega Ceballos, Víctor . . .   83, 108
Villuendas, Enrique   73
Vivés, Juan   196
Walesa, Lech   505-507
Weigel, George   442
Welles, Sumner 77, 133, 141
Werlow, María   281
Weyler, Valeriano 54, 56
Wieland. William A.   201, 203, 285
Wilson, Woodrow   114
Willauer, Whiting   291-293
Wojtyla, Karol Józef   417, 422, 425
Wollam, Park F.   201
Wood, Leonard 51, 60-62, 67
Wyden, Peter 288, 297
Xiaoping, Deng 46, 492, 495
Xiques, Juan Ramón   117
Yarmolinski, Adam   326
Zacchi, César   438-440
Zayas Alfonso, Alfredo   43, 75, 76, 83-95, 98-100, 103, 111, 113, 118-128

Zayas Bazán, Eduardo 84
Zayas y Jiménez, José María 86, 89
Zayas, Juan Bruno 89
Zaydín, Ramón 134, 143, 146, 154, 158
Zuleta Ángel, Alberto 371

Otros libros publicados por EDICIONES UNIVERSAL en la
COLECCIÓN CUBA Y SUS JUECES

0359-6 CUBA EN 1830, Jorge J. Beato & Miguel F. Garrido
046-1 CUBA Y LA CASA DE AUSTRIA, Nicasio Silverio Saínz
048-8 CUBA, CONCIENCIA Y REVOLUCIÓN, Luis Aguilar León
049-6 TRES VIDAS PARALELAS, Nicasio Silverio Saínz
118-2 EL ARTE EN CUBA, Martha de Castro
119-0 JALONES DE GLORIA MAMBISA, Juan J.E. Casasús
131-X EN LA CUBA DE CASTRO (APUNTES DE UN TESTIGO), Nicasio Silverio Saínz
136-0 EL CASO PADILLA: LITERATURA Y REVOLUCIÓN EN CUBA. Lourdes Casal
139-5 JOAQUÍN ALBARRÁN, ENSAYO BIOGRÁFICO, Raoul García
205-7 CUBA, TODOS CULPABLES, Raul Acosta Rubio
207-3 MEMORIAS DE UN DESMEMORIADO – Leña para el fuego de la historia de Cuba, José R. García Pedrosa
211-1 HOMENAJE A FÉLIX VARELA, Sociedad Cubana de Filosofía
240-5 AMÉRICA EN EL HORIZONTE. UNA PERSPECTIVA CULTURAL, Ernesto Ardura
243-X LOS ESCLAVOS Y LA VIRGEN DEL COBRE, Leví Marrero
262-6 NOBLES MEMORIAS, Manuel Sanguily
274-X JACQUES MARITAIN Y LA DEMOCRACIA CRISTIANA, José Ignacio Rasco
283-9 CUBA ENTRE DOS EXTREMOS, Alberto Muller
298-7 CRÍTICA AL PODER POLÍTICO, Carlos M. Méndez
293-6 HISTORIA DE LA ODONTOLOGÍA EN CUBA. /4 vol. (1492-1983), César A. Mena
3122-0 RELIGIÓN Y POLÍTICA EN LA CUBA DEL SIGLO XIX (EL OBISPO ESPADA), Miguel Figueroa y Miranda
314-2 UNA NOTA DE DERECHO PENAL, Eduardo de Acha
320-7 LA HABANA, Mercedes Santa Cruz (Condesa de Merlín)
328-2 OCHO AÑOS DE LUCHA - MEMORIAS, Gerardo Machado y Morales
347-9 EL PADRE VARELA. Biografía del forjador de la conciencia cubana, Antonio Hernández-Travieso
353-3 LA GUERRA DE MARTÍ (La lucha de los cubanos por la independencia), Pedro Roig
361-4 EL MAGNETISMO DE JOSÉ MARTÍ, Fidel Aguirre
374-6 GRAU: ESTADISTA Y POLÍTICO (Cincuenta años de la Historia de Cuba), Antonio Lancís
376-2 CINCUENTA AÑOS DE PERIODISMO, Francisco Meluzá Otero
379-7 HISTORIA DE FAMILIAS CUBANAS I-VI, Francisco Xavier de Santa Cruz y Mallén
380-0 HISTORIA DE FAMILIAS CUBANAS VII, Francisco Xavier de Santa Cruz

408-4	HISTORIA DE FAMILIAS CUBANAS VIII, Francisco Xavier de Santa Cruz y Mallén
409-2	HISTORIA DE FAMILIAS CUBANAS IX, Francisco Xavier de Santa Cruz y Mallén
383-5	CUBA: DESTINY AS CHOICE, Wifredo del Prado
392-4	CALENDARIO MANUAL Y GUÍA DE FORASTEROS DE LA ISLA DE CUBA
411-4	LOS ABUELOS: HISTORIA ORAL CUBANA, José B. Fernández
413-0	ELEMENTOS DE HISTORIA DE CUBA, Rolando Espinosa
425-4	A LA INGERENCIA EXTRAÑA LA VIRTUD DOMÉSTICA (biografía de Manuel Márquez Sterling), Carlos Márquez Sterling
426-2	BIOGRAFÍA DE UNA EMOCIÓN POPULAR: EL DR. GRAU, Miguel Hernández-Bauzá
428-9	THE EVOLUTION OF THE CUBAN MILITARY (1492-1986), Rafael Fermoselle
431-9	MIS RELACIONES CON MÁXIMO GÓMEZ, Orestes Ferrara
437-8	HISTORIA DE MI VIDA, Agustín Castellanos
458-0	CUBA: LITERATURA CLANDESTINA, José Carreño
459-9	50 TESTIMONIOS URGENTES, José Carreño y otros
461-0	HISPANIDAD Y CUBANIDAD, José Ignacio Rasco
466-1	CUBAN LEADERSHIP AFTER CASTRO, Rafael Fermoselle
483-1	JOSÉ ANTONIO SACO, Anita Arroyo
490-4	HISTORIOLOGÍA CUBANA I (1492-1998), José Duarte Oropesa
2580-8	HISTORIOLOGÍA CUBANA II (1998-1944), José Duarte Oropesa
2582-4	HISTORIOLOGÍA CUBANA III (1944-1959), José Duarte Oropesa
502-1	MAS ALLÁ DE MIS FUERZAS, William Arbelo
508-0	LA REVOLUCIÓN, Eduardo de Acha
510-2	GENEALOGÍA, HERÁLDICA E HISTORIA DE NUESTRAS FAMILIAS, Fernando R. de Castro y de Cárdenas
514-5	EL LEÓN DE SANTA RITA, Florencio García Cisneros
516-1	EL PERFIL PASTORAL DE FÉLIX VARELA, Felipe J. Estévez
518-8	CUBA Y SU DESTINO HISTÓRICO. Ernesto Ardura
520-X	APUNTES DESDE EL DESTIERRO, Teresa Fernández Soneira
524-2	OPERACIÓN ESTRELLA, Melvin Mañón
532-3	MANUEL SANGUILY. HISTORIA DE UN CIUDADANO, Octavio R. Costa
538-2	DESPUÉS DEL SILENCIO, Fray Miguel Angel Loredo
551-X	¿QUIEN MANDA EN CUBA? LAS ESTRUCTURAS DEL PODER. LA ÉLITE, Manuel Sánchez Pérez
553-6	EL TRABAJADOR CUBANO EN EL ESTADO DE OBREROS Y CAMPESINOS, Efrén Córdova
558-7	JOSÉ ANTONIO SACO Y LA CUBA DE HOY, Ángel Aparicio
7886-3	MEMORIAS DE CUBA, Oscar de San Emilio
566-8	SIN TIEMPO NI DISTANCIA, Isabel Rodríguez
569-2	ELENA MEDEROS (Una mujer con perfil para la historia), María Luisa Guerrero

577-3	ENRIQUE JOSÉ VARONA Y CUBA, José Sánchez Boudy
586-2	SEIS DÍAS DE NOVIEMBRE, Byron Miguel
589-7	DE EMBAJADORA A PRISIONERA POLÍTICA: ALBERTINA O'FARRILL, Víctor Pino Llerovi
592-7	DOS FIGURAS CUBANAS Y UNA SOLA ACTITUD (Varela-Mañach), Rosario Rexach
598-6	II ANTOLOGÍA DE INSTANTÁNEAS, Octavio R. Costa
600-1	DON PEPE MORA Y SU FAMILIA, Octavio R. Costa
606-0	LA CRISIS DE LA ALTA CULTURA EN CUBA - INDAGACIÓN DEL CHOTEO, Jorge Mañach (Ed. de Rosario Rexach)
608-7	VIDA Y MILAGROS DE LA FARÁNDULA DE CUBA, Rosendo Rosell
617-6	EL PODER JUDICIAL EN CUBA, Vicente Viñuela
620-6	TODOS SOMOS CULPABLES, Guillermo de Zéndegui
621-4	LUCHA OBRERA DE CUBA, Efrén Naranjo
623-0	HISTORIOLOGÍA CUBANA IV, José Duarte Oropesa
624-9	HISTORIA DE LA MEDICINA EN CUBA I: HOSPITALES Y CENTROS BENÉFICOS EN CUBA COLONIAL, César A. Mena y Armando F. Cobelo
626-5	LA MÁSCARA Y EL MARAÑÓN (La identidad nacional cubana), Lucrecia Artalejo
644-3	LA ÚNICA RECONCILIACIÓN NACIONAL ES LA RECONCI-LIACIÓN CON LA LEY, José Sánchez-Boudy
645-1	FÉLIX VARELA: ANÁLISIS DE SUS IDEAS POLÍTICAS, Juan P. Esteve
646-X	HISTORIA DE LA MEDICINA EN CUBA II, César A. Mena y Armando A. Cobelo
652-4	ANTIRREFLEXIONES, Juan Alborná-Salado
668-0	VIDA Y MILAGROS DE LA FARÁNDULA DE CUBA II, Rosendo Rosell
623-0	HISTORIOLOGÍA CUBANA IV, José Duarte Oropesa
646-X	HISTORIA DE LA MEDICINA EN CUBA II, César A. Mena
679-6	LOS SEIS GRANDES ERRORES DE MARTÍ, Daniel Román
680-X	¿POR QUÉ FRACASÓ LA DEMOCRACIA EN CUBA?, Luis Fernández-Caubí
682-6	IMAGEN Y TRAYECTORIA DEL CUBANO EN LA HISTORIA I (1492-1902), Octavio R. Costa
683-4	IMAGEN Y TRAYECTORIA DEL CUBANO EN LA HISTORIA II (1902-1959), Octavio R. Costa
689-3	A CUBA LE TOCÓ PERDER, Justo Carrillo
690-7	CUBA Y SU CULTURA, Raúl M. Shelton
706-7	BLAS HERNÁNDEZ Y LA REVOLUCIÓN CUBANA DE 1933, Ángel Aparicio
713-X	DISIDENCIA, Ariel Hidalgo
715-6	MEMORIAS DE UN TAQUÍGRAFO, Angel V. Fernández
718-0	CUBA POR DENTRO (EL MININT), Juan Antonio Rodríguez Menier
719-9	DETRÁS DEL GENERALÍSIMO (Biografía de Bernarda Toro de Gómez «Manana»), Ena Curnow
721-0	CUBA CANTA Y BAILA (Discografía cubana), Cristóbal Díaz Ayala

723-7	YO, EL MEJOR DE TODOS (Biografía no autorizada del Che Guevara), Roberto Luque Escalona
730-X	CUBA: JUSTICIA Y TERROR, Luis Fernández-Caubí
738-5	PLAYA GIRÓN: LA HISTORIA VERDADERA, Enrique Ros
739-3	FILOSOFÍA DEL CUBANO Y DE LO CUBANO, José Sánchez-Boudy
740-7	CUBA: VIAJE AL PASADO, Roberto A. Solera
743-1	MARTA ABREU, UNA MUJER COMPRENDIDA, Pánfilo D. Camacho
745-8	CUBA: ENTRE LA INDEPENDENCIA Y LA LIBERTAD, Armando P. Ribas
747-4	LA HONDA DE DAVID, Mario Llerena
752-0	24 DE FEBRERO DE 1895: La fecha-las raíces-los hombres, Jorge Castellanos
753-9	CUBA ARQUITECTURA Y URBANISMO, Felipe J. Préstamo
754-7	VIDA Y MILAGROS DE LA FARÁNDULA DE CUBA III, Rosendo Rosell
756-3	LA SANGRE DE SANTA ÁGUEDA (Angiolillo-Betances-Cánovas), Frank Fernández
760-1	ASÍ ERA CUBA (Como hablábamos, sentíamos y actuábamos), Daniel Román
765-2	CLASE TRABAJADORA Y MOVIMIENTO SINDICAL EN CUBA I (1819-1959), Efrén Córdova
766-0	CLASE TRABAJADORA Y MOVIMIENTO SINDICAL EN CUBA II (1959-1996), Efrén Córdova
768-7	LA INOCENCIA DE LOS BALSEROS, Eduardo de Acha
773-3	DE GIRÓN A LA CRISIS DE LOS COHETES: La Segunda Derrota, Enrique Ros
786-5	POR LA LIBERTAD DE CUBA (Resistencia, exilio y regreso), Néstor Carbonell Cortina
792-X	CRONOLOGÍA MARTIANA, Delfín Rodríguez Silva
794-6	CUBA HOY (la lenta muerte del castrismo), Carlos Alberto Montaner
795-4	LA LOCURA DE FIDEL CASTRO, Gustavo Adolfo Marín
796-2	MI INFANCIA EN CUBA: LO VISTO Y LO VIVIDO POR UNA NIÑA CUBANA DE DOCE AÑOS, Cosette Alves Carballosa
798-9	APUNTES SOBRE LA NACIONALIDAD CUBANA, Luis Fernández-Caubí
803-9	AMANECER. HISTORIAS DEL CLANDESTINAJE (La lucha de la resistencia contra Castro dentro de Cuba, Rafael A. Aguirre Rencurrell
804-7	EL CARÁCTER CUBANO (Apuntes para un ensayo de Psicología Social), Calixto Masó
805-5	MODESTO M. MORA, M.D. LA GESTA DE UN MÉDICO, Octavio R. Costa
808-X	RAZÓN Y PASIÓN (Veinticinco años de estudios cubanos), Instituto de Estudios Cubanos
814-4	AÑOS CRÍTICOS: Del camino de la acción al camino del entendimiento, Enrique Ros
820-9	VIDA Y MILAGROS DE LA FARÁNDULA CUBANA. Tomo IV, Rosendo Rosell

821-7	THE MARIEL EXODUS: TWENTY YEARS LATER. A STUDY ON THE POLITICS OF STIGMA AND A RESEARCH BIBLIOGRAPHY, Gastón A. Fernández
823-3	JOSÉ VARELA ZEQUEIRA (1854-1939); SU OBRA CIENTÍFICO-LITERARIA, Beatriz Varela
828-4	BALSEROS: HISTORIA ORAL DEL ÉXODO CUBANO DEL '94 / ORAL HISTORY OF THE CUBAN EXODUS OF '94, Felicia Guerra y Tamara Álvarez-Detrell
831-4	CONVERSANDO CON UN MÁRTIR CUBANO: CARLOS GONZÁLEZ VIDAL, Mario Pombo Matamoros
832-2	TODO TIENE SU TIEMPO, Luis Aguilar León
838-1	8-A: LA REALIDAD INVISIBLE, Orlando Jiménez-Leal
840-3	HISTORIA ÍNTIMA DE LA REVOLUCIÓN CUBANA, Ángel Pérez Vidal
841-1	VIDA Y MILAGROS DE LA FARÁNDULA CUBANA / Tomo V, Rosendo Rosell
848-9	PÁGINAS CUBANAS tomo I, Hortensia Ruiz del Vizo
851-2	APUNTES DOCUMENTADOS DE LA LUCHA POR LA LIBERTAD DE CUBA, Alberto Gutiérrez de la Solana
860-8	VIAJEROS EN CUBA (1800-1850), Otto Olivera
861-6	GOBIERNO DEL PUEBLO: OPCIÓN PARA UN NUEVO SIGLO, Gerardo E. Martínez-Solanas
862-4	UNA FAMILIA HABANERA, Eloísa Lezama Lima
866-7	NATUMALEZA CUBANA, Carlos Wotzkow
868-3	CUBANOS COMBATIENTES: PELEANDO EN DISTINTOS FRENTES, Enrique Ros
869-1	QUE LA PATRIA SE SIENTA ORGULLOSA (Memorias de una lucha sin fin), Waldo de Castroverde
870-5	EL CASO CEA: intelectuales e inquisodres en Cuba ¿Perestroika en la Isla?, Maurizio Giuliano
874-8	POR AMOR AL ARTE (Memorias de un teatrista cubano 1940-1970), Francisco Morín
875-6	HISTORIA DE CUBA, Calixto C. Masó /
876-4	CUBANOS DE DOS SIGLOS: XIX y XX. Ensayistas y críticos, Elio Alba Buffill
880-2	ANTONIO MACEO GRAJALES: EL TITÁN DE BRONCE, José Mármol
882-9	EN TORNO A LA CUBANÍA (estudios sobre la idiosincrasia cubana), Ana María Alvarado
886-1	ISLA SIN FIN (Contribución a la crítica del nacionalismo cubano), Rafael Rojas
891-8	MIS CUATRO PUNTOS CARDINALES, Luis Manuel Martínez
895-0	MIS TRES ADIOSES A CUBA (DIARIO DE DOS VIAJES), Ani Mestre
901-9	40 AÑOS DE REVOLUCIÓN CUBANA (El legado de Castro), Efrén Córdova, Editor
907-8	MANUAL DEL PERFECTO SINVERGÜENZA, Tom Mix (José M. Muzaurieta)
908-6	LA AVENTURA AFRICANA DE FIDEL CASTRO, Enrique Ros

910-8	MIS RELACIONES CON EL GENERAL BATISTA, Roberto Fernández Miranda
912-4	ESTRECHO DE TRAICIÓN, Ana Margarita Martínez y Diana Montané
926-4	GUANTÁNAMO Y GITMO (Base naval de los Estados Unidos en Guantánamo), López Jardo
929-9	EL GARROTE EN CUBA, Manuel B. López Valdés (Edición de Humberto López Cruz
931-0	EL CAIMÁN ANTE EL ESPEJO. Un ensayo de interpretación de lo cubano, Uva de Aragón (segunda edición revisada y ampliada)
934-5	MI VIDA EN EL TEATRO, María Julia Casanova
937-x	EL TRABAJO FORZOSO EN CUBA, Efrén Córdova
939-6	CASTRO Y LAS GUERRILLAS EN LATINOAMÉRICA, Enrique Ros
942-6	TESTIMONIOS DE UN REBELDE (Episodios de la Revolución Cubana 1944-1963), Orlando Rodríguez Pérez
944-2	DE LA PATRIA DE UNO A LA PATRIA DE TODOS, Ernesto F. Betancourt
945-0	CRONOLOGÍA HISTÓRICA DE CUBA (1492-2000), Manuel Fernández Santalices.
946-9	BAJO MI TERCA LUCHA CON EL TIEMPO. MEMORIAS 1915-2000, Octavio R. Costa
949-3	MEMORIA DE CUBA, Julio Rodríguez-Luis
951-8	LUCHAS Y COMBATES POR CUBA (MEMORIAS), José Enrique Dausá
952-3	ELAPSO TEMPORE, Hugo Consuegra
953-1	JOSÉ AGUSTÍN QUINTERO: UN ENIGMA HISTÓRICO EN EL EXILIO CUBANO DEL OCHOCIENTOS, Jorge Marbán
955-8	NECESIDAD DE LIBERTAD (ensayos-artículos-entrevistas-cartas), Reinaldo Arenas
956-6	FÉLIX VARELA PARA TODOS / FELIX VARELA FOR ALL, Rabael B. Abislaimán
957-4	LOS GRANDES DEBATES DE LA CONSTITUYENTE CUBANA DE 1940, Edición de Néstor Carbonell Cortina
965-5	CUBANOS DE ACCIÓN Y PENSAMIENTO, Octavio R. Costa
968-x	AMÉRICA Y FIDEL CASTRO, Américo Martín
974-4	CONTRA EL SACRIFICIO / DEL CAMARADA AL BUEN VECINO / Una polémica filosófica cubana para el siglo XXI, Emilio Ichikawa
975-2	VOLVIENDO LA MIRADA (memorias 1981-1988), César Leante
979-5	CENTENARIO DE LA REPÚBLICA CUBANA (1902-2002), William Navarrete y Javier de Castro Mori, Editores.
980-9	HUELLAS DE MI CUBANÍA, José Ignacio Rasco
982-5	INVENCIÓN POÉTICA DE LA NACIÓN CUBANA, Jorge Castellanos
983-3	CUBA: EXILIO Y CULTURA. / MEMORIA DEL CONGRESO DEL MILENIO, Asociación Nacional de Educadores Cubano-Americanos y Herencia Cultural Cubana.
987-6	NARCOTRÁFICO Y TAREAS REVOLUCIONARIAS. EL CONCEPTO CUBANO, Norberto Fuentes
988-4	ERNESTO CHE GUEVARA: MITO Y REALIDAD, Enrique Ros

995-7 LA MIRADA VIVA, Alberto Roldán
8-000-6 LA POLÍTICA DEL ADIÓS, Rafael Rojas
8-006-5 FIDEL CASTRO Y EL GATILLO ALEGRE. LOS AÑOS UNIVERSITARIOS, Enrique Ros
8-011-1 REFLEXIONES SOBRE CUBA Y SU FUTURO, Luis Aguilar León (3ª.edición revisada y ampliada /2003/)
8-014-6 AZÚCAR Y CHOCOLATE. HISTORIA DEL BOXEO CUBANO, Enrique Encinosa
8-022-7 CONTEXT FOR A CUBAN TRANSITION. An argument in favor of democracy and a market economy, Ernesto F. Betancourt
8-025-1 EL FIN DE LA IDIOTEZ Y LA MUERTE DEL HOMBRE NUEVO, Armando P. Ribas
8-026-x LA UMAP: EL *GULAG* CUBANO, Enrique Ros
8-027-8 LA CUBA ETERNA, Néstor Carbonell Cortina
8-028-6 CONTRA VIENTO Y MAREA, José Ignacio Rivero
8-035-9 CUBA: REALIDAD Y DESTINO. PRESENTE Y FUTURO DE LA ECONOMÍA Y LA SOCIEDAD CUBANA, Jorge A. Sanguinetty
8-038-3 MUJERES EN LA HISTORIA DE CUBA, Antonio J. Molina
8-043-x MIS MEMORIAS, Mario P. Landrían M.D.
8-045-6 TRES CUESTIONES SOBRE LA ISLA DE CUBA, José García de Arboleya
8-046-4 P'ALLÁ Y P'ACÁ, Mario G. De Mendoza III
8-047-2 LA REVOLUCIÓN DE 1933 en cuba, Enrique Ros
8-051-0 MEMORIAS DE UN ESTADISTA. FRASES Y ESCRITOS EN CORRESPONDENCIA, Carlos Márquez-Sterling (Edición de Manuel Márquez-Sterling)
8-058-8 DE LAS FILOSOFÍAS DESTRUCTIVAS CONTEMPORÁNEAS: BERGSON, SARTRE Y OTROS ENSAYOS, José Sánchez-Boudy y Hortensia Ruiz del Vizo
8-059-6 MEMORIAS CUBANAS DE UN ASTURIANO CALIENTE, José Sánchez-Priede
8-062-6 EL EXILIO HISTÓRICO Y LA FE EN EL TRIUNFO, José Sánchez-Boudy
8-064-2 MORIR DE EXILIO, Uva de Aragón
8-067-5 CUBA: INTRAHISTORIA. UNA LUCHA SIN TREGUA, Rafael Díaz-Balart
8-069-3 ELIÁN Y LA CUBA ETERNA, José Sánchez-Boudy
8-070-7 PÁGINAS CUBANAS II, Hortensia Ruiz del Vizo
8-072-3 ENCUENTRO EN 1898. TRES PUEBLOS Y CUATRO HOMBRES (Cuba-España-Estados Unidos /Pascual Cervera-Theodore Roosevelt-Calixto García-Juan Gualberto Gómez). Jorge Castellanos
8-075-8 FÉLIX VARELA: PROFUNDIDAD MANIFIESTA I: Primeros Años de la Vida del Padre Félix Varela Morales: infancia, adolescencia, juventud (1788-1821), P. Fidel Rodríguez
8-076-6 PÁGINAS CUBANAS III, Hortensia Ruiz del Vizo
8-079-0 EL CLANDESTINAJE Y LA LUCHA ARMADA CONTRA CASTRO, Enrique Ros

8-087-1 PÁGINAS CUBANAS IV: VALOR Y VIGENCIA DE LA HISTORIA, Hortensia Ruiz del Vizo
8-088-8 PÁGINAS CUBANAS V: HAN SITIADO A LA PRESIDENCIA. LA DETENTE COMO FRACASO, Hortensia Ruiz del Vizo
8-095-2 MISCELÁNEA CUBANAS, Instituto Jacques Maritain de Cuba
8-099-5 MÁS MEMORIAS DE UN ASTURIANO CALIENTE. CON LA ESCOPETA AL HOMBRO, José Sánchez-Priede.
8-100-2 JOSÉ ANTONIO ECHEVERRÍA: VIGENCIA Y PRESENCIA, Julio Fernández-León
8-107-x LA FUERZA POLÍTICA DEL EXILIO CUBANO I (1952-1987), Enrique Ros
8-117-7 MOMENTOS ESTELARES EN LA HISTORIA DE CUBA, Emilio Martínez Paula

www.ingramcontent.com/pod-product-compliance
Lightning Source LLC
Chambersburg PA
CBHW030507080526
44586CB00011B/101